法学研究
CHINESE JOURNAL OF LAW

法学研究 专题选辑　陈甦/总主编

犯罪成立条件的
一般理论

GENERAL THEORY OF THE CONSTITUTION OF CRIME

李　强　主编

社会科学文献出版社
SOCIAL SCIENCES ACADEMIC PRESS (CHINA)

总　序

　　回顾与反思是使思想成熟的酵母，系统化的回顾与专业性的反思则是促进思想理性化成熟的高效酵母。成熟的过程离不开经常而真诚的回顾与反思，一个人的成长过程是如此，一个学科、一个团体、一本期刊的发展过程也是如此。我们在《法学研究》正式创刊40年之际策划《〈法学研究〉专题选辑》，既是旨在引发对有关《法学研究》发展历程及其所反映的法学发展历程的回顾与反思，也是旨在凝聚充满学术真诚的回顾与反思的思想结晶。由是，《〈法学研究〉专题选辑》是使其所刊载的学术成果提炼升华、保值增值的载体，而不只是重述过往、感叹岁月、感叹曾经的学术纪念品。

　　对于曾经的法学过往，哪怕是很近的法学过往，我们能够记忆的并非像我们想象的那样周全、那样清晰、那样深刻，即使我们是其中许多学术事件的亲历者甚至是一些理论成就的创造者。这是一个时空变化迅捷的时代，我们在法学研究的路上走得很匆忙，几乎无暇暂停一下看看我们曾经走过的路，回顾一下那路上曾经的艰辛与快乐、曾经的迷茫与信念、曾经的犹疑与坚定、曾经的放弃与坚持、曾经的困窘与突破，特别是无暇再感悟一下那些"曾经"中的前因后果与内功外力。法学界同仁或许有同样的经验：每每一部著述刚结句付梓，紧接着又有多个学术选题等待开篇起笔，无参考引用目的而只以提升素养为旨去系列阅读既往的法学精品力作，几为夏日里对秋风的奢望。也许这是辉煌高远却又繁重绵续的学术使命造成的，也许这是相当必要却又不尽合理的学术机制造成的，也许这是个人偏好却又是集体相似的学术习惯造成的，无论如何，大量学术作品再阅读的价值还是被淡化乃至忽略了。我们对没有被更充分传播、体现、评价及转化的学术创造与理论贡献，仅仅表达学人的敬意应该是不够的，真正的学术尊重首先在于阅读并且一再阅读映现信念、智慧和勇气的学术作品。《〈法学研究〉专题选辑》试图以学术史研究的方法和再评价的方式，向学界同行表达我们的感悟：阅读甚至反复阅读既有成果本该是学术生活的重要部分。

我曾在另外一本中国当代法学史著作的导论中描述道：中国特色社会主义法治建设之路蜿蜒前行而终至康庄辉煌，中国法学研究之圃亦蔓延蓬勃而于今卓然大观。这种描述显然旨在鼓舞而非理解。我们真正需要的是理解。理解历史才能理解现在，理解现在才能理解未来，只有建立在对历史、现在和未来的理解基础上，在面对临近的未来时，才会有更多的从容和更稳妥的应对，才会有向真理再前进一步的勇气与智慧。要深刻理解中国法学的历史、现在以及未来，有两种关系需要深刻理解与精准把握：一是法学与法治的关系，二是法学成果与其发生机制的关系。法学与法治共存并互动于同一历史过程，法学史既是法律的知识发展史，也构成法治进步史的重要组成部分。关于法、法律、法治的学术研究，既受制于各个具体历史场景中的给定条件，又反映着各个历史场景中的法律实践和法治状况，并在一定程度上启发、拨动、预示着法治的目的、路径与节奏。认真对待中国法学史，尤其是改革开放以来的法学史，梳理各个法治领域法学理论的演进状态，重估各种制度形成时期的学术供给，反思当时制度设计中背景形塑和价值预设的理论解说，可以更真实地对法治演变轨迹及其未来动向作出学术判断，从中也更有把握地绘出中国法学未来的可能图景。对于既有法学成果，人们更多的是采取应用主义的态度，对观点内容的关注甚于对观点形成机制的关注。当然，能够把既有学术观点纳入当下的理论创新论证体系中，已然是对既往学术努力的尊重与发扬，但对于学术创新的生成效益而言，一个学术观点的生成过程与形成机制的启发力远大于那个学术观点内容的启发力，我们应当在学术生产过程中，至少将两者的重要性置于等量齐观的学术坐标体系中。唯其如此，中国法学的发展与创新才会是一个生生不息又一以贯之的理性发展过程，不因己悲而滞，不因物喜而涨，长此以往，信者无疆。

作为国内法学界的重要学术期刊之一，《法学研究》是改革开放以来中国法学在争鸣中发展、中国法治在跌宕中进步的一个历史见证者，也是一个具有主体性、使命感和倡导力的学术过程参与者。《法学研究》于1978年试刊,于1979年正式创刊。在其1979年的发刊词中,向初蒙独立学科意识的法学界和再识思想解放价值的社会各界昭示,在办刊工作中秉持"解放思想、独立思考、百家争鸣、端正学风"的信念,着重于探讨中国法治建设进程中的重大理论和实践问题,致力于反映国内法学研究的最新成果和最高学术水平,热心于发现和举荐从事法学研究工作的学术人才。创刊以来,《法学研究》虽经岁月更替而初心不改,虽有队伍更新而使命不坠,前后8任主编、50名编辑均能恪守"严谨、务实、深入、学术"的办刊风格,把《法学研究》作为自己学术生命的存续载体和学术奉献的展示舞台。或许正因如此,《法学研究》常被誉为"法学界风格最稳健、质量最稳定的期刊"。质而言之,说的是刊,看的是物,而靠的是人。我们相信,《法学研究》及其所刊载的文章以及这些文章的采编过程,应该可以被视为研究中国改革开放以来法学发展、法治进步的一个较佳样本。也正因如此,我们有信心通过《〈法学研究〉专题选辑》,概括反映改革开放以来中国法学发展的思想轨迹以及法学人的心路历程。

本套丛书旨在以《法学研究》为样本,梳理和归整改革开放以来中国法学在一个个重要历史节点上的思想火花与争鸣交织,反思和提炼法学理论在一个个法治建设变奏处启发、拨动及预示的经验效果。丛书将《法学研究》自创刊以来刊发的论文分专题遴选,将有代表性的论文结集出版,故命名为"《法学研究》专题选辑"。考虑到《法学研究》刊发论文数量有限,每个专题都由编者撰写一篇2万字左右的"导论",结合其他期刊论文和专著对该专题上的研究进展予以归纳和提炼。

丛书专题的编者,除了《法学研究》编辑部现有人员外,多是当前活跃在各个法学领域的学术骨干。他们的加入使得我们对这套丛书的编选出版更有信心。

所有专题均由编者申报,每个专题上的论文遴选工作均由编者主要负责。为了尽可能呈现专题论文的代表性和丰富性,同一作者在同一专题中入选论文不超过两篇,在不同专题中均具代表性的论文只放入其中的一个专题。在丛书编选过程中,我们对发表时作者信息不完整的,尽可能予以查询补充;对论文中极个别受时代影响的语言表达,按照出版管理部门的要求进行了细微调整。

不知是谁说的,"原先策划的事情与实际完成的事情,最初打算写成的文章与最终实际写出的文章,就跟想象的自己与实际的自己一样,永远走在平行线上"。无论"平行线"的比喻是否夸张,极尽努力的细致准备终归能助力事前的谨慎、事中的勤勉和事后的坦然。

我思故我在。愿《法学研究》与中国法学、中国法治同在。

陈 甦

2022 年 9 月 4 日

于沙滩北街 15 号

目录
Contents

导 论 …………………………………………………… 李 强 / 1

第一编　坚持、完善、构建中国特色的犯罪构成体系

建立具有中国特色的犯罪构成理论新体系 …………… 何秉松 / 17
主客观要件相统一是我国犯罪构成理论的核心 ……… 陈泽杰 / 33
犯罪构成模型论 ……………………………… 冯亚东　胡东飞 / 43
我国犯罪构成体系不必重构 …………………………… 黎　宏 / 59

第二编　犯罪概念与犯罪构成的关系

对犯罪概念与犯罪构成的探索 ………………………… 胡正谒 / 97
社会危害性理论
　　——一个反思性检讨 ……………………………… 陈兴良 / 105
善待社会危害性观念
　　——从我国刑法第13条但书说起 ……… 储槐植　张永红 / 131

第三编　犯罪构成体系的比较研究

犯罪构成比较研究 ……………………………………… 姜　伟 / 153
应然犯罪之构成与法定犯罪之构成
　　——兼论犯罪构成理论风格的多元发展 ………… 阮齐林 / 165

犯罪论体系的位阶性研究 ………………………………… 陈兴良 / 181

第四编　犯罪构成体系的性质

法律的犯罪构成与犯罪构成理论 …………………………… 李　洁 / 223
行为评价机制与犯罪成立
　　——对犯罪构成理论的扩展性思考 ………………… 周光权 / 238
犯罪构成体系的价值评价：从存在论走向规范论 ………… 欧阳本祺 / 280
犯罪构成体系平面化之批判 ………………………………… 刘艳红 / 302

导　论*

李　强**

　　1979年，改革开放伊始，中华人民共和国第一部刑法典颁布，以国家法律规范为研究对象的中国刑法学正式起步。纵观中国刑法学这40年的发展历程，如果以研究犯罪成立一般条件的犯罪构成理论（犯罪论体系）这一基础性问题为窗口进行观察，或许可以作一个看似武断实则并不过分的判断：如果说中国刑法学取得了一些进步，那么这些进步的动力几乎都来自刑法学的比较研究。

一　四要件体系的内部改良

　　以比较法研究所起的作用为准，这40年大体可以2000年前后为界，划分为两个阶段。就20世纪八九十年代而言，犯罪构成理论重新登场，四要件体系取得通说地位，是这一时期的主题。尤其是80年代，刑法学界的主要任务是重建刑法学科，为整个学科奠定概念与理论上的基础。而犯罪构成理论的研究，就接续了50年代被引入中国的苏联刑法学理论传统。

　　总体上说，20世纪八九十年代的犯罪构成理论研究，并未越出苏联犯罪构成理论所划定的界限。当然，中国学者也提出了很多新的观点，主要表现在如下几个方面。

---

* 本导论曾以《改革开放四十年中国刑法学犯罪构成理论的变迁》为题全文发表于《中国法律评论》2018年第5期。

** 李强，《法学研究》编辑部编辑。

一是围绕居于通说地位的犯罪客体、犯罪客观方面、犯罪主体、犯罪主观方面的四要件体系，探讨个别要件的适格性问题。

关于犯罪主体应否成为犯罪构成的独立要件，有学者认为：①犯罪主体不应当是犯罪构成要件，其只是刑事责任的一个条件。[①] ②"根据犯罪主体的实际内容，犯罪主体应当置于主观方面的要件之中，而不必成为犯罪构成的一个要件。"[②] ③犯罪主体可以具体区分为犯罪的资格主体和犯罪的现实主体。资格主体是行为实施、构成犯罪的物质基础，是产生犯罪的前提；现实主体"是建立在资格主体所实施的行为已经符合某种犯罪构成因而构成犯罪的基础上，从而是具备犯罪构成的必然结果"。这两种意义上的犯罪主体都不应当是犯罪构成的必要要件。[③]

关于犯罪客体应否成为犯罪构成的独立要件，有学者认为：①"在犯罪概念系统中，社会危害性这一要素，可以表述为犯罪行为侵犯了刑法所保护的社会关系。"这就是说，传统上被界定为社会关系的犯罪客体，其应当是犯罪概念的内容，而犯罪构成系统中的犯罪客体应当被界定为犯罪对象。[④] ②刑法上的客体可以区分为刑法的保护客体和犯罪的指向客体（犯罪客体）。前者是一种社会利益，是刑事立法设立某种犯罪的依据，而非犯罪构成的一个要件；后者则是犯罪行为所指向的具体对象，属于犯罪构成要件。[⑤] ③犯罪客体实际上是保护客体，即法益，其应当是犯罪概念的内容；要确定法益是否被侵犯以及何种法益被侵犯，并不由犯罪客体本身来解决，而是要通过客观要件、主体要件和主观要件来综合反映。也就是说，在概念范畴上，犯罪客体和其他三个要件并不处于同一层次；在司法适用上，从犯罪构成要件中取消犯罪客体，不会给犯罪定性带来困难。[⑥]

二是就犯罪构成四个要件的排序提出新观点。通说在四个要件的排序上一直坚持的是"犯罪客体—犯罪客观方面—犯罪主体—犯罪主观方面"

---

① 参见傅家绪《犯罪主体不应是犯罪构成的一个要件》，《法学评论》1984年第2期；陶积根《犯罪主体不是犯罪构成要件》，《政治与法律》1986年第2期。
② 胡学相：《要件挑选原则与犯罪主体》，《政治与法律》1988年第4期。
③ 参见杨兴培《犯罪主体的重新评价》，《法学研究》1997年第4期。
④ 参见张文《犯罪构成初探》，《北京大学学报》（哲学社会科学版）1984年第5期；张文、孙仕柱《从系统论看犯罪客体》，《中外法学》1996年第1期。
⑤ 参见杨兴培《论我国传统犯罪客体理论的缺陷》，《华东政法学院学报》1999年第1期。
⑥ 参见张明楷《刑法学》，法律出版社，2003，第134页；张明楷《犯罪构成体系与构成要件要素》，北京大学出版社，2010，第82页。

的顺序。①

针对上述通说的主张，赵秉志依照犯罪的发生逻辑提出了"犯罪主体—犯罪主观方面—犯罪客观方面—犯罪客体"的要件排序。其主要理由是：①刑法学的研究对象不仅仅是犯罪的认定与处理，也包括犯罪行为及其形成过程与发展规律；并且，后者是前者的基础。②"犯罪主体—犯罪主观方面—犯罪客观方面—犯罪客体"的要件排序，反映了"符合犯罪主体要件的人基于其主观犯罪心理态度的支配，实施一定的犯罪行为，进而危害一定的客体"这一毫无例外的犯罪行为本身的发展过程，即这一排序"以行为发展之内在逻辑为依据，鲜明地反映了犯罪行为自身的形成过程与发展规律，故而相对而言更为合理、可取"。②

何秉松基于犯罪构成系统论的理论主张，提出了"犯罪主体—犯罪客体—犯罪主观方面—犯罪客观方面"的要件排序。这是因为，"在现实生活中，任何犯罪都是主体对法律所保护的客体的侵害，而主体只有通过一定的中介才能作用于客体。这样就形成了一切犯罪构成的基本结构，即犯罪主体—中介—犯罪客体。在这里，犯罪主体和犯罪客体是犯罪构成这个有机整体的两极，连接这两极的中介是犯罪主体进行的犯罪活动。由于任何犯罪活动都是人的有意识的活动，都是人的内部主观意识与其客观的外部犯罪活动过程的统一，它又可以分为犯罪活动的主观方面（简称为犯罪主观方面）和犯罪活动的客观方面（简称为犯罪客观方面）"。而且，"在这个复杂的犯罪构成有机整体中，犯罪主体、犯罪客体、犯罪的主观方面和犯罪的客观方面这四个组成部分都是不可分割地相互联系、相互作用，共同形成犯罪构成这个有机整体的性能，其中任何一个组成部分的缺失都会导致犯罪构成整体性的破坏"。③ 之后，何秉松"把犯罪构成的基本结构，即犯罪主体—中介—犯罪客体的结构进一步彻底化。把原来作为主客体的中介的犯罪主观要件与客观要件合而为一，统称犯罪中介"，最终形成了"犯罪主体—犯罪客体—犯罪中介（犯罪活动）"的"中国的犯罪构

---

① 参见高铭暄主编《刑法学原理》第1卷，中国人民大学出版社，1993，第447页以下；马克昌主编《犯罪通论》，武汉大学出版社，1999；高铭暄、马克昌主编《刑法学》，北京大学出版社，2000；杨春洗、杨敦先主编《中国刑法论》，北京大学出版社，2001。
② 参见赵秉志《论犯罪构成要件的逻辑顺序》，《政法论坛》2003年第6期。
③ 参见何秉松《〈犯罪构成系统论〉导论》上，《政法论坛》（中国政法大学学报）1993年第3期；何秉松主编《刑法教科书》上卷，中国法制出版社，2000，第208页以下。

成理论新体系"。① 值得注意的是，何秉松关于犯罪构成是相互联系的有机统一的整体的观点，为通说所采纳，成为传统犯罪构成理论的一个标志性话语。

三是对传统犯罪构成体系进行一定程度的阶层化改造，比如：

王政勋提出了以犯罪成立的积极条件与犯罪成立的消极条件为具体内容的犯罪成立条件体系。积极条件包括犯罪客体、犯罪客观方面、犯罪主体、犯罪主观方面；消极条件包括行为不属于"情节显著轻微危害不大"的情形、行为不属于正当行为、行为不具有期待可能性。② 对照四要件体系，这一体系的特点是：将四要件整合为犯罪成立的积极要件，并增设犯罪成立的消极要件，从而试图解决四要件体系始终未能妥善处理的排除犯罪性事由的体系定位问题。

黎宏主张"在现有的犯罪构成体系上，贯彻客观优先的阶层递进理念"，并树立有不同意义的犯罪概念。③ 也就是说，必须坚持"犯罪客体—犯罪客观方面—犯罪主体—犯罪主观方面"的要件排序，不得作前后顺序的变动；同时，应当允许存在符合客观要件（包括客体和客观方面）但不符合主观要件（包括主体和主观方面）意义上的犯罪概念，这就打破了传统上所谓"一荣俱荣，一损俱损"的四要件之间的逻辑关系。可以说，这一改造已经是在四要件体系所能允许的范围内作出的最大限度的阶层化改造。但是，尽管如此，从本质上说，这一经过改造的四要件体系仍然不属于阶层犯罪论体系。这是因为其区分要件的标准仍然是客观和主观，而非不法和责任（罪责）。如后文所述，不法和责任的区分以及不法在先、责任在后的位阶顺序，才是阶层体系的根本特征。

总体而言，前述理论上的尝试虽然提出了一些新的问题和观点，但从根本上说，并未对四要件体系形成根本性的冲击，其通说地位并未被动摇。这是因为，无论是增减其中的要件，还是重新排列要件顺序，甚至在不改变具体要件内涵的情况下作一定程度的阶层化改造，都仍然是在传统犯罪构成理论的基本框架内展开理论构建，最终所形成的各色理论和要件

---

① 参见何秉松、〔俄〕科米萨罗夫、〔俄〕科罗别耶夫主编《中国与俄罗斯犯罪构成理论比较研究》，庞冬梅、丛凤玲译，法律出版社，2008，第256页。
② 参见王政勋《刑法的正当性》，北京大学出版社，2008，第262页以下。
③ 参见黎宏《我国犯罪构成体系不必重构》，《法学研究》2006年第1期。

体系，也都不过是四要件体系的变体或者衍生品。而造成这一局面的一个重要原因是，在此一历史阶段，刑法学的比较研究尚未全面、充分展开，多数学者缺乏新的理论视野、资源、方法与工具来对旧有学说、理论和观点展开根本性的批判。

二 阶层化的体系改造

2000 年前后，中国刑法学界开始逐步拓展与深化对德国、日本刑法学理论的引介与比较研究。其中，引介在德国、日本居于通说地位的"构成要件符合性—违法性—责任（罪责/有责性）"的三阶层犯罪论体系，① 是一个标志性事件。

三阶层犯罪论体系的引入，引发了是否要推翻或者重构四要件体系的问题，相关争议至今不衰。一种较为激进的立场是，主张照搬三阶层体系以替代四要件体系。② 而且，国内已经有刑法教科书采用了"（构成要件）该当性—违法性—有责性"的三阶层体系。③ 也有学者在对三阶层体系进行"核心术语的本土转换"之后，提出了"罪状符合性—不法性—罪责性"的阶层体系。④ 总而言之，这些观点都在实质上主张照搬、移植三阶层体系。

持改良立场的观点则多是对三阶层体系进行改造，或者对四要件体系进行改造，以实现一定程度的阶层化，从而形成新的犯罪论体系。比如：

黎宏提出了"犯罪构成客观要件—犯罪构成主观要件"两层次、递进式犯罪构成体系。"其中，客观要件是成立犯罪所必须具备的外部条件，是表明行为所具有的客观社会危害性的有无以及大小的事实"；"主观要件是成

---

① 关于"构成要件符合性—违法性—责任（罪责/有责性）"的三阶层犯罪论体系，参见〔德〕冈特·施特拉腾韦特、洛塔尔·库伦《刑法总论Ⅰ——犯罪论》，杨萌译，法律出版社，2006；〔日〕西田典之《日本刑法总论》（第二版），王昭武、刘明祥译，法律出版社，2013；〔日〕山口厚《刑法总论》（第三版），付立庆译，中国人民大学出版社，2018。
② 参见付立庆《犯罪构成理论：比较研究与路径选择》，法律出版社，2010，第 239 页以下。
③ 参见陈兴良主编《刑法学》，复旦大学出版社，2008。
④ 参见李立众《犯罪成立理论研究——一个域外方向的尝试》，法律出版社，2006，第 177 页以下。

立犯罪所必须具备的内部条件，是表明行为人在行为时的主观责任的有无以及轻重的事实"。值得注意的是，在这一体系中：①四要件体系中的犯罪主体被拆分，和行为主体有关的内容，特别是身份，被归入犯罪构成客观要件；和行为人主观责任有关的内容，比如责任年龄、辨认与控制能力，被归入犯罪构成主观要件。②正当防卫、紧急避险等排除犯罪性事由被归入犯罪构成客观要件，总称为"排除社会危害性事由"；无期待可能性则被归入犯罪构成主观要件。①

虽然黎宏声称其是对四要件体系进行改良，但从以上所述不难看出，这一体系其实已经从根本上远离了四要件体系。首先，虽然要件的划分标准仍然是客观和主观，但实际上这一体系的客观要件和主观要件基本上对应于不法和责任这两个范畴。其次，这一体系纳入了正当防卫、紧急避险、无期待可能性等犯罪成立的消极要件，并根据其与不法和责任的不同关系而分别予以归类。这明显和四要件体系对排除犯罪性事由的处理有本质上的不同。在四要件体系里，排除犯罪性事由的地位不定，处于一种看似在体系内、实际上又不在体系内的尴尬境地；同时，四要件体系也没有在排除犯罪性事由的内部再作类别划分。最后，客观要件在先、主观要件在后的要件顺序体现了阶层化的取向，加之这一体系内的客观要件大体上对应于不法、主观要件大体上对应于责任，这就在实质上与不法在先、责任在后的阶层体系相一致了。

陈兴良提出了"罪体—罪责—罪量"的阶层化体系。②"罪体是犯罪构成的客观要件，指刑法分则条文规定的、表现为客观外在要素的不法构成要件"；③"罪责意味着行为人主观上的罪过，是在具备罪体的前提下行为人主观上所具有的可归责性"；④"罪量是在具备犯罪构成本体要件的情况下，表明行为对法益侵害程度的数量要件"。⑤ 值得注意的是，陈兴良将传统的犯罪主体要件予以分解，分别处理为罪体要件中的主体要素和罪责要件中的罪责排除事由；将传统上属于排除犯罪性事由但在四要件体系中难

---

① 参见黎宏《刑法学总论》，法律出版社，2016，第 66 页。
② 参见陈兴良《本体刑法学》，中国人民大学出版社，2011。
③ 陈兴良《本体刑法学》，中国人民大学出版社，2011，第 182 页。
④ 陈兴良：《本体刑法学》，中国人民大学出版社，2011，第 272 页。
⑤ 陈兴良：《本体刑法学》，中国人民大学出版社，2011，第 339 页。

以定位的正当防卫、紧急避险，以及传统上被归为犯罪主观方面的违法性认识错误，分别处理为罪体要件中的罪体排除事由、罪责要件中的罪责排除事由。① 从其实质内容不难看出，"罪体—罪责—罪量"体系实际上是一种对三阶层体系进行改良而构建的阶层化体系。

张明楷提出了"不法—责任"的两阶层体系。② 这一体系的提出经历了一个演变的过程。起初张明楷主张，犯罪构成由客观（违法）构成要件与主观（责任）构成要件组成；客观构成要件表明行为具有法益侵害性，可以称为违法构成要件，其中包括了违法性阻却事由；主观构成要件表明行为具有非难可能性，可以称为责任构成要件，其中包括了有责性阻却事由。③ 也就是说，这一体系的内部构造其实是：客观构成要件符合性—违法性阻却事由—主观构成要件符合性—有责性阻却事由。后来，张明楷明确抛弃了"客观构成要件"、"主观构成要件"的表述，而直接以"不法"、"责任"来表述其犯罪论体系的具体要件，其体系的内部构造也相应变为"构成要件符合性—违法阻却事由—积极的责任要素—消极的责任要素"。④ 这一变化自然与其所主张的"以违法与责任为支柱构建犯罪论体系"⑤ 有着极大的关系。

周光权提出了"犯罪客观要件—犯罪主观要件—犯罪排除要件"的三阶层体系。犯罪客观要件主要讨论实行行为、危害后果、因果关系以及行为的时间、地点、方式等反映犯罪客观方面的构成要件要素；犯罪主观要件主要讨论故意、过失、认识错误、无罪过的事件以及动机、目的等构成要件要素；犯罪排除要件则研究违法阻却事由和责任阻却事由。⑥ 也就是说，这一体系的内部构造其实是"犯罪客观要件—犯罪主观要件—违法阻却（排除）事由—责任阻却（排除）事由"。⑦ 这里需要指出的是，周光权认为，主观要件既是违法要素，也是责任要素，因此，这一体系和三阶

---

① 参见陈兴良《本体刑法学》，中国人民大学出版社，2011。
② 参见张明楷《刑法学》上，法律出版社，2016。
③ 参见张明楷《刑法学》，法律出版社，2007，第98页。
④ 参见张明楷《刑法学》上，法律出版社，2016。
⑤ 参见张明楷《以违法与责任为支柱构建犯罪论体系》，《现代法学》2009年第6期。
⑥ 参见周光权《犯罪论体系的改造》，中国法制出版社，2009，第281页。
⑦ 周光权的犯罪论体系与前田雅英的犯罪论体系在构造上比较相似，参见〔日〕前田雅英《刑法总论讲义》（第六版），曾文科译，北京大学出版社，2017。

层犯罪论体系一样，遵循了不法在先、责任在后，先判断是否存在违法阻却（排除）事由，最后评价有责性的位阶顺序。当然，这样的体系设计与其主张行为无价值论的理论立场有关。[①] 但是，如果主观要件既是违法要素，也是责任要素，那其实意味着在与犯罪排除要件中的违法阻却（排除）事由的关系上，就是责任在先而不法在后，这恐怕是这一体系所存在的些微瑕疵。

三 两种体系的差别

虽然在具体的要件要素上，阶层体系和四要件体系多有重合，但必须强调的是，阶层体系并不是对四要件体系的要件要素进行重新组合和排列，而是在根本上与之有差别。

首先，两种体系用于区分要件的标准是不一样的。四要件体系区分要件的基本标准是客观和主观的区分，阶层体系的基本标准则是不法和责任的区分；前者是事实论的，后者则是规范论的。

就四要件体系而言，大体上，犯罪客体、犯罪客观方面可以归类为犯罪构成的客观要件；犯罪主体、犯罪主观方面可以归类为犯罪构成的主观要件。但是，就如学者所指出的，在四要件体系以客观和主观的区分来划分要件时，"客观"、"主观"的真实含义并不明确。比如，认为行为是客观要件，故意、过失是主观要件，这是从实践结构上说的；认为犯罪客体是客观要件，则是从存在论意义上说的；而责任年龄和责任能力在何种意义上属于"主观"，并不明确，因为责任年龄和责任能力并不内在于心灵。[②] 不难看出，四要件体系所谓的"客观"、"主观"其实是依据两个标准进行界定的：一是该要素是否内在于行为人的心灵，依此，行为、结果、因果关系（犯罪客观方面）、犯罪客体等属于客观要件，故意、过失、认识错误属于主观要件（犯罪主观方面）；二是该要素是否附着于行为人这一主体，依此，责任年

---

① 参见周光权《刑法总论》，中国人民大学出版社，2016，第89页。
② 参见张明楷《以违法与责任为支柱构建犯罪论体系》，《现代法学》2009年第6期。其实，"客观"、"主观"本来就是歧义丛生的概念。法理学层面的讨论，参见〔美〕波斯纳《法理学问题》，苏力译，中国政法大学出版社，2002，第8页以下。刑法学层面的讨论，参见许玉秀《当代刑法思潮》，中国民主法制出版社，2005，第434页以下。

龄、辨认与控制能力、身份等（犯罪主体）就属于主观要件了。

与四要件体系不同，阶层体系实际上是把各个要件区分为不法（包括了构成要件符合性、违法性这两部分内容）和责任这两大范畴。显然，不法和责任是评价性范畴。首先，"责任"是对行为的非难可能性、可谴责性进行评价；其次，无论"不法"的含义是法益侵害还是规范违反，本质上都意味着，行为"与法秩序相矛盾，是不被法秩序允许和支持的，通俗地说，就是'不对的''错误的''不正确的'行为"。[1] 相应的，客观、主观要件或者要素并不分别一一对应于不法、责任要件或者要素。实际上，客观、主观要件或者要素只是用于进行不法、责任评价的材料。如此就能理解，在行为无价值论、规范违反说、主观违法性论的立场之下，不法阶层为什么可以包括主观要件或者要素。比如，故意、过失在犯罪论体系中逐渐演变为主观构成要件，从而成为主观的不法要素；而更多具有客观属性的无期待可能性就一直被定位为责任阻却事由，从而成为责任要素。

其次，两种体系在是否包含犯罪成立消极要件的问题上有差别。四要件体系是没有消极要件的犯罪构成体系，而阶层体系是兼顾积极要件和消极要件的犯罪论体系。

四要件体系一直坚持认为，犯罪构成是决定犯罪成立的唯一标准，而犯罪客体、犯罪客观方面、犯罪主体、犯罪主观方面都是积极要件。相对的，正当防卫、紧急避险等虽然在形式上位列四要件之后作为排除犯罪性事由而存在，但是，在体系定位上，通说一直认为正当防卫、紧急避险只是看似符合犯罪构成，但实质上是不符合犯罪构成的。也就是说，正当防卫、紧急避险等并未被当作犯罪成立的消极要件来看待。

与四要件体系不同，阶层体系一直都是积极要件和消极要件并存。其中，构成要件符合性阶层是积极要件，违法性阶层是消极要件（违法阻却事由），责任阶层则既有积极要件，也有消极要件（责任阻却事由）。此外，也有所谓的负面（消极）构成要件要素理论，其主要是将构成要件符合性和违法性这两个阶层合并为不法构成要件符合性这一个阶层，违法阻却事由成为负面的构成要件要素，从反面描述不法的内涵。[2] 可见，即便

---

[1] 车浩：《阶层犯罪论的构造》，法律出版社，2017，第122页以下。
[2] 参见黄荣坚《基础刑法学》上，元照出版有限公司，2012，第180页。

是不主张区分构成要件符合性和违法性的观点，也仍然维持了犯罪成立消极要件的存在。

"积极要件—消极要件"的体系安排体现了一种"原则—例外"的思维方式。其一，构成要件具有违法推定机能，即行为一旦符合构成要件，就可以推定行为具有违法性；如果存在正当防卫、紧急避险等情形，则推翻这一推定；如果不存在正当防卫、紧急避险等情形，则上述推定最终成立。其二，行为具备积极责任要素时，原则上就具有有责性；如果存在无违法性认识可能性、无期待可能性等事由，则例外地否定有责性。

再次，两种体系在各要件之间是否存在位阶性这一问题上有差别。四要件体系的各要件之间并无固定的、不可变动的要件顺序，而阶层体系必须严格遵循不法在先、责任在后，不法为责任之前提的位阶顺序。[①]

从本体论的角度来说，犯罪现象是主客观相统一的、不可分割的整体，犯罪构成是对犯罪的社会危害性的反映，因而犯罪构成本身也应当是相互联系、有机统一的整体，这是四要件体系一直坚持的基本立场。因此，严格说来，在四要件体系内部划分出各个要件，并对各个要件作出先后顺序的安排，其实是有悖于犯罪现象在本体论层面的整体论性质的。但是，囿于人类思维活动的特点和局限性，以及科学思维的支配性影响，在认识论层面又必须对犯罪现象进行分析，从而划分出各个成立要件，并对各个要件依次进行考察。[②] 这就是说，在四要件体系中，要件的先后顺序纯粹是一种出于思维方式上的考量而从外部施加的逻辑安排，其中并无内在的必然逻辑关系，因此各要件之间的先后顺序并不是固定不变、不可更改的。学者们既可以基于所谓司法发现的逻辑，主张"犯罪客体—犯罪客观方面—犯罪主体—犯罪主观方面"的要件顺序；也可以基于所谓犯罪发生过程的逻辑，主张"犯罪主体—犯罪主观方面—犯罪客观方面—犯罪客

[①] 陈兴良认为，犯罪成立要件之间是否存在位阶关系是三阶层与四要件之间的根本区别（参见陈兴良《刑法的知识转型【方法论】》，中国人民大学出版社，2012，第489页）。这一论断大体不错，但正如后文所述，阶层体系的位阶关系只能是不法在先、责任在后，不法为责任之前提的位阶关系，而不是客观在先、主观在后的所谓位阶关系。而且，如果我们认为位阶不同于顺序，并且位阶是要件之间固有的内在逻辑关系，那么，从根本上说，客观和主观之间是不存在位阶关系的。

[②] 与整体论相契合的思维方式是直觉，但显然，纯粹以直觉为基础的犯罪构成理论恐怕难以令人信服，在可操作性和可沟通性上也存在明显不足。

体"的要件顺序；甚至可以基于所谓的系统论思想，主张"犯罪主体—犯罪客体—犯罪主观方面—犯罪客观方面"的要件顺序。

与四要件体系形成对照的是，阶层体系的各要件之间，无论各要件的名称如何、要素如何划分，都遵循了不法在先、责任在后，不法为责任之前提的位阶顺序，从未颠倒，也不可颠倒。这一位阶性有两方面体现："就前一个要件与后一个要件的关系而言，存在着'即无后者，亦有前者'的关系；就后一要件与前一要件的关系而言，存在着'若无前者，即无后者'的关系。'即无后者，亦有前者'是指前一要件独立于后一要件，即使没有后一要件，前一要件也可以独立存在。'若无前者，即无后者'是指后一要件依附于前一要件，如果没有前一要件就不存在后一要件。"[①] 而且，这一位阶性并非人为的外在强加，而是有其固有的内在逻辑。首先，不法和责任大体上对应于如下两个层面的评价与判断：行为人的行为是不是对的或者正确的；行为人作出如此行为是否值得予以谴责，是否存在可予以谅解、宽宥的理由。其次，从实践理性的逻辑来看，上述两个层面的评价与判断，自然应以行为对错的判断为先，以行为人是否值得谴责、是否可予以宽恕的判断为后。也就是说，这样的内在固有逻辑决定了，必然且必须以不法为责任的前提，从而决定了必须是不法在先而责任在后。

最后，归根结底，两种体系体现了两种不同的思维。虽然四要件体系和阶层体系都属于具体的思维方法和评价标准，但四要件体系显然更偏向"本体论-认识论"的维度，而阶层体系更偏向"价值论-功能论"的维度。

就像前文已经提到的，在本体论的意义上，犯罪现象是主客观相统一的、不可分割的整体，而四要件体系要准确"反映"犯罪现象，于是就以客观和主观为划分要件的标准，各要件之间也是所谓"一荣俱荣，一损俱损"的有机统一关系，即各要件之间并不存在阶层体系那样的位阶性关系。同时，既然四要件体系要准确反映犯罪现象这一事实，而事实是无所谓积极或者消极的，其只有存在或者不存在，那么这就决定了四要件体系从自身逻辑上是拒绝所谓消极要件的。甚至犯罪的社会危害性这一明显属于价值评价范畴的概念，四要件体系与之也是"反映"和"被反映"的关

---

① 陈兴良：《刑法阶层理论：三阶层与四要件的对比性考察》，《清华法学》2017年第5期。

系，这明显是把价值论范畴予以认识论化的表现。总之，四要件体系有把价值（规范）评价"伪装"为事实认知的倾向。

阶层体系则自觉地认识到犯罪论体系作为价值（规范）评价范畴的本质，从而更多地从功能论的角度来建构和组织各个要件，即犯罪论体系的任务在于评价人的行为，维持规范的有效性或者保护法益，为刑法规范的司法适用提供一套可重复、可检验的方法和准则。于是，阶层体系划分要件的标准就是不法和责任这样的评价性范畴，并形成了"原则－例外"的要素考察思维方式。

四 余论

与20世纪80年代提出并完善四要件体系，从而建立起中国刑法学的基本"范式"，并随后进入"常规科学"研究阶段相类似，随着2000年前后三阶层体系的引入并逐步扩大影响，中国刑法学大体形成了与传统范式相并立的新的理论范式，且如今也已经进入了阶层犯罪论体系范式的"常规科学"研究阶段。[1] 期待可能性、客观归责、共犯的从属性等问题研究的展开，就是典型表现。

可以说，正是三阶层体系这一与四要件体系本质上不同的理论范式的引入，引发了中国刑法学重大而激烈的理论争鸣，为刑法学研究注入了新鲜血液，提升了刑法学研究的规范性、体系化程度与学术品质。而这一范式的引入，不得不说是刑法学的比较研究在其中起到了至为关键的作用。

从上述对改革开放40年犯罪构成理论研究的发展历程的简要梳理可以看出，比较法作为一个学科建制，或许在中国的法学版图中日渐边缘化，但其对于法学研究的基础性意义却日渐凸显。尤其是在当下这样一个日益多元化、全球化的世界里，通过对差异的理解来理解他人乃至理解自身，可谓是比较法在法学学科中应当担负起的任务与使命。[2] 这是因为：其一，

---

[1] 关于"范式"与"常规科学"之间的关系，参见〔美〕托马斯·库恩《科学革命的结构》，金吾伦、胡新和译，北京大学出版社，2012，第8页以下。

[2] 关于对差异的理解在刑事司法比较研究中的作用，参见〔意〕奈尔肯《比较刑事司法：理解差异》，李强译，清华大学出版社，2013。

后发国家的法学研究不能自外于世界,其发展的动力往往在于对外国法学理论的学习与借鉴,而这就要求学者们必须具备比较法的观念、视野与研究方法,如此才能正确、正当地学习与借鉴,并以此反观自身。其二,甚至一国学者所声称的本国特殊性,也必须在比较视野的映照下才能显现并得到检验,也才会具有更普遍的意义。

第一编　坚持、完善、构建中国特色的犯罪构成体系

建立具有中国特色的犯罪构成理论新体系[*]

何秉松[**]

摘　要：我国必须运用毛泽东思想中关于人民民主专政理论、严格区分和正确处理两类不同性质的矛盾的学说、刑事政策思想，坚持唯物论和辩证法，从中国实际出发，指导建立我国的犯罪构成理论。犯罪构成不是负刑事责任的基础，只有犯罪行为才是负刑事责任的唯一基础，而任何犯罪行为都必须是符合构成要件与行为的社会危害性的有机统一。

关键词：唯物论　辩证法　犯罪构成　犯罪行为　刑事责任

所谓犯罪构成理论，是指以刑法规定的犯罪构成要件为中心建立的犯罪论体系。它既是整个刑法总论的核心，又是刑法各论的理论基础，在刑法理论中占有十分重要的地位。因此，要开创刑法理论研究的新局面，创立具有中国特色的刑法理论，必须十分重视对犯罪构成理论的研究。

引言　我国犯罪构成理论的现状与展望

我国的犯罪构成理论是适应我国社会主义法制发展的要求，以苏联犯罪构成理论为蓝本建立起来的。从总的情况看，目前我国的犯罪构成理论基本上还是停留在20世纪50年代的理论水平上，从理论体系到基本观点

---

[*]　本文原载于《法学研究》1986年第1期。
[**]　何秉松，中国政法大学教授。

都没有重大的突破，更没有形成具有中国特色的犯罪构成理论。除了它不是总结我国实践经验建立起来的这个先天性的缺陷外，主要是由于20多年来我们完全中断了对它的研究，我们不仅对资本主义国家以及苏联和东欧诸国在犯罪构成理论上的最新发展知之不多，而且更重要的是，没有从我国的实际情况出发，从理论和实践的结合上对它进行深入的全面的研究。而近几年来则又忙于理论恢复工作和普及宣传，因此相关研究不可能有重大的进展和提高。这就使我国的犯罪构成理论研究工作不仅落后于其他国家，而且更大大落后于形势发展的要求。为了结束这种理论上的落后状态，首先必须对我国犯罪构成理论的发展前途和方向有个基本的估计，即它是否应当发展？能否有所发展？应当如何发展？

我认为，犯罪构成理论的基本点，就是根据刑法上明确规定的犯罪构成要件来建立犯罪论体系，解决罪与非罪、此罪与彼罪的界限问题。它的本质是依法定罪。当前，我国的社会主义法制建设已进入了新的历史阶段。发展社会主义民主，健全社会主义法制已成为我党坚定不移的基本方针，成为社会发展的必然要求。健全社会主义法制，一是要有法可依，二是要依法办事。从刑法方面说，一是要加强刑事立法工作，使我国的刑法典和其他刑事法律不断地趋于完善，二是要严格地依照刑法的规定来定罪量刑。在这两个方面，犯罪构成理论都能起到积极的重要的作用。它不仅有助于在刑事审判实践中正确地依法定罪量刑，也有助于刑事法律的改进和完善。因此，从本质上看，它是与我国健全社会主义法制的客观要求相适应的，是符合我国历史的发展方向的。它应当发展，而且必然会大有发展。

但是，也应当看到，我国的犯罪构成理论不是直接在我国的土地上土生土长的，而是把苏联的犯罪构成理论移植过来的。它并不完全符合中国的国情，不完全符合我国加强社会主义法制、打击敌人、惩罚犯罪、保护人民的要求。1957年以后对犯罪构成理论采取全盘否定、一棍子打死的办法，无疑是错误的，但是当时的批判也包含着某些合理的成分，也确实反映出这种理论本身固有的缺点。在这次严厉打击刑事犯罪的斗争中，也同样暴露出这一理论在实际运用中存在的某些问题。这些缺点和问题是多方面的，但是集中到一点，就是在不同程度上忽视了我国的实际情况，特别是忽视了新中国成立30多年来同犯罪作斗争的行之有效的基本经验。这些经验主要是：定罪量刑必须从形势出发，严格区分两类不同性质的矛盾，坚决执行党的路线方针政策，讲究斗争策略，贯彻区别对待的原则以及实行原则性与灵活性相结合和具体问题具体分析等。有的同志甚至把这些基本经验与犯罪构成理论对立起来，把它们作为与犯罪构成理论不相容的东西而加以排斥。似乎犯罪构成的四个要件就是一切，其他都是无关紧要的。这也是一种片面性。如果说在过去，"左"的错误思想和法律虚无主义曾导致犯罪构成理论一度衰亡，那么，在今天，如果仍然不注意从我国的实际情况出发，不注意总结我国同犯罪作斗争的基本经验并把它理论化、系统化，从而丰富我国的犯罪构成理论，那么它也会逐步丧失其生命力而归于衰亡。

因此，我们应当在马列主义、毛泽东思想的指导下，从中国的实际出发，根据我国同犯罪作斗争的基本经验来检验、改造和丰富、发展现有的犯罪构成理论，建立新的符合我国实际情况的、具有中国特色的犯罪构成理论，这就是我国犯罪构成理论发展的前途和方向。

一　建立犯罪构成理论新体系的初步设想

建立犯罪构成理论新体系，首先要有正确的指导思想，这就是马列主义、毛泽东思想。毛泽东思想对建立我国犯罪构成理论的指导作用是十分直接和明显的。其中最重要的是以下几个方面。

（一）关于人民民主专政的理论

人民民主专政理论的基本点是把对人民实行民主和对敌人实行专政这两个方面有机地结合起来，只有绝大多数人民享有高度的民主，才能够对极少数敌人实行有效的专政，只有对极少数敌人实行有效的专政，才能充分保障绝大多数人民的民主权利。以这种思想为指导来建立我国的犯罪构成理论，就应当使民主与专政这两个方面在犯罪构成理论中得到有机的完善的统一，就不能片面地强调犯罪构成理论的保护民主的作用，把刑法上关于犯罪构成要件的规定理解为"保护人权的大宪章"、"保护犯人的大宪章"等，而应当首先把它们理解为打击敌人、惩罚犯罪、保护人民的锐利武器。因为如果我们不能有效地打击反革命和刑事犯罪的破坏活动，人民的民主权利甚至生存权利就会受到严重的危害。事实证明，如果我们离开坚持人民民主专政这个基本原则，就必然会使犯罪构成理论走入歧途。

同样，我们在犯罪构成理论中也不能片面地强调专政而不注意保护民主、保障人权。我们历来的方针是有反必肃、有错必纠，在同反革命分子和其他刑事犯罪分子作斗争中，特别强调"准"字，不放纵一个坏人，也不冤枉一个好人。我国的犯罪构成理论必须认真贯彻这个思想，认真研究犯罪的量的和质的规定性，按照政策和法律的规定，从理论上阐明犯罪的规格，划清罪与非罪的界限。

(二) 关于正确处理人民内部矛盾的学说

毛泽东同志关于正确处理人民内部矛盾的学说，是制定和执行我国刑事政策和刑事立法的重要指导思想，也是我国犯罪构成理论的重要指导思想。有的同志否认两类矛盾的学说对犯罪构成理论的指导作用，这是不正确的。

罪与非罪固然是刑法上一种质的区别，但是两类矛盾也同样是刑法上一种质的区别。而且这种质的区别在刑事政策上和刑事法律上都具有十分重要的意义。由于正确区分和处理两类不同性质的矛盾是我们党解决社会矛盾的总政策，因此，在刑法上两类矛盾这种质的区别，在一定意义上是高于并制约着罪与非罪这种质的区别的。离开了对两类矛盾的研究和分析，就不可能从理论上和实践上正确解决罪与非罪的问题。事物的质是多方面的，应当根据实践要求来把握事物的质的一定方面。同一行为既可以从罪与非罪的方面来把握，也可以从两类矛盾方面来把握。把这两者结合起来，是从刑法上正确认识和评价行为的性质的客观要求。

分清两类矛盾为的是正确处理，不同质的矛盾必须用不同质的方法解决，敌我矛盾用专政的方法解决，人民内部矛盾用民主的方法解决。当然，人民中间的犯罪分子也要受到法律制裁，但这只是用民主方法解决人民内部矛盾的一种辅助手段。绝不允许混淆或颠倒两类不同性质的矛盾，更不容许把专政的矛头指向人民。应当以这些思想为指导来建立犯罪构成理论，解决罪与非罪的界限和依法定罪问题。

(三) 关于政策和策略

毛泽东同志有许多精辟的论述。其中与犯罪构成理论关系最密切的是:"必须根据政治形势、阶级关系和实际情况及其变化制定党的政策,把原则性和灵活性结合起来。……对敌人要区别对待、分化瓦解,实行利用矛盾、争取多数、反对少数、各个击破的策略;……对被打倒的反动阶级成员和反动分子,只要他们不造反、不捣乱,都给以生活出路,让他们在劳动中改造成为自食其力的劳动者。"[1] 从这些策略思想出发,我们在犯罪构成理论中确定犯罪构成要件,划分罪与非罪的界限以及依法定罪时,就不能局限于原来犯罪构成理论所谓的成立犯罪必须具备犯罪主体、犯罪主观方面、犯罪客体、犯罪客观方面这四个方面的要件,而是必须从形势出发,根据党的政策和策略来解释和运用刑事法律,并坚持原则性与灵活性相结合的原则。在划清罪与非罪的界限时,特别要注意讲究斗争策略,实行区别对待,争取多数,打击少数,以有利于孤立、分化、瓦解各种犯罪分子。对成立犯罪的条件必须有统一的明确的标准,但是,具体运用这些条件来定罪,还必须从案件的具体情况出发,因时因地制宜,灵活掌握。我们的犯罪构成理论,必须充分体现这些策略思想。

(四) 关于唯物论和辩证法

唯物论和辩证法,是建立我国犯罪构成理论的最根本的指导思想。

坚持唯物论和辩证法,首先要坚持实事求是。实事求是的立足点是客观实际情况。建立我国的犯罪构成理论,必须从中国的客观实际出发,从中国的国情出发。中国的国情是什么?首先,我们是一个坚持四项基本原则的社会主义国家,这是最大的客观实际。因此,我们的犯罪构成理论,首先必须是符合四项基本原则的。违背或反对四项基本原则的理论,可以是任何别的什么理论,但绝不可能是具有中国特色的犯罪构成理论。

从中国的实际出发,就要从我国新的历史时期的总任务出发,我国的犯罪构成理论必须服务于社会主义现代化建设这个总任务。要从有利于完成党和国家的总任务出发,来研究解决犯罪成立的条件和罪与非罪的界限问题。例如在我国实行对外开放和对内搞活经济这种新的历史条件下,我们一方面必须坚决打击经济领域的犯罪活动,以保证对外开放、对内搞活经济沿着社会主义道路向前发展,但是,另一方面又必须严格区分经济上

---

[1] 《三中全会以来重要文献选编》下,人民出版社,1982,第830页。

犯罪的界限，不能把搞活经济的人，特别是不能把那些勇于改革而又有某些缺点错误的人作为经济犯罪定罪。犯罪构成理论只有在理论上重视和解决这个问题，才能符合社会主义现代化建设总任务的要求。

从中国的实际出发，还要从我国现阶段的阶级斗争状况出发。在我国，在剥削阶级作为阶级被消灭以后，阶级斗争已经不是主要矛盾，但是阶级斗争还将在一定范围内长期存在，在某种条件下还可能激化。我国犯罪构成理论必须正确反映这种阶级斗争的基本状况，并以此为出发点来论述犯罪行为的社会危害性，犯罪行为的阶级性质和矛盾性质，同犯罪作斗争的政策策略以及罪与非罪的界限等问题。

实事求是的着眼点，在于把握事物的内部联系，认识客观事物的规律。我们必须从中国的实际情况出发，总结我国同犯罪作斗争的经验，找出依法定罪的客观规律，把它理论化、系统化，建立符合我国刑事立法和刑事审判工作需要的犯罪构成理论。

坚持唯物论和辩证法，就要坚持唯物辩证法的宇宙观，反对形而上学。现在的犯罪构成理论的一个基本缺陷，就是忽视了唯物辩证法的基本要求，形而上学的东西太多。例如，把犯罪分为主体、主观方面、客体、客观方面四个并列的要件，只讲分析，不讲综合，这就割裂了它们之间的内部联系，破坏了犯罪行为的整体性；把犯罪构成要件作为构成犯罪的固定不变的模式，把罪与非罪的界限简单化、绝对化；不从形势出发，不从斗争的全局出发，孤立地从某一行为是否具备犯罪构成来定罪，只见部分，不见全体，只见树木，不见森林；把犯罪构成理论局限于概念法学的范畴，只从理论上阐述构成犯罪的条件，而不涉及它在实践中的具体运用，不从理论上解决如何依法定罪的问题，把理论与它的实际运用割裂开来，如此等等。我们必须反对和肃清这些形而上学的思想观点，用联系的观点和发展的观点来研究和分析犯罪构成要件，分清罪与非罪的界限，解决依法定罪的问题，以唯物辩证法为指导来建立我国的犯罪构成理论。

关于建立具有中国特色的犯罪构成理论新体系，初步设想如下：

犯罪构成理论新体系（提纲）

序言
第一节　研究犯罪构成理论的意义和方法

第二节 我国犯罪构成理论的历史与现状

第三节 以马列主义、毛泽东思想为指导,建立具有中国特色的犯罪构成理论

第一编 犯罪与刑事责任

第一章 犯罪概念

第一节 我国刑法关于犯罪概念的规定

犯罪是危害社会的、符合构成要件的行为。社会危害性与构成要件符合性是任何犯罪都必须具备的统一不可分割的两个特征。

第二节 犯罪概念与类推

第二章 犯罪构成

第一节 犯罪构成的概念

犯罪构成是我国刑法所规定的构成某一犯罪所必须具备的关于行为和行为主体的诸要件的总和。

第二节 犯罪构成要件的确定

确定构成要件的重要性和复杂性。

确定构成要件的原则和方法(根据刑法分则以及与它有密切关系的总则条文规范来确定;根据有关的立法解释和司法解释来确定;根据党和国家的政策来确定;根据审判实践经验来确定)。

社会主义法律意识对确定犯罪构成要件的作用。

第三章 犯罪构成的行为要件

第一节 行为在犯罪构成中的地位和意义

行为是犯罪构成的核心。行为要件是贯彻区别对待,划分罪与非罪、此罪与彼罪的主要根据。

第二节 行为的概念

行为是意志的外部实现,是意识作用的外化。行为是行为人的主观意志及其客观外部表现的不可分割的统一体。任何犯罪构成的行为都是主客观要件的统一。

行为的两种形式(作为和不作为)。

第三节 行为的主客观要件

行为的主观要件(故意、过失、目的、动机等)。

行为的客观要件（行为的方式方法及其所造成的结果或可能造成的结果，行为侵害的客体或对象，行为的情况等）。

第四节 关于因果关系问题

第五节 行为的某些特殊要件

情节恶劣。情节严重。情节特别严重。数额较大。数额巨大等。

第四章 犯罪构成的行为主体要件

第一节 行为主体在犯罪构成中的地位和意义

行为主体与行为的联系和区别。应受惩罚的是行为，但受到惩罚的是行为主体。行为主体要件是贯彻区别对待政策，划分罪与非罪、此罪与彼罪的一个重要方面。

第二节 行为主体的一般要件

责任年龄。责任能力。

第三节 行为主体的某些特殊要件

身份犯。首要分子和惯犯。

第五章 犯罪构成的特殊形态

第一节 犯罪的预备、未遂的犯罪构成

第二节 共同犯罪的犯罪构成

第六章 犯罪构成与罪数

第一节 犯罪构成是划分罪数的基础

第二节 惯犯、结合犯、牵连犯、吸收犯的犯罪构成

第七章 刑事责任

第一节 刑事责任的概念

刑事责任是犯罪者对自己所实施的犯罪行为应负担的法律责任。它是人民法院根据刑事法律对犯罪行为所作的否定评价和对犯罪者所进行的谴责。

刑事责任与刑罚的关系和区别。

第二节 刑事责任的根据

刑事责任的唯一根据就是某人所实施的犯罪行为。无犯罪则无责任，这是社会主义法制不可动摇的原则。犯罪构成不是刑事责任的根据。

第三节 刑事责任的理论

资产阶级的刑事责任论（道义责任论与社会责任论等）。

建立在马列主义关于意志自由和决定论学说基础上的我国刑事责任论。

刑事责任的理论与刑事政策。

第二编　定罪

第八章　定罪的概念和意义

第一节　定罪的概念

定罪是人民法院根据案件事实和依照刑事法律确定某人的行为是否构成犯罪或者犯了何种罪。

第二节　定罪的意义

第九章　定罪的基本原则和基本要求

第一节　定罪的基本原则

"事实是根据，法律是准绳"是定罪的基本原则。

第二节　定罪的基本要求

定罪的基本要求是：事实清楚，证据确凿，定性准确，不枉不纵。

第十章　如何正确定罪

第一节　正确定罪的关键

正确定罪的关键是查明某人所实施的行为是否具备社会危害性和符合犯罪构成要件。

第二节　正确定罪必须从形势出发

第三节　正确定罪必须严格区分和正确处理两类不同性质的矛盾

第四节　正确定罪必须以党和国家的方针政策为依据

第五节　正确定罪必须准确运用法律条文

二　犯罪构成理论新体系的特点及有关理论问题

犯罪构成理论新体系的建立，意味着整个理论体系内部结构的根本性改变，也意味着对许多传统的理论观点作重大的修正，还意味着对某些新问题和新内容作出新的理论论证。这就要求创立一系列新的范畴、概念和新的理论观点，并使它们处在一个合乎逻辑的、具有内在必然性的理论结构之中。这样一个复杂而又艰巨的任务，显然是不可能在短期内完成的。这里只对新体系的最主要的特点作简要的说明。

犯罪构成理论新体系的第一个特点，是把犯罪构成符合性（即行为符合犯罪构成要件）作为犯罪概念的一个重要组成部分，作为犯罪成立的一个基本条件。这样，就从根本上改变了刑法理论上关于犯罪概念与犯罪构成的传统关系，把这两个独立的、并列的部分结合为一个有机的统一整体，同时也就从根本上改变了犯罪构成的地位和意义。犯罪构成不再是负刑事责任的基础，只有犯罪行为才是负刑事责任的唯一基础。而任何犯罪行为都必须是行为符合构成要件与行为的社会危害性的有机的统一。因此，定罪就不是简单地"认定某一行为是否和刑事法律所规定的犯罪构成要件完全符合"，而是一个复杂的分析判断过程，需要全面地考虑各个方面的情况和各种复杂的因素，需要考虑形势、两类矛盾、党的方针政策等。这样一来，犯罪构成理论就不再局限于对固定不变的犯罪构成四个要件的分析，而是可以容纳许多生动丰富的内容，彻底清除概念法学的影响。所以这个改变是根本性的、全局性的。

犯罪构成符合性是犯罪概念的重要组成部分，这是我国刑法典本身的要求。刑法第10条明确规定，一切危害社会的行为，依照法律应当受刑罚处罚的，都是犯罪。这个概念一方面指出犯罪是危害社会的行为，深刻地揭露了犯罪的阶级实质；另一方面又指出，犯罪是依照法律应当受刑罚处罚的行为，强调在我们国家什么行为是犯罪，只能由体现人民意志的法律来规定，而不能由任何人擅自规定。这体现了社会主义法制的原则。根据刑法第10条的规定，任何犯罪都必须是既有社会危害性又依法应当受刑罚处罚的行为，都必须是这两个方面的结合和统一。所谓依法应当受刑罚处罚的行为，就是指刑法明文规定为犯罪的行为。既然我们在刑法理论上把这些刑事法律上规定的构成各种犯罪行为的要件称为犯罪构成，那么，所谓依法应当受刑罚处罚的行为的基本含义，就是指符合犯罪构成要件的行为，所以，应当把行为符合构成要件作为犯罪概念的组成部分。

根据刑法第10条的规定，犯罪的基本特征（或基本条件）只有两个，即行为的社会危害性和行为符合犯罪构成要件。从一定意义上说，这两者的关系是内容与形式的关系，是犯罪行为的社会政治内容与必要的法律形式的统一，缺少任何一个方面都不是犯罪。如果某一行为虽然形式上符合犯罪构成，但是情节显著轻微危害不大，那就是徒具形式而缺乏内容，不能构成犯罪。反之，虽然行为的社会危害性达到了应受惩罚的程度，但是法律没有明文规定，这就缺乏必要的法律形式，也不是犯罪。在这种情况下，要把这种行为作为犯罪论处，就必须具备类推的条件，也就是说，必须为它找到最类似的法律形式。如果找不到这种必要的法律形式，就不能认为是犯罪。由此可见，行为符合构成要件与行为的社会危害性都是犯罪概念统一不可分割的组成部分，把前者与后者割裂开来，并把它独立于犯罪概念之外作为独立的负刑事责任的基础，是不符合我国刑法规定的，是错误的。

犯罪构成理论新体系的第二个特点是，增加了"犯罪构成要件的确定"这一节，集中地介绍确定犯罪构成要件的原则和方法。

众所周知，刑法上的犯罪构成要件，主要是由分则条文中的罪状规定的。罪状有简单罪状、叙明罪状、引证罪状、空白罪状之分。简单罪状只写犯罪的名称而没有叙述犯罪的特征，引证罪状和空白罪状本身也都没有叙明犯罪构成的特征，而是要根据所引用的同一法典的其他条款或要参照其他法律法令的规定来决定。叙明罪状虽然在条文中较详细地叙述了犯罪构成的特征，但是也往往需要作进一步的解释才能确定。因此，仅仅根据法律条文本身的规定并不能解决犯罪构成要件问题，必须对法律条文进行具体的解释。

正确确定犯罪构成要件是划分罪与非罪的界限和正确定罪的首要条件。审判实践证明，如果对各种犯罪构成要件的确定不准确，就必然会混淆罪与非罪的界限，该捕不捕、该判不判或错捕错判，以致放纵罪犯或冤枉好人，破坏社会主义法制。因此，我们在犯罪构成理论中必须把它作为一个重要问题专门加以研究，从理论上明确解决这个问题的原则和方法，找出规律性的东西来建立新的理论体系。

还有关于社会主义法律意识在确定犯罪构成要件中的作用，也是一个十分重要的理论问题。中央在关于严厉打击刑事犯罪活动的指示中强调指出，不能把法律条文的含义硬往有利于罪犯而不利于人民方面去解释，讲的就是这个问题。我们必须在理论上解决这个问题，使人们能有正确的立场观点，根据社会主义法律意识来理解和解释法律，正确确定各种犯罪的构成要件。

犯罪构成理论新体系的第三个特点，就是打破了传统的把犯罪构成分为四个要件的四分法体系，对犯罪构成概念及其要件作了重要的修正。主要是两点：①把犯罪构成要件分为行为要件和行为主体要件这两个既有区别又有密切联系的部分。②强调行为的整体性和不可分割性，把行为的主客观要件合为一体，总称为行为要件。与这两点修正相适应，把犯罪构成概念也修正为："犯罪构成是我国刑法所规定的构成某一犯罪所必须具备的关于行为和行为主体的诸要件的总和。"

为什么要把犯罪构成分为行为要件和行为主体要件两大部分？这是因为这种区分比起传统的四分法更科学地反映了犯罪构成的内部结构。一方面，任何犯罪的内部构成都不是四个要件的并列，而是以行为为核心组成的整体，在这个整体中行为的主体要件只有从属的意义。但是，另一方面，行为的主体要件在犯罪构成中又有其相对独立性，有它独立的意义。这就是提纲所说的："行为主体要件是贯彻区别对待政策，划分罪与非罪、此罪与彼罪界限的一个重要方面。"这是我国刑事政策和刑事立法的一个鲜明特点。在行为人已经实行某种违法行为的前提下，不仅要根据行为的性质、情节、危害性大小实行区别对待，而且也要根据行为主体的具体情况实行区别对待。这种区别对待不仅表现在量刑上，也表现在定罪上，即表现在是否作为犯罪论处上。资产阶级刑法中长期存在古典学派与社会学派关于应受惩罚的是行为还是行为人的争论，这是把行为与行为人加以割裂并对立起来的结果。我国的刑法则既承认它们的区别，也注意它们的联系。应受惩罚的当然是行为，没有行为就不构成犯罪，这是社会主义法制的要求。但是由于受到惩罚的是行为人，所以在行为人实施了一定的违法行为的前提下，就不能不考虑行为人的具体情况来决定是否应以犯罪论处而给予惩罚。以行为为核心并结合行为主体的具体情况来解决罪与非罪、此罪与彼罪的界限，这是我国刑事政策和刑事立法的传统。我国的犯罪构成理论理所当然地要正确反映这个传统。

至于为什么要把行为的主客观要件合为一体，总称为行为要件并强调行为的整体性和不可分割性，这只不过是因为事物的客观面貌就是如此。任何行为，无论是故意或过失的行为，都是人的意志的行动，是意志的外部实现或表现。或者按照现代心理学的说法，是意识作用的外化。但是，意志绝不是抽象的概念，而是有内容的，它包括故意、过失、目的、动机等主观因素在内。行为实施的决定，行为方式的选择，行为所指向的对象或目标，行为的方法步骤等都是由意志所决定的。意志的内容支配行为并构成行为的一个本质要素，离开了意志的内容就不可能真正理解行为的性质和意义。某甲举刀向某乙砍去，如果离开意志的内容，就无法说明这是一种杀人行为还是一种伤害行为。因此，绝不能把作为意志外部表现的行为与意志的内容割裂开来，而应当把行为作为一个主客观相结合的整体来把握。事实上，刑法上规定的各种犯罪行为，都是包括主客观因素在内的，即都是以特定的故意或过失等内容为其本质要素的行为。传统的犯罪构成要件四分法，虽然也强调这四个要件是有机统一、密切结合的，但是，由于把犯罪构成分为四个并列的要件，就不可避免地要把它们割裂开来。现在刑法理论上某些比较流行的说法，例如说某一行为在客观上是反革命行为，但由于在主观上缺乏反革命目的，所以不构成反革命罪，就是把统一的行为加以割裂的表现。既然主观上没有反革命目的，怎么又说这一行为是反革命行为呢？应当强调指出，我国刑法分则或其他刑事法律中对某些犯罪规定了行为的某些特殊要件，如情节严重、情节特别严重、危害特别严重、情节恶劣、数额巨大、数额特别巨大等。这样的条文很多，可以说是我国刑法的一个特点。这些特殊要件，都是决定事物质量的数量界限，它们或者是决定罪与非罪的数量界限，或者是决定严重犯罪与一般犯罪的数量界限。而且这些界限本身，又都是主客观因素的统一，都是从行为的整体性来规定的，是不能分割的。如果按照犯罪构成要件四分法的体系，就无法加以处理，因为不可能把它们归属于四个要件的任何一个方面。现在有的同志，由于受犯罪构成要件四分法的传统观念的束缚，或者不承认这些要件是"犯罪构成要件"，或者把它们归属于客观方面要件，都是不正确的。例如，现在审判实践认为，盗卖婴儿、幼儿多人或多次的，是一种"情节特别严重"的拐卖人口行为。难道能把这类行为只归属于客观方面要件，或者认为它们不是"犯罪构成要件"吗？

当然，强调行为的整体性和不可分割性，并不否认对行为的主客观要件可以而且应当进行具体的分析。但是分析并不是割裂。把犯罪构成分为并列的四个要件，而又不把它们作为一个整体来把握，不分析各个要件在整体中的地位以及它与其他要件的内在联系，这就是割裂。正确的方法应当是：把主客观方面的各个要件作为行为这个有机整体的一部分来把握，把分析与综合结合起来，才能正确认识行为的性质。

犯罪构成理论新体系的第四个特点，是增加了"刑事责任"一章，专门论述刑事责任的概念及其基础以及关于刑事责任的理论问题。

刑事责任是我国刑法明文规定的。刑法第二章第一节的标题就是"犯罪和刑事责任"。刑法总则中许多条文都提到刑事责任问题，可是我们在理论上对这个问题却缺乏专门的研究，这是很不应该的。

刑事责任的理论与审判实践中对具体案件的定罪量刑以至刑事政策的制定都有十分密切的关系。例如，近几年在实践中有一种所谓"犯罪有理论"，这种理论的基本点就是把犯罪分子实施犯罪行为的原因归于客观因素，忽视或否认他们犯罪的主观因素，从而否认犯罪分子的刑事责任。甚至对在天安门前驾车撞死撞伤多人的姚锦云这样罪恶严重的罪犯，也有人用所谓"犯罪有理论"为她开脱罪责。可见，这种观点影响之深、危害之大。这些情况说明，必须迅速建立一种符合中国国情的马克思主义的刑事责任理论，以消除各种各样的错误观念，指导我们同犯罪作斗争。此外，从刑事政策来看，某些刑事政策的制定与解释，也要求我们迅速建立马克思主义的刑事责任理论。

犯罪构成理论新体系的第五个特点，就是增设了"定罪"这一编，以集中研究解决定罪的概念、意义，定罪的基本原则和基本要求以及正确定罪的方法等问题。

定罪是一个复杂的分析判断过程。马克思曾经指出，"法律是普遍的。应当根据法律来确定的案件是单一的。要把单一的现象归结为普遍的现象就需要判断。"[①] 因此，用机械地执行法律的方法，用形而上学地分析犯罪构成各个要件是否完全符合的方法是不可能正确定罪的，是不可能使定罪合乎立法精神的。这里需要强调的是马克思主义的唯物辩证法，我们应当以它为指导，从中国实际出发，创立具有中国特色的完整的定罪理论。

新中国成立以来，我们在审判实践中创造了丰富的定罪经验，提纲中称"事实是根据，法律是准绳"，从形势出发，严格区分和正确处理两类

[①] 《马克思恩格斯全集》第1卷，人民出版社，1956，第76页。

不同性质的矛盾等都是一些行之有效的、必须肯定的基本经验，它们是符合马列主义、毛泽东思想和我国的实际情况的。但是，这些经验，一方面有待于进一步理论化、系统化，另一方面，由于它们基本上是在我国法制尚不健全的历史条件下形成的，所以又必须根据当前健全社会主义法制的要求，进一步发展和提高。中心是要解决依法定罪问题。所以，提纲中强调"正确定罪的关键是查明某人所实施的行为是否具备社会危害性和符合犯罪构成要件"。因为这是依法定罪的最基本的条件。在定罪中紧紧把握住这个中心环节，并与从形势出发等基本经验结合起来，把它们融合为一体，就能够比较正确地解决定罪问题。

前面已经讲过，行为具备社会危害性和符合犯罪构成要件是我国刑法第 10 条规定的犯罪的两个密切联系、不可分割的基本特征（或基本条件）。这是划分罪与非罪的原则界限，是依法定罪的准绳。但是这个界限，并不是绝对的、固定不变的。这是因为一方面，它们本身就具有灵活性和可变性，无论是社会危害性还是犯罪构成要件都是如此；另一方面，当把它们作为定罪的准绳来衡量复杂多样的案件事实时，还要受到当时的客观形势和各种复杂的客观情况的制约，又必须因时因地灵活运用。因此，我们不承认有什么绝对分明的、固定不变的罪与非罪的界限，更不承认只要把犯罪构成要件作为一个固定不变的模式就可以准确无误地解决定罪问题。这类形而上学的思维方法和做法是与唯物辩证法格格不入的。

列宁在论述法制的统一性时讲过："受理检察长提出的违法案件的是地方政权，它一方面必须绝对遵守全联邦统一规定的法律，另一方面，在量刑时必须考虑到一切地方的情况，在量刑时它有权说，某某案情无疑是违法的，但经地方法院查明，当地人习以为常的某种情况，迫使法院承认必须对某某人从宽处分，甚至宣告某某人无罪。"[①] 列宁在这里讲的是原则性与灵活性相结合、因地制宜地适用法律。这不仅没有破坏法制的统一，反而是维护社会主义法制所必需的。

提纲还提出"正确定罪必须准确运用法律条文"，这是鉴于在审判中存在在定罪时适用刑法总则和分则条文不当的情况。应当从理论上总结这方面的规律，阐明适用法律条文的规则和方法，以有助于正确定罪。

---

① 《列宁全集》第 33 卷，人民出版社，1957，第 320 页。

除了上述五个方面的特点外，犯罪构成理论新体系还有一些较为次要的特点。例如，用犯罪构成的特殊形态来解释犯罪的预备、未遂和共犯。在这些问题上，原来的犯罪构成理论的解释方法是有缺陷的。例如，它一方面强调任何犯罪的成立都必须具备四个要件，缺一不可，但是另一方面又说，犯罪的预备行为只有主观要件（即故意）而缺乏客观要件。这种观点只不过是用文字说明了苏联特拉依宁教授的著名公式：预备行为＝故意＋不是（犯罪）构成因素的行为。既然任何犯罪的成立都必须具备四个要件，缺一不可，为什么预备行为缺乏犯罪构成客观方面的要件，又被认为是犯罪呢？这在理论上不是自相矛盾吗？对共犯中的教唆未遂的解释也存在同样的问题。对这些问题，如果用犯罪构成的特殊形态来解释，也许可以得到更合理的说明。又如关于因果关系问题，提纲并没有把它列入犯罪构成要件之内，而是把它作为一个独立的理论问题论述的。因为因果关系是指原因与结果这两种现象之间的联系，这种联系本身并不是犯罪构成要件。刑法上作为构成要件的只是行为及其造成的危害后果。在刑法上论述因果关系，也只是为了在理论上阐明如何确定某人的行为是否已造成或是否可能造成某种危害后果。因此，不应把它作为犯罪构成要件来论述。

综上所述，犯罪构成理论新体系的提出必然引起许多理论观点的变化，必然带来许多有待进一步研究和探索的新的理论问题。如果本文能成为引玉之砖，在建立具有中国特色的犯罪构成理论中起一点促进作用，这就是笔者的最大心愿了。

主客观要件相统一是我国犯罪构成理论的核心[*]

陈泽杰[**]

摘 要：犯罪构成理论是我国刑法理论的重要组成部分。犯罪构成是个理论概念，主客观要件相统一的原理是犯罪构成理论的核心。主客观要件相统一的原理，也是历史经验的总结，特别是新中国成立以来正反两方面历史经验的总结。我国刑法总则和分则条文有关犯罪和刑事责任的规定都体现了主客观要件相统一的原理。"主客观相一致"和"主客观相统一"的提法都不够准确，值得商榷。

关键词：犯罪构成理论 主客观要件相统一 犯罪 刑事责任

犯罪构成理论是我国刑法理论的重要组成部分。"犯罪构成"这一概念是个理论概念。刑法理论运用这一概念，依照刑法的规定，概括和说明了犯罪是怎样构成的，必须具备的要件和各种要件之间的关系，从而形成了犯罪构成的理论体系。主客观要件相统一的原理是这一理论的核心，是辩证唯物主义在研究犯罪构成问题上的具体运用，是对构成犯罪的各种要件的相互关系的高度概括。它全面地、如实地反映了各种要件之间的辩证关系。正确地阐明这一原理对于正确阐明我国刑法，剖析各种危害社会

---

[*] 本文原载于《法学研究》1986年第4期。
[**] 陈泽杰，时为中国人民公安大学刑法教研室副教授。

的、应当受到刑罚处罚的犯罪行为，划分罪与非罪、此罪与彼罪的界限有着重要的意义，并为确定刑事责任提供理论基础。下面从四个方面对这一原理加以说明。

一 为了理顺构成犯罪的各种要件间的关系，首先需要弄清什么是主观、什么是客观，什么是主观要件、什么是客观要件，以及区分两者的标准

马克思主义认为，主观指人的意识；客观指不依赖于人的意识的物质世界，或指人的认识对象。主观与客观是对立的统一。主观即意识不能脱离人。脱离人的意识，就是上帝的意识、神的意识，或者是什么"绝对精神"、"绝对观念"等。反过来，所谓客观当然不能脱离物质世界和认识的对象，否则客观就成为理性或者理性的产物。把主观与客观绝对对立起来或者把它们混同起来都是唯心主义的。"思想等等是主观的东西，做或行动是主观见之于客观的东西，都是人类特殊的能动性。"[①] 辩证唯物主义划分主观与客观和关于主观与客观对立统一的基本原理，对于研究我国犯罪构成理论具有决定性的指导意义。当然，在运用这些基本原理的时候，必须结合刑事立法和犯罪这一复杂的社会现象的特点。

根据上述原理和标准，构成犯罪的主观条件应当包括哪些内容呢？故意、过失是犯罪的心理状态，是属于思想范畴的东西，是构成犯罪的主观要件，这是没有疑义的，也是没有争论的。它们作为共同要件在我国刑法中有明文规定。目的在刑法总则中没有规定，在分则中有的条文规定以某种目的为构成犯罪的要件，如反革命目的是构成反革命罪的要件，泄愤报复或者其他个人目的是构成破坏集体生产罪的要件，还有些犯罪是以营利目的作为构成要件。目的是属于主观范畴的东西，是构成某些犯罪的主观要件，这是没有疑义的。动机就其属性来说也是主观范畴的东西，如果在某些情况下把它列为构成要件，无疑也应属于主观要件。

刑事责任的年龄和刑事责任能力，也就是作为犯罪主体必须具备的条件是不是构成犯罪的主观要件，历来在理论上存在不同的见解。有人认为

[①] 《毛泽东选集》合订本，人民出版社，1966，第445页。

它们既不是主观要件，也不是客观要件，而是刑事责任的前提条件。苏联法学家特拉依宁就持这种观点，我国法学界也有持这种观点的。有人把它们列为犯罪构成的共同要件，但未明确指出它们是主观要件还是客观要件。我认为法律上关于刑事责任年龄的规定，就是要解决认识能力问题。为了确定行为人的行为构成犯罪，行为人必须具有认识客观事物的一般知识，能分辨是非善恶，了解自己的行为的性质、意义和后果，并能接受法制教育，具有认识自己的行为的社会危害性的能力。这种能力无疑是属于主观范畴的东西。法律上关于刑事责任能力的规定指出，人必须是在精神正常、能够控制自己行为的状态下实施了危害社会的行为，才构成犯罪并应负担刑事责任。这种能力当然也是属于主观范畴的东西。因此它们理应被列入主观要件。

由此可以得出结论，以辩证唯物主义为指导的犯罪构成理论认为，要确定行为人的行为构成犯罪，行为人必须达到刑事责任年龄、具有刑事责任能力，其行为又是在故意或者过失的心理状态下实施的。两者结合起来组成犯罪的主观要件。

关于什么是构成犯罪的客观要件，见解不尽相同，在若干问题的提法上也存在差异，但是有一点是公认的，这就是危害社会的行为是构成犯罪的共同的客观要件。这不仅是因为马克思、恩格斯在这方面曾有光辉的论述，而且还因为它被明确地写进了我国的刑法条文中。

马克思曾经指出："我只是由于表现自己，只是由于踏入现实的领域，我才进入受立法者支配的范围。对于法律来说，除了我的行为以外，我是根本不存在的，我根本不是法律的对象。"[1] "凡是不以行为本身而以当事人的思想方式作为主要标准的法律，无非是对非法行为的公开认可。"[2] 这里需要指出，马克思、恩格斯在法律和犯罪问题上高度重视行为，这是坚持唯物论的必然结果，这并不意味着他们忽视人们主观方面的情况。他们不仅是主观与客观对立统一这一辩证法思想的奠基人，而且在犯罪这个具体问题上除了高度重视行为这个客观要件之外，同时也重视主观要件。

以马克思列宁主义、毛泽东思想为指针制定的我国刑法是高度重视行

---

[1] 《马克思恩格斯全集》第1卷，人民出版社，1956，第16—17页。
[2] 《马克思恩格斯全集》第1卷，人民出版社，1956，第16页。

为的。刑法第10条规定："一切危害国家主权和领土完整，……以及其它危害社会的行为，依照法律应当受到刑罚处罚的，都是犯罪……"彭真同志在关于刑法草案的说明中指出，刑法打击的锋芒是"犯罪行为"。我国刑法分则条文关于具体犯罪的规定，都是在主观要件与客观要件相结合的原则下，对具体犯罪行为的描述，可见行为在我国刑事立法中居于十分重要的地位。无行为，就无所谓犯罪的主体和犯罪的故意、过失；无行为，结果就无从发生，更无所谓因果关系；无行为，就无所谓犯罪的时间、地点和方法；无行为，就无所谓犯罪客体。一句话，无行为，就无所谓犯罪。因此研究犯罪构成必须首先着眼于行为，我国刑事立法的这种精神在我国司法实践中得到了贯彻执行。

危害社会的结果，无论是物质性的还是非物质性的，都是客观上的表现。当物质性的结果已经发生，为了使行为人对这种结果承担刑事责任，还必须确定其行为与结果之间存在因果关系。此外，我国刑法有些条文把时间、地点、方法（手段）作为某些犯罪的构成要件。结果、因果关系、时间、地点、方法（手段）等不像行为那样带有普遍性，成为每种犯罪必须具备的要件，它们在一定的范围内成为构成犯罪的客观要件。

犯罪客体是不是构成犯罪的要件呢？笔者对这个问题的回答是肯定的。理由是：犯罪构成作为一种完整的系统的理论体系，必须对犯罪行为侵犯了什么做理论上的概括和回答，不回答这个问题或者把它摒除于犯罪构成的要件之外，就不是完整的、系统的犯罪构成理论。道理是显然的，人的行为没有侵犯什么或者根本不可能侵犯什么，就无所谓犯罪。对这个问题作肯定的回答，不仅有理论根据，而且还有法律根据。刑法第10条给犯罪下的定义中，所说的"危害"、"破坏"、"侵犯"这几个词与后面的宾语，以及分则八章罪的标题，都清楚地表明了这个问题，特别第10条是以危害社会来概括犯罪的基本特征的。所谓危害社会，就是危害社会关系。社会是由人与人之间的关系构成的，没有人与人之间的关系，就没有社会。

肯定犯罪客体是构成犯罪的共同要件以后，还必须进一步解决它是主观要件还是客观要件的问题。如果说它既不是主观要件，也不是客观要件，这就把它排除于犯罪构成的概念之外，在逻辑上和法理上都是讲不通的。事实上，犯罪客体是和行为直接联系的，行为的社会危害性表现在对客体的侵害上。犯罪行为究竟侵犯了什么，是客观的外在的表现。客体与主观要件的联系是以行为为媒介的，因此它是构成犯罪的客观要件。

二 主客观要件相统一的原理，是历史经验的总结，特别是新中国成立以来正反两方面历史经验的总结

从我国刑事立法来看，任何犯罪都是主观要件与客观要件的统一，它们是有机结合、不可分割的整体。为便于研究问题，才将各个要件分别加以讨论。这一原理是历史经验的总结，特别是新中国成立以来刑事立法和司法实践经验的总结，同时也吸取了"文化大革命"中破坏法制的惨痛教训。它显示了我国社会主义刑事立法、司法实践和刑法理论的特色。

从历史的经验看，奴隶社会的刑法是秘密的，不公之于众，完全由奴隶主根据个人的意志与需要任意确定罪名与刑罚。奴隶是会说话的工具，奴隶主可以将奴隶任意处死，也可以任意鞭笞、出卖、继承、租赁或者作为殉葬品。在当时的物质生活条件和社会制度下，自然不能产生系统的犯罪构成理论。封建制刑法把"连坐"（缘坐）即株连犯罪写进刑法，一人犯罪刑及三族、五族、七族甚至九族。被株连者，既无任何侵犯封建统治者的利益的行为，更无任何故意或过失，他们纯粹是报复主义的残酷刑法的牺牲品。除此以外，还有所谓腹诽罪、文字狱等。有的是"莫须有"的罪名，有的属于思想犯罪，有的属于客观归罪。当然，在封建制刑法中还有相当数量的条文从保护封建统治者的根本利益出发，规定了某些构成犯罪的条件，而且有些刑法还规定得相当细密；但这是在公开的阶级不平等的基础上产生的条款。封建统治者对这些条款曾作了注释，这些注释还未能形成系统的犯罪构成理论。

欧洲资产阶级革命取得政权以后，在刑事立法上把行为作为定罪的标准和尺度。资产阶级法学以行为为核心逐步建立起系统的犯罪构成理论，这是对封建刑法和刑法理论以神意、血统、身份为定罪的标准和尺度的否定，是对在定罪问题上公开的阶级不平等和封建特权的否定，是刑事立法和刑法理论的一大进步。但是资产阶级刑法理论一般把主观与客观、构成犯罪的主观条件与客观条件对立起来、割裂开来，从而形成了所谓犯罪构成的"客观结构"。这种结构反映了资产阶级的世界观和要求，是保护资

产阶级利益的工具。

苏联某些法学家提出了犯罪构成的主观要件与客观要件相统一的命题，并认为这是犯罪构成的基础。这种说法无疑是正确的。这是他们自己的经验总结。在苏联历史上曾经发生的"肃反扩大化"，原因是多方面的。在认定犯罪问题上主观要件与客观要件脱节，恐怕是原因之一。

新中国成立以来的实践经验证明，坚持实事求是、调查研究，一切从实际出发，坚持构成犯罪的主观要件与客观要件的统一，才能够正确地运用刑法武器准确地打击敌人，处罚犯罪，保护人民；反之，就会造成冤假错案。特别是给党和国家造成空前灾难的"文化大革命"的惨痛教训，从反面证明了坚持这个原理的重要性。因此，我国犯罪构成理论坚持这一原理并把它作为核心是有根据的。

三 我国刑法总则和分则条文有关犯罪和刑事责任的规定都体现了主客观要件相统一的原理

首先，主客观要件相统一的原理体现在总则的许多条文中，主要有：

（1）关于故意犯罪与过失犯罪的规定。刑法第11条规定："明知自己的行为会发生危害社会的结果，并且希望或者放任这种结果发生，因而构成犯罪，是故意犯罪。"这个条文是把行为人主观上的明知与客观上的行为和结果联系起来写的。第12条规定："应当预见自己的行为可能发生危害社会的结果，因为疏忽大意而没有预见，或者已经预见而轻信能够避免，以致发生这种结果的，是过失犯罪。"这个条文也是把行为人主观上应当预见与客观上的行为和结果联系起来写的。这两个条文都是主客观要件相结合的生动体现。这两条所表述的内容和确立的原则贯穿于分则各条文中，对于分则条文的制定和运用具有指导意义。第13条更进一步明确规定："行为在客观上虽然造成了损害结果，但是不是出于故意或者过失，而是由于不能抗拒或者不能预见的原因所引起的，不认为是犯罪。"这就在立法上既排除了单纯的客观归罪，又排除了单纯的主观归罪。

（2）关于犯罪的预备和未遂的规定。刑法第19条规定："为了犯罪，准备工具、制造条件的，是犯罪预备。""为了犯罪"表明预备犯罪有犯罪的故意，这是构成预备犯罪的主观要件。"准备工具、制造条件"是预备行为，这是构成预备犯罪的客观要件。第 20 条规定："已经着手实行犯罪，由于犯罪分子意志以外的原因而未得逞的，是犯罪未遂。"未遂犯具有犯罪的意志，即犯罪的故意，这是构成未遂犯的主观要件。"着手实行犯罪"无疑也是行为，这是构成未遂犯罪的客观要件。可见，无论是未遂犯还是预备犯，都是既具备了构成犯罪的主观要件，又具备了构成犯罪的客观要件，都是主客观要件的结合。认为预备犯和未遂犯是不完全的犯罪构成，即没有完全具备构成犯罪的要件的观点，是与这一原理相违背的。

（3）关于共同犯罪的规定。刑法第 22 条规定："共同犯罪是指二人以上共同故意犯罪。"共同犯罪的理论是在犯罪构成理论的基础上建立起来的。共同故意是共同犯罪必须具备的主观要件，共同犯罪活动即行为，是构成共同犯罪的客观要件。只有共同故意而无共同犯罪活动，或者只有客观上的共同犯罪活动而无共同故意，都不能构成共同犯罪。只有在主观上具备了共同故意，同时在客观上具备了共同犯罪活动，才能构成共同犯罪。犯罪集团也是如此。这是主客观要件相结合的原理在共同犯罪问题上的体现。

（4）关于情节的规定。"情节"在我国刑事立法和司法实践中对定罪具有重要的作用。刑法第 10 条把"情节显著轻微危害不大"作为不认为是犯罪的条件。有些分则条文把"情节严重"、"情节恶劣"作为构成犯罪的要件之一；有些分则条文把"情节特别严重"、"情节特别恶劣"作为加重法定刑即提高法定刑档次的条件；有些条文把"情节较轻"作为减轻法定刑即降低法定刑档次的条件。情节又是在运用刑法时量刑的重要依据之一。因此，"情节"这一概念的内涵与外延是犯罪构成理论必须研究的重要课题之一。总的来说，它的内涵与外延不外主观（包括动机）与客观两方面的情况。主客观要件相结合的原理为解决这个问题指明了方向。

（5）关于数罪并罚的规定。刑法对数罪并罚作了规定，但是对什么是数罪未作具体规定，因此在理论上需要解决一罪与数罪的界限问题。主客观要件相结合的原理为解决这个问题提供了理论基础。一般来说，行为人以一个故意或者过失实施了一个行为，一次具备了分则某一条文规定的某种犯罪的主客观要件的，就是一罪；行为人以两个或者两个以上的故意或者过失实施了两个或者两个以上的行为，两次或者两次以上具备了刑法分则规定的某些犯罪的主客观要件的，就是数罪。确定数罪是适用数罪并罚原则的前提。

可见，在刑法总则中不仅对单个犯罪的规定体现了主客观要件相结合的原理，而且在共同犯罪、故意犯罪的预备和未遂的规定中，以及量刑的原则上，都体现了这一原理。

其次，这一原理还体现在刑法分则的条文中，不仅体现在反革命罪中，而且体现在普通刑事犯罪中。

刑法第90条规定："以推翻无产阶级专政的政权和社会主义制度为目的的，危害中华人民共和国的行为，都是反革命罪。"这是反革命罪的完整的、科学的定义。它是我国革命在革命根据地时期和取得全国政权以后，人民民主政权同反革命作斗争的经验总结，也是刑事立法对反革命罪的定义的新发展。它为防止"肃反扩大化"或者漏判"反革命"罪犯提供了法律的和理论的依据。它明确指出，构成反革命罪的行为人在主观上必须具有推翻无产阶级专政的政权和社会主义制度的目的，在客观上必须具有危害中华人民共和国的行为，两者密切结合，不可分割。任何把反革命目的与反革命行为割裂开来、对立起来的观点和做法，都是有害的，都不利于正确运用法律武器同反革命作斗争。

在刑法分则中除第一章规定的反革命罪以外，其余七章规定的各种具体犯罪，《中华人民共和国惩治军人违反职责罪暂行条例》中规定的各种具体犯罪，以及全国人民代表大会常务委员会的有关决定，都体现了主客观要件相结合的原理。大体上有如下几种情况。

（1）有的条文在文字的表达上明确指出了主观要件——故意或者过失，同时也指出了客观要件，如故意杀人、过失杀人、故意伤害、过失致人重伤等。

（2）有的条文虽然没有写出故意、过失、目的等，但是对条文加以分析，就可以分辨出其主观要件是故意还是过失。如走私罪、投机倒把罪、盗窃罪、抢劫罪、贪污罪等，只能由故意构成，交通肇事罪、重大责任事故罪等，只能由过失构成（对危害结果而言）。

（3）有些分则条文规定的犯罪，需要将相关的条文联系起来加以考察，才能辨明其主观条件是故意还是过失。如第105条规定的犯罪在文字上并未写明是故意还是过失，这就需要将它和第106条联系起来加以考察，才能看出该条规定的犯罪只能由故意构成。

由此可见，我国刑法分则条文绝大多数从形式上看是对行为的描述，但是从实质上看，把有关条文联系起来加以考察，则它们不仅包含刑事责任年龄和刑事责任能力，而且还包含故意或者过失，以及各种行为侵犯的或者可能侵犯的社会关系，都体现了主客观要件相结合的原理。坚持这一原理，正确地阐明这一原理，对于正确理解和运用法律具有重要意义。

四 与两种提法商榷

当前我国刑法理论著作中对于构成犯罪的主观要件与客观要件的相互关系问题存在几种不同的提法，"主客观要件相统一"的提法只是其中的一种，还有"主客观相一致"和"主客观相统一"的提法。后两种提法是值得商榷的。

首先，辩证唯物主义认为主观与客观的关系问题是认识论的基本问题，它们的关系是"对立统一"的关系。主客观相分离是形而上学的特征。"主客观对立统一"的提法，一方面要求人们在社会实践中一定要使自己的主观认识符合客观外界的规律性，才能达到改造世界的预期目的。另一方面也表明，人们在社会实践中"会碰到这样的事情……他的行动所产生的结果同他的本意和愿望完全不同"。[①] 这就是说，人们在社会实践中主客观相脱离的情况也是有的。这是造成工作失误的认识论根源。因此，辩证唯物主义要求人们的主观符合客观，使两者统一起来，才能充分发挥人的主观能动性，达到改造客观世界的目的。

研究法学和犯罪构成问题，必须以马克思主义的哲学为指导，这一点必须首先肯定。但是这种研究，必须结合法律和犯罪的特点，不能生搬硬套。在犯罪构成的理论中提出"主客观相统一"或"主客观相一致"，就会造成一种印象，似乎也要求犯罪分子的主观符合客观。这就可能产生消极的结果。众所周知，我们的司法机关的重要任务之一就是要将犯罪消灭于预谋时，使犯罪分子的主观愿望不能得逞，防患于未然；或者造成、利用犯罪分子主观认识上的错误，防止危害社会结果的发生。一句话，就是要阻止、破坏犯罪分子的主观与客观的统一、一致。因此，上述提法在概

---

① 列宁：《哲学笔记》，人民出版社，1957，第140页以下。

念上是和我国司法机关的任务相矛盾的。

其次，把主客观相统一或一致作为定罪的标准也是不妥当的。如果由此推出主客观不统一、不一致就不构成犯罪，那就更成问题了。实际案件表明：犯罪分子怀着杀人越货、抢劫强奸、贪污盗窃、走私投机等罪恶目的进行犯罪活动，他们完全达到犯罪目的、实现犯罪意图的固然有之，但是一般说来，他们在进行犯罪活动的时候，毕竟做贼心虚、手忙脚乱，有的慑于人民民主专政机关的威力，有的由于被害者的反击或者第三者的阻止，有的由于认识上的错误或者客观上的障碍等，出现与主观愿望相反的情况，即主客观不统一、不一致的情况，是经常发生的。而上述提法都可能把这些情况排除于犯罪构成的概念之外，因而可能使某些人产生误解，以为主客观不一致、不统一就不构成犯罪，这种误解与提法含混不清有关。因此，这两种提法是不可取的。笔者认为，构成犯罪的主观要件与客观要件相统一的提法是可取的。这个提法既可以表明辩证唯物主义关于主客观对立统一的原理对研究犯罪构成理论的指导作用，又可以显示研究对象的特点，从而有助于正确地理解和运用我国的刑事法律。

总之，犯罪构成是根据刑法的规定研究犯罪的理论。在阐明这种理论的时候，必须严格按照刑法的规定，从我国的实际情况出发，遵循理论联系实际的原则。当前，我国实行对内搞活经济和对外开放的政策，同时进行城乡经济管理体制改革，改革生产关系和上层建筑中不适合生产力发展的环节和方面，这是建设具有中国特色的社会主义的必由之路。这种政策和改革必然涉及某些犯罪的构成问题，如关于投机倒把罪和行贿受贿罪的构成问题就是明显的例子。因此，切不可把理论上讲的犯罪构成看成僵死的模式。要研究新情况，总结新经验，解决新问题，使犯罪构成理论和主客观要件相统一的原理，在加强社会主义法制和人民民主专政中发挥作用，从而服务于改革和社会主义现代化建设。

犯罪构成模型论[*]

冯亚东　胡东飞[**]

摘　要：犯罪构成是立法者依据一定的利益需求与价值观念而将生活中的危害行为加以类型化形成的，表现为通过刑法规范所确认的认定犯罪之规格、标准或最低度条件——本文称之为"模型"。它同构成犯罪的事实（原型）是不同层面之范畴。注释刑法学应以刑法条文中静态存在的模型意义上的犯罪与刑罚为研究对象。同两大法系的构成体系相比，在现阶段国情下我国几十年所形成的通说体系具有直观、简单、易操作的特点，并无重新构造之必要。

关键词：犯罪构成　模型　法系比较

犯罪构成理论历来被认为是刑法学理论体系中的核心内容。几十年来，我国刑法学者对其展开了深入研究，并取得了一些重要成果，在此过程中逐步接受和完善了源自苏联的犯罪构成"四要件说"，并使其最终成为我国刑法学界主导性的通说理论。然而近年来，随着对问题讨论的不断深入，不断有学者对通说提出质疑和挑战，强调应对传统犯罪构成理论加以改造甚至重构。然而，仔细分析各种"改造说"的观点，可以认为其并未能完整理解和准确把握犯罪构成的本质，因此，所谓的改造自然是难以

---

[*] 本文原载于《法学研究》2004年第1期。
[**] 冯亚东，西南财经大学法学院教授；胡东飞，时为清华大学法学院博士研究生，现为四川大学法学院副教授。

获得响应并贯彻实施，进而注定只能成为一座座孤芳自赏的"象牙塔"。当然，对"改造说"的否定并不意味着传统学说的完美无缺，相反，在我们看来，传统理论对犯罪构成的属性、要件的分解原理及注释刑法学的研究对象等诸多问题并无清晰的认识，甚至还存在较严重的混乱。鉴于此，本文在承认传统学说大体合理的基础上，拟对犯罪构成属性及其相关问题作一些深入分析，以期对刑法理论和司法实践有所裨益。

一 关于犯罪构成的属性之观点概览

关于犯罪构成的属性，亦即犯罪构成究竟是刑法学理论上的概括，还是刑事法律的条文规定，抑或两种属性兼而有之，概括而言，目前刑法学界大致有如下三种代表性观点。

一是法定说。此乃目前学界通说，这种观点认为："所谓犯罪构成，是指我国刑法所规定的，决定某一具体行为的社会危害性及其程度而为该行为构成犯罪所必需的一切客观和主观要件的总和。"① 从定义中不难看出，犯罪构成应当属于法律规定，是该观点的核心。

二是理论说。此观点认为犯罪构成是属于理论上的一种学说。"犯罪构成就是在理论与实践相结合的原则指导下，对我国刑法规定的构成犯罪的各种条件（因素）的概括与说明"，"这不是刑法条文中规定的概念，而是一个较系统、较详尽地研究刑法条文中规定的构成犯罪的各种条件的理论概念"。② 很显然，此观点认为犯罪构成完全属于理论学说范畴，它与法律规定是两种不同的事物。

三是理论与法定兼有说（亦称折中说）。持这种观点的学者认为，犯罪构成既是理论学说，也是法律规定。如有学者指出："犯罪构成是依照刑法应受刑罚制裁的危害社会的行为的主客观条件的总和，是刑法理论的重要组成部分，是定罪量刑的基本理论依据。"③

如何评价上述三种观点，亦即犯罪构成的属性究竟为何？我们认为，

---

① 高铭暄主编《刑法学原理》第 1 卷，中国人民大学出版社，1993，第 444 页。
② 高铭暄主编《新中国刑法学研究综述》，河南人民出版社，1986，第 115 页。
③ 苏惠渔主编《刑法原理与适用研究》，中国政法大学出版社，1992，第 95 页以下。

犯罪构成并不是一个孤立的范畴，它同刑法的基本原则、机能乃至基础理念相联系。因此，欲对犯罪构成的属性作出准确、科学的界定，有必要先对其源流及相关范畴作一番分析。

二 犯罪构成的源流

从历史沿革观之，"构成要件"观念（类似于后期形成的"犯罪构成"提法）来源于中世纪意大利纠问程序中的"Corpus delicti"（罪体）概念。这种纠问诉讼制度须经过一般纠问和特别纠问两道程序，即首先在一般纠问中须确证有某种犯罪事实的存在，在此基础上才能对特定的行为人进行特别纠问。后来这一概念传到德国，由德国刑法学者克莱因翻译成"Tatbestand"一语——在当时这一语词仍然只具有诉讼法上的意义。为刑事诉讼法意义上的"Tatbestand"赋予实体法意义的是德国刑法学者费尔巴哈和施鸠贝尔。但在整个19世纪，构成要件始终缺乏明确的刑事实体法上的"标准"意义。20世纪初，在德国刑法学者贝林格、迈耶等的努力下，才将构成要件从个罪的概念中抽象出来，发展为刑法学总论体系的基干。

构成要件的观念及雏形肇端于刑事诉讼制度的构造，而今天欧陆之刑事诉讼制度中却再无对"构成要件"的直接规定，这一奇特的现象本身就值得深思。可以推论：在早期法制环境中程序法与实体法并无明确界限，后来与欧洲社会人权观念的勃兴相伴随，在刑事诉讼过程中对被告人定罪需要证明些什么——哪些关键的事实或情节对行为成立犯罪是必不可少的、需要加以证明的，逐渐成为一个"问题"。于是，率先在刑事诉讼定罪的"证明"过程中形成"构成要件"的观念及运作要求便为情理之事。随着欧洲18和19世纪资本主义"法治"秩序的确立与强化，在刑事领域高扬起罪刑法定、罪刑相适应和人道主义旗帜，刑事实体法从公法体系中完全独立而自成一体，以一种国家法律事先明文规定的定罪量刑概念系统限制司法活动的随意发动和恣意妄为，并为公民提供一种事先可以预见的行为规则就实有必要。"构成要件"这一司法定罪必须遵循的"规格"、"标准"或"最低度条件"，也就自然而然由诉讼过程中的一种"证明"要求而前移至刑法，成为发动司法程序为起诉方所设定的限制性条件——

起诉方至少须认为具体行为符合法律明文规定的"构成要件"才能提起诉讼，而裁判方也只有在"构成要件"符合性审查的基础上才可定罪量刑。"构成要件"的这一地位变化，很显然是为了严格限制国家刑罚权的恣意妄为而从理论上乃至法律上寻找根据。① 这是因为，社会的发展使人们逐渐认识到，"针对国民的所有国家的行为，均必须有法律依据。刑法尤其如此。在刑法中，法治国家的形式保障得到最强有力的规定，因为个人的自由受到不会再比国家借助于刑罚权对个人自由的限制更为严厉的限制"。② 这便与罪刑法定原则的精神意蕴不谋而合——成立"犯罪"的必要条件应当事先由法律加以拟定和明文规定，而这种法定的必要条件也就是刑法解释学上所概括的"构成要件"或"犯罪构成"（如何称呼只是一个约定俗成的术语问题，立法上并无必要出现"构成"或"要件"一类的字眼）；反过来说，犯罪构成的基本意义就是指成立犯罪的必要条件（要件），而这种"必要条件"毫无疑问应该见诸法律的规定——从罪刑法定的角度审视当然首先只能是一种刑法的规定。可以认为，构成要件的学说及司法要求在很大程度上就是罪刑法定原则的必然产物。

"法治表现在刑法领域，就是由'没有法律就没有犯罪''没有法律就没有刑罚'的格言所表述的罪刑法定原则。如果信仰法治，就必须信仰罪刑法定原则。"③ 尽管自罪刑法定原则产生以来，其内容已由当初单纯的形

---

① 尽管我们对犯罪构成地位转换的原因的描述带有一定的推测性，但这种推测不乏深厚的地域文化背景和理论根据。一般认为，包括法律文化在内的西方近代文明均源于古希腊和古罗马文明，权利与正义的观念均成型于那一时期——在古罗马私权利空前繁荣和发达。尽管后来经历了中世纪的专制时期，但人们追求权利与正义的精神并未泯灭——15和16世纪的"文艺复兴"无疑在很大程度上即为这一精神的复兴。加之大陆法系国家历来崇尚"理性主义"的思维方式，期望并且相信人类能够制定出完美无缺的法律体系，以制约政府权力的滥用。这是罪刑法定原则诞生的历史大背景。虽然人们可以有理由认为罪刑法定原则的雏形是 1215 年英王约翰签署的《自由大宪章》，但国外刑法理论通常认为，现代意义的罪刑法定原则的法律渊源是法国 1789 年《人权宣言》、1791 年宪法及 1810 年刑法典。这显然与大陆法系强调成文法的技术性特征有关。因为，洛克等人的观点只是从理念上可以推导出罪刑法定主义思想，但并不是作为制定法的规范要求来进行论证；而从制定法方面来论述该原则的是意大利学者贝卡利亚等人。参见张明楷《刑法格言的展开》，法律出版社，1999，第 18 页。
② 〔德〕耶赛克、魏根特：《德国刑法教科书》，徐久生译，中国法制出版社，2000，第 156 页。
③ 张明楷：《刑法格言的展开》，法律出版社，1999，第 41 页。

式侧面转向现今的形式侧面与实质侧面并重的格局,① 但可以肯定的是,"罪刑法定原则,无论是在产生之初,还是在19世纪末20世纪初,其价值都是限制刑罚权的滥用、保障人权,而没有发生变化"。② 这不仅是基于实行法治的一般原理所要求的,更重要的是由刑法本身的特性所决定的。刑法主要是以刑罚为其刑事责任的实现方式,通常情况下犯罪人为其行为所付出的代价将是自由甚至生命;在日益重视人权的今天,刑罚的发动及其处罚范围必将受到越来越多的规范性限制。于是,一方面惩罚犯罪应以刑法有明文规定为限,另一方面规定本身也应当具有正当性和人道性。因为,刑法不仅是善良人的大宪章,同时也是犯罪人的大宪章。为此,必须强调刑法裁判规范机能的发挥,即司法者必须严格按照既定条款行事,防止逾越法律界限而滥施刑罚。"尤其在一个习惯了以官员个人好恶定夺生杀大权的国家,在一个权利常被名义上自诩为保护这些权利的机构所侵犯的国家,倡导刑法规范的裁判规范性,更具有历史责任感和紧迫感。"③

三 犯罪构成属性之己见——模型论

罪刑法定原则已成为当代各国刑法普遍具有的基本原则。尽管这一原则具有僵化教条、难以随时适应制裁"犯罪"需要的缺陷,但与先前的罪刑擅断相比,在当今中国制度转型、建构市场经济规则、张扬法治的国情下,仍不失为一剂保障人权的良方。法治时代我们信仰规则胜于崇尚贤明,至少在当下我们还不能找到否定它的充分根据和理由。而要发挥罪刑法定原则保障人权的功能,就必须大力强调将刑法规范本身作为唯一的裁判依据,作为识别犯罪、科处刑罚的标准、规格或最起码的必备条件(构成要件)。为此,必须为司法者设定和提供一种具体裁判模式,于是必然要求立法者事先将其欲科处刑罚的危害行为按照一定标准以法律的形式加以明确规定,昭示于一国之内。这是因为,"在任何社会中,法

---

① 有关此问题的具体论述,参见张明楷《刑法格言的展开》,法律出版社,1999,第17页以下。
② 李国如:《罪刑法定视野中的刑法解释》,方正出版社,2001,第34页。
③ 刘凤科、王斌:《法律规范性与犯罪构成》,《西南民族学院学报》2000年第11期。

律的主要目的都是事先设定一种能据以解决、裁断将来发生的冲突的普适性法律准则"。①

由于刑法是规定何为犯罪以及处以何种刑罚的法律，所以刑法之裁判模式当然地包含"罪之模型"和"刑之模型"两部分内容——这便是罪刑法定原则（罪之法定与刑之法定）的最基本要求。对于前一部分（罪之模型）来说，一般包括以下要素：对犯罪概念的规定、对犯罪的种与类的规定、对成立每一具体犯罪之最低度条件（构成要件）的规定。当立法者对生活中的诸多危害行为加以评价、归类之后，就以刑事违法性的形式开列出一个犯罪清单。即立法者通过抽象思维，把握住生活中千姿百态的危害行为"类型化"的共同特征，以符号化的概念系统进行表述，作出此类与彼类的差别性规定。而在对生活"原型"行为抽象归纳的基础上得来的类罪和个罪的"共同特征"，在法条的规定中就具体体现为成立犯罪的最基本的、起码的条件性表述（即要件——必要条件，不符合该条件则不成立犯罪），由此构建起一种类型化的"犯罪构成"或"构成要件"的标准或规格。而在司法的过程中又当然要求司法者循此思路反方向进行操作——类型化的标准即犯罪构成成为司法裁判的大前提，具体事案成为小前提，由此逻辑性地演绎出定罪量刑的裁判结论。

在立法技术上，具体个罪犯罪构成的建构并非单独由刑法分则完成，而是出于简化文字、方便引用的考虑，分散规定在刑法总则和分则的条文之中——每一具体个罪所具有的共同性特征要件由总则统一加以规定，个罪自身的特殊性条件才由分则作具体规定，有的甚至还委诸其他法律法规（如分则中的空白罪状）。于是可以肯定，表现在刑法条文中的"行为"规定，都是除却了具体案件的个性而在"规范"意义上余下共性的犯罪模型。立法者为约束司法裁判而预先以明文规范的形式建构了诸多具体个罪的法定模型，要求司法者以此比照个案进行定罪量刑。按此思路，如果生活中的各种实然危害行为都能在法律预设的模型系统中分别对号入座，那罪刑法定原则也就得以最完美地实现。然而，"法律所应付的是人类关系的最为复杂的方面，人们不可能创造出能预料到一切可能的纠纷并预先加

---

① 〔斯洛文尼亚〕儒攀基奇：《刑法理念的批判》，丁后盾译，中国政法大学出版社，2000，第1页。

以解决的、包罗万象的、永恒不移的规则，因而，法律在很大程度上曾经是，现在是，而且将来永远是含混的和有变化的"。①"即使在一个以法律实证主义为指导方针的法制下，仍然应该承认，立法者的创造力并不能把每一个案件里可能发生的事情包括无余。"② 加之法律文本语言本身不可避免地具有一定程度的模糊性和抽象性，从而在司法过程中往往使执法者一筹莫展。于是，各种解释法律条文的理论学说便应运而生（甚至在条件成熟时，由司法机关或立法机关分别作出司法解释和立法解释，以对先前设定的犯罪模型所指称的内容作出调整）。由此，以注释刑法学为基础的近现代刑法学因研究对象的明确（刑法条文中静态存在的犯罪模型和刑罚模型）和研究方法的特定化（"注释"在宏观上也可视为一种方法）而得以形成。

由上述分析可以看出，就刑法条文对犯罪所谓的"明文规定"而言，其实只是建构一种与生活中具体行为相比较的模型。由于刑法条文在字面上、技术上对犯罪特征表述的局限性，"模型"往往显得粗糙和过于简单，造成条文在运用中缺乏可操作性和难得要领，于是注释刑法学在刑法罪状的基础上建立起犯罪构成及其要件的学说体系，以便为司法提供可供操作的具体分析思路及方法。刑法理论家们凭着自己的专业知识、生活经验以及约定俗成、定型化的犯罪既往处理模式，从理论上对刑法条文的字义进行深入浅出、字斟句酌的分析，化原则为具体、化模糊为清晰、补疏漏促完整，并将这种刑法中关于犯罪规定的概念体系冠名为"犯罪构成"，将聚合犯罪构成的诸要素称为"要件"（必要条件）。这就是犯罪构成及其要件的由来。但必须强调的是，在罪刑法定原则的前提下，犯罪构成的基本框架和内容都是由法律明文规定的，刑法理论的解说不得超过法律条文所可能包含的最大意域。

由此可以推出结论：犯罪构成是由立法者和刑法理论家在各自的工作领域而分别就同一事物所建构的模型说明。模型的粗疏轮廓由立法者完成，而对模型作精细补充和完善，使之能够清晰辨认的工作则是相应时期注释刑法理论的历史重任。既然犯罪构成是从诸多危害行为的原型中归纳

---

① 沈宗灵：《现代西方法理学》，北京大学出版社，1992，第330页。
② 吕世伦：《西方法律思潮源流论》，中国人民公安大学出版社，1993，第206页。

抽象出的衡量具体行为是否构成犯罪的标准或模型，那么它就具有相对的恒定性和反复适用性；它同现实中每日每时发生的千姿百态的危害行为原型，即构成犯罪的事实，就分属不同的范畴，不能混为一谈。况且，注释刑法学是一门关于既定规范的学问（此为学界公认），于此也要求严格区分作为模型的规范条件和作为原型的案件事实，从而使注释刑法学的研究对象进一步明晰，即以规范性的"模型"为学科研究对象。尽管在研究过程中对静态模型的阐释时时离不开动态变迁发展的原型材料，这是理论或学说得以发展、生生不息的源泉，但二者毕竟不能等同。在运用犯罪构成理论分析疑难事案时，一方面必须按照模型既定的基本规定性去注解原型，而另一方面原型中所透析的新的生活信息又对模型随时产生反馈作用；对具体事案的分析解决，反过来又进一步丰富和完善关于模型的理论，推动理论的深入发展。对司法过程细细观察会发现，犯罪构成事实上随时处于一种动态开放的修正或待修正状态（即所谓的"活法"问题）。①

故此，司法活动或理论研究在进行犯罪构成的符合性判断时，应自觉区分以下三个不同的概念或范畴：一是犯罪构成本身（法律预先设定的模型、规格、标准或最低度条件，其具体内容由理论补充完整）；二是符合犯罪构成要件的具体行为事实（生活中之原型，即案件）；三是犯罪构成要件符合性的判断（原型与模型的比对工作）。② 明了上述有关犯罪构成的基本原理，便可以展开对前述几种观点的评析。

前文已指出，就产生渊源而言，犯罪构成是罪刑法定主义的产物，对于这一点应当没有疑义。罪刑法定主义的基本理念在于以成文法的形式严

---

① 由此看来，德国刑法学者威尔泽尔把构成要件分为封闭的构成要件和开放的构成要件的提法并不准确。因为，立法上描述得再精细的构成要件，相对于丰富多变的行为原型来说都是抽象的，都是需要解释并不断再解释的，否则便无法全部适用。确切的提法应该是：构成要件具有相对的封闭性和绝对的开放性。参见刘艳红《开放的犯罪构成要件理论研究》，中国政法大学出版社，2002。

② 大陆法系犯罪成立体系表现为"构成要件该当性、违法性、有责性"的逐层次递进，它同我国平面式的犯罪构成体系不同。就其"构成要件该当性"而言，仍然只具有非常典型的模型意义。正如日本著名刑法学者小野清一郎所指出的："我们的构成要件理论中所指的构成要件，是法律上的概念。这个'构成要件'本身必须与符合构成要件事实明确区分开来。……构成要件，是一种将社会生活中出现的事实加以类型化的观念形象，并且进而将其抽象为法律上的概念。如此一来，它就不是具体的事实。"参见〔日〕小野清一郎《犯罪构成要件理论》，王泰译，中国人民公安大学出版社，1991，第6页以下。

格限制和约束法官任意出入人罪，这就必然要求刑法就犯罪成立的基本条件作出明确而严格的规定。就此角度而言，犯罪构成显然是法定的；出于对社区群众作普法宣传或一般场合作法律讲解的效果考虑，我们只须强调这一点足矣（大多数案件按一般性情理认识即可在刑法上准确归类）。

但是，由于法律条文本身的抽象性和模糊性，人们常常无法知道其真实的含义，更遑论了解包孕于其中的犯罪构成！"对这一点不但刑法的具体执行者们不知道，就是有权作司法解释的大法官们也往往摸不着头脑——即使作出解释也未必符合立法的本意，更何况有些罪状确切的含义连立法者们自己都难以说清。立法在有些情况下只是凭着大体的感觉作出大体的规定，其具体的内容尚待于生活自然而然地将它展现，有待于法官和法学家们去努力地挖掘。"① 由此可见，犯罪构成又有其"学说性"的一面。就刑事司法实际运作解决疑难事案的角度而言，这一面似乎具有更真实、更全面、更细微、更能解决临界点问题（罪与非罪、此罪与彼罪、该形态与他形态）的意义。

根据唯物辩证法的观点，任何事物都有两面性甚至多面性，站在不同的角度当然只能看到不同的方面。一般认为，人们对事物的认识应当全方位、多角度、立体化，但其实这也是一种"偏见"。就解决同一问题而论，越简单的方法越科学。故此，不同场合、不同角度对"属性"问题当有不同的结论。如此定论，似乎更为恰当，也更方便我们认识和解决问题。

至于所谓的"折中说"，说白了相当于什么也没有说。如果说犯罪构成是刑法规范与刑法理论的结合，那这里的"刑法理论"是指什么呢？当然只能是指刑法的基本理念和基础性理论；运用理念或理论去说明刑法规范，所产生的东西说到底还不过是一种自编自述的理论。"规范"同对规范的解说是分属于不同领域、不同层面的问题——规范是静态的、唯一的、恒定不变的，而对规范的种种解说（包括立法和司法解释）却是动态的、多元的、随时翻新的，二者在存在论上不可能结合为同一形态（只能结合为超越规范本体的另一个解释"规范"的东西）。刑法解释学本身就是五花八门流派性的学问，各个学者就犯罪构成所形成的解释性学说各不相同，而按不同学说处理疑难事案则结论自有不同。即使立法或司法对规

---

① 冯亚东：《理性主义与刑法模式》，中国政法大学出版社，1999，第167页。

范作出一种有效性的解说——尽管我们在具体执法中也将这种"解说"视同为规范本身，但两者各自独立存在的意义仍然是明晰可分的——所有的法律解释都是法律规范与法律观念相结合的产物，不管其有效还是仅供参考，都同规范本身绝不等同。司法的实际运作事实上是根据各种各样的"解释"处理疑难案件，而只不过需要贴上一个依照"某某规范"的标签。

四 犯罪构成"四要件"体系之辩说

前文已反复强调，对刑事司法来说，犯罪构成是由立法者和理论工作者所分别建构的认定犯罪之模型。作为模型运作意义就在于，需要将其同实在的行为相比较——行为符合总体的犯罪构成模型，就可以得出行为构成犯罪的结论；该行为又符合某一具体的犯罪构成模型，就可以知道对该行为具体应该定什么罪名（不同的罪名有不同的具体犯罪构成）。对司法者来说，头脑中有了犯罪构成的模型，执法中就获得了将刑法付诸具体行为的操作程式；将刑法的条文转化成犯罪构成的观念和理论，其唯一的实在之处就在于具有运用刑法去识别具体犯罪的方法论意义。

但是，如果仅停留在对犯罪构成整体模型的认识上是远远不够的，其方法论的意义并不能充分展现；将一个完整的犯罪构成模型直接同具体行为相比较显然是难以进行的，模型与原型各自的复杂组合使得"比较"的工作往往无从入手。于是传统理论对犯罪构成作了化整为零的分解——将一个完整的构成模型拆开，分割为犯罪客体、犯罪客观方面、犯罪主体和犯罪主观方面四大要件。这样，便将一种十分复杂的模型整体分解成一些相对简单且易掌握的模型部分，以分别进行案件具体事实和情节是否符合的考察；其中任何一个要件的不符合都意味着整体模型符合性的缺损，都可得出不构成犯罪的结论。这种操作方法可称为"块块分割，逐块分析，综合评价"。几十年来我国的刑事司法过程基本上是按此思路进行并形成定式，它简单易行，具有高度的可操作性。然而，近年来不少学者对"四要件说"表示不满，继而提出"三要件说"、"二要件说"、"五要件说"等主张。

其实，对犯罪构成如何进行分解、应当分解为几大要件，这一方面取决于如何使原型与模型的比较工作能够顺利进行，另一方面也同犯罪构成模型建构的基础信息密切相关。在民主与权利观念深入人心、高扬法治旗帜的时代，对任何既往事物存在的合理性都有追问的必要——法律及关于法律的理论当无例外。犯罪构成模型本身是以什么为基础而建构？犯罪构成及其要件自身的合理性及合法性依据何在？这的确值得追问。

近代以降，随着人类对自身存在的深刻反省及对刑法作为诸法当中最严厉之法属性的认识逐步加深，各国在刑事立法的基础理念方面表现出惊人的一致。概而言之，大致有以下三方面：一是肯定只有人（主要是自然人）才能成为犯罪主体，从而废除早期对动植物甚至自然现象进行定罪的举措；二是近代刑法基本上脱离了早先的"客观归罪"或"主观归罪"的做法，而坚持认定犯罪的主客观统一；三是刑法表现出前所未有的宽容度，世界范围内关于"非犯罪化"和"轻刑化"的呼吁不绝于耳，不少国家也正朝此方向努力。这些符合人性的、进步的观念无疑制约着近现代的刑事立法与司法活动。

显而易见，被犯罪化的对象欲满足上述要求，就只能是社会生活中完整意义之危害行为，即首先必须有行为本体（身体的动或静）的存在，犯罪是行为——任何人不因思想受处罚，这是近代以来确定不疑的法治观念。"法律不禁止思想，思想不是法律规制的对象，只有行为才是法律的规制对象，法律是行为规范而不是思想规范，这些观念已经成为现代法治国的共识。行为是客观的，对行为进行规范才是可能和有效的。"[①] 因为只有行为才能对社会造成实际的危害。其次，发出或实施该行为的主体必须是人（主要是自然人）而不能是其他，否则刑法的发动和指向将失去意义。再次，该行为必须是在主观罪过支配之下实施，对行为人主观上无法抗拒或者单纯的意外事件不予处罚。这是因为就对犯罪人利益的剥夺而言，刑罚并不是目的，而只是迫不得已的手段；须知，刑事责任的实现，其目的无非是要让犯罪人弃恶从善、复归社会（生命刑除外）。最后，行为人的行为必须是对法律所保护的某种权益（法益）造成实害，或者有造成实害的现实可能性，否则刑法的干预就是暴虐的（如现代各国刑法几乎都不处罚不可能造成实害的迷信犯）。

以上分析表明，就对完整的"犯罪"行为进行"规范"而言，至少应包含如下要素：一是行为的发出者，即行为主体；二是支配行为的主观心

[①] 张明楷：《刑法格言的展开》，法律出版社，1999，第129页。

理态度，即罪过；三是行为本体与伴随状况，即身体的动或静及能够决定行为危害性的犯罪结果、时间、地点、方法等；四是行为在社会意义上的具体指向与承受体，即行为本身侵犯了何种权益（法益）。犯罪构成模型实际上是对完整意义的危害行为的抽象，而抽象之认识基础自为实然行为之本体四要素。苏联的刑法学者们之所以建构起平面式的犯罪构成体系及"四要件说"，自有其道理和实用价值。因此我们认为，将犯罪构成的整体模型分解为客体要件、客观方面要件、主体要件和主观方面要件显然符合典型行为的特征，在现阶段中国制度转型及推行笼统、模糊、大包容思维方式的国情和背景下，基本上是能够解决绝大多数问题的，并无重新构造之必要。

只是须特别指出的是，传统学说由于没有自觉意识到犯罪构成只是一种模型这一属性，从而对犯罪构成中每一要件所下定义均存在不少问题——单一要件的表述多多少少穿插着其他要件的内容，而对要件的解析又往往同具体案件的事实混为一谈。须知，既然犯罪构成是用以认定生活中危害行为是否构成犯罪的模型和规格，那么对模型整体进行分解所切出的"部分"（要件）仍然只具有模型的意义，而要件与要件之间在内容上是不能交叉重叠的。①

五　不同法系犯罪构成之方法论意义

无论是在我国、大陆法系还是在英美法系的犯罪构成体系中，都是以完整意义上的危害行为为规制对象，只是不同的国家因民族思维方式及价值观念的差异而对同一事物采取的分析判断方法有所不同。一般认为，我国的犯罪构成体系采取的是一种平面直观的视角，大陆法系采取的是一种立体多层的视角，而英美法系则采取的是实体与程序相结合的认识方式。但不管采哪一视角、条块怎样分设、语词如何表述，所评价的对象都离不了主体、客体、罪过和行为本体四个基本方面。否则，刑法便一定是暴虐的，其合法性就值得怀疑。

---

① 关于"要件"的分解理论，参见冯亚东《理性主义与刑法模式》，中国政法大学出版社，1999，第56小节。在该书中对客体要件的重要意义有所贬抑，但后来笔者的观点已根本转变。另参见冯亚东、刘凤科《论抢劫罪客体要件之意义》，《华东政法学院学报》2003年第2期；冯亚东、胡东飞《犯罪既遂标准新论》，《法学》2002年第9期。

若对大陆法系的犯罪成立体系从方法论上考察，会发现一些值得重新反思的问题。大陆法系的构成体系一般被认为是一种纵向层次递进式的体系，分为三个层面：构成要件该当性、违法性和有责性。司法运作中要求司法者由最低层面的该当性开始，逐层递进，分别进行符合性的审查，直至最终在三个层面均符合的基础上得出行为构成犯罪的结论（任一层面不符合，行为均不为罪）。但问题在于：按照大陆法系所标榜的规范主义基本立场，不管属于哪一层面的评价，都只能是在同一刑法规范所限定的意域之内进行，即不允许超越规范对行为作出评价（这也是罪刑法定原则的义理所在）；而对三个层面所分别进行的规范性评价，却显然又只能出自同一的刑法规范。于是在规范评价的意义上，大陆法系犯罪构成所谓的层次递进体系，其实并不能产生不同"规范"的递进问题，即仍然是在同一规范内进行评价。故事实上，大陆法系构成体系的"三层次"和苏式构成体系的"四要件"在规范注释论（如何理解和运用规范的学说）上并无任何实质性的差异（有异曲同工之妙），而仅仅只是在如何运用技术和方法对规范所设定的成立犯罪的总体条件进行分解上有所不同。由此可以认为，苏联构成体系的"四要件说"是在同一规范的平面内所进行的分割，而大陆法系的"三层次说"则是将同一规范的平面人为地折叠为三个阶梯：规范犹如一张"平面"的纸，苏联体系将其直接裁为四片，而欧陆体系则将其折叠为阶梯；而由同一规范所构造的所谓"阶梯"，若不能在规范外获得其他因素的支撑，就只能轰然倒地，成为一块平铺的"搓衣板"。如果仅就规范注释和规范运用的简易性而言，苏联体系自然是更为直观、更具可操作性；在一个平面内活动显然比翻越"搓衣板"方便自如得多。①

---

① 美中不足的是，苏联的刑法学者们在构造犯罪论体系时，接续大陆法系的体系，将"排除社会危害性的行为"（主要指正当防卫和紧急避险等事项）置于犯罪构成体系之外，造成逻辑上的不能自圆其说——防卫行为符合犯罪构成却又不构成犯罪。其实，在苏联的构成体系中解决该问题十分容易：或者在主观要件中认为其不具有犯罪的危害社会的故意而只具有保护正当权益（法益）的故意，或者在客体要件中认为其在根本上并未侵犯法益而是维护法益；在体例安排上仍可将其并列于四要件之外，而视为一种特殊形态加以单独阐述。另外，大陆法系刑法理论中的"期待可能性"问题，完全可以置入我国现行构成体系的主观方面要件中讨论。"期待可能性"问题在实质方面主要涉及的是罪过的有无及大小问题，虽同主体要件中的刑事责任能力有一定联系，但在认识思路上仍可将其视为"罪过"问题。刑法学中类似的跨体系问题还有若干（如结果加重犯、处断的一罪、法条竞合等），都只能视其主要方面人为地塞进教科书某一部分讨论。

按照严格的规范主义立场，我们只能推导出以上结论。但是，对大陆法系构成体系中所包孕的方方面面的意义，绝非简单地依靠上述逻辑推理就能理解——必须将其置于欧陆国家的民族思维方式、哲学背景和司法运作基本模式的大环境下，才有可能真正揭示其事实性或底蕴性的东西。可以认为，自18世纪以来盛行于欧洲的"事实－价值"二元论方法和实证主义哲学思潮必然会潜移默化地进入立法者、法学家和司法者的头脑，从而成为刑事立法、刑法学说乃至个案处断自觉或不自觉的宏大参照系。按照"事实－价值"二元论的方法，司法过程中关于构成要件该当性的判断，实际上只是一种对个案与该当性条件是否符合的事实性审查，它至少被要求不得包含司法者的任何主观价值因素（生活中的诸价值因素已通过立法转换为规范中作事实性描述的该当性要件）；对具体事案的审查若符合该当性，多数情况下就已经成立犯罪。但在一些特殊、疑难或处于"两可"临界点的案件中，在该当性符合的前提下，需要进入第二个层面即违法性的判断。对"违法性"含义的理解，在大陆法系中十分混乱（尤以日本刑法界为甚）。按字面的意思推导，"该当性"的判断也就意味着对"违法性"是否符合的审查——只有在违法（触犯刑律）的前提下才产生"该当"问题，不违法何谈"该当"？故对违法性的理解便出现纯规范主义的"形式违法性"和超规范的"实质违法性"两种观点。从规范主义视角，"形式违法性"的提法当然在理——对于诸如正当防卫一类的"阻却事由"应当见诸法律的形式性规定，无明文规定便不能"阻却"行为的违法性；但就刑法运作真实的"活法"意义而言，"实质违法性"（危害法共同体的利益）才真正揭示了大陆法系的构成体系及其司法活动的奥妙。

由于大陆法系在司法过程中并不存在对法律的权威性解释，对所有法律条文义理的理解、对所有案件的适法性审查，均有待法官们独立完成。既然存在对法律规范的理解，就自然产生在理解时所参照的标准或依据问题；而作为被理解的对象即规范本身，便当然不可能作为解释自体的依据，必须引入规范之外的因素才可能对规范进行"理解"。并且，按照哲学解释学的观点——"只要有理解，理解就不同"，不同主体对同一文本的解读当然会合理地存在差异。于是，在"理解"和"审查"的过程中，法官们很自然地会将自己的司法体验、价值准则甚至情感情绪贯穿其中，即对事案进行一种"不知不觉"超规范的价值评价，即对一种行为是否损害法益（类似于我国犯罪构成体系中的犯罪客体）、损害何种法益以及在多大程度上损害法益的取舍判断——各种案件在法官们超规范的价值感悟中被贴上了"犯罪"的标签或被阻却了"犯罪"的成立。如此司法操作的定式，在一个高度树立了法律权威性和建立起一种高素质的法官独任审判制的国度里，法官们在实体意义上所求取的任何处断结论，都会具有相当程度的公正性和社区可接受性，都最接近于法律的本真（一种当下的民族精神和价值观念）。这既是理性符号制约的悲哀，又昭显出人性创造力的伟大！

当该当性的事实判断和违法性的价值判断完成后，对行为基本性质的考察本来即可告结束（对主体资格和主观要件的考察，本来都是可以置于该当性的层面解决的），但肇始于18世纪后期的刑法新派学说显然对19世纪前期定型的构成体系产生了重大影响——新派学说的核心在于将旧派对刑法制度的设计以"行为"为中心扭转到以"行为人"为中心上来——于是，在构成体系中出现突出和强调实施行为的"人"及其恶性，将主体资格和罪过内容上升为独立于前两个层面的又一层面的理论模型预设，便自在情理之中。在有责性层面的评价中实际上已经发生了一种重心转换——对行为进行事实评价和价值评价，合取结论后向"行为人"转换。事实评价和价值评价都是对行为本身的评价——行为的事实状态是什么，是否符合构成要件；行为的事实状态在社区中的意义是什么，是否具有"违法性"。在此基础上将视角焦点由"行为"再切换到"行为人"——对行为之主体的年龄、责任能力、心态、期待可能性及多方面的个人状况进行考察和评价，在对具体的人的评价中权衡"责任"的有无及大小（毕竟刑事责任是由"人"来承担而不是由"行为"来承担，行为只是引发责任的核心依据）。在有责性的评价中，显然也包含着多种超规范的个人情境因素。

只有在"超规范"的意义上，违法性和有责性才分别在异质层面（行为的价值层面和行为人的情境层面）真正找到了自己的立足之地，否则便又回到同一规范所设定的同一平面之内——剩下的问题就只是对"平面"如何折叠或者在平面内各基本要件如何划分地盘的纠葛和争议（如我国刑法界关于构成要件如何设置的讨论）。在抽象笼统的对外宣扬中大肆强调规范，而在具体运用中却又以教科书中学说性的体系化构造诱使法官们逾越规范、自创规范。这便是大陆法系构成体系务实性设置的精妙之处。

由于不同法系解决人际冲突问题所采的技术性方法不同,① 英美法系的犯罪识别体系就缺乏大陆法系那种十分精密的概念化、逻辑性强的构成体系。就司法者对刑事实体法的运用而言,主要强调的是构成要件的"该当性",即对具体事案只须按制定法的基本要求作形式条件符合性的审查;而所谓的"违法性"和"有责性"问题,在疑难事案或事关社区重大利益的案件中则更多留给控辩双方在庭审过程中去尽情发挥。发挥的直接目的或具体效果无非是要最大限度地影响陪审团及法官的情绪和看法,而在所阐述的种种理由中显然规范外的柔情天理(自然权利之类)较之于规范内的硬性规定更能打动人心。

综上,犯罪构成体系的建构问题既是一个文化问题、哲学问题,也是一个时代问题、国情问题。脱离不同法系的文化背景而追求所谓的"创新"注定是无大意义的,而简单照搬的方法当然也不足取。② 就我国当下张扬法治的国情和直观解决问题的民情而言,大家约定俗成的能够解决绝大多数问题的方法,当然最科学!

---

① 两大法系除各自所采用的制定法和判例法的技术性方法不同外,在对国家体制及法律制度意义的理解上也存在重大的实质性差别。参见冯亚东《平等、自由与中西文明》,法律出版社,2002,第13小节。
② 我们注意到,由国内学者黄道秀翻译的俄罗斯刑法学者库兹涅佐娃、佳日科娃主编的《俄罗斯刑法教程》(中国法制出版社,2002)一书,并没有改变苏联传统的、平面式的"四要件"犯罪构成体系。如果说当初苏联的学者们是出于意识形态需要而建构新的犯罪构成体系,以区别于资产阶级性质的大陆法系犯罪成立体系,那么今天的俄罗斯则再无这一顾忌——但其仍然继承了原有的学说。这至少说明了一个国家犯罪识别体系的建构绝非简单的技术问题,而是与其民族的生活方式、思维习惯、法制传统等因素息息相关。这一点应当引起学者们的高度重视。

我国犯罪构成体系不必重构[*]

黎 宏[**]

摘 要：引进德日犯罪构成理论，对我国犯罪构成体系进行重构已经成为一种倾向。但是，我国犯罪构成体系并非被抨击的那样一无是处，而为重构论者所推崇的德日犯罪判断体系同样存在前后冲突、现状和初衷背离、唯体系论等弊端。我国犯罪构成体系所存在的犯罪构成要件之间的关系不明、根据犯罪构成所得出的犯罪概念单一等问题，可以通过贯彻客观优先的阶层递进观念以及树立不同意义的犯罪概念的方法加以解决。因此，我国犯罪构成体系没有必要重构。

关键词：犯罪构成　犯罪判断体系　犯罪构成体系重构

一　序言

如何评价和完善我国以"四要件"为内容的犯罪构成体系，一直是我国刑法学研究中的一个热点问题。过去，人们对其的探讨主要集中在对犯罪构成要件具体内容以及要件多寡的"改造"上，学界曾经出现的"二要件说"、"三要件说"以及"五要件说"就是其

---

[*] 本文原载于《法学研究》2006年第1期。
[**] 黎宏，清华大学法学院教授。

体现。① 但是，现在出现了"重构"犯罪构成体系的呼声。这种观点以现有的犯罪构成体系"缺乏层次性，违反法律推理的一般原则"、"价值判断过于前置，不利于保障人权和实现法治"、"缺乏逻辑导向功能，在实践中使刑法功能的发挥受到影响"等为由，主张"对大陆法系的犯罪构成理论，大可不必讳言'拿来'，径行引进一套成熟的理论"。② 而且，有学者已经开始在刑法学教科书中，尝试按照德日刑法学中的犯罪判断三阶段论的分析方法，对我国刑法中的犯罪成立条件进行解说。③

对于上述有关重构犯罪构成体系的动向，笔者深表忧虑。在这个一切都以大胆创新为出发点的年代，对犯罪构成体系作一番脱胎换骨般的变革，似乎并不是什么坏事。问题是，变革的理由何在，即重构论者所说的上述问题是否真的存在？如果真的存在，其是不是现行犯罪构成体系所固有的、无法克服的问题？同时，变革的方向何在，即德日刑法学中的犯罪判断体系是不是大家所说的那么理想，将其径行照搬到我国，就能收到消除批判者们所指出的我国犯罪构成体系所存在的种种弊端的效果？

笔者认为，我国现有的犯罪构成体系并不像批判者们所说的那样糟糕，而被拿来主义者们所顶礼膜拜的德日犯罪判断体系也不是想象的那么美好。我国的犯罪构成体系存在一些问题，但这并不是其与生俱来、不可克服的顽疾，完全可以通过改良加以消除。

---

① "二要件说"认为犯罪构成的共同要件是犯罪客观要件与主观要件；"三要件说"认为共同要件是犯罪客观要件、主体要件与主观要件，或者认为是主体、危害行为与客体；"五要件说"认为共同要件是危害社会的行为、危害行为的客体、危害社会的结果及其与危害行为之间的因果关系、危害行为的主体要件、行为人的主观罪过。以上内容，参见高铭暄主编《新中国刑法学研究综述（1949—1985）》，河南人民出版社，1986，第116页以下。

② 宗建文：《论犯罪构成的结构与功能》，周光权：《犯罪构成理论与价值评判的关系》（以上论文均刊载于《环球法律评论》2003年秋季号）；梁根林、付立庆：《刑事领域违法性的冲突及其救济——以社会危害性理论的检讨与反思为切入》，载陈兴良主编《刑事法评论》第10卷，中国政法大学出版社，2002，第56页以下。另外，李立众博士和阮其林教授也分别在其博士学位论文中，主张引进德日的犯罪判断体系，对我国现行的犯罪构成体系进行重构。参见李立众《犯罪成立理论研究》，清华大学博士学位论文，2004，第2页；阮其林《犯罪构成比较研究——兼论建构"合一"的犯罪论体系》，北京大学博士学位论文，2003，第10页以下。

③ 如陈兴良教授主编的《刑法学》（复旦大学出版社，2003）。该书在犯罪论体系上，采用了德日常用的构成要件符合性、违法性、有责性的三阶层递进式体系。

二 对我国犯罪构成体系的批判及其评析

我国学者对于现行犯罪构成体系的批判甚多，内容相互重叠，择其要者，可归纳为以下几点。

第一，罪与非罪认定标准混乱，内容相互矛盾。我国刑法理论与实践均坚持犯罪构成是刑事责任的唯一根据，认为行为一旦满足犯罪构成要件，就毫无例外地成立犯罪，不允许存在具备犯罪构成要件而不成立犯罪的情形；反之，某一行为不构成犯罪，也是由于不具备犯罪构成要件。然而，在我国的刑事司法实践中，对某一行为罪与非罪的评价过程中，除了运用犯罪构成之外，还存在两个辅助性标准，即正当防卫、紧急避险等违法阻却事由和犯罪概念。后者作为除罪标准从否定方面将行为排除出犯罪圈，从而在事实上分割了犯罪构成的罪与非罪的评价功能，导致了罪与非罪认定标准的混乱。[1]

笔者认为，上述现象确实存在，但这不是现行犯罪构成体系本身的问题，而是缘于某些学者的错误理解。

与德日将构成要件作为犯罪成立的一个要件不同，在我国，"犯罪构成"尽管与德日"构成要件"在名称上类似，但是，二者具有完全不同的内容。我国刑法中的犯罪构成，是刑法所规定的、决定行为的社会危害程度而为该行为成立犯罪所必要的所有主客观要件的有机统一，它包含了德日刑法中有关犯罪构成要件符合性、违法性和有责性的全部内容。具有这些特征的犯罪构成是判断某行为成立犯罪的最初也是最终因而是唯一的标准。这主要体现在以下两点。首先，我国的犯罪构成是形式要件与实质要件的统一。在德日刑法学中，构成要件是独立于违法性和有责性的形式要件，不包含实质评价的内容，因此，对于正当防卫、紧急避险等排除犯罪性行为，他们可以说，这类行为尽管在实质上不具有违法性，但在形式上仍然具有犯罪构成要件符合性。但在我国，犯罪构成是形式要件与实质要件的统一，行为符合犯罪构成，就意味着该行为不仅在形式上符合某具体

---

[1] 参见聂昭伟《论罪与非罪认定标准的统一——兼论犯罪构成体系的完善》，载赵秉志主编《刑法评论》第7卷，法律出版社，2005，第155页。

犯罪的轮廓或者框架，而且在实质上也具有成立该罪必要的相当程度的社会危害性。因此，就正当防卫、紧急避险而言，其之所以不构成犯罪，首要的是因为其缺乏成立犯罪的实质要件，即相当程度的社会危害性，在此基础上，也就缺乏形式要件——刑事违法性。换言之，在正当防卫、紧急避险的场合，没有犯罪构成符合性的存在。因此，完全不可能出现行为在符合构成要件之后，又根据正当防卫、紧急避险的规定而被排除犯罪性的情形。其次，我国的犯罪构成是成立犯罪的积极要件与消极要件的统一。刑法上每一个具体犯罪的成立条件，在刑法分则中都有规定，同时，各个犯罪具有的共同要件，在刑法总则中也一应俱全。所以，行为是否符合具体犯罪构成，就成为区分罪与非罪的标准。具体地说，刑法上每一个具体犯罪构成同时包括两方面的含义：一方面，它积极地表明了某种行为成立犯罪的性质，即符合构成要件的行为，就成立犯罪；另一方面，它消极地表明了其他行为不成立犯罪的性质，即不符合犯罪构成的行为，就不成立犯罪。这样说来，在我国刑法中，行为是否成立犯罪，只能以犯罪构成为唯一标准进行判断。行为是否具备犯罪构成要件，是否符合犯罪构成，就充分表明了行为是否包含成立犯罪的全部要件，从而决定其能否成立犯罪。除此之外，没有其他决定或者制约犯罪成立的要件或者要素。[1] 如此说来，认为我国在犯罪判断体系上除了犯罪构成之外，还将正当防卫、紧急避险以及犯罪概念作为辅助性手段的见解是不合乎我国犯罪构成理论实际的。

　　但是，在现实的理论研究中，确实有很多学者将刑法第13条中的但书规定作为犯罪判断的辅助手段。如有的教科书上说："在考察某种行为是否构成犯罪时，固然必须根据刑法条文的规定，同时需要认定该行为的社会危害性程度，如果行为情节显著轻微，危害不大的，就应当适用刑法第13条但书的规定，不认为是犯罪"；"对于这种情节显著轻微危害不大、不认为是犯罪的行为，在判决宣告无罪时，可在宣告无罪判决的法律文书中，同时引用刑法第13条和刑事诉讼法第15条第1项的规定作为法律根据"。[2] 应当说，这种观点是值得商榷的。因为，如前所述，行为人的行为

---

[1] 参见马克昌主编《犯罪通论》，武汉大学出版社，1991，第54页以下。
[2] 高铭暄、马克昌主编《刑法学》上编，中国法制出版社，1999，第74、81页。

是否符合犯罪构成是追究行为人刑事责任的唯一根据。既然说行为"情节显著轻微危害不大",就表明该行为的危害实质上没有达到分则中所规定的某种犯罪的成立标准,不符合该种犯罪的犯罪构成。这种情况下,直接以该行为不符合具体犯罪的犯罪构成而否定其成立犯罪就够了,没有必要以总则第13条有关犯罪概念的规定来对其加以否定。总则第13条有关犯罪概念的但书规定,只是为分则条文中具体犯罪构成符合性的判断提供了一个参考依据而已,它本身并不是具体犯罪构成。相反,如果直接以刑法第13条的但书规定来决定某种行为是否构成犯罪,极容易给人这样一种印象,即行为人的行为是否构成犯罪,不是取决于行为是否符合犯罪构成,而是取决于刑法第13条有关犯罪概念的规定。这样,就不仅变相地违背了罪刑法定原则,还会产生逻辑上的混乱:既然说行为是否符合犯罪构成是决定行为是否成立犯罪的唯一标准,那么为何又将刑法第13条有关犯罪概念的规定也作为决定行为是否成立犯罪的标准呢?让人费解。

同样,对于犯罪构成和正当防卫、紧急避险等排除犯罪性事由之间的关系,也应当这样理解。从理论上讲,在说行为符合具体犯罪的犯罪构成的时候,实际上也意味着该行为不可能是正当防卫、紧急避险等排除犯罪性事由。换言之,在得出这种结论之前,已经进行了该行为不是正当防卫、紧急避险等正当行为的判断,否则就不可能得出这样的结论来。因为,犯罪构成符合性的判断是唯一的、终局性的判断。但是,现实情况是,各种刑法教科书都是在讲述了犯罪构成理论之后,再将正当防卫、紧急避险等作为排除犯罪性事由加以说明和论述的。这种编排体系,容易让人形成这样的印象,即正当防卫等在形式上似乎符合某种犯罪构成,但因其在实质上不仅不具有社会危害性,而且对国家和人民有益,所以,在形式上说明其符合犯罪构成之后,又从实质上对其加以否定。但是,这种理解是错误的。实际上,我国刑法学的通说明确指出:"我国刑法中的排除犯罪性事由并不符合或者具备犯罪构成的全部要件,只是在客观方面与某些犯罪相类似。"[1] 因此,将排除犯罪性事由作为评价罪与非罪的辅助性标准之一,认为行为虽然符合犯罪构成,但在特定情况下,可以不成立犯罪的说法是不妥当的,它没有正确地把握我国刑法中犯罪构成的特征。

---

[1] 马克昌主编《刑法学》,高等教育出版社,2003,第120页。

第二，判断过程缺乏层次性。有批判意见认为，在中国目前流行的犯罪论体系中，缺乏评价的层次性，主观要件和客观要件同等重要，在这种平面式结构中，看不出哪一个要件需要优先评价，因此无法防止人们优先判断主观要件。这种理论框架的直接后果就是人们在考虑主观要件之后才考虑客观要件，容易将没有法益侵害但行为人主观上有恶性的身体动静（但不是实行行为）认定为犯罪，从而人为地扩大未遂犯的成立范围，刑法有可能在某些问题上不可避免地陷入主观主义的陷阱之中。①

笔者认为，上述批判或许具有一定的现实针对性，看到了一部分现象，但和前一种批判一样，其所指出的问题并非我国犯罪构成体系本身所固有，而是批判者自身在理解上有误。

在我国的平面式犯罪构成中，虽说四个方面的要件都在一个层面上，都同样重要，缺一不可，但是，在其内部，还是有先后和轻重缓急之分的。换言之，现有的犯罪构成要件的排列并不是完全随机、没有任何逻辑导向和主观意图的。实际上，先考虑客观要件后考虑主观要件，或者将犯罪主体作为犯罪构成的第一要件而将犯罪客体作为犯罪构成的最后要件的排列顺序，看似信手拈来、没有任何主旨，但其实，每一种排列顺序都体现了论者的良苦用心。如主张按照犯罪主体、犯罪主观方面、犯罪客观方面、犯罪客体的顺序排列的人认为，以上排列顺序符合实际犯罪的发生过程，即符合犯罪主体条件的人，在其犯罪心理的支配下，实施一定的犯罪行为，危害一定的客体即社会主义的某种社会关系。并且认为，"犯罪构成其他三个方面要件都是以犯罪主体要件为基础的，……犯罪主体要件是犯罪构成诸要件中的第一要件，它是犯罪构成其他要件乃至犯罪构成整体要件存在的前提条件，也是主、客观相统一的定罪原则的基础"。② 即认为犯罪构成的作用在于确定犯罪主体即犯罪人。而主张按照犯罪主体、犯罪客体、犯罪主观方面、犯罪客观方面的顺序排列的人认为："现实生活中，任何犯罪都是主体对法律所保护的客体的侵害，而主体只有通过一定的中介才能作用于客体。这样就形成了一切犯罪构成的基本结构，即犯罪主体—中介—犯罪客体。在这里，犯罪主体和犯罪客体是犯罪构成这个有机整

---

① 参见周光权《犯罪构成理论：关系混淆及其克服》，《政法论坛》2003年第6期。
② 陈明华主编《刑法学》，中国政法大学出版社，1999，第108页。

体的两极，连接这两极的中介是犯罪主体进行的犯罪活动。""在犯罪构成的最高层次结构中，犯罪主体是其最具有主动性和能动性的要素，它是整个犯罪活动过程的发动者、驾驭者和控制者"，"……主体的个性特点特别是其人身危险性决定着、制约着整个犯罪活动过程的结构和特性"。① 可见，主张这种排列顺序的人，和上述观点一样，也主张犯罪构成要件的排列顺序应当以行为人为中心而进行。相反，认为"坚持从客观到主观认定犯罪，是人类世代积累的进步成果和科学经验；自从'犯罪是行为'这一命题产生之后，刑法理论便极力主张由客观到主观认定犯罪，国外通行的构成要件符合性—违法性—有责性的体系，也是为了由客观到主观认定犯罪"，"刑法学要为司法机关认定犯罪提供理论指导，传统顺序是按照司法机关认定犯罪的顺序、途径排列"，"按照犯罪行为产生的顺序来安排犯罪构成体系的合理性值得怀疑"的观点则主张，犯罪构成要件的排列顺序应当是犯罪客体、犯罪客观要件、犯罪主体、犯罪主观要件，并认为以犯罪主体为出发点的排列顺序存在诸多问题。② 以上犯罪构成要件排列顺序孰是孰非，暂且不论，这里只想说明，即便是在我国的所谓平面式犯罪构成体系中，同样可以体现论者在判断层次性方面的主张，也同样可以表现不同学者的价值趋向和逻辑导向，这是不容置疑的。这样说来，认为我国的犯罪构成体系是平铺直叙、没有层次性的观点，值得商榷。

批判论者认为，犯罪构成判断过程缺乏层次性是导致在犯罪的判断上陷入主观主义的原因。笔者认为，这也是一种缺乏根据的见解。实际上，即便坚持犯罪判断的层次性，也同样会导致定罪上的主观主义。如就日本的情况来看，其三阶层的犯罪判断体系在战前和战后并没有什么根本上的变化，但是，在战前的日本，主观主义犯罪观盛行，而战后恰好相反，客观主义犯罪观大行其道。如果说在刑法适用上是坚持客观主义还是主观主义，和犯罪判断体系直接相关的话，那么，战争结束前后，其在刑法观上所发生的巨大变化，应当在犯罪论体系上有所体现。但是，很遗憾，看不出有什么大的变化。同样，在违法性（即社会危害性）的有无以及大小的判断上，德国现在的通说坚持同历史上的主观主义刑法观具有亲和性的行

---

① 何秉松主编《刑法教程》，中国法制出版社，1998，第107、113页以下。
② 参见张明楷《刑法学》，法律出版社，2003，第137页以下。

为无价值论；而日本判例则基本上坚持彻底贯彻客观主义刑法观的结果无价值论，学术界的主流观点也正在向此方向靠拢。但是，无论是结果无价值论还是行为无价值论，在犯罪判断过程上，都毫无例外地坚持传统的三阶层的犯罪判断体系。因此，犯罪判断过程是不是具有层次性和在刑法观上是否坚持主观主义之间，似乎并无必然联系。

　　导致刑法适用上的主观主义倾向的，不是犯罪判断过程没有层次性，关键在于犯罪构成体系中以何种刑法观作为指导思想，或者说以什么作为刑法的目的。如果以彻底或者不彻底的主观主义刑法观为指导思想，将维护国家的统治秩序作为刑法的唯一目的，则必然将没有引起实际的法益侵害或者危险的"道义上的邪恶行为"或者"犯罪的主观意图"作为违法性的判断对象，从而将未遂犯的着手提前，或者将共犯的处罚范围扩大。相反，如果以彻底的客观主义刑法观为指导思想，将现实地保护法益作为刑法的唯一目的，则必然会说只有侵害或者威胁法益的行为和结果才是违法性的判断对象，从而将不可能引起法益侵害或者威胁的不能犯行为以及主观恶意排除在违法性的判断对象之外，合理地限定刑法的处罚范围。所谓"犯罪论的体系是实现刑法目的的体系，随着刑法目的中重点的变迁，体系论也会发生变化，不可能有绝对唯一的犯罪论体系"，① 说的正是此意。因此，可以说，犯罪构成体系只是一副皮囊，关键在于赋予其什么样的灵魂。

　　第三，是封闭的犯罪构成，而不是开放的犯罪构成，不能体现控诉与辩护的统一。这主要是对比德日犯罪论体系的犯罪判断过程之后所得出的结论。持这种观点的人认为，我国现有的封闭的犯罪构成体系"留给被告人合法辩护的空间非常狭小，被告人难以平等地与国家进行对话与交涉、充分表达自己的意见。这就势必使诉讼活动在很大程度上成为权威单方主导的定罪流程，自由对话、中立判断等对抗制模式功能得以正常发挥所必需的先决条件不能得到保证。"②

―――――――

① 〔日〕大谷实：《刑法总论》，黎宏译，法律出版社，2003，第71页。
② 田宏杰：《中国刑法现代化研究》，方正出版社，2000，第361页。另外，还有人认为，我国的犯罪构成论是一次性的判断；而在德日体系中，行为符合犯罪构成只是认定成立犯罪的一个层次，而不是唯一要件，在行为符合构成要件之后，还须进行其他层次的判断。这种封闭性结构的本质是在犯罪构成的框架之内不包含"反向机制"，即被告人合法辩护，被告人的权利主张受到忽视，权利和权力之间的结构不平衡。参见宗建文《论犯罪构成的结构与功能》，《环球法律评论》2003年秋季号。

这种批判，应当说，也是一种想当然的观点，经不起推敲。在上述批判者的意识当中，似乎存在这样一种观念：在犯罪构成的事由上，能够作为辩护事由的内容越多，该犯罪构成体系就越能够保障被告人的权利。因为在德日，被告人可以就违法性事由和责任事由进行辩护，而在我国，只能就犯罪构成这样一个内容进行辩护，所以，留给被告人的辩护空间非常狭小，其合法权利难以得到保障。这完全是一种形而上学的分析方法。在我国，犯罪构成是实质和形式相结合的犯罪构成，犯罪构成的四个方面囊括了德日刑法中的构成要件符合性、违法性和有责性三个方面的全部内容。[1] 行为人在刑事诉讼中，可以就犯罪构成四个方面的任何一个方面进行辩护。如果从可辩护内容的量上进行比较，岂不是可以说在我国的犯罪构成体系之下，被告人合法辩护的空间更为广阔一些？

实际上，德日的三阶层犯罪判断过程只是为人们认定犯罪提供了一个大致的思考方向，和现实的刑事诉讼中认定犯罪的进程并不一致。只要凭借法律常识，稍微动一下脑筋，就能明白这一点。既然违法性和有责性是成立犯罪所必不可少的要件，那么，在强调"罪疑时优先考虑被告人的利益"、"无罪推定"的德日，绝对不会只是要求检察官在起诉的时候，只要概括地、一般性地调查行为人的行为是否符合构成要件就够了，而对行为人的行为是否属正当防卫、实行行为时是否具有违法性意识等有关违法性、有责性的问题忽略不计，完全交由被告方自己来举证。这岂不是明显地违背上述"罪疑时优先考虑被告人的利益"、"无罪推定"等近代刑事诉讼的基本原则而实施有罪推定吗？事实上，在日本，尽管在刑事诉讼制度中很大程度上吸收了当事人主义的内容，但是，检察官对和起诉罪名有关的事实，仍然要承担全部举证责任。按照日本刑事诉讼法第336条的规定，符合构成要件的事实就不用说了，即便是说明违法性和有责性的事实，也在检察官的举证范围之内。上述事实，在根据检察官所提出的证据，以及法官根据职权所调取的证据，都难以证明的时候，就只能说这些事实不存

---

[1] 德日的三阶层犯罪论体系和我国平面的犯罪构成体系，虽然在形式上迥异，但实质内容上基本一致。如德日刑法中的违法性概念，就是我国犯罪构成体系中犯罪客体的内容；有责性的内容，则为我国犯罪构成体系中主观方面和犯罪主体方面的内容所囊括；构成要件符合性内容，则在我国多半集中在犯罪客观方面的研究当中。

在，宣告被告人无罪。①

上述批判意见，来自对德日刑法中有关构成要件所具有的诉讼机能的理解。在德日，构成要件具有诉讼法上的机能。这意味着，在刑事诉讼中，检察官通常只要证明存在符合构成要件的"犯罪事实"就够了，而其是否属于所谓的排除违法性、有责性事由，检察官不需特地对此加以证明。被告方如果提出存在相当于上述排除违法性、有责性事由的排除犯罪性的事实，检察官只要提出该事实不存在就够了，而不用作出更多的积极证明。换言之，在判断行为是否成立犯罪时，虽说必须考虑构成要件符合性、违法性和有责性这样三个阶层或者说三个方面的事实，但是，检察官重点考虑的是构成要件符合性的内容，而不用对违法性和有责性的内容也逐一进行举证。但这并不意味着检察官对这些情况完全可以忽略不计。在检察官没有发现能证明行为人的行为属于正当防卫等排除违法性事由，或者行为人在实行行为时没有违法性意识等排除责任事由的证据，但被告人方面提出了存在上述情况的证据的时候，那么，检察官就必须证明被告人所说的情况不存在。换言之，对于被告人或者犯罪嫌疑人所提出的排除犯罪性事由的证据，检察官必须能够提出反驳证据，否则，就只能承认被告方的主张。这样说来，在德日和我国刑事诉讼的过程中，检察方和被告方在攻防的程序上基本一致，被告人所辩护的实际内容几乎没有什么差别。既然如此，凭什么说我国的犯罪构成论"留给被告人合法辩护的空间非常狭小，被告人难以平等地与国家进行对话与交涉、充分表达自己的意见"呢？

事实上，被告人是不是能够参与刑事诉讼，是不是享有合法辩护权，在多大程度上享有合法辩护权，这些都是由作为程序法的刑事诉讼法所规定的内容，而和作为实体法的刑法没有多大关系。犯罪构成是作为实体法的刑法所规定的成立犯罪的规格、标准和类型，它本身是一个被辩论的对象，并不能决定被告人所享有的辩护空间和范围的大小。如果从可辩护内容的数量多寡来看，可以说，我国的犯罪构成为被告人提供了更为广阔的辩护空间。

第四，将客体作为犯罪构成要件，导致先入为主。批判意见认为，通

---

① 参见〔日〕山中俊夫《概说刑事诉讼法》，弥勒卢比书房，1988，第290页。

说的刑法理论将客体作为犯罪成立的首要条件。所谓客体，就是刑法所保护而为犯罪所侵害的社会关系，这就是实质性的价值判断。此判断一旦完成，行为就被定性，被告人无法为自己进行辩护。这是一种过分强调国家权力的做法，它会导致一系列危险，不利于保障人权和实现法治。①

上述批判意见固然有一定的道理，但是，笔者认为，导致这种现状的原因并不是犯罪构成体系本身，而是学者们在给犯罪客体下定义时犯了循环定义的毛病。本来，所谓犯罪，就是严重危害社会，即严重侵犯刑法所保护的客体、应予刑罚处罚的行为，其成立，以对客体造成实际侵害或者现实威胁为条件；但是，通说在定义什么是犯罪客体时，却又说客体就是为"犯罪行为所侵犯的社会关系"。这样，在对犯罪和犯罪客体的叙述当中，二者互相限定，循环定义，这显然是不符合定义的基本原理的。其实，客体，就是刑法所保护的社会关系或者说合法利益，如杀人犯罪中的人的生命、财产犯罪中的他人对财产的所有权以及以租赁、借贷等为根据的合法占有权就是其体现。这些社会关系或者利益，在刑法分则所规定的各个相应条款中存在，是制定这些条款的前提。即便没有受到犯罪行为的侵害，它也是客观存在并受到刑法保护的，因此，完全没有必要以"为犯罪所侵害"来对其加以修饰。

由于存在上述定义上的问题，因此，在过去的犯罪构成体系的研究当中，有很多人主张，犯罪客体不是犯罪构成要件，应当将其从犯罪构成中排除出去。② 但是，笔者认为，在我国的犯罪构成体系当中，是无法将其排除在外的。因为，我国的犯罪构成是形式构成和实质构成的结合。行为是否符合实质构成，取决于其是否侵犯了客体要件。如果将客体要件排除的话，犯罪构成就会成为一个徒具形式的空壳，完全偏离我国刑法中犯罪构成体系的特征。具体而言：

---

① 参见周光权《犯罪构成理论与价值评判的关系》，《环球法律评论》2003年秋季号。
② 一般认为，最早提出这个观点的是张文教授（参见张文《关于犯罪构成理论的几个问题的探索》，载《法学论文集》续集，光明日报出版社，1985，第252页以下）。刘生荣博士在《犯罪构成原理》（法律出版社，1997）、杨兴培教授在《犯罪构成的反思与重构》（《政法论坛》1999年第2期）中均认同这一观点，并从不同角度进行了论证。另外，张明楷教授一方面认为，犯罪客体不是犯罪构成要件，但是，另一方面，他又认为犯罪构成的其他要件都是以客体为核心确定的，并认为将犯罪客体放在犯罪构成要件的首位，有利于对犯罪构成进行实质性的理解，从而有利于犯罪构成理论的深化（参见张明楷《刑法学》，法律出版社，2003，第134、138页）。

首先，不考虑客体，将无法把握犯罪构成中的客观方面要件和主观方面要件的实体内容。从形式的犯罪构成和实质的犯罪构成统一的角度来看，成立某具体犯罪的危害行为即实行行为，不仅要求该行为在形式上符合该罪的外形，而且还要求在实质上具有成立该罪的危害行为所预定的危险。如盗窃罪的客体是所有权以及其他合法占有。在行为人将自己的被盗财物从盗窃犯那里秘密取回的时候，如果不考虑盗窃罪的犯罪客体，就无法认定该行为的性质。因为，盗窃不仅仅是徒有秘密获取或者以平和的方式获取他人财物的外形的行为，还必须是具有能够对他人的财产所有权造成现实威胁的内容的行为。明知他人口袋里一无所有而秘密窃取的行为，徒有窃取行为的外形，而不具有盗窃罪实行行为的实质。同时，即便说在形式上"秘密获取行为"是盗窃罪的实行行为，或者说是危害行为，但也不能说从盗窃犯那里秘密取回自己财物的行为成立盗窃罪，因为，行为人的行为并没有侵害他人的财产所有权，而只是恢复了自己的所有权而已。在犯罪主观要件的认定上，也同样如此。行为人尽管具有盗窃的故意，但意图盗窃的对象仅仅限于数额较小的财物，不是刑法所保护的数额较大的财产的时候，还不能说行为人具有犯盗窃罪的故意。而只有在行为人的主观意图是指向刑法所保护的数额较大的财物时，才能说行为人主观上具有值得作为盗窃罪加以谴责的故意。

其次，将客体从犯罪构成中排除出去，也无法对具体犯罪进行认定，从而使犯罪构成的犯罪个别化机能丧失。如盗窃正在使用中的照明电线或者通信电缆的行为，和盗窃已经废弃不用的电线或者电缆的行为，在形式上完全一致，但是，在具体的犯罪认定上，结论会大不相同，一个构成盗窃罪，另一个则构成破坏电力设施罪。之所以会出现这种结局，就是客体起了关键作用。前者侵害的客体是财产所有权，而后者侵害的则是公共安全。

主张将客体从犯罪构成体系中排除出去的理由之一，就是德日刑法学中，只是将行为对象作为构成要件要素，而没有将犯罪客体作为构成要件要素。[①] 这是没有注意到德日的犯罪论体系全貌所得出的结论。在德日的犯罪论体系中，可以将犯罪客体排除在外，因为，在他们看来，构成要件符合性的判断是形式判断，不需要考虑实质性的内容。因此，在针对构成

---

① 参见张明楷《刑法学》，法律出版社，2003，第 134 页。

要件符合性的判断阶段，只要考虑诸如是不是有人在有认识或者应当认识而没有认识的情况下，实施了剥夺他人生命或者秘密获得了他人财物之类的客观事实就够了，而不用考虑该剥夺他人生命行为是不是正当防卫，该秘密获取行为是不是自救行为。对上述内容的考虑，则被放在犯罪判断过程的第二个阶段（即违法性阶段）予以考虑。在这个阶段，要透过行为的外表考察行为的本质。其中最为重要的内容，就是看行为是否侵害或者威胁到刑法所保护的合法利益即犯罪客体。因此，在德日，并不是不考虑犯罪客体，只是不放在构成要件符合性阶段加以考虑而已。这样说来，以德日的情况为例说明我国的犯罪构成中不应当考虑犯罪客体的观点，是没有注意到国外的犯罪论体系和我国的犯罪构成之间的差别而得出了错误结论。[1]

三 德日犯罪论体系的问题及其转变

上述主张重构我国犯罪构成体系的学者，不仅提出了破除旧体系的主张，而且还指出了建构新的犯罪构成体系的方向。在这一点上，他们不约而同地选择了德日的构成要件符合性、违法性和有责性这种三阶段的层次性判断模式。他们认为，这种模式具有以下优点：①在逻辑上具有递进性，有助于明确要件之间的逻辑关系；②具有层次性，能够厘定各种要件之间的界限；③具有高度的理性，能维护法律适用的安全性，有助于实现结果的正义性。

笔者认为，上述观点具有偏听偏信之嫌，一厢情愿地过分夸大了德日犯罪论体系合理的一面，而没有甚至也不愿意看到其不足的一面。在这一点上，德日学者的态度能够为我们提供一个比较全面的借鉴。德国学者罗克辛认为，德国刑法中对犯罪认定的体系性思考存在以下不足：一是忽略具体案件中的正义性；二是降低解决问题的可能性，阻断了对更好的犯罪认定方法的探索；三是不能在刑事政策上确认为合法的体系性引导；四是当人们努力把所有生活形象清楚地安排在很少的主导性观点之下时，对抽

---

[1] 当然，还有一种观点认为，不是不考虑犯罪客体内容，而是将其放在犯罪概念阶段加以考虑。这也确实符合我国的犯罪构成体系。但是，如此说来，我国的犯罪构成岂不成了一个形式的犯罪构成？

象概念的选择会忽视和歪曲法律材料的不同结构。① 同样，日本学者也认为，日本的犯罪论体系由于受德国刑法学的绝对影响，采用的是"构成要件符合性"、"违法性"、"责任"这种观念的、抽象的犯罪论体系，因为必须考虑什么是构成要件，构成要件符合性和违法性、有责性之间处于什么样的关系中，因此，具有强烈的唯体系论的倾向。结果，一般国民就不用说了，其他法律领域的人也因为刑法体系过于专业而不敢接近。不仅如此，这种体系使得无论在战前还是在战后，都难以自下而上地对刑罚权的任意发动现象进行批判，并为这种批判提供合理根据。②

在笔者看来，德日的阶层犯罪论体系所面临的问题，可能并不比我国的犯罪构成体系少。具体而言，有以下几点。

第一，体系上前后冲突。按照德日刑法学中广泛通行的观点，构成要件符合性是犯罪判断过程的起点，是推定行为是否违法、是否有责的事实依据。换言之，在行为符合刑法中某个犯罪的构成要件，具有构成要件符合性的时候，原则上就可以肯定该行为具有违法性和有责性。在此意义上讲，构成要件具有所谓推定机能。但是，和我国一样，德日刑法中还有行为人不负刑事责任的特殊情况，这就是存在正当防卫、紧急避险、正当行为等所谓排除违法性事由以及没有违法性意识、没有期待可能性等排除责任事由的场合。因此，行为人在面临紧急不法侵害，为保护自己或者他人的权利不得已而实施侵害行为，或者为了避免紧急危险，不得已而侵害和该危险无关的第三人的利益的时候，不负刑事责任。理由是，这些行为尽管符合构成要件，但由于不具有违法性，所以不构成犯罪。这里问题就出现了：近代以来，刑罚权为国家独占，任何人都不得以任何理由替国家代行刑罚权，擅自处分他人的生命、身体、财产等刑法所保护的利益。正当防卫、紧急避险等，就是行为人违反上述原理，擅自行使刑罚权的行为。因此，这些行为也是符合刑法所规定的具体犯罪的构成要件的行为。既然如此，按照构成要件的推定机能，上述行为也应当说是违法行为才合乎逻辑。但是，德日刑法中，上述行为却被看作排除违法性的行为，换言之，构成要件的推定机能在正当防卫、紧急避险等场合失灵了。对此，德日的

---

① 参见〔德〕克劳斯·罗克辛《德国刑法学总论》第1卷，王世洲译，法律出版社，2005，第128页以下。
② 参见〔日〕刑法理论研究会《现代刑法学原论》总论，三省堂，1989，第317页。

学者也深感为难，只好用"原则与例外"这种超出刑法学范畴的理由来对其进行说明："即便符合构成要件这种原则类型，但是，例外地存在一些必须否定处罚的特殊情况。如杀人行为在类型上是不好的行为，但在遭到袭击，不得已而奋起反击的场合，就不应当受到处罚。"① 可见，就犯罪判断过程的逻辑关系而言，德日也同样存在难以解决的问题。

不仅如此，这种体系上的冲突还表现在有关违法性、有责性的判断上，有先入为主的倾向。按照现在德日流行的犯罪判断过程三阶段论，构成要件符合性是认定违法性和有责性的事实依据，行为只要符合构成要件，原则上就可以积极地推定其具有违法性和有责性，而在违法性和有责性的阶段上，只要消极地探讨什么样的行为不是违法行为和有责行为就够了（事实上也是如此，如在违法性的论述上，重点探讨正当防卫、紧急避险等排除违法性事由；在有责性的阶段上，重点探讨没有期待可能性以及没有违法性意识等排除责任事由）。这样，违法性阶段和有责性阶段的任务，只是说明什么样的行为不违法和没有责任，而不用积极地探讨什么样的行为违法、什么样的行为有责。本来，构成要件符合性的判断是形式的、一般性的判断，不应当带有价值判断的色彩，但是，由于构成要件是违法性和有责性的类型，换言之，符合构成要件就可以说具有违法性和有责性，在尚未说明什么是违法和有责之前，就说符合构成要件的行为是违法、有责行为，这样，在违法和有责这种本属价值判断的问题上，岂不是也存在先入为主的嫌疑吗？而且，因为在违法性和有责性问题上，主要考虑出罪条件，即什么样的行为不违法和没有责任，而不是积极探讨什么样的行为违法、有责，即入罪条件，那么，违法性程度和有责性程度之类的问题，就更无从谈起了。虽然现在的教科书中，一般都会在排除违法事由和排除责任事由之前讨论什么是违法和什么是责任及其程度问题，但是，在此时讨论这些问题有"马后炮"的嫌疑。因为，在说明什么是违法性和有责性之前，就已经说明构成要件符合性是推定违法性和有责性的事实根据了。看来，犯罪判断过程上的先入为主，在德日刑法中，也同样是难以解决的大问题。

第二，现状和初衷背离。建立阶层递进的犯罪论的初衷，就是本着先

---

① 〔日〕前田雅英：《刑法总论讲义》，东京大学出版会，1999，第59页。

易后难的认识规律，将一般性的形式判断放在构成要件符合性阶段进行，而将具体的实质判断委诸违法性和有责性判断阶段，以防止法官在定罪上的任意性和肆意性，体现罪刑法定原则。但是现在情况已经发生了戏剧性的变化，什么时候进行形式判断，什么时候进行实质判断，顺序已经完全颠倒。构成要件符合性的判断承担了犯罪判断的大部分任务，而在违法性判断和责任判断阶段，则仅仅进行一些消极的排除性工作，以至于有日本学者认为，完成了构成要件符合性的判断，犯罪行为的甄别工作就已经完成了大半。① 这一点，只要简单回顾一下德日体系中构成要件的发展历史，就能明白个中道理。

在德国，最初展开构成要件论的是贝林格。他认为，只有符合类型的行为才是犯罪，构成要件中，不包括故意、过失等主观要素，另外，构成要件也是和违法性、有责性这类规范的、有价值性的东西相独立的犯罪成立要件，是客观的、记述的、无价值的东西。根据这种对构成要件概念的理解，贝林格试图排除法官的任意性，将罪刑法定原则进行形式理解。但是，立法者是将当罚行为类型化之后设计为构成要件的，因此，和违法性、有责性完全区别开来的构成要件不可能存在。由于这种原因，之后的构成要件论，便围绕构成要件和违法性、有责性的关系而展开。首先，M. E. 迈耶承认贝林格对构成要件和违法性的严格区分，认为某种行为符合构成要件的话，就表明该行为中存在违法性的迹象，构成要件是违法性的"认识根据"，两者之间是烟与火的关系，即某种行为符合构成要件的话，就能推定该行为具有违法性。在其之后的另一学者麦兹格则更为激进。他认为，构成要件就是违法类型，符合构成要件的话，原则上就具有违法性，两者之间不是"认识根据"的关系，而完全是"存在根据"的关系，符合构成要件的行为，只要没有特别的排除违法性事由，就具有违法性。而且，他还认为，规范要素以及主观要素，都是构成要件要素。麦兹格所主张的、将价值判断引进到构成要件之中的见解，在和贝林格的见解对比的意义上，被称为新构成要件论，现在在德国已经成为通说。②

---

① 〔日〕前田雅英:《刑法总论讲义》，东京大学出版会，1999，第59页。
② 参见〔日〕大谷实《刑法总论》，黎宏译，法律出版社，2003，第81页。

上述有关构成要件的理论传入日本之后，得到了进一步的发展，他们认为构成要件是"违法、有责行为的类型"，行为符合构成要件，原则上就能说该行为违法且有责。这种见解，是日本学者小野清一郎教授提倡的。他认为，德国学者贝林格将构成要件作为犯罪轮廓，认为其仅具有记述性的观点是正确的。同时，他觉得德国历来的犯罪论有将构成要件符合性、违法性、有责性"并列考虑之嫌"，"不免在思考上支离破碎"，所以，他批判贝林格的学说，提倡构成要件是违法、有责类型。他认为："犯罪的实体是违法类型，是行为人具有道义责任的行为，是违法、有责行为的类型。其之所以具有可罚性，是因为特殊的刑法分则的规定。刑法分则中所规定的特殊的、类型的违法、有责行为，是构成要件。"之所以说构成要件不仅是违法类型也是有责类型，是因为他认为犯罪的本质是违反道义，即"行为从一开始就被认为和伦理道义有关，因此，构成要件包含有违法性以及道义责任。这从犯罪的本质来看，是理所当然的"。[①] 小野博士的构成要件论，后来被团藤重光博士所继承。团藤博士将上述见解进行整理，将故意、过失包含在违法、有责类型的构成要件之中，同时，将期待可能性或者行为人的属性也作为有责类型，看作独立的构成要件要素。[②] 现在，这种观点已经在日本成为通说。[③]

本来，当初引进构成要件，并且将其限定为客观、中性的内容，目的就是避免将容易受人的主观意识支配的主观要素和规范要素排除在外，客观地限定犯罪的成立范围，避免法官在犯罪认定上的肆意性和任意性，最大限度地实现罪刑法定原则的宗旨，保障公民的权利和自由。但是，在确认构成要件符合性和违法性、有责性之间具有某种关联之后，这种通过纯粹的客观要素限定犯罪成立范围的理想就逐渐变成了梦想和泡影。因为，违法性和有责性的判断是一种实质的、价值上的判断，如果说符合构成要件的行为原则上具有违法性和有责性的话，就意味着对构成要件符合性的判断不仅仅是一种事实判断，更是一种含有实质内容的价值判断。这一点，只要看看不作为犯以及过失犯在构成要件符合性的判断上所花费的种

---

① 〔日〕小野清一郎：《犯罪构成要件的理论》，有斐阁，1953，第 19 页以下。
② 参见〔日〕团藤重光《刑法纲要总论》，创文社，1990，第 134 页以下。
③ 参见〔日〕大谷实《刑法总论》，黎宏译，法律出版社，2003，第 82 页以下；〔日〕前田雅英《刑法总论讲义》，东京大学出版会，1999，第 59 页。

种周折,就能明白。① 因此,可以说,国内一些学者所推崇备至的通过层层进逼的方式缩小犯罪包围圈的理想,在德日国家,已经是明日黄花、不复存在了。虽然在很多德日学者特别是日本学者的教科书中,仍然保留有构成要件符合性、违法性、有责性这样的犯罪构成论体系,但是,在其构成要件符合性的论述中,一开始就说"构成要件,从违法性的角度来看,必须是客观上伴有值得刑罚处罚的恶害的行为类型;从主观角度来看,必须是现在的日本国民认为可以谴责的主观事实,如故意、过失或者特定目的等"②,可见,在他们的教科书中,只是保留了一个当初的三阶段的大体框架,在内容上却完全偏离了当初的设想。当然,作出这种选择,自然有其理由,笔者对此不想加以评论,只是想说明,贝林格当初的想法作为一种理想或许是合适的,但是现实中能否实现,则是另外一回事。由此,认为在我国的平面式犯罪判断体系当中,四个要件要同时考虑,在一次判断中同时进行事实判断和价值判断,承载了过多的内容,和德日的阶层式犯罪判断体系相比极不合理的说法的根据何在,一直令笔者大惑不解。

第三,有唯体系论的倾向,偏离了现实的司法实践。本来,贝林格等建立阶层的犯罪论体系,目的是给法官在判断现实生活中所发生的具体事实是否构成犯罪的时候提供一个合理的思考方法和思维方向,尽量将与犯罪有关的各种要素进行合理分配,以限制法官在犯罪认定过程中的肆意性和任意性,从而实现罪刑法定原则的宗旨。但是,这套体系在其适用过程中,却导致了两个意想不到的结果:一是为了体系而体系的唯体系论的倾向,二是为了维护体系而置刑法在现实的司法实践中的应用情况于不顾。

关于唯体系论倾向的问题,只要看看德日刑法学的教科书,就会强烈

---

① 就不真正不作为犯而言,对其的处罚是按照作为犯来进行的。不作为在什么情况下可以说符合作为犯的构成要件,由于在刑法上没有规定,只能依靠解释,因此,在理论上颇费周折。现在一般认为,行为人在有作为义务,能够履行该义务而不履行,以致引起危害结果的场合,可以说符合作为犯的构成要件。但是,如何确定行为人具有作为义务,则要法官根据社会一般观念加以补充,进行详细的价值判断。同样,理论上一般认为,所谓过失犯就是行为人不注意,即没有履行注意义务的心理态度。那么,什么时候行为人具有注意义务呢?这一点并没有在刑法上规定出来,在此意义上,过失犯也是"开放的构成要件",在构成要件要素的具体内容上,只能由法官根据社会一般观念加以补充。

② 〔日〕前田雅英:《刑法总论讲义》,东京大学出版会,1999,第59页。

地感受到。各种学说、各种理论铺天盖地迎面而来,叫人眼花缭乱。连日本学者都感叹,在法学领域,"某某学说"到处充斥的场景,除了刑法学以外,可能再也找不出第二个来了。① 仅就犯罪论体系而言,虽说通说主张的是"构成要件符合性—违法性—有责性"这种三阶段的递进式的体系,但是,另外还有在进入构成要件判断之前,将行为作为一个独立环节加以考虑的所谓"行为—构成要件符合性—违法性—有责性"的判断体系,还有认为构成要件符合性与违法性判断不可分离的所谓"行为—违法(不法)—有责(责任)"的判断体系,莫衷一是。同样,在犯罪要素和犯罪论体系的关系上,情况就更为复杂。如构成要件要素的内容,有的学者认为仅包括客观要素,而不包括规范要素和主观要素;有的学者认为不仅包括客观要素,还包括规范要素和主观要素在内。同样,关于主观要素,到底是责任要素,还是构成要件要素,抑或是违法要素,在不同体系论的学者那里,也有不同的结论。这些现象,不仅令一般老百姓感到难以理解,即便是刑法学的研究人员也感到头疼。因此,在德日,刑法学者的研究精力,很大程度上不得不投入体系的建构上,而不是对具体问题的研究上。对此,日本学者平野龙一教授有深刻的体会。他说:"(在德日)刑法学者的努力,在于建立一个犯罪论的体系性理论构成。和某种要素是不是为成立犯罪所必要,或者和该要素如所谓责任能力的内容为何的研究相比,有关该要素是违法要素还是责任要素,或者责任能力是责任的前提还是责任要素的内容的探讨更为重要,即研究内容更加集中在这种体系构成方面。学者们的任务似乎就是创新'自己'的体系。'我认为''我这样主张'——这种似乎自己就是法一样的语言,没有反应地四处充斥。目的行为论本来是不受这种概念性构成约束的,其意图在于按照现实存在的本来面貌把握犯罪,但是,结果却成了徒增概念性议论的资料。"② 由此可见阶层的体系性构成对具体问题研究的杀伤力有多大,它几乎可以吞噬一切新生的念头和想法。

在体系论的影响之下,德日的学者们沉溺于建构自己的新体系,为体系而体系,而对于需要放在体系当中的那些要件的本来意义却不闻不问,

---

① 参见〔日〕平野龙一《刑法总论Ⅰ》,有斐阁,1972,第87页。
② 〔日〕平野龙一:《刑法总论Ⅰ》,有斐阁,1972,第247页。

并且固执地认为，不符合体系的结论是错误的，不知不觉地游离于实体刑法的研究之外，逐渐偏离了刑法学研究的本来目的。这一点，通过以下几个例子，就能窥豹一斑。

日本刑法学中，共谋共同正犯理论在很早以前就为司法实践所承认，并在之后的判决中广泛应用。判例认为，共谋犯罪的人即便没有亲自动手实施具体行为，但只要其他共犯人着手实行了的话，也构成共同正犯。① 这种理解和学说的理解差距相当大。按照受体系意识支配的学说的理解，只有实施了实行行为的人才是共同正犯，仅仅共谋而没有参与实行的人无论如何不是共同正犯。不论是战前还是战后相当长的时间内，日本多数学者都认为，学说的理解是正确的，而判例"将立法论和解释论混为了一谈"。

但是，固执地坚持刑法体系论，认为法院几十年来都是在"枉法裁判"，这种做法显然是不利于具体问题的解决的；同时，刑法学说自以为是的确切理由，也仅仅是判例理论不合乎犯罪论体系上的一贯立场，而并没有其他更加充分的理由。但是，反过来想想，在现实的社会生活中，在有一定规模的集团犯罪中，发起、组织、策划者往往不亲自参与犯罪的实行，而亲自参与犯罪实行的人也多半没有机会介入犯罪的发起、组织、策划。在这种情况下，如果仅仅将亲自实施犯罪的小喽啰作为实行犯处罚，而对上层的大人物则作为教唆犯之类的共犯处罚，显然是难以对集团犯罪产生实际的威慑效果的。另外，即便说将参与共谋者一律作为共同正犯处理不合适，那么，以什么样的方法对其加以修正更为合适呢？学者们却提不出更好的解决问题的办法，只是一味地对判例见解加以谴责，连通过立法来解决这个问题的意见也加以拒绝。因此，有学者认为，这种情况，恰好是日本刑法学过分强调体系论的弊端的体现。②

---

① 关于共谋共同正犯理论的起源和演变，参见〔日〕大谷实《刑法总论》，黎宏译，法律出版社，2003，第319页。

② 参见〔日〕平野龙一《刑法的基础》，东京大学出版会，1969，第249页。当然，在平野龙一教授的"既然判例理论确认了共谋共同正犯理论，那么，与其仅仅主张否定说，倒不如以此为前提，通过对判例理论进行分析，为这种犯罪的成立设定一个范围，反而更加重要一些，这样也能体现学说对判例的作用"（大意）的见解发表之后，学术界尽管在说理上并不一致，但是，都逐渐转向肯定"共谋共同正犯说"。现在，"肯定说"已经成为通说。目前，在共谋共同正犯的问题上，大家谈论的话题是：以什么理由为根据肯定成立共谋共同正犯（理论根据），以什么为标准对共谋共同正犯的成立范围进行限定（限定法理）。

在共犯问题上，共犯从属性的有无及其程度历来是一个备受争议的问题。从属性的有无，关系到正犯没有实施实行行为，共犯（即教唆犯和帮助犯）是否成立的问题；而从属性的程度，是关系到正犯的实行行为必须达到什么程度，共犯（即教唆犯和帮助犯）才能成立的问题。关于共犯行为的从属性，理论上有几种观点：最小从属性说认为，只要正犯行为符合构成要件就够了；限制从属性说认为，正犯行为必须符合构成要件且违法；极端从属性说认为，正犯行为不仅要符合构成要件，而且还必须违法且有责。其中，判例主张极端从属性说，而刑法学的通说主张限制从属性说。上述几种观点当中，极端从属性说对成立共犯的要求最高，距离共犯独立性说最远；限制从属性说次之；最小从属性说再次之，接近共犯独立性说，认为只要正犯实施了符合构成要件的行为，共犯就成立。但是，从实际的处理结果来看，情况则恰好相反。按照极端从属性说，在教唆没有责任能力的人犯罪的时候，虽然不成立共犯，但是成立（间接）正犯，开始教唆，就是实行的着手；即便对方是没有责任能力的人，也要作为实行犯加以处罚。按照限制从属性说，上述场合也是教唆，但只有在没有责任能力的人开始实施行为之后，才开始处罚。最小从属性说则认为，上述场合只能成立共犯。这样，从解决问题的角度来看，不是极端从属性说，而是最小从属性说离共犯独立性说最远；而限制从属性说、极端从属性说则离共犯独立性说最近。但是，在日本的讨论中，很少有人注意到这一点。平野龙一教授认为，这是因为没有考虑到犯罪论的机能，而只关注体系论的结果。[①]

还有一个就是有关不作为犯的问题。现代社会是一个共生共存的社会，在这个社会中，主动杀人固然构成犯罪，不是亲自动手，而是有意识地利用某种事态造成他人生命被剥夺的情况，从规范意识和人们的处罚感情上看，也同样应当作为杀人罪处理；但是，将不作为杀人的范围认定得过广，也是人们所不愿意看到的。因为，现代社会毕竟是权利社会，而不是义务社会，过多地要求人们承担救助他人的义务，反而有以刑法强行推广伦理道德的嫌疑。因此，在现有的刑法规范之下，如何合理地推论出不作为犯特别是不真正不作为犯的成立范围，便成为德日刑法学者所面临的

[①] 参见〔日〕平野龙一《刑法的基础》，东京大学出版会，1969，第249页。

难题。最初，人们考虑从形式的作为义务的角度来对其加以限定，但是，形式的作为义务的范围有限，而且也容易和伦理道德义务混淆，于是，就有了抽象的保证人说。这种学说认为，不管是否具有作为义务，凡是具有保证人地位的人都能成为不真正不作为犯的主体；同时，关于作为义务的地位，当初是放在违法性阶段来考虑，即凡是能救助而不救助导致他人死亡的人，都符合故意杀人罪的构成要件，只是由于有的人具有作为义务，有的人没有作为义务，所以，从违法性的角度来看，具有作为义务的人的行为违法，而没有作为义务的人的行为则不违法。但是，在德日，违法性判断是一种消极的排除性判断，排除违法性事由几乎都是法定的。如果说某行为之所以不成立不真正不作为犯，不是因为行为人的行为不符合构成要件，而是因为行为人在违法性阶段上没有作为义务，这不仅在事实上否定了构成要件符合性的推定违法机能，还有可能超越刑法规定，有扩大排除违法性事由范围的嫌疑（因为现有的排除违法性事由，只有正当防卫、紧急避险和正当行为这三种，而没有"不具有作为义务"一说）。由于这种担心，现在一般将对作为义务的有无和大小（即保证人地位）的判断，放在构成要件符合性阶段进行。但是，作为义务的有无和大小涉及实质内容的判断，其和构成要件符合性的判断只能是抽象的、形式上的判断的要求之间该如何协调，成为新的问题。这样，在现有的犯罪论体系之下，虽然德日的学者们能够解决不作为犯中所存在的构成要件符合性推定机能失灵的问题，却难以解决构成要件符合性的判断应当是抽象的、形式的判断问题。[①]

那么，是不是因为在体系上难以对不真正不作为犯作出妥当的安排和说明，就不考虑不作为犯的类型呢？过去还真的有过这种情况。在德日，不作为犯的问题很早就被人们所意识到，但是，其研究盛行则是在"二战"之后，这个历史事实似乎也说明了这一点。即由于过分讲究犯罪论的体系，追求形式上的完美，有关不作为犯内容的研究便成为这种倾向的牺牲品。

由于上述问题的出现，"二战"之后，在德日的刑法学中，一个重要的动向就是从"体系性思考"向"问题性思考"转变。这种观点认为，犯

[①] 参见黎宏《不作为犯研究》，武汉大学出版社，1997，第1章"序论"。

罪论的体系是"作为整理法官的思考，控制其判断的手段而存在的"，其中应当具有一定目的；刑法理论探讨的目的，不应该是建立没有矛盾的犯罪论体系，而应该是解决具体问题。① 正是在上述观念的影响之下，日本的学说开始接受共谋共同正犯的观念，并从理论上对其加以总结、分析和归类，为其提供首尾一致的说明；同样，有关不作为犯的研究，也放弃了纯粹从体系论、先验论的立场出发进行研究的做法，而是从分析具体案例入手，试图从中寻找出带有共性的规则，以为之后的审判实践提供指导。

同时，学者们在犯罪论体系的建构上，也尝试突破传统的唯体系论马首是瞻的倾向，考虑建立以解决问题为中心的犯罪论体系。如前田雅英教授已经放弃了传统的构成要件符合性、违法性、有责性的阶段论的犯罪论体系，而是以构成要件为中心，首先论述客观的构成要件，之后讨论正当防卫、紧急避险、正当行为之类的客观的正当化事由，之后再讨论责任。② 这种犯罪论体系，实际上和我国的平面式犯罪论体系有相近之处。更有甚者，有的日本学者就直接采用了和我国平面式犯罪构成体系一样的犯罪判断体系。③ 这些都可以说是对德日传统的犯罪判断体系进行反思的结果。

四 我国的犯罪构成论的努力方向

当然，评析重构论者的批判，指出德日体系的软肋，并不是说我国现有的犯罪构成体系尽善尽美，完全没有必要加以改进完善。笔者也承认，我国现有的犯罪构成体系存在一些问题，特别是在犯罪构成论的研究当中，这种现象更为明显。但是，这些问题并未对现有的犯罪构成体系形成致命威胁，完全可以通过改良或者重新理解来加以解决。笔者认为，在各国目前关于如何判断犯罪均无绝好方法的现状下，针对我国现有犯罪构成体系的不足，可以进行一些温和的改良，而没有必要对现有的犯罪构成体

---

① 参见黎宏《日本刑法精义》，中国检察出版社，2004，第61页。
② 参见〔日〕前田雅英《刑法总论讲义》，东京大学出版会，1999，目录。
③ 参见〔日〕夏目文雄、上野达彦《犯罪概说》，敬文堂，1992，目录。其犯罪论的论述体系为：第1章"犯罪的概念"；第2章"犯罪构成的理论"；第3章"犯罪的客体"；第4章"犯罪的主体"；第5章"犯罪的客观方面"；第6章"犯罪的主观方面"；第7章"非罪事由"；第8章"犯罪发展阶段"；第9章"共同犯罪"。

系大动干戈、推倒重来。

平面的犯罪构成体系和阶层的犯罪构成体系相比，明显具有以下两方面的弱点。

一是成立犯罪的四个方面要件在一个层面上并列，作为帮助法官整理判断思路工具的特征不明显。这一点，前面已经说过，尽管不是我国犯罪构成体系本身的问题，但是，由于将四个方面的要件并列在一起，确实会让人产生四个方面要件就如一辆汽车的四个轮子，可以随意互换、组合使用的感觉。在我国的犯罪构成体系研究中，现实存在的所谓行为本位的犯罪构成论（排列顺序为：客体—客观方面—主体—主观方面）、行为人本位的犯罪构成论（排列顺序为：主体—主观方面—客体—客观方面）以及看不出任何主旨的犯罪构成论（排列顺序为：主体—客体—主观方面—客观方面），就是其体现。

就犯罪构成的起源来看，其是以客观主义（个人主义）刑法观为基础的罪刑法定原则的产物。刑法学上，就犯罪的本质内容而言，历来有客观主义与主观主义之分。客观主义将犯罪的外部行为和作为结果的实际损害以及危险的大小作为评价对象，而主观主义则将通过犯罪的外部行为和作为结果的实际损害所体现出来的行为人的性格、人格、动机等反社会性格或者犯罪的社会危险性作为刑法评价对象。由于主观主义刑法观只注重行为人的主观方面，而轻视侵害事实这种客观方面，具有主张心情刑法或者情操刑法之嫌；同时，过于重视行为人的主观方面，扩大法官在定罪和量刑上的自由裁量范围，难以保障个人的自由和权利。因此，在近代罪刑法定原则之下，强调道德和刑法甄别，行为人的行为以及所引起的结果是对行为人定罪和量刑的实在根据的客观主义刑法观，就成为现代各国刑法的最佳选择。犯罪构成体系，作为判断行为是不是犯罪的手段，当然应当体现这种犯罪观。在德日，将行为人的外部行为和结果以及从外部能够认识的客观认识因素（构成要件的故意、过失）作为判断犯罪的切入点（构成要件符合性），而将体现行为人的行为本质（违法性）以及主观思想（违法性意识以及期待可能性等责任故意、过失）作为之后进一步深化对行为本质认识的因素看待，其原因就在于此。

我国由于对所有的犯罪构成要件都在一个平面上叙述，似乎没有主次和前后顺序，结果导致在成立犯罪的判断上，关于到底该先从哪一个方面出发来判断犯罪是否成立，学者之间众说纷纭，没有一致结论。这样，在实践中，常常会有这样的现象发生，即在犯罪的判断上，优先考虑行为人的主观内容，然后再考虑行为人的客观方面，甚至出现客观上不足以认定犯罪，但是由于行为人的主观动机极为恶劣，因此，将其认定为犯罪的所谓"客观不足主观补"的现象。这种现象，在对交通肇事后逃逸致人死亡行为的定性上，表现得最为典型。在交通肇事之后，行为人逃逸，致使被害人因为没有得到及时救治而死亡的案件中，过去，很多人从我国刑法第14条有关故意犯罪的规定出发，认为此时"行为人明知自己的逃逸行为会发生致被害人死亡的结果，并且放任这种结果发生，因而构成故意杀人罪"。[①] 如此理解的话，那么在行为人故意或者过失伤害他人之后，岂不是一律负有将被害人送往医院救治的义务，否则，只要出现被害人死亡的结果，就一律要按照故意杀人罪对其加以处理吗？这显然不符合现行刑法的规定，也是不现实的。而且，从理论上讲，单纯的逃逸行为与刑法中所规定的故意杀人行为无论在外形还是在实际内容上都相差甚大。如果说要将"逃逸行为"看作"杀人行为"的话，还必须进行一项工作，那就是二者之间的等价性评价。这种评价是一种对客观内容的价值判断，涉及诸多因素，如行为人的救助义务、行为人在事发后有无将被害人转移到危险境地，被害人有无生命危险、能否被其他人救助等。只有在综合考虑上述因素，行为人事后的"逃逸行为"足以被看作"杀人行为"时，才可以接着判断行为人是不是具有希望或者放任他人死亡的主观意图，从而考虑行为人的行为是不是符合故意杀人罪的构成要件。不考虑上述行为客观上是否和杀人行为等价，直接根据行为人主观上是不是具有放任他人死亡的心理而认定行为人构成故意杀人罪，这不仅是主观定罪的表现，也是在犯罪构成的判断上不首先考虑客观方面的结果。

二是根据犯罪构成所得出的犯罪概念唯一，在相关犯罪的认定上，难以得出妥当结论。由于我国的犯罪构成是形式判断和实质判断的结合，既是第一次判断，也是最后判断，即终局性的判断，因此，一次犯罪构成判断结束之后，就意味着有罪和无罪被最终认定，而不可能有行为客观上构成犯罪，但行为人由于某种原因（如没有达到刑事责任年龄）并不承担责

[①] 赖宇、陆德山主编《中国刑法之争》，吉林大学出版社，1990，第60页。

任之类的情况存在。在德日的阶层的犯罪判断体系中，就不存在这种问题。根据客观违法论的观点，行为是否侵害法益，即是否具有违法性，和行为人的故意、过失、责任能力的有无及大小无关，只要客观上出现了侵害或者威胁法益的事态，即便是自然灾害、动物所造成的被害，仍然具有违法性。在这种场合下，只是由于行为人没有责任，所以才不被追究刑事责任而已。换言之，在阶层的犯罪判断体系中，有不同意义的犯罪概念。

不同意义的犯罪概念，对于认定刑法中的某些犯罪具有非常重要的意义。如按照我国刑法第310条的规定，成立包庇罪，以行为人明知所包庇的对象是"犯罪的人"为前提。如果行为人不明知所包庇的对象是"犯罪的人"，则不能构成本罪。一般认为，所谓"犯罪的人"，是指触犯刑法，实施了犯罪行为的人。而什么情况下可以说实施了"犯罪行为"呢？按照我国刑法学的通常见解，行为人的行为必须符合犯罪构成的四个方面的要件，即行为人不仅客观上实施了危害社会的行为，造成了危害社会的结果，主观上具有故意或者过失，而且，在主体上也符合刑法所规定的条件，上述几个方面的条件必须同时具备，否则就不能说行为人的行为成立犯罪。就包庇罪而言，行为人所包庇的对象虽然在客观上造成了某种严重危害社会的结果，主观上也具有罪过，但如果其不具备成立犯罪的主体要件，即达到一定的刑事责任年龄、具有认识和控制能力的话，则该包庇行为仍然不成立犯罪。因为这种场合下，可以说，作为该罪成立前提的"犯罪的人"不存在。这是按照我国刑法学中的犯罪构成理论推导出来的必然结论。按照这种结论，在行为人作假证包庇未满14周岁的强奸杀人犯的时候，无论如何是不可能构成犯罪的。同样的情况，也存在于赃物犯罪之中。按照刑法第312条的规定，成立本罪以行为人明知是"犯罪所得"为前提。如果不是犯罪所得的话，就不构成本罪。这样问题就出现了。如在行为人明知是不满16周岁的人盗窃所得而予以收购，或者明知是盗窃所得的赃物但价值不够1000元而予以窝藏的场合，就不能成立赃物犯罪。如此，刑法上就出现了处罚上的空当和漏洞，为某些犯罪分子提供了逃避法律制裁的机会。

但是，在德日，根据阶层的犯罪判断体系，就不会存在以上问题。因为，在这种犯罪论体系中，犯罪具有不同意义。就包庇罪而言，并不要求被包庇者一定是最终受到刑罚处罚的犯罪人，而只要是"符合构成要件、违法"的人就够了；同样，就赃物犯罪中的"犯罪所得"而言，也只要是"符合构成要件的违法行为所得之物"就足够。换言之，我国刑法中所存在的上述问题，在德日的阶层递进的犯罪判断体系之下，并不存在。

针对上述不足，笔者认为，在我国今后的犯罪构成体系研究中，应当着力在以下两个方面下功夫。

一是在现有的犯罪构成体系上，贯彻客观优先的阶层递进理念。

我国刑法在总则和分则中均明确规定犯罪是具有社会危害性的行为；在犯罪行为中，根据行为本身的客观危害大小，明确区分为犯罪预备、犯罪未遂和犯罪中止、犯罪既遂；在共同犯罪中，根据共犯人在共同犯罪中的分工和作用大小，分为主犯、从犯、胁从犯，并分别对其规定了不同的处罚。这些都不是按照"只要具有体现行为人的犯罪意图的行为，就不分行为所造成的客观危害大小，一律按照该行为所体现出来的主观恶性以及人身危险性加以处罚"的主观主义犯罪观所作的规定，体现的是按照客观危害大小区分不同犯罪类型的客观主义犯罪观。同时，刑法学的通说也认为，坚持从客观到主观认定犯罪是人类社会的进步成果和科学经验，并意图在犯罪构成要件的排列顺序上加以具体落实和说明。遗憾的是，由于受各种因素的影响，这种观念在对具体问题的说明中，并没有得到充分的体现。以下试举几例加以说明。

如对危害行为的社会危害性的判断问题。我国刑法学的通常见解一方面指出，"行为的严重社会危害性是犯罪的本质特征，所谓行为的社会危害性，是指行为对我国社会主义初级阶段的社会关系造成实际危害或者现实威胁"，即把社会危害性看作行为的客观属性；但另一方面却又认为，"社会危害性的有无以及程度，不只是由行为在客观上所造成的损害来评价的，还包括行为人主观方面的要件在内"，[1] 即在行为的客观属性的判断中，加入了行为人的主观内容。在对行为的社会危害性的判断中，考虑行为人的主观要素意味着什么呢？简单地说，就是导致客观属性的主观化，意味着引起相同的法益侵害结果的行为，因为行为人的主观意思不同，会受到完全不同的评价。如现实的司法实践中，常见的认为"没有中饱私囊

---

[1] 参见高铭暄、马克昌主编《刑法学》上编，中国法制出版社，1999，第73页；苏惠渔主编《刑法学》，中国政法大学出版社，1999，第74页；赵秉志主编《刑法新教程》，中国人民大学出版社，2001，第76页。

的贪污行为或者用于扶贫的受贿行为没有社会危害性,不能作为犯罪看待"的观点就是其体现。本来,不是为了中饱私囊或者用于挥霍这种并非完全利己的主观动机,只能说明行为人的主观恶性稍小、责任较轻而已,并不能抹煞贪污、受贿行为本身客观上所具有的社会危害性,但是,上述观点却完全无视了这一点。可见,一旦将主观要素作为社会危害性的评价基础,便会产生颠倒黑白、模糊罪与非罪界限的结果。这可以说是"社会危害性"概念所存在的致命缺陷,也是在犯罪构成的顺序上没有优先考虑客观要素的结果。

同样的情形,也存在于偶然防卫以及间接故意犯罪是否存在犯罪停止形态的问题上。所谓偶然防卫,即行为人出于犯罪目的而实施防卫行为,该行为恰巧符合正当防卫客观要件的场合。通说认为,这种场合,"从客观上看,符合正当防卫的条件,但该行为是出于犯罪的故意而实施的,根本不具备正当防卫的主观要件,因而不是正当防卫,而是故意犯罪"。① 但是,既然该行为挽救了他人的生命,客观上没有造成危害社会的结果,那么,根据优先考虑行为所引起的客观结果的原则,就不应当仅以行为人主观上具有杀人意图而认定其有罪。可见,在偶然防卫的场合,刑法通说所主张的客观主义刑法观也发生了逆转,在有罪和无罪的认定上,优先考虑了行为人的主观意图,从而得出了偶然防卫也具有侵害或者威胁法益的社会危害性的结论。

就间接故意犯罪是否存在预备、未遂和中止这些停止形态而言,通说认为,间接故意犯罪主观要件的特点表现为,对自己行为所可能造成的一定危害结果的发生与否持"放任"态度,放任心理由客观结果的多样性和不固定性所决定,根本谈不上对特定犯罪的追求,也谈不上这种追求实现与否。② 换言之,间接故意犯罪中,行为人特有的放任心理决定了其不可能有犯罪预备、未遂和中止等停止形态。③ 这样说来,在向牵着名贵的狗散步的人所在方向射击,子弹从狗和人之间穿过的案例中,就会得出这样

---

① 高铭暄、马克昌主编《刑法学》上编,中国法制出版社,1999,第240页。
② 参见高铭暄、马克昌主编《刑法学》上编,中国法制出版社,1999,第259页。
③ 参见高铭暄、马克昌主编《刑法学》上编,中国法制出版社,1999,第259页;苏惠渔主编《刑法学》,中国政法大学出版社,1999,第204页;陈兴良《陈兴良刑法学教科书》,中国政法大学出版社,2003,第127页。

的结论,即如果射击行为的目的是杀人而放任狗死亡的结果发生的话,那么,该行为就是故意杀人罪(未遂);相反,如果射击行为的目的是杀狗而放任人死亡的结果发生的话,那么,该行为就是故意毁坏财物罪(未遂,不处罚)。上述情形中,行为人的主观目的固然不同,但行为所引起的客观危险结果(子弹在人和狗之间近距离地穿过,客观上对人的生命或者身体造成了现实的威胁)却没有任何差别。既然如此,根据行为人的行为及其结果是评价犯罪的唯一根据的客观主义原理,不管行为人的主观目的是追求人的死亡还是追求狗的死亡,只要该行为客观上对人的生命来说具有危险,就应当说该行为具有社会危害性,具备成立犯罪的前提。但是,现行通说的观点却置行为所具有的客观危险于不顾,一味地根据行为人的主观意图考虑行为是否构成犯罪,这岂不是背离了通说所主张的客观主义刑法观,在具体见解上前后矛盾?

因此,在目前刑法学界总体上主张客观主义刑法观的前提之下,还有必要将这种观念进行具体化,在犯罪构成判断的每一个细节上都予以贯彻落实。

二是树立不同意义的犯罪概念。

在德日,由于犯罪判断过程呈现出明显的阶层递进特征,因此,关于犯罪概念,也呈现出多元化的理解。如说"犯罪是符合构成要件的行为",这是纯粹从刑法规定的立场出发,在形式上对犯罪进行定义;如说"犯罪是符合构成要件且违法(即侵害或者威胁刑法所保护的利益)的行为",这基本上是从实质的角度来对犯罪进行定义;如说犯罪是"符合构成要件、违法且有责的行为",这是从所谓形式和实质相结合的角度来对犯罪进行定义。这种从不同角度来对犯罪进行定义的好处在于,能够顺利地说明刑法不同条文中的"犯罪"的意义。如日本刑法第61条规定:"教唆他人实行犯罪的,按照正犯的刑罚处罚。"这里,对他人(即被教唆的人)所实施的"犯罪"该如何理解,对于教唆犯的成立而言,意义重大。

如果说"犯罪是符合构成要件的行为"的话,那么,教唆犯的成立范围可就广了,即便在教唆他人实施相当于正当防卫、紧急避险等正当行为的场合,教唆人的教唆行为也要成立犯罪;相反,如果说"犯罪是符合构成要件、违法且有责的行为"的话,那么,在教唆未满14周岁的人犯罪的场合,不管正犯实施了多么严重的危害行为,教唆人都只能说是无罪。

但是，这样的话，就会在教唆犯的处罚上留下漏洞和空当。① 如果说"犯罪是符合构成要件、违法的行为"的话，则上述问题就可以迎刃而解了。即在教唆他人实施符合构成要件但不违法，如正当防卫、紧急避险之类的正当行为的场合，无论如何不能成立教唆犯。这样，就比较合理地限定了教唆犯的处罚范围。也正因此，德国刑法第 26 条前段规定："故意教唆他人实施故意违法行为的，是教唆犯"，而没有要求被教唆人的行为在符合构成要件且违法之外，还必须达到有责的程度。

但是，在我国，由于采用的是平面的犯罪构成体系，在经过犯罪构成判断之后，所得出的犯罪概念一律都是最终的、唯一的犯罪概念，即包含了德日刑法中的构成要件符合性、违法性和有责性（甚至还包含客观处罚条件内容）的全部内容。这种犯罪概念虽然绝对满足罪刑法定原则的要求，但是，在有些具有关联关系的犯罪，即某种犯罪的成立以另一种犯罪行为存在为前提的犯罪以及共犯的认定当中，就暴露出一些问题来了。这些都已经在前面说明了。

由于以上问题的存在，笔者认为，在我国现有的犯罪构成判断体系当中，就某些特定犯罪（主要是指窝藏、包庇罪，赃物犯罪，徇私枉法罪之类的，本罪的成立以存在其他犯罪为前提）而言，也应当提倡一种不以行为人具备刑事责任能力，而仅以行为人的行为大致符合犯罪构成客观方面（包括犯罪客体）为内容的犯罪概念。这种犯罪，只要求在本质上对刑法所保护的法益造成了实际损害或者现实威胁即可构成，至于行为人是否具有刑事责任能力、行为程度是否达到犯罪的要求，则可以不考虑。理由如下：

首先，符合处罚该种犯罪的实际情况。如就赃物犯罪而言，其设立目的，尽管也有保障犯罪被害人能顺利地追索其财物的一面，但主要是保障司法机关的正常活动。赃物既是盗窃、抢夺、诈骗等犯罪追求的目标，也是证实这些犯罪的重要证据。有效、及时地查获赃物是证实、揭露、打击犯罪分子的重要手段，而"赃物犯罪"是帮助犯罪分子把这一证据隐藏起来或者处理出去，为犯罪分子逃避法律制裁创造有利条件的行为，因此，无论"前罪"是否构成犯罪，窝藏或者处理赃物的行为都会严重妨害司法

---

① 正是为了弥补这一缺陷，德日的刑法学才提出了所谓"间接正犯"的概念。

机关追查、审判犯罪分子的正常活动，同时也侵害被害人追索其财物的权利，具有严重的社会危害性。如果说，"赃物犯罪"之类的犯罪，其成立以"前罪"完全符合其他犯罪的构成要件为前提，那么，赃物犯罪的条款可能成为虚设条款。因为，我国刑事诉讼法第12条规定，未经人民法院依法审判，对任何人都不得确定有罪。按照这一规定，如果"前罪"的犯罪分子在逃、死亡、不被起诉或者因为其他法律规定而被免予追究刑事责任，没有经人民法院判决有罪的话，则对"赃物犯罪"的嫌疑人也无法处理。

其次，并不违反刑法规定。在理论上，对于犯罪可以从不同角度理解。如从刑法的任务在于维持社会秩序的角度来看，犯罪就是对社会危害极大，若放任其发生就难以实现维持社会秩序目的的行为，因此，这里所说的犯罪，不仅包括刑法意义上的犯罪，也包括精神病人的违法行为以及青少年的不良行为等其他反社会行为在内。[①] 相反，从保障个人自由的立场来看，犯罪必须是具有严重的社会危害性、违反刑法、应当受到刑罚处罚的行为。刑法学中，研究的中心是后一种犯罪，而对前一种情况则少有提及，但这并不意味着前一种意义上的犯罪就完全不在刑法调整的范围之内。如现行刑法第17条规定，对于实施危害行为，造成了危害结果，因不满16周岁而不予刑事处罚的人，责令他的家长或者监护人加以管教；在必要的时候，也可以由政府收容教养。第18条规定，精神病人在不能辨认或者不能控制自己行为的时候造成危害结果，经法定程序鉴定确认的，不负刑事责任，但是应当责令他的家属或者监护人严加看管和医疗；在必要的时候，由政府强制医疗。这些规定，实际上就是前一种犯罪概念的体现。

通说认为，犯罪的本质是具有严重的社会危害性，而社会危害性是主客观要素的结合，因此，犯罪构成也应当包含主客观两个方面的内容。以上说法固然不错，但是，还必须作进一步的说明。在成立犯罪的主客观两个方面的内容中，应当说，客观方面的内容和主观方面的内容的意义是完全不同的。客观方面的内容（包括客体）是说明行为对刑法所保护的社会关系或者说法益所造成的侵害或者危险，它是衡量行为是否成立犯罪的前提，没有对法益造成侵害或者威胁的行为，绝对不能进入犯罪构成判断的

[①] 参见〔日〕大谷实《刑事政策学》，黎宏译，法律出版社，2000，第3页以下。

视野；而主观方面（包括主体）是有关行为人对自己的行为及所造成的结果的心理态度，它是对行为人能否在法律或者道义上进行主观谴责的基础。虽然行为人的行为成立犯罪必须具备主客观两方面的内容，但并不意味着不是出自故意或者过失，即不具备主观要素的行为，就没有社会危害性。从本质上讲，刑事上的未成年人或者发病期间的精神病人所实施的危害行为，也是严重侵害或者威胁法益的行为，只是由于他们不具备承担刑事责任的能力，所以不作为犯罪进行刑罚处罚而已。否则，刑法就不会规定对他们要责令其家长、家属或者监护人严加管教和医疗，也不会要求政府在必要的时候对他们进行收容教养和强制医疗。

从此意义上讲，一切严重危害刑法所保护的社会秩序或者合法利益的行为，不管行为人是不是达到刑事责任年龄、是否具有刑事责任能力，都应当说是一种实质意义上的犯罪，只是由于作为主体不具备承担刑事责任的能力而不受刑罚处罚而已。

再次，已经为立法机关所认可。2002年7月24日，全国人大常委会法制工作委员会《关于已满十四周岁不满十六周岁的人承担刑事责任范围问题的答复意见》明文规定："刑法第十七条第二款规定的八种犯罪，是指具体犯罪行为而不是具体罪名。"

刑法第17条第2款规定："已满十四周岁不满十六周岁的人，犯故意杀人、故意伤害致人重伤或者死亡、强奸、抢劫、贩卖毒品、放火、爆炸、投毒罪（应当改为'投放危险物质罪'，本文仍然依照现行刑法的规定——引者注）的，应当负刑事责任。"从字面上理解，该款规定在投毒行为后面紧接着有一个"罪"字，这就意味着，前面所列举的是八种"犯罪"，而不是八种"行为"。但是，现实生活中，已满14周岁不满16周岁的人，故意杀害被绑架人，或者故意造成被拐卖妇女、儿童重伤或死亡的情况已经出现。对于这种行为，如果严格按照罪刑法定原则的规定，就无法加以处罚。因为，按照刑法分则的各个相关条款，故意杀害被绑架人，或者故意造成被拐卖妇女、儿童重伤或死亡的，只能以绑架罪以及拐卖妇女、儿童罪定罪。而刑法第17条第2款规定的已满14周岁不满16周岁的人应当承担刑事责任的八种犯罪中，并不包含绑架罪和拐卖妇女、儿童罪在内。由于犯罪主体要件不符合，因此，上述行为不能按照绑架罪或者拐卖妇女、儿童罪处理，即只能按照无罪处理。实际上，也有很多学者是这么理解的。但是，已满14周岁的人在绑架过程中杀害被绑架人的行为和在拐卖妇女、儿童过程中造成被拐卖妇女、儿童重伤或者死亡的行为，其性质和后果并不比应当承担刑事责任的杀人或者故意伤害致人重伤或者死亡的行为轻。对这些行为，若不仅不能按绑架罪和拐卖妇女、儿童罪处罚，而且连以故意杀人罪、故意伤害罪加以处罚都没有可能的话，显然违背法律固有的公正之义。而且，就上述规定的内容来看，如果将其中所列举的理解为八种犯罪的话，也有不尽合理之处。如刑法第114条、第115条所规定的决水罪和以危险方法危害公共安全罪，是与放火、爆炸、投放危险物质罪并列的公共危险犯，但是，为什么却没有被列入上述犯罪之内呢？如果行为人采用决水或者其他危险方法杀人的话，法律岂不是只能束手无策？或许正因如此，全国人大常委会法制工作委员会才有了以上答复。这样，已满14周岁不满16周岁的少年在绑架过程中杀害被绑架人，或者在拐卖妇女、儿童的过程中，故意造成被拐卖的妇女、儿童重伤或者死亡之类的，且按照现行刑法规定难以处理的，均可以按故意杀人罪或者故意伤害罪加以处理了。

当然，从本文的角度来看，以上立法解释的意义，不仅在于解决以上具体问题，更重要的是，它认可了这样一种观念：刑法中的"犯罪"一语，并不一定是指完全具备某个犯罪构成四个方面要件的概念，也可能是指具备某种犯罪客观要件即犯罪行为的概念。

最后，能够弥补刑法处罚上的空当。现行刑法中，有很多犯罪的认定，以存在另一犯罪为前提，或者说为条件。在这种场合，认定该行为是犯罪，并不是为了追究该行为的刑事责任，而是为了追究另一行为的刑事责任。对于这类规定，如果一概以行为人必须认识到对象行为完全符合特定犯罪成立要件为标准的话，无疑会留下许多处罚上的空当，为少数人逃避刑事制裁提供借口。如刑法第269条规定，犯盗窃、诈骗、抢夺罪，为窝藏赃物、抗拒抓捕、毁灭罪证而当场使用暴力或者以暴力相威胁的，按照抢劫罪定罪处罚。对于这个规定，如果完全按照字面来理解的话，行为人只有在盗窃、诈骗、抢夺了相应数额的财物，构成相关犯罪之后，才能成立本条所规定的抢劫罪。但是，这种理解显然不符合刑法设立本条的宗旨，也与刑法第263条所规定的抢劫罪的成立要件不合，因此，现在无论是学说上还是司法实践中，都将"盗窃、诈骗、抢夺罪"理解为三种犯罪行为而不是具体罪名。同样的情况在赃物犯罪中也存在。按照刑法的相关规定，行为人只有在明知是"犯罪所得之物"而予以窝藏、转移、收购或者代为销售的场合，才能成立相关的赃物犯罪。但是，如果将赃物限定为"犯罪所得之物"，那么，未满16周岁的人所盗窃到的数额较大的财物，已满16周岁的人通过诈骗手段所获得的尚未达到数额较大程度的财物等都不是赃物，行为人窝藏、转移、收购、销售上述物品的话，无论如何不能构成本罪，这样，无形中就留下了刑法上的空当，不利于制止财产犯罪。在窝藏、包庇罪中，也存在同样的问题。因此，如果将其中的犯罪理解为符合犯罪构成客观方面（包括犯罪客体）的实质的犯罪概念的话，上述问题就能迎刃而解了。

当然，笔者深知，在我国刑法中存在"精神病人在不能辨认或者不能控制自己行为的时候造成危害结果"，不负刑事责任（刑法第18条），"行为在客观上虽然造成了损害结果，但是不是出于故意或者过失，而是由于不能抗拒或者不能预见的原因所引起的，不是犯罪"（刑法第16条）之类的规定背景下，提出上述犯罪概念，在说理上非常勉强。刑法当中，最终解决以上问题，可能只有通过刑事立法的途径。但是，在目前的情况下，提出问题，并在可能的限度之内设计解决问题的方案，以期引起同行们的关注，就此而言，是有其现实意义的。

五 结语

细观目前所提出的变革犯罪构成体系的要求，可以说，基本上都是出于一种抽象的观念上的认识（如封闭、平面）和对国外（主要是德日刑法）的犯罪构成体系的仰慕，真正从解决司法实践中所遇到的难题的角度提出这个问题的，基本上没有。这也足以证明，尽管我国的犯罪构成理论存在一些问题，但并没有达到非改不可的程度，而且在没有更好的替代体系的前提下，贸然做如此大幅度的修改，结果可能比维持现有的犯罪构成体系更糟。

笔者赞成日本学者平野龙一教授的观点。他认为，犯罪论的体系是作为整理犯罪的思考、把握其判断的手段而存在的。因此，即便在体系上有若干不协调，各个要素之间的界限不是很明确，只要考虑的大方向是明确的，也可以说这种体系是完美的。另外，也不存在唯一的"正确"体系，在不同场合，根据不同体系来观察，也能看出事情所具有的各个方面。而且，同把在体系性思考中所得出的结论强加于具体事件相比，在接近具体事件，充分考虑其细节之后，得出妥当结论，反而更加合适一些。[1] 既然如此，我们何必一定要舍本逐末，完全放弃我国经过20多年的司法实践证明、相对比较完善、已经为司法实践所普遍接受的犯罪构成体系，而去追求所谓唯一"正确"的体系，即德日的体系呢？实在是大可不必。

当然，这并不意味着，我国现行的犯罪构成体系尽善尽美、无可挑剔。犯罪构成要件之间的层次关系不明朗，容易导致定罪上的主观主义；犯罪概念唯一，出现刑事处罚上的空当，就是其问题的体现。但是，这些问题并非与生俱来、不可克服的顽疾。在现有的犯罪构成体系上，贯彻客观优先的阶层递进考虑，树立不同意义的犯罪概念，以上问题就可以迎刃而解，我们没有必要大动干戈，将现有的犯罪构成体系推倒重建。

---

[1] 参见〔日〕平野龙一《刑法总论Ⅰ》，有斐阁，1972，第88页。

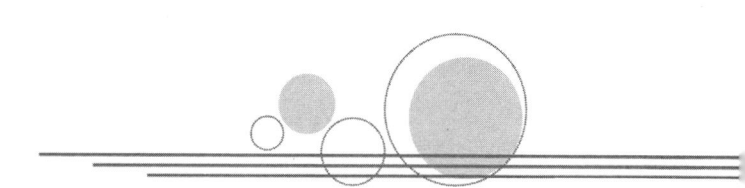

第二编 犯罪概念与犯罪构成的关系

对犯罪概念与犯罪构成的探索

胡正谒

摘　要：犯罪概念是一个历史范畴。犯罪是对我国这样一个无产阶级专政的社会主义国家来说具有相当严重的社会危害性的、违反刑事法规的、应受到刑罚处罚的危害社会的行为，行为的社会危害性、违法性、情况相当严重应受刑罚的惩罚性是犯罪行为的三个基本特征。具备一定条件的行为人在主观上的反社会危险性与其客观上的反社会现实性的统一，就构成具体的犯罪。

关键词：犯罪概念　犯罪构成　社会危害性　违法性　应受刑罚惩罚性

一

犯罪，如同"法"一样，是一个历史范畴，在不同的社会形态、不同的国度里，具有不同的内涵。

从我国当前的实际情况出发，以刑法第 2 条关于刑法的任务为依据，刑法第 10 条对"犯罪"概念下了一个完整的科学定义："一切危害国家主权和领土完整，危害无产阶级专政制度，破坏社会主义革命和社会主义建设，破坏社会秩序，侵犯全民所有的财产或者劳动群众集体所有的财产，

---

*　本文原载于《法学研究》1986 年第 2 期。
**　胡正谒，江西大学法律系教授。

侵犯公民私人所有的合法财产，侵犯公民的人身权利、民主权利和其他权利，以及其他危害社会的行为，依照法律应当受刑罚处罚的，都是犯罪；但是情节显著轻微危害不大的，不认为是犯罪。"根据这个定义，"犯罪"概念具有下列三个属性。

其一，是危害社会的行为。

在上述定义里，从逻辑结构方面来分析，"犯罪"是被定义项，其余的语词是定义项。在定义项里，中心词组是"危害社会的行为"：两个"危害"、两个"破坏"、三个"侵犯"、一个"其他"乃是从外延上来说明危害社会的行为有些什么种类；至于"依照法律应当受刑罚处罚"和并非"情节显著轻微危害不大"等字样，都是对危害社会行为起的限定作用。由此可见，犯罪（行为）必然是危害社会的行为，不危害社会的行为，就不能认定是犯罪。

其二，是依照法律应受刑罚处罚的行为。

犯罪行为，固然是危害社会的行为，但是，危害社会的行为并不都是犯罪行为。例如，个人私生活不够检点，待人接物够不上文明礼貌，在公共场所不能自觉地维护公共秩序、遵守公共纪律等，只要这种行为对社会的危害性还没有达到需要用国家法律的名义来进行干预的程度，就不算是违法行为。即使是违反法律从而应受到法律制裁的行为，也不一定是犯罪行为。例如，违反民事法规的行为，要受到"损害赔偿"、"回复原状"等处分，但这些处分，只是民事强制处分；违反《治安管理处罚条例》的行为，要受到罚款、拘留等处分，但这些处分，还只是行政强制处分；违反刑事诉讼法的某些规定，要受到取保候审、监视居住、逮捕、拘留的处分，但这些处分，也只是刑事强制处分。而犯罪则必须是触犯了刑事法规，应当受到"刑罚处罚"的处分；受刑罚处罚的处分，乃是一种最严厉的强制处分，是其他强制处分所不能比拟的。

其三，是并非"情节显著轻微危害不大"的行为。

对于情节显著轻微危害不大的行为，例如，殴打他人，使人受到轻微伤害的行为，从条文的文字上看，是符合刑法第134条"故意伤害他人身体"的构成要件的；出售假药，骗取少量财物的行为，依照文理解释符合刑法第164条"以营利为目的，制造、贩卖假药危害人民健康"的构成要件。但是，由于这些行为根据刑法第10条但书规定是属于"情节显著轻微危害不大"的行为，就不认为是犯罪；依照《治安管理处罚条例》第2条"扰乱公共秩序，妨害公共安全，侵犯公民人身权利，损害公共财产，情节轻微，尚不够刑事处分，依照本条例应当受到处罚的行为，是违反治安管理行为"的规定，分别适用该条例第10条、第8条有关条款予以行政处罚。

据上所述，行为的社会危害性、违法性、情况相当严重（即并非"情节显著轻微危害不大"）应受刑罚惩罚性，乃是犯罪行为的三个基本属性。

有的书上认为："社会危害性是犯罪的本质特征"，"行为对于社会的危害性，是犯罪的最本质的具有决定意义的特征"。这样的说法，是值得商榷的。

我们知道，任何事物总是在错综复杂的互相联系中存在。由于事物有许许多多的联系，事物就相应地有许许多多的属性。在这许许多多的属性中，对某类事物来说，有的是为这类事物的全体所具有，有的只是为这类事物的某一部分所具有。在为某类事物全体所具有的属性中，有的是决定这类事物之所以为这类事物的根本特点，也就是这类事物与别的事物得以区别开来之所在，对于这种属性，我们便称之为本质属性或特有属性；有的则是这类事物与其他类同对象所共同具有的属性，对于这种属性，我们便称之为非本质属性或一般属性。至于只为某类事物中的某一部分所具有的属性，对该类事物来说，则称之为偶有属性。如果上述论点还能成立的话，那就显而易见，由于违反道德的行为、违反纪律的行为以及一般的违法行为都是危害社会的行为，都具有危害社会的属性，我们就不能说行为的社会危害性乃是犯罪这一类事物之所以成为这一类事物的根本特点，从而是犯罪的本质特征，而只能说情况相当严重应受刑罚处罚性乃是犯罪行为得以和一般的危害社会行为以及其他违法行为相区别之所在，从而是犯罪行为的本质。

可能有的同志会说，犯罪行为之所以具有违法性和应受刑罚处罚性，归根到底，是由于它具有社会危害性；如果某个行为不具有社会危害性，就不会有违法性，当然更谈不上会有应受刑罚处罚性。这样来说，社会危害性不正是犯罪行为最本质、最有决定意义的属性吗？这其实是一种误解。因为，如前所述，社会危害性乃是犯罪行为所含有的共性，而犯罪行为之所以成为犯罪行为的特点，才是它的特殊性；这个特殊性应该是由犯罪行为的基本矛盾所决定的，而不是也不可能是由它的共性所决定的。不然的话，岂不是同样可以说，一般的违反道德的行为与一般的违法行为，归根到底，是由于它们有社会危害性，因此，社会危害性同样是它们最本质、最有决定意义的属性？这样一来，一般违反道德的行为、一般的违法行为与犯罪行为，在本质上就要混而为一，而这个结论当然是不正确的。

同一切形式主义的犯罪定义相反，在上述定义里，充分揭示出我国刑法规定的犯罪概念的阶级实质。因为，在这个定义里，举出了多种危害社会的行为，这些危害社会的行为深刻地揭示出我国当前关于犯罪的政治含义与阶级内容。

第一，国家主权与领土完整，是一个国家成为真正独立国家的最基本的标志。自从1840年以来，我国不知有多少仁人志士抛头颅、洒热血，为的就是要争得祖国主权与领土的完整。只是在中国共产党的领导下，才结束了半殖民地半封建社会的悲惨局面，于1949年成立了新中国，从而取得了国家主权和领土的完整。因此，对国家主权和领土完整的危害，就是从根本上损害了无产阶级及其领导下的广大人民群众的利益，从而认定这种行为为最严重的犯罪行为。

第二，无产阶级专政制度是我国人民在中国共产党领导下经过近30年的艰苦奋斗才得以建立起来的政治制度。这个以工人阶级为领导、以工农联盟为基础的人民民主专政的政权，是我国人民镇压反动阶级的反抗、取得对敌斗争胜利的根本保证，也是当前组织经济建设，使"四化"事业得以顺利进行的根本保证。因此，对这个政治制度的危害，也是对工人阶级和广大人民群众的根本利益的危害，必须和这种犯罪行为作坚决的斗争。

第三，建立无产阶级专政的政治制度，是为了要把社会主义革命和社会主义建设进行到底，以便为实现人类崇高理想——共产主义创造必要前提。所以，对社会主义革命和社会主义建设的阻挠和破坏，是和全国广大人民的善良愿望背道而驰的，这就有必要把这种破坏行为视为严重的犯罪行为。

第四，安定团结的政治局面，是我国当前进行"四化"建设的重要保证。而为了要保持这样一个得来不易的政治局面，就必须维护正常的社会秩序（根据刑法第2条规定，刑法第10条中的"社会秩序"，似应取广义解释，包括生产秩序、工作秩序、教学科研秩序和人民群众生活秩序）。如果有人对之进行破坏，自然是违背工人阶级和广大人民群众的意愿，因而要将这类行为规定为必须坚决打击的犯罪行为。

第五，全民所有制经济，是国民经济的主导力量；劳动群众集体所有制经济，是主要的经济形式；个人经济是社会主义公有制经济的补充。只有这三种经济受到保护，才能使我国具有稳固的物质基础，以便推进社会主义革命和社会主义建设向前发展。如果对这三种所有制的财产加以侵犯，就是对我国社会主义经济制度的破坏，将动摇我国当前进行"四化"建设的物质基础；所以，我国刑法把这种侵犯行为视为犯罪行为。

第六，充分调动广大人民群众的劳动积极性，是使社会主义革命和社会主义建设顺利进行的必要手段，也是目前搞好"四化"建设不可缺少的前提；而为了要充分调动全国人民大众的劳动积极性，切实保障公民的人身权利、民主权利和其他各项合法权利是完全必要的。回想在"四人帮"横行时期，广大干部和群众遭受了严重的人身迫害，人民的生命财产得不到丝毫的保障。在这种人人自危的情况下，怎么谈得上要调动他们的劳动积极性呢！为了避免历史悲剧的重演，也为了加速当前"四化"事业的建设，刑法理所当然地要把侵害公民权利的行为视为犯罪行为。

综上所述，依照刑法第10条规定，所谓犯罪，乃是对我国这样一个无产阶级专政的社会主义国家来说具有相当严重的社会危害性的、违反刑事法规的、应受到刑罚处罚的危害社会的行为。

这个犯罪概念是在现实生活中发生的形形色色的犯罪现象基础上进行科学的抽象和概括而得来的；它和每一个具体的犯罪概念，例如杀人、伤害等是一般和特殊（个别）的关系；每一个具体的犯罪现象，乃是它的具体表现形态。

二

应该具备什么要件（或因素）才能构成犯罪呢？对于每一种具体犯罪来说，有其特定的犯罪构成要件，它们都分别被规定在刑法的有关条文中。例如，刑法第122条的伪造货币、贩运伪造的货币罪，就明确规定了其构成要件是：①行为人要有伪造或贩运的客观事实；②伪造的对象是国家货币，贩运的对象是伪造的国家货币；再加上总则中规定的：③行为人要达到法定责任年龄、具有责任能力；④行为人在主观上要有犯罪的故意。又如，刑法第182条的虐待家庭成员罪，其构成要件是：①行为人要有虐待的行为，并达到了情节恶劣的程度；②被虐待的对象是家庭成员。再加上总则中规定适用的上述二要件，然后把它们结合起来，就构成现实的本罪。

在各种具体犯罪构成的基础上，进行科学的抽象与概括，就形成共同的（一般的）犯罪构成要件，简称犯罪构成。是否具备这个犯罪构成，乃是识别某一行为是否为犯罪行为的唯一尺度。

这个犯罪构成，我个人认为，应该包括：

其一，达到法定刑事责任年龄、具备刑事责任能力的自然人作为行为主体。

其二，行为主体在主观上必须有危害社会的心理状态，即"故意"或"过失"。

根据刑法第13条规定，行为在客观上虽然造成了危害社会的结果，但是不是出于行为人的故意或过失，而是由不能抗拒或者不能预见的原因所引起的，就不认为是犯罪。

其三，行为主体在客观上必须有危害社会的现实表现。

危害社会的现实表现，在预备阶段，表现为为实行犯罪准备工具、制造条件的危害行为；在着手实行阶段，或者表现为行为人用积极的行动去实施为刑法所禁止的危害行为，或者表现为当行为人负有某种作为义务时，却消极地不去实施自己应当实施的行为；如果行为人的危害行为已具备了刑法规定的有关犯罪的一切构成要件，则他在这一阶段的危害社会的现实表现，就包括危害行为、危害结果以及这二者之间的因果关系。此外，行为人对时间、地点、工具和方法的特定选择，如果在刑法条文中已规定为构成犯罪的必需条件，则在此场合，亦为危害社会的现实表现。例如在禁渔区、禁渔期或者使用禁用的工具、方法捕捞水产品，情节严重的，就构成犯罪（见刑法第129条）。在此场合，选择禁渔区、禁渔期、禁用工具、禁用方法的行为，也成为危害社会的现实表现。

其四，上述三个要件必须有机地结合起来，形成犯罪的统一体。

要认定行为人危害社会的现实表现构成犯罪，必须查明这种表现乃是出于他自身的意愿；如果这二者之间具有内在的有机联系，存在必然的因果关系，就完全具备了构成某罪的全部构成要件，形成犯罪的统一体。例如，根据事实查明，某甲与某乙有宿怨，甲欲谋杀乙；为此，他购来了毒粉（砒霜），拟伺机在乙经常用的茶杯中下毒；甲已达法定责任年龄，具有刑事责任能力。这样，就可以肯定，甲具备了故意杀人预备罪的全部构成要件，成为故意杀人预备犯。如果查明甲已将毒物放入此茶杯内，只是由于家中小孩在玩耍时不慎将此茶杯撞翻了，才没有造成谋害乙的结果，甲就具备故意杀人未遂罪的全部构成要件，成为故意杀人未遂犯。如果乙喝了这个茶杯中的饮料，中毒身死，甲就具备故意杀人既遂罪的全部构成要件，成为故意杀人既遂犯。

上述三要件有机结合成为一体，从而构成犯罪的时候，也就必然侵犯到刑法所保护的客体——社会关系。这是因为，行为人的危害行为都是有它的指向对象的，这些对象固然各有不同的性质、特点，但都是刑法所保护的社会关系的体现。例如：杀人行为指向的对象是人的生命，而人的生命乃是刑法所保护的公民生命权的体现；盗窃行为指向的对象是公私财产，而公私财产所体现的是刑法所保护的公私财产权；依法被逮捕、关押分子的脱逃行为指向的对象是国家司法人员的正常监管活动，而这种监管活动体现了刑法所保护的监管秩序；故意破坏国家边境的界碑、界桩的行为，其指向的对象是这些物品被固定的地理位置，这种被固定的地理位置，则是刑法所保护的国家边境管理秩序的体现；等等。既然行为人的危害行为所指向的对象都体现着刑法所保护的客体，那么，一旦行为人实施某种危害行为，而这种危害行为又是出于这个人的本意，就一定会使刑法所保护的社会关系受到侵害，于是这些被侵害的社会关系就成为犯罪客体。

没有形成统一体的有三种情况。①行为人在主观上有危害社会的思想意识,但在客观上却没有危害社会的现实表现。由于我国刑法不承认有思想犯罪，反对主观归罪，所以在这种场合，犯罪不成立。②行为人在客观上有危害社会的现实表现,但在主观上并没有危害社会的思想意识，例如行为人的身体在受到外力强制下产生的危害行为。我国刑法同样反对客观归罪，所以在此情况下，也不能成立犯罪。③行为人在主观上有危害社会的思想意识,在客观上也有危害社会的现实表现，但二者之间并没有内在的联系。例如，甲怀疑其妻乙有外遇，有谋害乙意。某天，乙的胃病大发，疼痛难忍，便要甲将她一个装有治胃病药粉的瓶子拿来；不料这个瓶子被他们的小孩换上了灭鼠用的毒粉，而小孩又由于年幼不懂事，没有及时告诉其父母。结果，乙服用了甲拿来的瓶子内的药粉，中毒而死。在此例中，甲在主观上有杀乙意，在客观上也造成了乙的死亡，但由于二者没有内在的联系，统一不起来，所以不能构成犯罪。

综上所述，如果把犯罪的形成当成一个过程来论述它的构成要件，那么，其构成的逻辑顺序应是：首先，要有达到法定刑事责任年龄、具有刑事责任能力的人作为行为主体；其次，这个行为人在主观上要有危害社会的思想意识；再次，在客观上，这个人要有危害社会的现实表现；最后，上述三要件要能有机地结合起来。简单来说，具备一定条件的行为人将主观上的反社会危险性与客观上的反社会现实性相统一，就构成具体的犯罪。

目前，在论述犯罪构成要件时，一般把它说成是什么什么要件的"总和"。我们知道，依照汉语通常的用法，"总和"只是表示"量的增加"，不能表示"质的飞跃"。因此，将犯罪构成说成是什么什么要件的"结合"或"统一"，似较妥帖些。

另外，既然犯罪的形成是一个过程，而只有在过程终了时，才正式形成犯罪，那么，在过程尚未终结的时候，即上述三要件还没有结合为统一体时，就还没有构成犯罪。基于这个理由，我在叙述犯罪是怎样构成时，没有用"犯罪主体"、"犯罪客体"、"犯罪的主观要件"、"犯罪的客观要件"等表述，而是称之为"行为主体"、"行为所指向的对象"、行为人"在主观上危害社会的思想意识（心理状态）"以及"在客观上危害社会的现实表现"。

若干年来，在论述犯罪构成时，一般是按"犯罪客体→犯罪的客观要件（方面）→犯罪主体→犯罪的主观要件（方面）"这个顺序进行的。据说，从犯罪客体谈起，是为了服从审判实践的需要。因为，在审判过程中，如果能首先查明某个案件的主体并没有侵犯刑法所保护的客体，就可立即断定，这个主体并未构成犯罪，因而也就没有再进一步研究他是否还具备其他要件的必要。其实，要断定某人是否侵害了刑法所保护的客体，必须对有关的全部要件作综合考察。例如，在某处水塘里发现一具死尸，要判明这是自溺还是被人谋害，如果是被人谋害，是反革命杀人，还是因个人私怨而杀人，不对全部构成要件作综合研究是无法得出正确的结论的。

社会危害性理论[*]
——一个反思性检讨

陈兴良[**]

摘　要：社会危害性理论是我国刑法中的传统理论，不仅是犯罪论，而且是整个刑法学体系的基石，几乎成为我国刑法的正统理论。在面临形式合理性与实质合理性的冲突的时候，应当坚持形式合理性。对于认定犯罪来说，刑事违法性是根本标准，社会危害性离开了刑事违法性就不能成为犯罪的特征。为了避免将社会危害性概念逐出注释刑法学领域后，犯罪概念变成一个纯粹的法律形式，需要引入具有实质意义的法益及法益保护的概念。

关键词：社会危害性　犯罪的形式概念　犯罪的实质概念

如果说我国刑法理论中要确定一个关键词，那么，这个关键词非"社会危害性"莫属。在《刑法哲学》一书中，我曾经把苏联建立的社会主义刑法学体系称为"社会危害性中心论"的刑法学体系。[①] 我国刑法学承袭了苏联的社会危害性中心论，因而可以把我国刑法理论称为"社会危害性理论"。社会危害性理论所显现的实质的价值理念与罪刑法定原则所倡导的形式的价值理念之间，存在基本立场上的冲突。随着罪刑法定原则在我国刑法中的确立，社会危害性理论的命运引起了我的强烈关注，尤其是在

---

[*] 本文原载于《法学研究》2000年第1期。
[**] 陈兴良，北京大学法学院教授。
[①] 参见陈兴良《刑法哲学》，中国政法大学出版社，1997，第687页。

个别学者对社会危害性理论提出质疑①的情况下，理性地审视社会危害性理论，在此基础上重构刑法学中的犯罪概念，对于法治国刑法文化的建设具有重大意义。

一

社会危害性理论首先表现在对犯罪本质特征的界定上。因此，犯罪概念是反思社会危害性理论的一个基本视角。根据犯罪概念是否包含社会危害性的内容，在刑法理论上将犯罪概念分为犯罪的形式概念与实质概念。通过对这两种犯罪概念的形成与发展过程的考察，可以清楚地勾画出社会危害性理论历史嬗变的轨迹。

在论及犯罪概念时，英国著名学者边沁指出："根据讨论的题目不同，这个词的意义也有所区别。如果这个概念指的是已经建立的法律制度，那么，不论基于何种理由，犯罪都是被立法者所禁止的行为。如果这个概念指的是为创建一部尽可能好的法典而进行的理论研究，根据功利主义的原则，犯罪是指一切基于可以产生或者可能产生某种罪恶的理由而人们认为应当禁止的行为。"② 在此，边沁区别了两个层次上的犯罪概念。一是规范意义上的犯罪概念，基于罪刑法定主义原则，一般是指法律所禁止的行为。二是实质意义上的犯罪概念，按照边沁的界定，是指一种禁止的恶。根据边沁的观点，这两种犯罪概念又可以说是犯罪的司法概念和犯罪的立法概念。犯罪的司法概念强调犯罪的实然性，即法律对某一行为的规定，从而根据行为的刑事违法性认定犯罪。犯罪的立法概念强调犯罪的应然性，即法律应当根据什么标准将某一行为规定为犯罪。在此，更为注重的是犯罪的社会政治内容。无疑，边沁这种二元的犯罪概念对于我们科学地建构犯罪概念理论具有重要意义。③

---

① 参见李海东《刑法原理入门（犯罪论基础）》，法律出版社，1998，第6页以下。
② 参见边沁《立法理论——刑法典原理》，孙力等译，中国人民公安大学出版社，1993，第1页。
③ 值得注意的是，我国学者也已经开始注意到犯罪概念的二元性。例如王世洲提出我国刑法理论中犯罪概念的双重结构，认为新的具有双重结构的犯罪概念应当由"立法概念"与"司法概念"组成。尚未在法律上规定为犯罪但是应当在法律上规定为犯罪的行为为"立法概念"，已经在法律上规定为犯罪的行为为"司法概念"。参见王世洲《中国刑法理论中犯罪概念的双重结构和功能》，《法学研究》1998年第5期。

刑事古典学派虽然对犯罪的社会政治内容作了阐述，但在法律上更倾向于犯罪的形式概念。例如，意大利著名刑法学家贝卡利亚曾经一针见血地指出："犯罪界限的含混不清，在一些国家造成了一种与法制相矛盾的道德，成了一些只顾现时而相互排斥的立法。大量的法律使最明智的人面临遭受最严厉处罚的危险，恶和善变成了两个虚无飘渺的名词，连生存本身都捉摸不定，政治肌体因此而陷入危难的沉沉昏睡。"① 因而，贝卡利亚在刑法史上首次提出了"犯罪使社会遭受到的危害是衡量犯罪的真正标准"的命题。贝卡利亚认为这是一个显而易见的真理，这个真理并不需要借助于象限仪和放大镜，而且它们的深浅程度都不超出任何中等智力水平的认识范围，但是，由于环境惊人地复杂，能够有把握认识这些真理的人，仅仅是各国和各世纪的少数思想家。② 应当指出，贝卡利亚这里所说的"社会"，是一个抽象的概念，指奠基于社会契约之上的公民社会。在贝卡利亚看来，法律只不过是自由的人们的契约，社会借助于契约同它的每一个成员发生联系。而这个契约，就它的本质来说，是把义务加给双方的。犯罪，实际上就是对这种社会契约的违反，因而也是对社会契约所规定的义务的违反。在这种情况下，贝卡利亚主张罪刑法定，使犯罪概念法定化。唯有如此，才能保障公民不受法外制裁。由此可见，在贝卡利亚看来，对犯罪的社会危害性的界定与犯罪概念的法定化之间并不存在逻辑上的矛盾。在刑事古典学派思想的影响下，18世纪大陆法系的刑法典都强调犯罪的法定性。例如，1810年法国刑法典明确规定："法律以违警刑所处罚之犯罪，称违警罪。法律以惩治刑所处罚之犯罪，称轻罪。法律以身体刑或名誉刑所处罚之犯罪，称重罪。"这是对犯罪的一般规定，将犯罪的种类限于刑法分则规定的范围之内。有些国家的刑法典则明确规定了犯罪的形式概念。例如瑞士刑法典第1条明文规定：凡是为刑罚所确然禁止的行为，就是犯罪。这种犯罪的形式概念，正如日本刑法学者指出，是指刑法所规定的产生刑罚权要件的犯罪。对于这种意义上的犯罪，我们可以下个定义，就是刑罚所规定的可罚行为。③

---

① 参见贝卡利亚《论犯罪与刑罚》，黄风译，中国大百科全书出版社，1993，第69页。
② 参见贝卡利亚《论犯罪与刑罚》，黄风译，中国大百科全书出版社，1993，第67页。
③ 参见〔日〕福田平、大塚仁编《日本刑法总论讲义》，李乔等译，辽宁人民出版社，1986，第38页。

刑事实证学派力图突破犯罪的形式概念，从而确立犯罪的实质概念。例如，菲利指责古典学派把犯罪看成法律问题，集中注意犯罪的名称、定义以及进行法律分析，把罪犯在一定背景下形成的人格抛在一边。[①] 加罗法洛则将规范主义的犯罪概念称为"恶性循环"，显然不能满足一种社会学研究的需要。为此，加罗法洛追求犯罪的社会学概念，指出：犯罪一直是一种有害行为，但它同时又是一种伤害某种被某个聚居体共同承认的道德情感的行为。在此，加罗法洛提出了自然犯罪的概念。[②] 这种意义上的犯罪实质概念，就是把犯罪视为遗传与环境之间的力学结构关系中所发生的社会现象，可以说它是危害一般社会生活秩序的反社会伦理行为。[③] 在某种意义上说，犯罪的实质概念是犯罪学上的犯罪概念。对于这种追求犯罪的实质概念的倾向，意大利学者杜里奥·帕多瓦尼引述刑法学界一部分人的观点，作了如下生动的评述：各种试图描述犯罪实质形象的努力，都可归结为为形形色色的犯罪寻找"最小公分母"（minimo comun denominatore），即寻找一个隐藏在刑事制裁措施背后的、可适用于所有犯罪的"常项"（cifra）。帕多瓦尼对追求犯罪的实质概念表示了极度的怀疑态度，指出：任何概念，只要不能科学地概括法律规定的所有犯罪，就不是犯罪的实质概念。因此，对每一个犯罪的实质概念来说，只要有一个相反的例子，就足以说明它不具有"最小公分母"的性质。例如，当有人（指加罗法洛——引者注）将犯罪的实质描述为："用有害于社会的行为，侵犯了一般文明人所具有的怜悯和自制两种基本的利他主义感情时，当然是提出了一个可以将大多数严重犯罪（如杀人、强奸、敲诈勒索等）包括在内的犯罪定义，但这个定义肯定不适用于擅入他人地域内放牧（意大利刑法典第636条）或妨害国家元首特权（意大利刑法典第279条）等犯罪行为，更不用说很大一部分轻罪了。"[④] 尽管如此，在刑法理论上，对犯罪的实质概念的寻找始终没有停止过，尤以刑事实证学派为甚。

刑事古典学派与刑事实证学派各自在学理上主张的犯罪的形式概念与

---

① 参见〔意〕菲利《实证派犯罪学》，郭建安译，中国政法大学出版社，1987，第24页。
② 参见〔意〕加罗法洛《犯罪学》，中国大百科全书出版社，1996，第16页以下。
③ 参见〔日〕福田平、大塚仁编《日本刑法总论讲义》，李乔等译，辽宁人民出版社，1986，第38页。
④ 参见〔意〕杜里奥·帕多瓦尼《意大利刑法学原理》，陈忠林译，法律出版社，1998，第72页以下。

犯罪的实质概念，体现了两大学派在哲学观点与价值取向上的重大差别，其对刑法发展的影响各有侧重。在刑事古典学派的犯罪的形式概念的引导下，发展出具有实体内容的犯罪构成要件理论。构成要件具有规范意义，其产生与发展深受德国学者宾丁"规范论"的影响。日本学者小野清一郎指出，构成要件中的规范要素，是指构成要件中不但要有确定的事实，而且以规范评价为必要部分。这里面，既有以诸如"他人财物"之类的法律评价为必要的场合，也有以诸如"虚假文书"之类的认识评价为必要的场合，还有以诸如"猥亵行为"、"侮辱"之类的社会的、文化的评价为必要的场合，以及以"故意的"、"不法的"等完全是伦理的、道义的评价为必要的场合。然而，即使在不明显地属于规范要素的场合，在判断是否有符合构成要件的事实之际，也不可否认有立于判断背后的法的、伦理的评价。表面看来是记述性的法律概念，可是在法官适用它的时候，往往也伴有规范的评价性的判断。所以从理论上讲，规范的、目的论的概念构成是必不可少的。总而言之，所谓构成要件，是将违法有责行为类型化、抽象化的法律概念，它尽可能地记述客观事实并在叙述形式中加以规定。不仅如此，还必须承认，这种记述和叙述，在实质上、整体上与规范相关并且含有评价的意味。① 根据小野清一郎的观点，构成要件是事实、规范和评价的统一，在根据构成要件认定犯罪的时候，包含着法的、伦理的实质评价，但这种评价又是以规范为前提与基础的。由于构成要件理论的发达，在刑事古典学派的刑法理论中，犯罪概念只有宣告性的形式意义，因而在刑法典中规定犯罪的形式概念也就是势所必然。刑事实证学派倡导犯罪的实质概念，这一犯罪的实质概念没有对刑事立法产生根本性的影响，大陆法系各国刑法典仍然恪守犯罪的形式概念，但由此却推导出与刑法的犯罪概念相区别的犯罪学的犯罪概念。例如，加罗法洛指出，为了科学地探求犯罪的原因，犯罪学必须放弃刑法的犯罪定义，因为刑法的定义所描述的犯罪仅仅是刑法所禁止的行为，并未揭示犯罪自身的本质。所以刑法所规定的犯罪，是一种形式上的犯罪。加罗法洛认为犯罪学应该研究实质上的犯罪，为此提出了"自然犯罪"的概念。所谓自然，具有非形式的意思，

---

① 参见〔日〕小野清一郎《犯罪构成要件理论》，王泰译，中国人民公安大学出版社，1991，第32页。

它是人类社会中某种独立于特定时代的环境和急需独立于法律制定者的特定观念的存在物；而所谓自然犯罪，则是指那些在所有的文明社会中都会被视为犯罪，并且都会遭到惩罚的行为。① 因此，这里的自然犯罪，具有实质意义上的犯罪之蕴涵，这也正是犯罪学上的犯罪概念区别于刑法学上的犯罪概念之根本所在。由于犯罪学是刑法学的辅助学科，因而犯罪学上的犯罪概念及其演变通过刑事政策对立法产生影响。经过一定的立法程序，在犯罪化与非犯罪化的双向运动中，犯罪的形式概念与犯罪的实质概念进行良性的能量交换与内容转换。

苏联刑事立法在刑法典中首次引入了犯罪的实质概念——实际上是犯罪的政治概念或曰阶级概念。犯罪概念的政治化，是与法的政治化联系在一起的，并且是法的政治化必然产物。1919年《苏俄刑法指导原则》的导言就提出了法的阶级定义。该指导原则第6条规定了犯罪的阶级概念，指出：犯罪是危害某种社会关系制度的作为或不作为。1922年的苏俄刑法典第6条又对犯罪规定了一个更加扩展的、实质的和阶级的概念："威胁苏维埃制度基础及工农政权在向共产主义制度过渡时期所建立的法律程序的一切危害社会的作为或不作为，都被认为是犯罪。"从20年代中期开始，苏联刑法理论对犯罪的阶级概念作了充分的肯定，并将之视为苏维埃刑法与资产阶级刑法的根本区别。M. A. 切利佐夫-别布托夫指出："资产阶级刑法典是从形式上规定犯罪的定义，把犯罪看成是实施时即为法律所禁止并应受惩罚的行为。苏维埃立法则与此不同，它是从实质上，也就是从对法律秩序的损害上、危害上来规定犯罪的定义的。"② 实际上，这种犯罪的阶级概念是与法律虚无主义联系在一起的。按照这种逻辑，犯罪阶级概念的规定可以取代刑法分则对具体犯罪的规定。例如 P. H. 沃尔科夫断言："由于苏维埃刑事立法是从实质上理解犯罪，必然得出不要规定具体犯罪行为的刑事责任制度。"③ 在这种情况下，提出了社会主义刑法法律形式的性质问题。20年代后期，苏联著名法学家 E. B. 帕舒卡尼斯在《法的

---

① 参见谢勇《犯罪研究导论》，湖南出版社，1992，第29页。
② 参见〔苏〕皮昂特科夫斯基等编《苏联刑法科学史》，曹子丹等译，法律出版社，1984，第19页以下。
③ 参见〔苏〕皮昂特科夫斯基等编《苏联刑法科学史》，曹子丹等译，法律出版社，1984，第21页。

一般理论和马克思主义》一书中指出：法律形式产生于市场交易，它的渊源是交换关系。由于市场交易在资产阶级社会里获得了最充分的发展，所以法律形式在资产阶级社会里也就获得了完善的发展。在无产阶级专政时期，各种社会关系的法律形式也只是作为市场交易的存在而存在。在帕舒卡尼斯的理论中，没有社会主义类型的法的位置；在他看来，将来法的整个消亡过程是从资产阶级法律形式向取消一切法律形式直接过渡。① 换言之，社会主义社会没有交换关系，因而不存在法的社会基础。这种法的虚无主义，导致法的被取消，当然也包括刑法在内。帕舒卡尼斯明确地提出了取消刑法的问题，指出："犯罪和刑罚的概念，是法律形式最必不可少的概念，只有到作为上层建筑的法律开始全面消亡时，才能消除这种法律形式。如果我们在事实上，而不只是在口头上开始抛弃这种概念，不再依靠它们，就将是我们最终打破资产阶级法学狭隘观念的最好见证。"② 犯罪与刑罚等刑法的基本概念既然被归为资产阶级法学的狭隘观念，自在被破除之列。但是，政府的权力如果没有法律的限制，人民的权利如果没有法律的保障，那么后果是极其可悲的。帕舒卡尼斯主张法律虚无，其本人恰恰就成了法律虚无主义的牺牲品。美国著名法学家庞德在一篇讲演中对帕舒卡尼斯的理论作出了以下评论："现在这位教授离开我们了。随着俄国现政府计划的确立，需要对理论进行变革。他还来不及在自己的教学中迎合秩序的这一变化。如果俄国有法律而不只是有行政命令，那么他就有可能失去工作，却不会丧命。"③ 因此，如果用犯罪的阶级内容取代犯罪的法律形式，那么，犯罪就成为一种政治压迫的工具与手段，丧失了确定的法律标准。在这种情况下，人民又怎么会有自由呢？可见，否定法律形式的单纯的犯罪的阶级概念是不足取的，是法律虚无主义的表现。在上述犯罪的阶级概念中，社会危害性成为犯罪的基本性质而被肯定，并由此取代了犯罪的刑事违法特征。这一思想反映在刑法理论上，形成了社会危害性理论。例如特拉伊宁在1929年出版的《苏维埃刑法总则》中，抛弃了犯罪

---

① 参见〔苏〕皮昂特科夫斯基等编《苏联刑法科学史》，曹子丹等译，法律出版社，1984，第17页。
② 参见〔苏〕皮昂特科夫斯基等编《苏联刑法科学史》，曹子丹等译，法律出版社，1984，第41页。
③ 参见〔美〕伯纳德·施瓦茨《美国法律史》，王军等译，中国政法大学出版社，1989，第285页。

构成是责任根据的观点，把社会危害性作为刑事责任的根据，并以此为中心来建立犯罪论的体系。① 至此，一种以社会危害性为中心的刑法理论正式确立。

从30年代末期开始，苏联刑法学界对刑法的虚无主义态度开始有所转变。值得一提的是，H. I. 杜尔曼诺夫在题为《犯罪概念》（1943年）的博士论文中首次把苏维埃刑法中犯罪实质概念的基本特征表述为：社会危害性、违法性、罪过、应受惩罚性和不道德性。正是杜尔曼诺夫，把犯罪的实质特征同形式特征结合起来研究。杜尔曼诺夫把犯罪确定为"危害社会的、违反刑事法律的、有责任的和依法应受惩罚的作为或不作为"。按照杜尔曼诺夫的观点，指出犯罪的形式特征（依法应受惩罚）可以给犯罪下一个全面的所谓形式上的定义。如果说犯罪的实质特征是行为的社会危害性，那么形式特征就是以违法性——罪过和人的责任能力为条件的应受惩罚性。② 杜尔曼诺夫关于犯罪的形式概念与实质概念统一的观点，逐渐得到苏联刑法学界的承认，并在刑事立法中得到认可。例如1958年《苏联和各加盟共和国刑事立法纲要》第7条反映了犯罪的两个基本特征：社会危害性和刑事违法性。1960年苏俄刑法典第7条规定："凡刑事法律所规定的侵害苏维埃的社会制度、政治和经济体系，侵害社会主义所有制，侵害公民的人身权利和自由、政治权利和自由、劳动权利和自由、财产权利和自由及其他权利和自由的社会危害行为，都认为是犯罪。形式上虽然具有本法典分则规定的某种行为条件，但是由于显著轻微而对社会并没有危害性的作为或不作为，都不认为是犯罪。"这个犯罪概念可以说是犯罪的形式概念与实质概念相统一的典型立法例。在这种形式与实质相统一的犯罪概念中，社会危害性仍然占有优势地位，被认为是犯罪的本质特征。例如，苏联学者认为，法律关于实质的和形式的特征二者兼有的犯罪定义无损于犯罪的实质特征。不仅没有摒弃实质特征，而且还使立法有了改进和发展。③ 由此可见，社会危害性在犯罪概念中的

---

① 参见何秉松《犯罪构成系统论》，中国法制出版社，1995，第29页。
② 参见〔苏〕皮昂特科夫斯基等编《苏联刑法科学史》，曹子丹等译，法律出版社，1984，第19页以下。
③ 参见〔苏〕别利亚耶夫、科瓦廖夫主编《苏维埃刑法总论》，马改秀等译，群众出版社，1987，第62页。

决定性地位至高无上。

我国1979年刑法借鉴了苏联和东欧各国刑法关于犯罪的概念，其第10条首次在我国给出了犯罪的法定概念："一切危害国家主权和领土完整，危害无产阶级专政制度，破坏社会主义革命和社会主义建设，破坏社会秩序，侵犯全民所有的财产或者劳动群众集体所有的财产，侵犯公民人身权利、民主权利和其他权利，以及其他危害社会的行为，依照法律应当受刑罚处罚的，都是犯罪；但是情节显著轻微危害不大的，不认为是犯罪。"我国著名刑法学家高铭暄教授指出：这个概念是实质概念，它揭露了犯罪的阶级性和对国家、对人民、对社会的危害性；它与资产阶级刑法中的犯罪的形式概念，也即以犯罪的形式特征掩盖犯罪的阶级实质是根本不同的。① 但我国著名刑法学家马克昌认为，这一定义不仅揭示了在我国犯罪对社会主义国家和公民权利具有严重社会危害性的实质，同时也揭示了其法律特征——依照法律应当受刑罚处罚，所以不能认为它只是一个实质性的定义。② 根据这种观点，1979年刑法第10条是从犯罪的阶级实质和法律形式的统一上给我国社会上的犯罪下了一个完整的定义。从表面上来看，将1979年刑法第10条规定的犯罪概念视为实质内容与法律形式的统一是正确的。因为在这一定义中，不仅指出了犯罪的社会危害性的实质内容，而且规定了犯罪是依照法律应受刑罚处罚的行为。但考虑到1979年刑法第79条规定了类推制度，犯罪的社会危害性具有优越于犯罪的形式特征的地位，因而将其视为一个犯罪的实质概念也并无不可。

从犯罪的本质特征出发，一种关于刑法的社会危害性理论呼之欲出。在关于建立具有中国特色的刑法学体系的种种努力中，占主导地位的仍然是社会危害性中心论。按照这一观点，犯罪的社会危害性不仅是犯罪论，而且是整个刑法学体系的基石，有关犯罪与刑罚的一切问题都应从犯罪的社会危害性来解释。③ 社会危害性理论几乎成为我国刑法的正统理论，是一种定论。

---

① 参见高铭暄《中华人民共和国刑法的孕育和诞生》，法律出版社，1981，第35页。
② 参见马克昌主编《犯罪通论》，武汉大学出版社，1991，第12页。
③ 参见曾宪信《建立具有中国特色的刑法学科科学体系的设想》，《中南政法学院学报》1986年第1期。

二

合理性（rationality）是德国著名学者韦伯在分析社会结构时提出的一个重要概念。韦伯把合理性的概念应用于社会结构分析时，作出了形式合理性和实质合理性的区分。形式合理性具有事实的性质，它是关于不同事实之间的因果关系判断；实质合理性具有价值的性质，它是关于不同价值之间的逻辑关系判断。形式合理性主要被归结为手段和秩序的可计算性，是一种客观合理性；实质合理性则基本属于目的和后果的价值，是一种主观的合理性。从纯粹形式的、客观的行动最大可计算的角度，韦伯认为，科学、技术、资本主义、现代法律体系和行政管理（官僚制）具有高度合理性。但是，这种合理性是纯粹形式的，它与实质合理性（即从某种特殊的实质目的上看的意义合理性、信仰或价值承诺）之间处于一种永远无法消解的紧张对立关系之中。在对待法的态度上，也存在韦伯所说的"法逻辑的抽象的形式主义和通过法来满足实质要求的需要之间无法避免的矛盾"。[①] 在此，韦伯提供了形式合理性与实质合理性这样一个分析框架。当我们将这一分析框架导入刑法理论的时候，我们就会发现在刑法中同样存在形式合理性与实质合理性的冲突。

上文我们谈到犯罪的形式概念与实质概念的对立。显然，犯罪的形式概念是以形式合理性为依托的，而犯罪的实质概念是以实质合理性为凭据的。两者之价值取向不同，是一个显而易见的事实。那么，在犯罪的形式概念与实质概念相统一的情况下，这种形式合理性与实质合理性的冲突不存在了吗？我们的回答是否定的。在这种犯罪的实质特征与形式特征统一的犯罪概念中，如何处理犯罪的实质特征——社会危害性与犯罪的形式特征——刑事违法性的关系，就成为一个重大的问题。以往，我们过分地强调两者的统一性，忽视了两者的矛盾性。例如，苏联学者 B. M. 契柯瓦则指出，犯罪是危害社会的行为，同时也是违法行为。如果说社会危害性是对行为在实质上、在社会政治上的评价，那么，行为的违法性，行为和刑法规范的抵触性，就是对行为在法权上和法律上的评价。行为的社会危害

---

① 参见〔德〕韦伯《经济与社会》下卷，林荣远译，商务印书馆，1997，第401页。

性及其违法性之间的关系，也可以表征出行为之实质的、社会政治的内容与其在法权上和法律上的形式之间的关系。① 以上这种泛泛而论，似乎深刻，但并未触及要害问题。因为，犯罪的形式特征与实质特征的统一，只是一种应然的期待，而两者或多或少的矛盾则是一种实然的状态。我们不禁要问：在犯罪的形式特征与实质特征发生冲突的情况下，到底是服从犯罪的形式特征呢，还是服从犯罪的实质特征？这才是问题的关键。

犯罪的形式特征与实质特征发生冲突，主要发生在如下场合：某一行为存在一定的社会危害性，但刑法并未将其规定为犯罪，因而不具有刑事违法性。对于这种情形，如果将社会危害性理论贯彻到底，必然得出需要通过类推对这种行为予以定罪的结论。因此，社会危害性理论在相当长的一个时期内，就成为类推制度存在的理论根据。在修订后的刑法中，废除了类推制度，确立了罪刑法定原则。刑法第3条规定："法律明文规定为犯罪行为的，依照法律定罪处罚；法律没有明文规定为犯罪行为的，不得定罪处罚。"随着罪刑法定原则在我国刑法中的确立，刑事违法性作为犯罪的特征越来越引起重视。同时，我国学者也已经敏锐地发现了犯罪的法定概念与罪刑法定原则之间的矛盾，认为修订后的刑法第13条规定的犯罪定义中使用了"危害社会"字样，突出了社会危害性，并用"危害不大"字样，强调了社会危害程度大小对罪与非罪的决定意义。这样，就反映出修订后的刑法关于犯罪的定义中，存在社会危害性标准；同时该条明文确立了规范标准。在一个定义中同时使用了互相冲突、排斥的两个标准来界定犯罪，势必影响罪刑法定原则在犯罪定义中的完全彻底体现，使犯罪这个基本定义乃至整个刑法典的科学性大打折扣。② 或许正是看到罪刑法定原则确立以后对犯罪概念的影响，我国学者提出社会危害性和依法应受惩罚性是相互依存、相互作用、相互制约的。它们是决定犯罪这一事物的不可分割的两个本质属性，是犯罪的两个最基本、最重要的特征。③ 在这一论述中，社会危害性在犯罪概念中的地位有所下降，表明以往那种对社会危害性过于绝对的认识在罪刑法定原则的感召下有所转变。但是，在刑法

---

① 参见《苏维埃刑法论文选译》第1辑，中国人民大学出版社，1955，第8页。
② 参见樊文《罪刑法定与社会危害性的冲突——兼析新刑法第13条关于犯罪的概念》，《法律科学》1998年第1期。
③ 参见何秉松主编《刑法教科书》，中国法制出版社，1997，第145页。

理论上，社会危害性的理论仍然占主导地位，从而导致在司法适用中，对于某些问题理解上的观点对立。当然，我国刑法学界也有学者认为，社会危害性与罪刑法定原则不存在矛盾。① 这种观点把社会危害性分为立法者那里的社会危害性与司法者那里的社会危害性。立法上的社会危害性与罪刑法定原则并不矛盾，这是毫无疑问的。司法上的社会危害性与罪刑法定原则何以不矛盾呢？论者认为，司法者那里的社会危害性，是指司法者依据行为的刑事违法性而认定该行为严重侵犯了国家、社会、个人利益而具有的社会危害性。这种社会危害性是有量的限定性的，即只有行为具有刑事违法性才能认定该行为具有社会危害性。不具有刑事违法性的行为，不论行为的社会危害性多么严重，都不能将该行为以犯罪论处。以司法者那里的社会危害性来认定犯罪，怎么会与罪刑法定原则相违背呢？我们认为，上述理由是难以成立的。如果社会危害性是完全依据刑事违法性认定的，那么，这种司法上的社会危害性又有什么实质意义？而且，论者同时又指出，脱离社会危害性，仅从形式方面考虑行为的违法性，从而将该行为以犯罪论处，确实维护了法律，但付出了牺牲公民个人的生命、自由、财产的沉重代价。因此，将社会危害性引入犯罪概念，这样，对具备刑事违法性的行为的定罪与惩罚就不是理所当然的了。② 换言之，论者承认存在具备刑事违法性但不具备严重社会危害性的情形。这难道不是社会危害性与罪刑法定原则的矛盾吗？这里所谓的不具备社会危害性显然不是司法上的社会危害性。既然存在具备刑事违法性但不具备社会危害性的情形，当然也就必然存在具备社会危害性但不具备刑事违法性的情形。对于前一种情形，根据刑法谦抑原则以及期待可能性等理论可以阻却违法或者责任。而后一种情形则是我们需要实际面对的问题，我们举例如下。

其一，关于相对负刑事责任年龄阶段，即已满14周岁不满16周岁的人承担刑事责任范围的问题。对此，在1979年刑法第14条第2款规定，已满14周岁不满16周岁的人应对杀人、重伤、抢劫、放火、惯窃或者其他严重破坏社会秩序罪负刑事责任。在此，法律规定的"其他严重破坏社会秩序罪"是一种概括性规定，内容并不确定，为司法解释留下了较大的

---

① 参见李立众、柯赛龙《为现行犯罪概念辩护》，《法律科学》1998年第3期。
② 参见李立众、柯赛龙《为现行犯罪概念辩护》，《法律科学》1998年第3期。

余地。在刑法修订中，为了贯彻罪刑法定原则，刑法第17条第2款将已满14周岁不满16周岁的人承担刑事责任的范围明确限制为下述犯罪：故意杀人、故意伤害致人重伤或者死亡、强奸、抢劫、贩卖毒品、放火、爆炸、投毒。但在刑法实施中，仍然存在解释问题。例如，在刑法规定的其他犯罪中，包含了上述列举之罪的内容时，能否以犯罪论处？以故意决水为例，已满14周岁不满16周岁的人故意决水，造成他人死亡、重伤及重大财产损失的，刑法显然没有规定应承担刑事责任，但上述决水行为实际上包含了故意杀人的行为。如果行为人明知自己的决水行为会发生他人死亡的结果，并且希望或者放任这种结果发生，能否认定为故意杀人罪，从而追究刑事责任？我国学者指出，在这种情况下，如果得出否定结论，或许维护了罪刑法定原则，但不利于保护合法权益。如果得出肯定结论，则存在以下疑问：对于同样的决水行为，为什么已满16周岁的人实施时构成决水罪，而已满14周岁不满16周岁的人实施时构成故意杀人罪？这是需要进一步探讨的问题。[①] 这一问题更为突出地反映在绑架罪上。根据我国刑法第239条之规定，在犯绑架罪中，杀害被绑架人的，处死刑，并处没收财产。这里的杀害被绑架人，是指在劫持被害人后，由于勒索财物或者其他目的没有实现以及其他原因，故意将被绑架人杀害的行为。因此，这是一种典型的故意杀人行为，但被立法者作为绑架罪予以涵括，因而形成刑法理论上的包容竞合，即整体法与部分法之间的法条竞合。那么，已满14周岁不满16周岁的人实施绑架行为而杀害被绑架人的，是否承担刑事责任呢？对此，我国学者之间存在截然相反的两种观点。一是"肯定说"，认为由于这种犯罪行为危害性特别大，凡是年满14周岁并具有责任能力的人，均应承担刑事责任。[②] 二是"否定说"，认为按照罪刑法定原则和刑法第17条第2款的规定，已满14周岁不满16周岁的人对这种行为不负刑事责任，但应当责令其家长或者监护人加以管教；在必要的时候，也可以由政府收容教养。[③] 以上两种观点实际上是形式合理性与实质合理性之间的冲突。

其二，关于单位犯罪承担刑事责任的范围。我国刑法明文规定：公

[①] 参见张明楷《刑法学》上，法律出版社，1997，第168页。
[②] 参见王作富主编《中国刑法的修改与补充》，中国检察出版社，1997，第176页。
[③] 参见祝铭山主编《中国刑法教程》，中国政法大学出版社，1998，第471页。

司、企业、事业单位、机关、团体实施的危害社会的行为，法律规定为单位犯罪的，应当负刑事责任。但在我国刑法中，对于盗窃罪等少数罪名，并未规定单位犯罪。在司法实践中，却存在单位实施的盗窃犯罪。在这种情况下，对单位中的直接负责的主管人员和其他直接责任人员能否以盗窃罪论处呢？对此，在刑法理论上存在争论，主要存在以下两种观点。第一种观点认为，为单位实施的盗窃行为，只要符合盗窃罪的构成要件，尽管依照"单位实施的危害社会的行为，法律规定为单位犯罪的才负刑事责任"的规定，对单位不能以盗窃罪论处，但在这种情况下，对单位中直接负责的主管人员和其他直接责任人员仍然应以盗窃罪论处。第二种观点认为，追究单位中直接负责的主管人员和其他直接责任人员的刑事责任，是以单位构成犯罪为前提的。如果单位不构成盗窃罪，单位中的直接负责的主管人员和其他直接责任人员也不能以盗窃罪论处。我们认为，单位盗窃与自然人盗窃在性质上是有所不同的。在单位盗窃的情况下，该盗窃行为是单位行为，而不是个人行为；而且，单位盗窃的财物是归单位所有而非归个人所有。因此，对于这种单位盗窃行为，应以单位犯罪论处。但在刑法没有规定单位可以成为盗窃罪主体的情况下，对单位中的直接负责的主管人员和其他直接责任人员以盗窃罪追究刑事责任，确有违反罪刑法定原则之嫌。但对于这种单位盗窃行为不依法追究刑事责任，又有放纵犯罪之嫌。在此，就出现了实质合理性与形式合理性的冲突。

其三，关于渎职罪的主体，修订后的刑法严格限定为国家机关工作人员，并对其他国家工作人员（主要是指国有公司、企业中从事公务的人员）的玩忽职守、滥用职权的行为在刑法分则第三章规定了若干个罪名。但由于缺乏一个概括性的罪名，因而国家机关工作人员以外的其他国家工作人员，主要是指国有公司、企业、事业单位中的国家工作人员的大量玩忽职守、滥用职权行为，由于不符合刑法规定，因而无法被追究刑事责任。在这种情况下，出现了"能办的不能犯，能犯的不能办"的状况。这里所说的"能办"，是指法律有规定，能够依法处理。这里所说的"不能犯"，是指刑法中有规定的其他国家工作人员的渎职犯罪，在现实生活中十分罕见，由此形成法律虚置。所谓"能犯的不能办"，是指对在现实生活中大量发生的其他国家工作人员的渎职行为，由于刑法没有规定而无法处理，由此形成法律短缺。这种"能办"与"能犯"的矛盾，生动地反映了刑法规定与现实犯罪的不相吻合。如果坚持实质合理性的立场，那么能犯的就应当能办，但办了又违法；如果坚持形式合理性的立场，那么不能办的就不办，无论是否能犯，但不办又失职。因此，在这种情况下，形式合理性与实质合理性的冲突也表现得十分明显。

在形式合理性与实质合理性冲突的情况下，我们应当选择前者而不是后者。因此，在犯罪的概念中，对于认定犯罪来说，刑事违法性是根本标准，社会危害性离开了刑事违法性就不能成为犯罪的特征。在当前法治国家的建设中，之所以将形式合理性置于首要的位置，是由以下原因决定的。

第一，以刑事违法性作为认定犯罪的根本标志的形式合理性体现了刑事法治的要求。

从人治到法治的转变，是人类文明进步的一个重要标志。在刑事法领域，同样存在这一从人治到法治的转变，这主要体现在犯罪认定的标准上。在人治社会，由于实行罪刑擅断，因而犯罪的概念是模糊的，犯罪的标准是混乱的。"不确定"被认为是这一时期刑法的主要特征。从罪刑擅断到罪刑法定，从不确定到确定，是刑事法治所带来的刑法领域一场深刻的革命。罪刑法定原则要求在认定犯罪的时候，要以确切的法律规定作为标准。只有法律才能设置犯罪，也只有根据法律规定才能认定犯罪。在这种情况下，法律成为区分罪与非罪的唯一标准。

第二，以刑事违法性作为认定犯罪的根本标志的形式合理性体现了人权保障的要求。

如果说，专制社会的刑法是以镇压犯罪、维护统治为使命的，那么，法治社会的刑法就是以人权保障为价值诉求的。人权保障要求以刑法的明文规定限制国家权力，尤其是限制司法权的滥用。而以刑事违法性作为认定犯罪的根本标志，就意味着司法机关只能在法律规定的范围内认定与处罚犯罪。没有触犯刑律，就没有犯罪，也就没有刑罚。这样，就明确地划清了通过司法机关行使的国家刑罚权与公民个人自由之间的界限。只有在这种情况下，刑法才能真正成为公民个人自由的大宪章。如果不是以法律规定作为认定犯罪的标准，而是以法律以外的其他因素，例如是否道德、是否对社会具有危害性作为认定犯罪的标准，由于这种标准本身的不确切性，就有可能成为侵犯人权的借口，从而使公民个人的自由处于一种危险的境况。

第三，以刑事违法性作为认定犯罪的根本标志的形式合理性体现了一般公正的要求。

公正有一般公正与个别公正之分。在法律上，如果一般公正与个别公正能够兼得，当然十分理想。但在现实中，两者有可能存在冲突。在这种情况下，我们应当以追求一般公正为主，在保证一般公正的前提下实现最大限度的个别公正。就立法与司法两者而言，立法主要根据一般公正提供法律规则。在刑法上，就是确定犯罪的一般概念和认定犯罪的具体标准。司法主要根据法律规定，结合具体案情，使一般公正转化为个别公正（或曰个案公正）。但由于一般公正与个别公正在性质上的差别，有可能出现根据一般公正标准处理具体案件的时候个别公正无法实现。这是因为，凡事都有例外。对于这种例外情况，刑法往往难以顾及。在出现例外的情况下，是遵循法律规定、牺牲个别公正实现一般公正，还是违反法律规定、牺牲一般公正实现个别公正，这里同样包含着形式合理性与实质合理性的冲突。我们认为，法律虽然以追求公正为使命，但公正的实现又是相对的、有代价的。那种绝对公正的观念是不可取的，也无现实可能性。在认定犯罪的时候，严格坚持法律标准，以是否具有刑事违法性为根据，尽管可能使个别具有较为严重的社会危害性的行为无法受到法律制裁，但这是为维护法律的尊严、实现一般公正所付出的必要的代价。

根据以上论述，我们认为在面临形式合理性与实质合理性冲突的时候，应当坚持形式合理性。在这种情况下，社会危害性理论就不像过去那样是一种绝对的真理。尤其在司法活动中，对于认定犯罪来说，社会危害性的标准应当让位于刑事违法性的标准。只有在刑事违法性的范围之内，社会危害性对于认定犯罪才有意义。这样，对于社会危害性与刑事违法性的关系，我们就可以从立法与司法两个层面上考察。从立法上来说，由于立法是一种规范的构造，而社会危害性是创设罪名的实体根据与基础，因而可以说是社会危害性决定刑事违法性。因为正是社会危害性回答了某一行为为什么被立法者规定为犯罪这一问题。但从司法上来说，面对的是具有法律效力的规范和具体案件，因而某一行为是否具有刑事违法性就成为认定犯罪的根本标准。因为正是刑事违法性回答了某一行为为什么被司法者认定为犯罪这一问题。对于社会危害性与刑事违法性的关系，不仅可以从立法与司法两个层面来理解，而且，在刑法理论上还可以从理论刑法学与注释刑法学两个角度去分析。从理论刑法学的角度说，把犯罪作为一种社会的与法律的现象进行研究，不仅要关注犯罪的法律特征，而且还要揭示犯罪的社会特征。在这种情况下，从刑法理论上界定犯罪，将犯罪本质定义为社会危害性与人身危险性的统一，即所谓犯罪本质二元论，是可以成立的。但从注释刑法学的角度说，犯罪只是一种法律规定的行为，离了法律规定就没有犯罪可言。在这种情况下，必须始终把握犯罪的刑事违法性。社会危害性只能从刑法规定的构成要件中去寻找；人身危险性只能从刑法规定的犯罪情节中去认定。以往我国刑法理论，在界定犯罪概念的时候，没有区分立法上的犯罪概念与司法上的犯罪概念、理论刑法学上的犯罪概念与注释刑法学上的犯罪概念，从而笼统地将社会危害性作为犯罪的本质特征，带来了理论上的混乱。现在，我们反思社会危害性理论，并不是要全盘否定社会危害性在犯罪中的地位与意义，而是要将社会危害性这一超规范的概念转换成法益侵害这一规范的概念。

三

将社会危害性的概念逐出注释刑法学领域，是否会使注释刑法学中的犯罪概念变成一个纯粹的法律形式，从而堕入形式法学的泥潭呢？为避免出现这种情况，我们需要引入具有实质意义的概念：法益及法益侵害。

"法益"这个概念可以轻而易举地解释为法律所保护的利益。刑法所保护的利益，相应地就被称为刑法法益。法益这个概念起源于19世纪，作为对犯罪性质的一种理论概括，是由德国著名刑法学家毕伦巴姆率先提出的。贝卡利亚对犯罪本质特征的"社会危害性"的论断有一针见血之功效，但社会危害性具有非实证的特征，是一种社会学的分析，所以，当费尔巴哈着手建立实证的刑法体系的时候，将"社会危害"这样一种社会学的语言转换为"权利侵害"这样一种法学的语言。在费尔巴哈看来，犯罪的本质和犯罪的侵害方面在于对主观权利的损害，刑法的任务乃是对主观权利进行保护，并相应保障公民的自由。费尔巴哈认为，犯罪不仅仅是对个别权利的侵害，国家也可以作为具有权利的一个人格来看待，因而对国家的犯罪也属于权利侵害。应该说，权利侵害说是以启蒙学派的人权理论以及古典自然法思想为基础，并从罪刑法定主义中引申出来的，它具有限定被扩张的犯罪概念的作用。当然,权利侵害说也存在一定缺陷,它只能涵括侵犯个人利益的犯罪,而难以包括侵犯国家利益与社会利益的犯罪,它所反映的是一种个人本位的犯罪观念。因此,费尔巴哈的"权利侵害说"被毕伦巴姆的"法益侵害论"所取代。毕伦巴姆在1843年发表的《犯罪概念中法益保护的必要性等》一文中认为,法益恰恰不是权利,而是以国家强制力保护的、个人或集体享有的、在自然意义上能够伤害的实体利益。[①] 在此,毕伦巴姆引入了法益的概念,强调犯罪的本质在于对法律所保护的一定利益的侵犯。在这一观点中,"利益"成为一个中心词。利益是指能够满足主体需要的某种内容,是人之所欲。在法学史上,曾经出现过一种利益法学,以德国著名法学家耶林为代表。耶林通过使人们注意权利背后的利益,而改变了整个法学理论。耶林认为,权利就是受到法律保护的一种利益。[②] 正是耶林使利益的概念从法学中脱颖而出:不是权利决定利益,而是利益决定权利。权利只不过是法律承认与调整的某种利益。在权利与利益的关系中,前者是形式,后者是内容。更为重要的是,利益是一个比权利的内涵更为丰富与广泛的实体概念,它可以分为个人利益、社会利益与国家利益。尤其是随着个人本位向社会本位的转变,社会利益在整个利益中所占据的份额越来越大,所占据的地位越来越重要。而权利,一般来说其主体是个人,个人利益在法律上被确认,形成权利。权利这个概念很难将社会利益与国家利益包括进去,因而利益具有更大的理论涵括力。意大利学者杜里奥·帕多瓦尼在评论"法益侵害说"取代"权利侵害说"时指出:"自然权利"的观念是启蒙时代刑法思想的核心,犯罪就是对自然权利的侵犯。随着时代的发展,人们逐渐用一个新的概念取代了"自然权利"这一提法。这个新的概念就是人们所说的"法益"(即法律对某种物质性、伦理性或精神性东西的肯定性评价)或"合法的利益"(这一概念强调的是法律所肯定的东西与其所有人的关系,所谓"利益"就意味着与所有人有利害关系)。帕多瓦尼还把这种以法益侵害为本质的犯罪概念称为客观的犯罪概念,认为强调"法益"或"合法利益"与犯罪间的直接关系,是客观的犯罪概念的核心。这种犯罪概念认为犯罪是

[①] 参见李海东《刑法原理入门(犯罪论基础)》,法律出版社,1998,第13页。
[②] 参见张文显《当代西方法哲学》,吉林大学出版社,1987,第120页。

一种社会的外部"感觉"（即使不一定是直接通过感官感觉）到的行为，其实质与犯罪行为人的意志无关。帕多瓦尼认为，法益除一部分是物质性的（如人的生命、拥有的财产等）以外，大部分都表现为观念的形态（如人的名誉、贞操、机密等），即作为一种价值而存在。① 应该说，帕多瓦尼对法益的论述是十分深刻的，对于我们理解法益的实质与界定法益的范围都具有重大的参考价值。当然，并非所有利益都是刑法的保护对象，只有那些重要的、基本的利益才是刑法所保护的，这种利益进入刑法保护范围，就形成刑法法益。就此而言，法益这个概念不仅以利益这一实体内容为基础，而且同样突出了法律的性质。尤其是德国学者宾丁在规范论的视野中揭示与把握法益，使法益的规范机能更为突出。在宾丁看来，"规范"（Norm）处于优先地位，法益只是依附于规范并支持规范理论的一个概念。规范基于立法者的意志而制定，其本身具有一定的完整性和体系性，行为人以侵害法益为中介得到了违反规范的结果，犯罪在实质上侵害了法益，在形式上违反了规范，但是这对于规范本身的权威并未削弱，因为规范先于法益而存在，受制于立法机关"主观上的决定"。② 法益概念的确立，使刑法中的犯罪概念实质化，法益侵害成为犯罪的实质内容。

在我国刑法理论中，没有采用法益及法益侵害的概念，而是在引入苏联的社会危害性理论的同时，引入了犯罪客体这一独特的刑法概念，使之成为犯罪构成的首要要件。苏联刑法理论否定将法益作为犯罪客体的观点，认为将法益解释为犯罪客体是唯心主义的，是掩盖犯罪的阶级性和镇压革命者的刑法的本质的。我国的刑法理论也基本接受了苏联刑法理论的这一观点，对法益为犯罪客体的学说持否定态度。③ 苏联刑法学者将犯罪客体确定为犯罪行为所侵害的社会关系，从而将其与犯罪对象相区分。犯罪客体确立的理论根据是马克思在1842年所写的《关于林木盗窃法的辩论》一文中的下述论述："犯罪行为的实质并不在于侵害了作为某种物质的林木，而在于侵害了林木的国家神经——所有权本身，也就是在于实现

---

① 参见〔意〕杜里奥·帕多瓦尼《意大利刑法学原理》，陈忠林译，法律出版社，1998，第76页。帕多瓦尼将犯罪概念区分为客观的犯罪概念与主观的犯罪概念。客观的犯罪概念认为犯罪的实质在于对法益的侵害。主观的犯罪概念认为犯罪的实质就是违背忠于国家的义务，这是法西斯统治时期提出的犯罪概念。
② 参见丁泽芸《刑法法益学说论略》，载《刑事法学要论》，法律出版社，1998，第281页。
③ 参见刘生荣《犯罪构成理论》，法律出版社，1997，第125页。

了不法的意图。"① 应该说，马克思深刻地揭示了犯罪行为的本质：林木只是所有权的载体，所有权才是犯罪所侵害的实体内容。但这种所有权在法律上表现为一种权利，其进一步的本质又在于利益。侵害了"林木的国家神经"实际上是触犯了法律所保护的某种利益。马克思的上述论断与法益侵害说并不矛盾，而且也难以从这一论断中引申出作为犯罪构成条件的犯罪客体。从中我们可以看到，经典作家的片言只语如何经过某些学者的加工与发挥，形成某种具有意识形态特色的理论观点。但由于这类观点是建立在断章取义之上的，因而缺乏充分的逻辑根据。

在我国刑法理论中，犯罪客体是对刑法所保护而为犯罪所侵害的社会关系的表述，长期以来占统治地位。社会关系又进一步被确定为人们在生产过程和生活过程中形成的人与人之间的相互关系。由于社会关系具有抽象性，因此个别学者对此提出质疑，并以社会利益取而代之，认为犯罪客体是犯罪主体的犯罪活动侵害的、为刑法所保护的社会利益。② 之所以用社会利益取代社会关系，主要理由在于：①社会利益的内容广泛，几乎涵盖了整个社会，无论犯罪侵害的是生产力、生产关系，还是上层建筑或自然环境，都可以归结为对社会利益的侵害。②社会利益具有多种多样的可能性，能适应犯罪客体具体化和多样化的要求，对犯罪客体的内容作出科学界定。③社会利益可以通过利益主体的特点揭露犯罪客体的社会属性和阶级属性，从而揭露犯罪的社会政治意义。④社会利益的含义深刻而又通俗易懂，早已为人们所接受和广泛使用。③ 应该说，这种"利益侵害说"与大陆法系国家刑法理论中的"法益侵害说"已经相当接近。尽管如此，这种观点仍然把犯罪客体作为犯罪构成的要件。在我国刑法学界，早在20世纪80年代中期就有学者否认犯罪客体是犯罪构成要件，并对此作了论证。主要理由如下：①犯罪客体的内容与犯罪概念的内容相同，因而没有必要将犯罪客体单列为犯罪构成要件。②作为犯罪客体被确立为犯罪构成要件根据的马克思的论断，揭示的是犯罪行为的实质，不能作为犯罪客体的理论根据。③由于把犯罪客体说成是社会关系，与犯罪对象分离开来，其结果是把犯罪对象看作可有可无的东西，忽视了对犯罪对象的研究。

---

① 参见《马克思恩格斯全集》第 1 卷，人民出版社，1956，第 168 页。
② 参见何秉松主编《刑法教科书》，中国法制出版社，1997，第 243 页。
③ 参见何秉松《犯罪构成系统论》，中国法制出版社，1995，第 172 页以下。

④在刑法学中把犯罪客体表述为社会关系，与其他学科关于客体的概念相矛盾。① 在我看来，上述观点是具有相当说服力的。由于在犯罪概念与犯罪客体的关系上，确实存在重复之嫌，因此，我认为应当把犯罪客体还原为刑法法益，然后将刑法法益纳入犯罪概念，以法益侵害作为犯罪的本质特征，由此取代社会危害性概念。法益侵害与社会危害性相比，具有以下优越性。

其一，规范性。社会危害性是对犯罪的一种超规范解释，尽管这一概念在某种情况下具有强大的解释功能，但恰在这一点上有可能与罪刑法定原则形成冲突。李海东博士指出，对犯罪本质作社会危害性的认识，不具有基本的规范质量，更不具有规范性。它只是对犯罪的政治的或者社会定义的否定评价。这一评价当然不能说是错的，问题在于它不具有实体的刑法意义。当然，没有人会宣称所有危害社会的行为都是犯罪和都应受处罚，但是，如果要处罚一个行为，社会危害性就可以在任何时候为此提供超越法律规范的根据，因为，它是犯罪的本质，在需要的情况下是可以决定规范形式的。有人认为，"社会危害说"不仅通过其"犯罪本质"的外衣为突破罪刑法定原则的刑罚处罚提供一种貌似具有刑法色彩的理论根据，而且也在实践中对国家法治起着反作用。② 这一论断是十分精辟的，值得我们重视。因为社会危害性是一个未经法律评价的概念，因而以社会危害性作为注释刑法中犯罪概念的本质特征，并以之作为区分罪与非罪的界限，就会导致超法规的评价。这在罪刑法定原则的刑法构造中，是极为危险的。而法益侵害就不存在这种危险，因为法益侵害是以刑法评价为前提的，具有规范性。某种行为未经刑法评价，就不存在法益侵害的问题。

其二，实体性。社会危害性是一种实质的观点，因而以社会危害性为内容的犯罪概念被称为犯罪的实质概念，但由于社会危害性本身又是十分空泛的，不能提供自身的认定标准，因而又需要以刑事违法性作为社会危害性的认定标准。在这种情况下，出现了循环论证的问题。由于这种循环论证，社会危害性丧失了其实体内容，成为纯然由刑事违法性所决定的东西。对此，李海东博士指出，社会危害性这类犯罪规范外的实质定义的致

---

① 参见张文《关于犯罪构成理论的几个问题的探索》，载《法学论文集》续集，光明日报出版社，1995，第252页以下。
② 参见李海东《刑法原理入门（犯罪论基础）》，法律出版社，1998，第8页。

命弱点在于，在这个基础上建立起来的犯罪体系完全依赖于行为的规范属性，因而它又在本质上放弃了犯罪的实质概念。如果我们称犯罪的本质在于行为的社会危害性，而显然，危害社会的行为并不都是犯罪，那么区别犯罪与其他危害社会行为的唯一标准就不可避免地只能取决于刑法是否禁止这个行为，也就是行为的形式违法性。[①] 这种所谓的实质认识由此也就成了一种文字游戏般的东西，其实质变成了由法律形式决定，因此也就是形式犯罪概念而已。换言之，社会危害性的认定在这种理论中完全依赖于行为的形式违法性。由此可见，社会危害性与刑事违法性辩证统一的观点难以解决犯罪概念的实体内容，反而会陷入一种循环论证的逻辑窘境。以法益侵害描述犯罪的实质内容，既可以避免犯罪概念的形式化，又可以防止对犯罪实质作超规范的解释。因为法益侵害中的法益，是以法律所保护的利益为其实体内容的。正是这种利益的相当重要性，才使其有可能成为刑法保护的客体。但这种利益又不是泛泛而论的一般利益，是法规所保护的利益，这就使得在法益的认定上具有规范标准，进而使得实体内容与规范标准有机地统一起来。而对法益的这种侵害性，则描述了犯罪的本体特征，成为一个充实的犯罪概念，克服了社会危害性内容的空泛性。

其三，专属性。社会危害性不是一种注释刑法的概念，在理论刑法学中或许可以有它的一席之地。但在以实证方法建构的注释刑法学中，社会危害性这种前实证的概念容易造成理论上的混乱。例如，把社会危害性作为犯罪的本质特征，就带来一个极大的困惑：本质特征应该是某一事物所特有的性质，但社会危害性并非犯罪所专有，其他违法行为也都具有社会危害性。为此，我国学者绞尽脑汁进行论证。为此，出现了对作为犯罪本质特征的社会危害性的以下种种表述：严重的社会危害性、应受刑罚处罚的社会危害性、犯罪的社会危害性等，并针对它们进行理论争论。实际上，这种争论本身是没有任何学术价值的，只是一种学术资源的浪费。法益侵害这个概念则科学、严谨，并且是刑法所专属的，它的引入可以克服许多无谓的分歧。刑法作为一门学科，在长期的法律实践活动过程中形成了一些约定俗成的专业术语，即所谓法言法语。它们是刑法文化的遗产，我们没有理由予以废弃，另创一套术语。但在过去相当长的一个时期内，

[①] 参见李海东《刑法原理入门（犯罪论基础）》，法律出版社，1998，第7页。

我们把某个概念的使用上升到政治高度，从而损害了刑法自身的专业性。从法益侵害到社会危害性的历史嬗变，充分说明了这一点。随着刑法学科专业性受到重视与加强，某些传说中的刑法专属术语正在复活，法益侵害即是一例。

随着刑法法益概念在刑法中地位的确立，现行刑法理论中犯罪客体的功能将由刑法法益所取代，因而犯罪客体也就失去了犯罪构成要件的地位。意大利学者杜里奥·帕多瓦尼认为"法益"是一个具有多重功能的概念。该概念具有注释、运用功能（即能准确地说明犯罪所侵犯的"法益"，有助于理解刑法规定的目的），系统分类功能（即可以按照犯罪所侵犯的法益对犯罪统一进行分类，如"洛克法典"① 就是用这种方法按犯罪客观上所侵犯的法益将犯罪分为侵犯人身的犯罪、侵犯财产的犯罪、危害公共安全的犯罪等），系统的界定功能（任何犯罪都必须以侵犯特定法益为自己存在的条件）和刑事政策功能（立法者必须以对法益的侵害作为确定可罚性行为的标准）。② 由此可见，法益的这些功能完全可以取代犯罪客体的功能。以往的刑法理论中，犯罪客体主要具有以下功能。①犯罪一般客体作为刑法所保护的社会关系整体揭示了一切犯罪的共同属性，进而通过它认识犯罪的社会危害性。我们已经指出，对犯罪属性的揭示是犯罪概念的功能，这个功能不能由构成要件来承担。②犯罪的同类客体作为某一类犯罪行为所共同危害的社会关系的某一部分或某一方面，对于刑法分类具有重要意义。我们认为，刑法分则体系是建立在犯罪分类基础之上的，而这种犯罪分类并不取决于犯罪所侵害的社会关系，而取于犯罪所侵害的法益。在刑法理论上，通常将法益分为个人法益、社会法益和国家法益，而大陆法系的刑法分则体系就是建立在这种刑法法益分类的基础之上的。我国随着市场经济的发展，同样存在这种利益上的分化，因而也可以把犯罪分为侵害个人法益的犯罪、侵害社会法益的犯罪与侵害国家法益的犯罪。在刑法分则体系建立的时候，根据上述三种犯罪排列，不仅逻辑脉络清晰，而且具有事实根据。因此，在刑法分则犯罪的分类上，法益概念同样可以取代同类客体。③犯罪的直接客体作为某一种犯罪所具体侵害的社会

---

① "洛克法典"即 Rocco 刑法典，指 1930 年意大利刑法典。——编者注
② 参见〔意〕杜里奥·帕多瓦尼《意大利刑法学原理》，陈忠林译，法律出版社，1998，第 77 页。

关系，其作用在于认定某种具体犯罪的性质。但是，所谓直接客体是否具有这一作用是值得怀疑的。因为某一犯罪的性质是由该犯罪的构成要件决定的，而不是简单地决定于该犯罪侵害的社会关系。例如，故意杀人罪与过失致人死亡罪都侵害了人的生命法益，但能以此认为这是两种性质相同的犯罪吗？显然不能。更为重要的是，这种犯罪直接客体的法律根据也是值得怀疑的。我国学者指出，在分则各罪的规定中，一般并不直接规定犯罪客体（即直接客体）的内容。有一些学者在分析犯罪客体时，认为刑法对犯罪客体的规定方式多样，有时直接指出犯罪客体，有时只指出犯罪对象等，用以说明犯罪客体的法定方式。这些努力都在解决一个问题，即在具体犯罪的犯罪构成一般不明确规定犯罪客体的现实下，如何说明犯罪构成法定化的问题。各种努力对犯罪客体的研究均有一定的意义，但仍然存在一个不可回避的难题，就是刑法分则条文没有明确规定的内容，仅用解释来说明其存在，能否认为是法定的。[1] 尽管这种观点没有完全否定作为犯罪构成要件的犯罪客体在刑法分则中没有具体规定这样一个事实，但在这种没有法律规定的情况下，所谓直接客体的存在又怎么可能起到揭示犯罪性质的作用呢？综上所述，我们认为在犯罪构成要件中没有必要设置犯罪客体这样一个要件。直接客体的内容与功能完全可以由犯罪概念中的法益概念来承担。

当我们理清了传统刑法理论中的犯罪概念，尤其是将社会危害性转换成为法益侵害，我们又回到注释刑法学中的犯罪概念上来。犯罪概念是刑法的基石，它的确立直接关系到刑法理论的进路。在犯罪概念中消解了社会危害性以后，如何重构犯罪概念是一个值得研究的问题。在我看来，在确立刑法中的犯罪概念的时候，应当以刑事违法性为出发点，将刑事违法性作为犯罪的唯一特征。因此，只有法律规定的才是犯罪，法律没有规定的不是犯罪。根据罪刑法定原则，如果法律没有规定，即使行为的社会危害性再大，也不是犯罪。这里主要涉及犯罪的刑事违法性问题。在刑法理论中，刑事违法性是一个值得研究的问题。可以看到，将我国刑法理论与大陆法系刑法理论相比较，关于刑事违法性在刑法理论体系中的地位形成

---

[1] 参见李洁《三大法系犯罪构成论体系性特征比较研究》，载陈兴良主编《刑事法评论》第2卷，中国政法大学出版社，1998，第446页。

了两种完全不同的处理结果。在我国刑法理论中，刑事违法性是作为犯罪的形式特征在犯罪概念中加以研究的。但由于在犯罪概念中强调社会危害性并将之确定为犯罪的本质特征，因而社会危害性与刑事违法性就成为内容与形式的关系。关于社会危害性与刑事违法性关系的以下论述在我国是一种通行的观点：行为的社会危害性是刑事违法性的基础；刑事违法性是社会危害性在刑法上的表现。① 基于这种认识，我国刑法理论中刑事违法性缺乏实体内容。在大陆法系刑法理论中，违法性不是作为犯罪特征，而是作为犯罪成立条件加以确立的，形成了蔚为可观的违法性理论。在违法性理论中，形式违法性与实质违法性的观点值得我们参考。形式违法性指的是违反法的规范，即违法性的形式概念。当然，在违反法的规范的判断上，又有客观的违法性与主观的违法性之争。② 主观的违法性论把法的规范本质理解为对人的意思的命令禁止（命令说），认为违反这种命令禁止的就是违法。因此，只有具有责任能力的人有故意、过失的行为才存在违法问题。而客观的违法性论把法的规范的首要作用理解为客观评价规范，认为违反这种客观评价规范的就是违法。显然，以上两种观点对违法性的理解是互相对立的。在大陆法系刑法理论中，由于违法性是与构成要件该当性、有责性并列的，如果按照主观违法性论的理解，则违法性与有责性的分界不复存在，因而在大陆法系刑法学界流行的是"违法是客观的，责任是主观的"这一说法。通说对违法性采用客观的违法性论。与形式违法性相对应的是实质违法性，实质违法性指违法性的实质内容。在违法性的实质内容上，大陆法系刑法理论又存在"侵害法益说"与"违反规范说"之争。"侵害法益说"认为，违法性的实质在于对法益所造成的侵害；"违反规范说"认为，犯罪并非侵害主观上作为法的权利，而是在客观上侵害法的本身，即违反法程序。但法程序是一个十分含混的概念，作为违法性的本质难以实际把握。在这种情况下，"侵害法益说"就成为实质违法性判断上的通说。我们认为，大陆法系刑法理论将违法性作为一个构成要件来确立是值得商榷的。因为整个犯罪构成实际上就是刑事违法的构成，所以，将违法性作为犯罪构成的一个具体要件，降低了违法性的意义。因

---

① 参见赵秉志主编《新刑法教程》，中国人民大学出版社，1997，第81页。
② 参见〔日〕福田平、大塚仁编《日本刑法总论讲义》，李乔等译，辽宁人民出版社，1986，第81页以下。

此，我们主张把刑事违法性作为犯罪的特征，在犯罪概念中加以研究。当然，在违法的理解上，我们认为应当引入大陆法系的违法性理论，坚持形式违法与实质违法的统一、主观违法与客观违法的统一，使违法性真正成为一个具有实体内容的概念。

善待社会危害性观念[*]

——从我国刑法第 13 条但书说起

储槐植 张永红[**]

摘 要：社会危害性是我国传统刑法学的基石性概念，因之我国传统的刑法理论被称为社会危害性理论。但近期，一些刑法学研究者基于罪刑法定原则的立场对社会危害性提出了质疑和挑战，对社会危害性的批评几成一边倒之情势。本文以刑法第 13 条但书为切入点，论证但书与罪刑法定原则在价值和功能上的一致性，并认识到应该善待我国刑法中的社会危害性观念。

关键词：但书 社会危害性 罪刑法定原则

众所周知，20 世纪五六十年代的中国刑法学几乎是苏联刑法学的翻版。1979 年刑法颁布后，我国刑法学者在模仿苏联教科书的基础上，参照我国 1979 年的刑法体系，吸收司法实践经验，建立了我国的刑法学体系并沿用至今。这种刑法学体系的一个突出特点是以社会危害性为中心，有关犯罪与刑罚的一切问题都从犯罪的社会危害性来解释。因此，我国传统的刑法理论可以称为社会危害性理论，我国传统的刑法学体系可以称为"社会危害性中心论"的刑法学体系。[①] 十余年前，我国刑法学者开始反思苏联

---

[*] 本文原载于《法学研究》2002 年第 3 期。
[**] 储槐植，北京大学法学院教授；张永红，时为北京大学法学院博士研究生，现为湘潭大学法学院教授。
[①] 参见陈兴良《刑法哲学》，中国政法大学出版社，1996，第 671 页以下。

刑法模式，提出"建立具有中国特色的社会主义刑法学体系"的口号并进行了不懈的努力。在这样的理论氛围中，作为传统刑法学基石性概念的社会危害性开始受到质疑和挑战。最近，有学者指出，"社会危害性"这类对犯罪的规范外的实质定义，其致命弱点在于，在这个基础上建立起来的犯罪论体系完全依赖于行为的规范属性，因而，它又从本质上放弃了犯罪的实质概念。如果我们宣称犯罪的本质在于行为的社会危害性，而显然，危害社会的并不都是犯罪，那么区别犯罪与其他危害社会行为的唯一标准就不可避免地只能决定于刑法是否禁止这个行为，也就是行为的形式违法性。这种所谓的实质认识由此也就成了一种文字游戏般的东西，其实质变成了由法律形式决定，因此也就是形式犯罪概念而已。换言之，社会危害性的认定在这种理论中完全依赖于行为的形式违法性。① 另有学者指出，1997 年刑法确立的罪刑法定原则为犯罪概念的确立提供了一定的规范标准，而我国刑法中犯罪概念则采用社会危害性标准，这就导致社会危害性与罪刑法定原则的冲突。② 更有学者认为，应将社会危害性逐出注释刑法学的领域，以法益和法益侵害的概念取代之。③ 在上述学者对社会危害性弃之如敝屣的情况下，也有学者论证了社会危害性与罪刑法定原则的一致性，为我国犯罪概念的

---

① 参见李海东《刑法原理入门（犯罪论基础）》，法律出版社，1998，第 7 页。由于该书的某些观点具有较大的影响，所以有必要专文予以探讨。
② 参见樊文《罪刑法定与社会危害性的冲突——兼析新刑法第 13 条关于犯罪的概念》，《法律科学》1998 年第 1 期。
③ 参见陈兴良《社会危害性理论——一个反思性检讨》，《法学研究》2000 年第 1 期。先说一句，要将社会危害性逐出注释刑法学领域，除非将刑法分则中犯罪概念的定量因素和刑法第 13 条但书也一并逐出刑法领域，而这是不可能的，而且在价值取向上也得不偿失。另外，法益到底是什么，法益与社会危害性究竟是什么关系，也并非很容易说清楚的问题。本文目的不在此，故对此不欲展开，聊引李斯特、耶赛克等人关于法益和犯罪本质的几段论述供读者参考。"如同每一种不法行为一样，犯罪也是反社会的行为，即使犯罪行为直接针对某个特定的人，它也是对社会本身的侵犯。""实质违法是指危害社会的（反社会的）行为。""只有当其违反共同生活目的之法制时，破坏或危害法益才在实体上违法；对受法律保护的利益的侵害是实体上的违法，如果此等利益是与法制目的和人类共同生活目的相适应的。"（〔德〕李斯特：《德国刑法教科书》，徐久生译，法律出版社，2000，第 5、201—202 页。）"在法益侵害中存在对共同关系的损害，此等损害表明将犯罪行为表述为'危害社会的行为'是正确的。""法益必须理解为受法律保护的社会秩序的抽象价值，维护该价值符合社会的共同利益，而无论该价值的主体是个人，还是社会。"（〔德〕耶赛克、魏根特：《德国刑法教科书》，徐久生译，中国法制出版社，2001，第 288、316 页。）

科学性作了辩护。① 但声音微弱，孤掌难鸣。矫枉有时需要过正，但若过于过正也会走向反面，本身成为枉。笔者有感于刑法学界目前对于社会危害性有一边倒的批评情势，认为应该善待我国刑法中的社会危害性观念。因为社会危害性理论首先表现在对犯罪本质特征的界定上，犯罪概念是反思社会危害性理论的一个基本视角，② 所以，本文从刑法第 13 条犯罪概念的但书展开论述。

一 但书的内容

我国刑法第 13 条中规定："但是情节显著轻微危害不大的，不认为是犯罪。"这就是但书的内容，具体言之，可分为两部分。

1. 条件：情节显著轻微危害不大

情节，指除客观损害结果外影响行为社会危害程度的各种情况（包括犯罪构成要件），如行为的方法、手段、时间、地点，行为人的动机、目的、一贯表现等。③

我国刑法对"情节"作了程度不等的各种表述，计有情节特别恶劣、情节恶劣、情节特别严重、情节严重、情节较轻、情节轻微和情节显著轻微七种。应注意区分情节较轻、情节轻微和情节显著轻微三种情况。情节较轻（如刑法第 111 条）一般是作为从轻处理的条件，即对已经构成犯罪的行为适用较低档次的法定刑；情节轻微（刑法第 37 条），是免予处罚的

---

① 参见李立众、李晓龙《罪刑法定与社会危害性的统一》，《政法论丛》1998 年第 6 期；李立众、柯赛龙《为现行犯罪概念辩护》，《法律科学》1999 年第 2 期。
② 参见陈兴良《社会危害性理论——一个反思性检讨》，《法学研究》2000 年第 1 期。
③ 我国刑法学界对"情节"（犯罪情节）存在不同理解，归纳起来，大致有如下四种：(1) 情节是指决定行为社会危害程度的一切主客观方面的因素（包括犯罪构成）；(2) 情节是指犯罪构成共同要件以外的事实；(3) 情节是指犯罪构成要件以外的事实；(4) 情节是指犯罪构成的共同要件。（参见郑伟主编《新刑法学专论》，法律出版社，1998，第 426 页。）但书的实质是将符合具体犯罪构成但社会危害性不大的行为排除在犯罪圈之外，而社会危害性及其程度不仅要由犯罪构成要件（包括犯罪构成的共同要件和具体犯罪的特殊要件）来说明，而且要由犯罪构成要件以外的事实情况来说明。所以，对说明行为社会危害性较小的"情节显著轻微危害不大"应作为一个整体来理解：如果认为"危害不大"是指社会危害性不大，那么无论对"情节"作何种理解，"情节显著轻微"的规定都是多余的；如果认为"危害不大"是指客观损害结果不大，那么这里的"情节"显然应该指除损害结果外一切能表明行为社会危害性大小的因素，包括犯罪构成要件。

条件，即对已经构成犯罪的行为不予刑事处罚，而根据案件的不同情况，予以训诫或者责令具结悔过、赔礼道歉、赔偿损失，或者由主管部门给予行政处罚或行政处分；情节显著轻微，则可能不认为是犯罪。情节轻微从表面上看，似乎仅比刑法第13条但书规定中的情节显著轻微高一个档次，但实际上两者有质的差别。情节轻微以行为已经构成犯罪为前提，而情节显著轻微则可能属于非罪的事实情况范围，是区分罪与非罪的情节。可见，情节显著轻微，较之于情节较轻和情节轻微，在程度上更轻，处理上也有所不同。至于什么是情节显著轻微，应当根据案件的具体情况，全面考虑，加以确定。

危害不大，依照我们的理解，是指行为的客观危害结果不大。有论者认为，这里的"危害"是包括主观与客观的综合指标。其中，主观包括罪过、主观恶性、人身危险性；客观包括行为及其危害结果等。① 我们认为这种观点值得商榷，因为对"危害"一词的这种理解，显然将其等同于社会危害性，而社会危害性是涵括情节在内的，所以，将刑法第13条中的危害不大视为社会危害性不大且与情节显著轻微并列，是一种不必要的重复。因此，将这里的危害限定为客观危害结果是妥当的。

那么，如何理解情节显著轻微和危害不大的关系呢？我们认为，情节侧重说明行为人的主观恶性（当然，也在一定程度上说明了行为的客观危害性），而危害侧重说明行为的客观后果，二者相结合就构成了社会危害性的全部内涵。因此，在适用刑法第13条但书时，必须同时具备情节显著轻微和危害不大这两个条件，仅有情节显著轻微或者危害不大是不能适用但书的。如扳道工嗜睡忘记扳道，致使两列火车相撞，死伤多人，属忘却犯（疏忽大意过失的不作为犯），尽管情节显著轻微，但是客观损害结果十分严重，不宜适用但书；又如妻子因奸情出于杀人目的给丈夫下毒，却误将白糖当作毒药，属不能犯（工具不能犯），尽管没造成客观损害后果，但情节比较恶劣，也不宜适用但书。

2. 结果：不认为是犯罪

不认为是犯罪，就是指情节显著轻微危害不大的行为，法律确定其不

---

① 参见张小虎《人身危险性与客观社会危害显著轻微的非罪思辨》，《中外法学》2000年第4期。

是犯罪。这里的不认为是犯罪，意思等于不是犯罪。有人认为这里规定的"不认为是犯罪"，是指某种行为已经构成犯罪，仅仅是不作为犯罪处理。这种认识值得商榷。在 1979 年刑法起草过程中，历次讨论稿、修改稿中，对不认为是犯罪的表述曾经有过多次变动。有的稿中表述为"不以犯罪论处"，有的表述为"可不以犯罪论处"或"可不认为是犯罪"等，这些表述极易被理解为已构成犯罪，仅仅是不按犯罪处理。1979 年刑法采纳"不认为是犯罪"的表述，1997 年刑法予以保留。但是由于它在形式上与分则某条文的特征相同，所以强调了"不认为"。如果把"不认为"理解成行为已经构成犯罪，而仅仅是从宽处理，那就同犯罪的定义相矛盾，并且与刑法第 37 条的规定相冲突。

二　但书的渊源

但书从何而来，这是研究但书时不可回避的问题。我们认为，但书直接渊源于苏俄刑法典犯罪概念的附则，但其深层的渊源则是我国"法不治众"的传统法文化。

1. 直接渊源：苏俄刑法典犯罪概念的附则

1926 年苏俄刑法典第 6 条规定了犯罪的实质概念，其附则规定："对于形式上虽然符合本法典分则某一条文所规定的要件，但因显著轻微，并且缺乏损害结果，而失去危害社会的性质的行为，不认为是犯罪行为。"1960 年的苏俄刑法典第 7 条（犯罪概念）的第 2 款基本上相当于上述附则，规定："形式上虽然符合刑事法律所规定的某种行为的要件，但是由于显著轻微而对社会没有危害性的行为或不作为，不认为是犯罪。"在刑事立法史上，刑法总则犯罪定义后面附加这样的内容，是一种首创，对指导司法实践以利于做到不扩大打击面有积极意义。我国 1979 年刑法第 10 条但书的形成显然受到上述附则的启发，这可从我国 1979 年刑法的立法过程得到证明。

1954 年中央人民政府法制委员会拟定的《中华人民共和国刑法指导原则草案》第 1 条在犯罪概念中规定："情节显然轻微并且缺乏危害后果，因而不能认为对社会有危险性的行为，不认为犯罪。"1956 年全国人民代表大会常务委员会办公厅法律室拟定的《中华人民共和国刑法草案》（第

13次稿)第8条在犯罪概念中规定:"行为在形式上虽然符合本法分则条文的规定,但是情节显著轻微并且缺乏社会危害性的,不认为是犯罪。"不难看出,上述但书的内容与苏俄1926年刑法典第6条附则和1960年刑法典第7条第2款如出一辙。1957年全国人民代表大会常务委员会法律室拟订的《中华人民共和国刑法草案》(第21次稿)第10条在犯罪概念中规定:"但是情节显著轻微危害不大的,不以犯罪论处。"此后的刑法草案第22次稿、第27次稿、第30次稿、第33次稿、第36次稿、第37次稿和第38次稿都作了与第21次稿基本相同的规定。① 从以上对1979年刑法立法过程的粗略描述中,我们可以清楚看到我国刑法在但书规定上对苏俄刑法典的模仿,尽管这种模仿并不是一味照搬,而是在原有基础上有所变动。② 当然,仅以立法规定上的相似性来论证我国刑法犯罪概念中的但书源于苏俄刑法典还是不够的。应该说明的是,新中国在成立之初,受当时国内外政治局势影响,法制建设基本照搬当时的社会主义国家苏联的模式,刑法学领域当然也完全以苏联为师,其影响非常深远,经历"文革"十年后制定的刑法典仍然可见苏联刑法典的影响。③ 因此,这种情况下立法规定的相似性完全可以认为是对苏联刑事立法学习的结果。

2. 文化渊源:法不治众的刑法文化传统

刑法传统离不开法文化。中华法文化历来缺乏西方国家那样的自然法精神和权利意识,在社会结构上从来没有形成独立于政治国家之外的市民社会(公民社会),因而最能体现国家权力的刑法得到了过分的发展。在我国的法文化中,法即刑的观念影响深远。刑法权(刑罚权)膨胀是我国刑法传统最基本的特征。④ 而我国古代社会的刑罚苛酷又为人所熟知。我国的奴隶制五刑墨、劓、剕、宫、大辟,都是肉刑和生命刑。封建制五刑笞、杖、徒、流、死也以生命刑和肉刑为主。重刑决定了刑法打击面不能太宽泛,否则会造成社会公众与政权的全面对抗,最终动摇统治基础并颠覆政权。法不治众的统治策略因此得以形成,其现代表述形式是"缩小打

---

① 参见高铭暄、赵秉志编《新中国刑法立法文献资料总览》,中国人民公安大学出版社,1998,第136页以下。
② 附则规定的是"缺乏损害结果而失去危害社会的性质",指对社会没有危害;但书规定的是"危害不大",指对社会有危害。
③ 参见单长宗等主编《新刑法研究与适用》,人民法院出版社,2000,第45页。
④ 参见储槐植《议论刑法现代化》,《中外法学》2000年第5期。

击面",而达致缩小打击面最为简约的方式便是从犯罪构成的量上进行控制,把没有达到一定"数量界限"的危害行为排除在犯罪圈之外。因此,可以说,我国刑法中定量犯罪概念的存在是我国传统法文化的当然体现。[①] 应该指出,法不治众的策略是在以重刑政策为基础的条件下对重刑弊端的某种补救,因为"治"意味着处死或其他重刑。如果刑法不以重刑为基础,"打击"仅是定罪法办,定罪法办未必都重刑,而且在刑事司法各阶段均许可司法机关采取转处(diversion)方法,即通过正规程序以外的方法来处理罪案,那么"缩小打击面"的提法不仅不必要,甚至有异化为"纵容犯罪"之虞。[②]

三 但书与我国刑法中的犯罪概念

在刑法学界,通行的犯罪概念的三个特征是:社会危害性、刑事违法性和应受刑罚惩罚性。这些都是定性分析。虽然在解释刑事违法性或应受刑罚惩罚性时也常附有"行为的社会危害性达到了某种严重程度"这样的说明,但任何一个特征本身都不标明定量因素。从本源上看,一定程度的社会危害性是刑事违法性和应受刑罚惩罚性的前提,国家给予刑罚表明对行为构成犯罪的社会危害程度的确认。因此,不能倒果为因,在表述犯罪概念时不能以刑事违法性和应受刑罚惩罚性这些特征来替代、包含社会危害的"程度"这个本源素质。

据此,我们认为,在学术上给犯罪下定义时,把我国刑法第13条但书概括进去,才能准确体现立法原意。因此,我国刑法中犯罪的科学概念应当是:犯罪是社会危害达到一定程度而应予刑罚制裁的违法行为。

作为历史现象的犯罪,是一种违法行为,其法律标尺是应受刑罚制裁。国家作出这种价值判断的客观依据是行为达到了一定程度的社会危害性。这是犯罪概念的三特征。

通行的犯罪学术定义本身不能确切反映我国刑法的立法精神,因为它

[①] 参见储槐植、汪永乐《再论我国刑法中犯罪概念的定量因素》,《法学研究》2000年第2期。
[②] 参见杨春洗主编《刑事政策论》,北京大学出版社,1994,第35页。

没有包含刑法第 13 条但书的本意。但书是第 13 条犯罪立法定义的必要组成部分，它把人类认识发展史上达到的新水平"定量分析"引入刑法领域，具有重大的理论和实践价值。①

强调但书是犯罪立法定义的有机组成部分，对于正确理解我国刑法中的犯罪概念有着非常重要的意义。刑法理论界有人认为犯罪的立法定义存在逻辑上的矛盾。该论者指出，"一切危害国家主权……都是犯罪，但是情节显著轻微危害不大的，不认为是犯罪。"从这样的立法定义分析，除了"一切"之后所列的 6 类行为外，均不是犯罪；在"一切"这样的外延之下，但书是不应该存在的，要用"一切"就不能用但书，要用但书就不能用"一切"。② 我们认为，这种观点的不当之处在于，没有把但书纳入我国刑法有关犯罪的立法定义之中，把刑法第 13 条的前段当成了立法定义的全部，认为它已经划定了犯罪圈。而实际情况是，我国刑法中犯罪圈的划定是由刑法第 13 条的正文和但书两段结合共同完成的。根据前段，一切具有社会危害性、刑事违法性和应受刑罚惩罚性的行为都是犯罪，这就大致框定了我国刑法的犯罪圈，但框入圈内的行为有些并非犯罪；根据但书，那些已被框入圈内但情节显著轻微危害不大的行为，不认为是犯罪，就将一部分行为排除出去，这才是最终划定的犯罪圈。因此，对我国刑法关于犯罪的立法定义完整的理解是：除了情节显著轻微危害不大的行为外，"一切危害国家主权……都是犯罪"。

四 但书的功能

我国刑法的一般犯罪概念含有定量因素，而具体犯罪概念有的含定量因素，有的不含定量因素。含有定量因素的具体犯罪概念，与犯罪的一般概念显然具有一致性，而不含定量因素的具体犯罪概念，则与一般犯罪概念存在差异。这种差异是不能由我国的犯罪构成理论加以弥补的。众所周知，我国的犯罪构成理论是以苏联为蓝本建立起来的。但苏联刑法中的犯

---

① 参见储槐植《刑事一体化与关系刑法论》，北京大学出版社，1997，第 268 页。
② 参见樊文《罪刑法定与社会危害性的冲突——兼析新刑法第 13 条关于犯罪的概念》，《法律科学》1998 年第 1 期。

罪概念（无论是总则的一般犯罪概念，还是分则的具体犯罪概念）都不含有定量因素，[①] 所以这种以定性分析为根基的犯罪构成理论并无不妥之处。而我国刑法总则的一般犯罪概念含有定量因素，所以，对于分则中那些不含定量因素的具体犯罪概念来说，以定性为根基的犯罪构成理论就显得捉襟见肘。这时就凸显了但书的功能。概而言之，但书的功能有二。

1. 照应功能

我国刑法中具体犯罪含有定量因素的可分为两类。第一类是直接地规定了数量限制，如盗窃罪、诈骗罪和抢夺罪等。法条数虽不多，但它们在全部刑事案件中占绝对比重。第二类是在法律条文中写明"情节严重的"、"情节特别恶劣的"或"造成严重后果的"才应受刑罚制裁的罪。例如第129条的丢失枪支不报罪、第139条的消防责任事故罪、第216条的假冒专利罪等。这类罪实际上多是内含定量限制的罪，占刑法分则罪刑条款的半数以上。如果把第一类直接规定数量限制的罪和第二类内含数量限制的罪相加，约占我国刑法分则条款数的三分之二。因此，内含定量因素的具体犯罪概念在我国刑法中占绝对比重。[②] 上述具体犯罪概念中的定量因素，是总则一般犯罪概念中定量因素——但书的体现，将这些定量因素作为具体犯罪概念的一部分，在认定犯罪时便体现了但书的照应功能。

2. 出罪功能

除了上述三分之二强含有定量因素的犯罪外，我国刑法分则尚有不足三分之一的犯罪不含定量因素。这些不含定量因素的犯罪又大致可以分为两类。第一类是行为本身性质严重，足以反映其社会危害程度的犯罪，如故意杀人罪、强奸罪、抢劫罪、放火罪、投毒罪等。第二类是行为本身性质并不严重，不足以反映其社会危害程度的犯罪，如刑法第253条第1款的私自开拆或者隐匿、毁弃邮件、电报罪。对于第二类罪，是不是行为符合构成要件犯罪便成立呢？试以私自开拆或者隐匿、毁弃邮件、电报罪为例，比如行为人出于集邮的爱好，将一邮件上的邮票剪下，然后将此邮件隐匿，而该邮件并无特别重要性，亦未造成其他危害。显然，上述情况已

---

① 1997年施行的俄罗斯联邦刑法典分则部分某些具体犯罪含有定量因素，如第171条规定的非法经营罪，第172条规定的非法从事银行活动罪，第173条规定的虚假经营活动罪，第176条规定的非法取得贷款罪。

② 参见储槐植、汪永乐《再论我国刑法中犯罪概念的定量因素》，《法学研究》2000年第2期。

完全符合私自开拆或者隐匿、毁弃邮件、电报罪的构成要件,按照我国的犯罪构成理论,应认定为犯罪并应受刑罚处罚。然而,实践中此类行为绝不可能被定罪,甚至连治安管理处罚的标准也够不上,至多给予纪律处分。这时,便需注意但书的作用了。尽管上述行为已经符合该罪构成要件,但因其情节显著轻微危害不大,因此不认为是犯罪。这就将原本要认定为犯罪的行为排除出去,我们称之为出罪功能。

那么对于上述第一类不含定量因素的犯罪,但书是否就丧失了这种功能呢?我们对此持否定回答。因为这类犯罪虽然行为性质比较严重,但并非仅实施该行为就足以断定其社会危害已经达到应受刑罚处罚的程度。试以我国第一起"安乐死"案件的判决为例,陕西省汉中市人民法院一审认为,被告人王某在其母夏某病危濒死的情况下,再三要求主管医生蒲某为夏某注射药物,让夏某无痛苦死去,虽属故意剥夺夏某生命权利的行为,但情节显著轻微危害不大,不构成犯罪。被告人蒲某在王某的再三请求下,亲自开处方并指使他人给垂危病人夏某注射加速死亡的药物,其行为亦属故意剥夺公民生命权利的行为,但其用药量属正常范围,不是造成夏某死亡的直接原因,情节显著轻微危害不大,不构成犯罪。故于1991年4月6日判决,宣告蒲某、王某无罪。汉中地区中级人民法院二审确认了这一判决。[①]

[①] 该案案情如下:被告人王某之母夏某长期患病,1984年10月曾经被医院诊断为"肝硬化腹水"。1987年初,夏某病情加重,腹胀伴严重腹水,多次昏迷。同年6月3日,王某与其姐妹商定,将其母送往汉中市传染病医院住院治疗,被告人蒲某为主管医生。蒲某对夏某的病情诊断结论是:(1)肝硬化腹水(肝功能失代偿期、低蛋白血症);(2)肝性脑病(肝肾综合征);(3)渗出性溃疡并褥疮2—3度。医院当日即开出病危通知书。蒲某按一般常规治疗,进行抽腹水回输后,夏某的病情稍有缓解。6月27日,夏某病情加重,表现痛苦烦躁,喊叫想死,当晚惊叫不安,经值班医生注射了10毫克安定后方能入睡,28日昏迷不醒。早上8时许,该院院长雷某查病房时,被告人王某问雷某其母是否有救。雷某回答:"病人送得太迟了,已经不行了。"王某即说:"既然我妈没救,能否采取啥措施让她早点咽气,免受痛苦?"雷某未允许,王某坚持己见,雷某仍回绝。9时左右,王某又找被告人蒲某,要求给其母施某种药物,让其母无痛苦死亡,遭到蒲某的拒绝。在王某再三要求并表示愿意签字承担责任后,蒲某给夏某开了100毫克复方冬眠灵,并在处方上注明是家属要求,王某在处方上签了名。当该院医护人员拒绝执行此处方时,蒲某又指派陕西省卫校实习学生蔡某、戚某等人给夏某注射,遭到蔡、戚等人的回绝。蒲某生气地说:"你们不打(指不去给夏某注射),回卫校去!"蔡、戚等人无奈下便给夏某注射了75毫克复方冬眠灵。下班时,蒲某又对值班医生李某说:"如果12点不行(指夏还没死亡),你就再给她打一针复方冬眠灵。"当日下午1时至3时,王某见其母未死,又两次去找李某,李某又给夏某开了100毫克复方冬眠灵,由值班护士赵某注射。夏某于6月29日凌晨5时死亡。(参见肖中华《侵犯公民人身权利罪》,中国人民公安大学出版社,1998,第27页以下。)

但书是社会危害性的载体,然而上述两例却发挥了与罪刑法定原则一样的人权保障功能,这不能不让我们重新思考社会危害性与罪刑法定原则的关系。

五 社会危害性与罪刑法定原则

有论者认为,刑法第 13 条规定的犯罪定义中既存在社会危害性标准,也存在规范标准。在一个定义中同时使用了相互冲突、排斥的两个标准来界定犯罪,势必影响罪刑法定原则在犯罪定义中的完全彻底体现,使犯罪这个概念乃至整个刑法典的科学性大打折扣。① 另有论者指出,社会危害说不仅通过其"犯罪本质"的外衣为突破罪刑法定原则的刑罚处罚提供了一种貌似具有刑法色彩的理论根据,而且也在实践中对国家法治起着反作用。② 对论者的上述认识,我们有必要澄清以下两个问题。

1. 刑法第 13 条规定的犯罪定义不存在社会危害性标准

社会危害性标准,依照该论者的解释,是指判定罪与非罪是以行为的社会危害程度是否达到应受刑罚处罚为标准,也就是说,行为的社会危害程度是决定罪与非罪的唯一因素。应予指出的是,1979 年刑法存在类推制度(1979 年刑法第 79 条),即对于刑法分则中没有明文规定的犯罪,可以比照刑法分则最相类似的条文定罪。同时,1979 年刑法第 10 条也存在但书,即对于形式上与刑法分则条文规定相符合的行为,如果情节显著轻微危害不大,可以不认为是犯罪。这种情况下,认为刑法中存在社会危害性标准与罪刑法定原则的冲突是正确的(但也并非指犯罪的立法定义本身存在社会危害性标准)。因为罪刑法定原则所要求的规范标准(刑事违法性标准)虽然划定了一个基本的犯罪圈,但这个犯罪圈在两个方向上受到非规范标准的冲击:类推可以使人入罪而扩张该犯罪圈,但书可以使人出罪而紧缩该犯罪圈。③ 可见,当时的立法状况是,社会危害性凌驾于刑事违

---

① 参见樊文《罪刑法定与社会危害性的冲突——兼析新刑法第 13 条关于犯罪的概念》,《法律科学》1998 年第 1 期。
② 参见李海东《刑法原理入门(犯罪论基础)》,法律出版社,1998,第 8 页。
③ 应该指出,类推与但书对罪刑法定原则的冲击是有所区别的。类推制度的存在打破了罪刑法定原则的界限,使刑法分则没有明文规定的行为的犯罪化有了明确的法律依据;而但书则是在罪刑法定原则的范围内起作用的。

法性之上、非规范标准超越规范标准、实质特征压倒形式特征，犯罪圈的最终划定由非规范标准（社会危害性标准）决定。罪刑法定原则所要求的规范标准实际被架空。① 但是，1997 年刑法已明文废止类推并确立了罪刑法定原则，所以类推的入罪功能已成为过去，犯罪圈也不存在扩张的可能。作为社会危害性载体的但书则只能出罪。② 时已过，境已迁，还认为我国刑法（尤其是犯罪概念）存在社会危害性标准就显得很虚浮了。刑法第 13 条明确规定，"一切危害国家主权……的行为，依照法律应当受刑罚处罚的，都是犯罪，但是情节显著轻微危害不大的，不认为是犯罪"。从法条的规定看，刑法所认定的犯罪行为，除了具有一定程度的社会危害性外，还必须具有刑事违法性和应受刑罚惩罚性。我国传统的刑法理论也肯定犯罪具有三个特征，即社会危害性、刑事违法性和应受刑罚惩罚性，犯罪的三个特征缺一不可。虽然社会危害性是本质特征，决定其他两个特征，但这种决定是根源意义上的，目前，没有论者认为仅有社会危害性而无须有刑事违法性即可认定犯罪。否则，那些具有严重社会危害性，而分则条文尚未明文规定的行为都可直接作犯罪处理了。③

可见，我国现行刑法并不存在社会危害性标准，那么这种所谓两个标准的冲突并不是我国刑法中的一种实然冲突，而是一种虚拟的冲突，是现有立法规定与一种过时理论的冲突，是罪刑法定原则与社会危害性中心论的冲突。社会危害性中心论是在刑法只规定犯罪实质概念的情况下发展起来的，它等同于社会危害性标准，即认为犯罪的唯一特征是社会危害性，只要社会危害性达到一定程度就构成犯罪，因而无须借助刑法分则。而在形式和实质相结合的犯罪概念下，存在一种奇怪的组合：依照实质概念，只要社会危害性达到一定程度即可构成犯罪，刑法分则仅为形式和摆设；依照形式概念，只有刑法分则明文规定才能够构成犯罪。类推是一种折

---

① 这是一种理论的应然分析，但实际状况是，但书固然适用不多，类推适用也极为有限。在 1979 年刑法实施后的 17 年中，最高人民法院核准适用类推的案件仅为 92 件，而且多为并不严重之犯罪，对打击犯罪、维护整个社会秩序而言，实际作用并不大，因此为数不少的刑法学者仍然坚持认为 1979 年刑法基本是坚持罪刑法定原则的。
② 关于但书与罪刑法定原则的关系，参见下文详述。
③ 1997 年修订后的刑法实施后，实践中发现，有些国有公司、企业的工作人员玩忽职守或滥用职权，造成公司企业损失严重，国家利益遭受重大损失，确有重大社会危害，但法无明文规定，无法定罪，所以才有 1999 年 12 月 25 日刑法修正案的出台。

中，并非所有社会危害性达到一定程度的都是犯罪，要比照刑法分则最相类似的条文，无最相类似条文者不可定罪（对实质犯罪概念的限制）。但同时，犯罪并不限于分则，分则无规定但社会危害性达到一定程度的，也可比照最相类似的条文认定为犯罪（对形式犯罪概念的扩张）。所以说，在实质犯罪概念下，社会危害性中心论兴起并发展；在实质、形式统一的犯罪概念下，社会危害性中心论以类推为载体；取消类推后，皮之不存，毛将焉附？何来社会危害性中心论，何来社会危害性标准，何来其与罪刑法定原则的冲突？刑法理论应随刑事立法的变迁不断更新，在刑事立法已经变化的情况下，不更新原有理论对刑事立法作出正确阐释，而去设计所谓两个标准的冲突，岂非一种学术资源的浪费？[①] 那么，我国刑法关于犯罪界定采取的是一种什么标准呢？显然，不是规范标准。所谓规范标准，即是否犯罪以法律规定为标准，也即看行为是否具有刑事违法性。按照现行刑法第 13 条的规定，行为虽然形式上符合刑法分则条文的规定，但情节显著轻微危害不大的，并不认为是犯罪。可见，刑事违法性并不是决定罪与非罪的唯一标尺，规范标准之论也站不住脚。

由此可知，我国刑法第 13 条关于犯罪的立法定义，既未采用纯粹的社会危害性标准，也未采用完全的刑事违法性标准，而是一种刑事违法性和社会危害性相结合、规范标准和非规范标准互为补充的复合标准。也就是说，行为罪与非罪的判定，不仅要受刑事违法性的形式制约，而且要受社会危害性的实质限定。在这种复合标准之下，犯罪认定可大致分为如下四种情况：

①具有刑事违法性且有相当程度的社会危害性，构成犯罪（复合标准）；

②没有刑事违法性也没有相当程度的社会危害性，不构成犯罪（复合标准的逻辑推论）；

③具有刑事违法性但没有相当程度的社会危害性，不构成犯罪（但书）；

④没有刑事违法性但有相当程度的社会危害性，不构成犯罪（罪刑法定原则）。

刑事违法性和社会危害性能否互相结合呢？这就涉及社会危害性与罪

[①] 即使上述持两标准冲突论的研究者也将其文章的题目定为《罪刑法定与社会危害性的冲突》，而非《罪刑法定与社会危害性标准的冲突》，且其中所论大部分确是罪刑法定与社会危害性的冲突，而非罪刑法定与社会危害性标准的冲突。

刑法定原则的关系问题。

2. 社会危害性与罪刑法定原则并不冲突

首先，应该指出，社会危害性与社会危害性标准是不同的。社会危害性标准已如上述，是将社会危害性作为确定罪与非罪的唯一标尺，这决定了它必然突破刑事违法性的原则界限，可以将刑法分则没有规定的行为认定为犯罪。但社会危害性概念本身却并不必然导致这种结论。对社会危害大的行为固然可入罪，对社会危害小的行为亦可出罪。

其次，对于罪刑法定原则的理解。要在理论上阐明社会危害性与罪刑法定原则的关系，首先应该弄清罪刑法定原则的内涵。

罪刑法定原则源自西方，但在西方，对罪刑法定原则却存在两种不同的理解。

对罪刑法定原则的实质主义理解表现在：把罪刑法定原则中的"法"理解为体现了"人类理性"的"自然法"，是在实际生活中为人们所遵循的"活法"或"司法创造的法"（Nullum crimin sine jure：不违背正义要求不为罪）；在法的价值取向上着重强调个人的利益应服从社会的需要，将维护保卫社会生活的基本条件作为刑法的首要任务；在刑法的渊源问题上，强调刑法表现形式的多样性和内容的不确定性（Nullum crimin sine peona：无刑罚处罚不为罪）；在犯罪本质问题上，强调犯罪行为的社会危害性（Nullum crimin sine iniuria：无社会危害不为罪）。只要行为的社会危害性达到了犯罪的程度，即使在没有法律明文规定的情况下，也应受刑罚处罚；只要行为不具有应有的社会危害性，即使有法律的明文规定，也不得作为犯罪来处理。这是从上述立场推出的两点必然结论。而对罪刑法定原则的形式主义的理解表现在：把罪刑法定原则中的法理解为成文的、有权制定法律的机关所制定的法；把犯罪的本质归结为对法律规定的违反；在法的基本属性问题上把维护个人自由放在首要的位置上。法律没有明文规定为犯罪的行为，不论其社会危害性达到什么程度，也不得处罚；法律规定为犯罪的行为，即使对社会没有任何危害性，也必须依照法律规定进行处罚。这是坚持上述立场所得出的两点必然结论。[①]

---

① 参见陈忠林《从外在形式到内在价值的追求——论罪刑法定原则蕴含的价值冲突及我国刑法应有的立法选择》，《现代法学》1997年第1期。

在讨论社会危害性与罪刑法定原则的关系时，对罪刑法定原则的理解不同，势必会得出不同的结论。如果对罪刑法定原则采取实质主义的理解，很显然，二者恰好是一致的；但若对罪刑法定原则采取形式主义的理解，则可能与社会危害性存在冲突。所以，问题的关键在于，我国刑法中的罪刑法定原则应采取何种理解。目前，我国刑法学界比较一致的看法是，罪刑法定原则应坚持形式主义理解。因此，许多学者认为社会危害性与罪刑法定原则存在冲突。我们认为，问题恐怕不是那么简单，罪刑法定原则的功能定向是单一的，即框定犯罪范围，缩小刑法打击面，保障人权。但社会危害性的功能是双向的。如果强调国家利益，着眼于将具有一定程度社会危害性的行为入罪，则社会危害性起着扩大刑法打击面的作用，如1979年刑法第79条的类推即是；如果强调公民权利，着眼于将不具有一定程度社会危害性的行为出罪，则社会危害性担负着缩小刑法打击面的功能，如1979年刑法与1997年刑法犯罪概念中的但书。如果说刑罚是一柄双刃剑，用之得当，则国家与个人两受其利，用之不当，则国家与个人两受其害的话，那么同样，社会危害性也是一柄双刃之剑，用于扩张犯罪范围（如类推）属用之不当，国家与个人两受其害，但用于缩小犯罪范围（如但书），则属用之得当，国家与个人两受其利。这种情况下的社会危害性与形式主义罪刑法定原则存在冲突吗？

从形式主义理解罪刑法定原则，主旨在于限制国家刑罚权，缩小刑法打击范围，从而实现刑法保障人权的机能。这与但书的功能显然是一致的。从价值和功能讲，但书与形式主义的罪刑法定原则有异曲同工之效。不可否认，但书对现有的形式主义的罪刑法定原则也存在突破，即行为在具有刑事违法性的前提下还有可能不构成犯罪。冲突与突破有原则界限，前者指两事物价值取向不同，而后者指价值取向相同的条件下对事物的一种更新。现在的问题是，按照现有的对罪刑法定的形式主义理解，只要不符合分则规定的行为就不是犯罪，只要符合分则规定的就是犯罪，如果行为符合分则规定又不认为是犯罪，就与罪刑法定原则冲突。我们认为，这是一种墨守成规、故步自封的做法。须知，罪刑法定原则本身并不是僵死的、一成不变的，相反，它是不断发展变化的。从绝对禁止适用类推到许可严格限制的扩大解释，从绝对禁止适用习惯法到允许习惯法成为刑法的间接渊源，从绝对禁止刑法溯及既往到允许从轻溯及，从绝对禁止不定期刑到允许采用相对的不定期刑，罪刑法定原则在保障人权的宗旨的指导下，内容在不断更新、扩展。现在，不会有人认为刑法的从轻溯及与罪刑法定原则相冲突，而会认为这是对原有罪刑法定原则的一种突破，但书又何尝不是如此呢？如果说罪刑法定原则为缩小刑法打击范围、保障人权作了第一重限定，那么，但书则作了第二重限定。为什么不可以认为但书是对罪刑法定原则的一种增补呢？

我们认为，由但书的存在所形成的罪刑法定原则制约下[①]的社会危害性格局（双重制约格局）[②]具有重要的理论和实践意义。

第一，既可保证一般公正，又可实现个别公正。

刑事法律既追求一般公正，也追求个别公正。刑事违法性易于体现一般公正，而社会危害性更易于追求个别公正。刑事法律确定犯罪的一般概念和具体刑法规范时侧重一般公正，而司法机关在具体运用刑事法律时则可以考虑反映犯罪行为社会危害性的具体事实以实现个别公正。有论者认为，认定犯罪时以法律作为最高标准，以是否具有刑事违法性为根据，尽管可能使个别具有较为严重的社会危害性的行为无法受到制裁，但这是维护法律的尊严、实现一般公正所付出的必要代价。[③] 如果说这种代价是必要的，那么，将那些虽然符合分则条文规定但情节显著轻微危害不大的行为也作为犯罪处理，则是一种不必要的代价。而但书的存在恰将此类行为排除出去，无疑促进了个别公正的实现。

第二，使犯罪的实质内容受到规范内的观照。

双重制约格局使犯罪的认定分为两步：第一步，看是否符合犯罪构成，如果不符合，则直接排除其犯罪性（形式判断）；第二步，如果符合

[①] 苏俄1926年刑法典第6条犯罪定义的附则和1960年刑法典第7条犯罪概念的第2款，在"但是"之前都有"形式上虽然符合本法典分则某一条文所规定的要件"的表述。在我国1979年刑法起草过程中，刑法草案的第13次稿、第34次稿和第35次稿中的犯罪概念也有类似规定，尽管1979年刑法没有保留这种表述，1997年刑法也未予增加，但其意思却不可忽略。因为"但是"一词足以体现这种意蕴，否则，不符合分则构成要件的行为显然不为罪，何来"但是"？而且后面的"不认为是犯罪"也可以说明这个问题。如果不符合分则条文规定，自然不为罪，何来"不认为"？所以，我们认为但书适用的前提是行为具有刑事违法性。

[②] 如果把但书当作对原有形式主义罪刑法定原则内容的补充，那么其本身亦是罪刑法定原则的一部分。

[③] 参见陈兴良、刘树德《犯罪概念的形式化与实质化辨正》，《法律科学》1999年第6期。

犯罪构成，再看是否情节显著轻微危害不大，如果是则不认为是犯罪，如果不是才认为是犯罪（实质判断）。这就打破了我国犯罪构成的平面整合结构，使犯罪的实质内容受到规范内的观照。但有一种情况例外，即分则条文若含有定量因素，仍是平面整合结构，一次判断即告完成。

六　司法者判断社会危害性的必要性和可能性

在犯罪构成的双重制约格局下，司法者不仅要判断行为的刑事违法性，而且要判断行为的社会危害性。司法者判断行为的刑事违法性，不仅必要而且可能，这为绝大多数刑法研究者所认同，但司法者是否需要判断行为的社会危害性以及能否判断行为的社会危害性，却是有争议的问题。

1. 司法者判断社会危害性的必要性

有论者认为，社会危害性标准应是立法者、法学研究人员确立犯罪行为规范的重要因素，司法者和一般公民只能根据刑法规范一目了然地进行行为对照判断，而没有判断"社会危害程度大小"的注意义务，如果确立社会危害性标准，那是对司法者和守法者的苛求。[①] 立法者要考虑社会危害性，无疑是正确的。因为立法者要根据本国政治、经济、文化等国情以及以往同犯罪作斗争的经验在观念上认定哪些行为能够严重侵犯国家、社会和个人利益，从而把其规定为犯罪。这种意义上的社会危害性是立法者确认某一行为为犯罪的指南针。[②] 如 1997 年刑法只将逃汇行为规定为犯罪，而未将套汇和非法买卖外汇行为规定为犯罪。但逃汇、骗购外汇、非法买卖外汇导致我国外汇储备急剧减少，在金融危机蔓延的情况下，对我国的经济安全构成了威胁，具有严重的社会危害性，因此第九届全国人大常委会第六次会议于 1998 年 12 月 29 日通过了《关于惩治骗购外汇、逃汇和非法买卖外汇犯罪的决定》，将骗购外汇、非法买卖外汇，数额较大或情节严重的行为规定为犯罪。

---

① 参见樊文《罪刑法定与社会危害性的冲突——兼析新刑法第 13 条关于犯罪的概念》，《法律科学》1998 年第 1 期。
② 参见李立众、李晓龙《罪刑法定与社会危害性的统一》，《政法论丛》1998 年第 6 期。

那么司法者是否要考虑社会危害性呢？有论者在将社会危害性划分为立法者那里的社会危害性和司法者那里的社会危害性后指出，司法者也要考虑社会危害性，但司法者那里的社会危害性是指司法者依据行为的刑事违法性而认定该行为严重侵犯了国家、社会、个人利益而具有的社会危害性。① 这一观点立即招致了如下反驳：如果社会危害性是完全依据刑事违法性认定的，那么这种司法上的社会危害性又有什么意义呢？② 但我们同样可以再反问：司法上的社会危害性是完全依据刑事违法性认定的吗？社会危害性是各种犯罪的共性，它当然要通过犯罪构成的各个要件予以体现，但犯罪构成各要件并不能全面表明行为的危害程度，刑法分则中含有定量因素的犯罪如此，分则中不含定量因素的犯罪更是如此。如果说依据刑事违法性认定的社会危害性不具实质意义，那么依据构成要件之外的事实情况认定的社会危害性也不具有实质意义吗？上述关于刑法第253条的说明便是很好的例证。我们认为，即使在依据刑事违法性认定犯罪的过程中，司法者也应该而且实际上也考虑了行为的社会危害性。我们知道，任何刑法规范无论规定得多么详尽具体，司法者都不可能"一目了然地对行为进行对照判断"。刑法规范的适用，离不开对刑法规范内容的解释，刑法司法解释的必要性源于刑法规范类型化和实际执法个别化的特点。③ 有关刑法解释的思想，国内外刑法理论界大致有三种不同的观点："主观说"、"客观说"和"折中说"。

"主观说"将立法原意作为法律解释的目标，具体到刑法解释，其目标就是刑法的立法原意。那么，这个立法原意是什么呢？很显然，只能是立法者认定犯罪行为的标准，即社会危害性及其程度。"客观说"认为刑法解释的目标就是阐明刑法条文客观上所表现出来的意思，而不是立法者制定刑法时主观上所赋予刑法条文的意思。如日本刑法学者泷川幸辰认为，"只要社会永远处于不断的发展变化之中，那么所有的法律解释，当然刑法也不例外，就该适应这种新的现实"。在"客观说"的主张者们看来，法律不是僵死的文字，而是富有生命力的。法律的生命力在于它对社会实际需要的满足，对社会正常发展的保护。日本刑法学者木村龟二指

---

① 参见李立众、李晓龙《罪刑法定与社会危害性的统一》，《政法论丛》1998年第6期。
② 参见陈兴良《社会危害性理论——一个反思性检讨》，《法学研究》2000年第1期。
③ 参见郑伟主编《新刑法学专论》，法律出版社，1998，第476页。

出:"刑法解释必须适应社会情况的变化,与个人利益相比,当然更应尊重国家利益。"① 要尊重国家利益,不考虑行为的社会危害性行吗?既然"主观说"与"客观说"都必须考虑社会危害性,那么作为二者折中的"折中说"自然也不能不考虑社会危害性了。当然,刑法司法解释必须坚持合法性原则,在一定情况下可以超出刑法立法原意,但不能超出用语可能的含义,这样有利于防止司法侵入立法,保证罪刑法定原则的贯彻执行。司法实践中常有这样的情形:一些疑难案件,对照法条,乍看来非此非彼,细想来又是亦此亦彼,究竟是入罪还是出罪,思考过程不能不注意行为的社会危害性。这是任何一名司法工作者不可否认的经验。②

2. 司法者判断社会危害性的可能性

有学者认为,社会危害性本身具有笼统、模糊、不确定性。有的行为的社会危害性很明显,如抢劫、杀人、放火等,而有些行为的社会危害性是很难判断的。③ 对此,有论者指出,刑法第13条社会危害性的规定就局部来说具有笼统、原则的成分,但是就第13条以及刑法整体来讲,它是确定的。之所以说刑法第13条社会危害性的规定似乎有笼统、原则的成分,这是因为刑法第13条但书之前的犯罪界定是一种宣言似的命题。但是这种笼统、原则的宣言并不影响刑法第13条整体与罪刑法定原则相结合,构成社会危害性的明确内涵,也就是说,刑法对罪刑法定原则的贯彻使第13条社会危害性的含义明确化。④ 我们认为,该论者所说的有一定道理,因为如果按照罪刑法定原则认定行为构成犯罪,那么此类行为显然具有社会危害性,但这种情况下的社会危害性又回到了所谓的"司法上的社会危害性",而我们所要强调的是,在构成要件之外判断行为的社会危害性也是可能的。因为社会危害性虽然具有某种程度的笼统、模糊、不确定性,但社会危害性是相对稳定性与变异性的统一,是客观性与可知性的统一。⑤

---

① 参见李希慧《刑法解释论》,中国人民公安大学出版社,1995,第79页。
② 参见樊文《罪刑法定与社会危害性的冲突——兼析新刑法第13条关于犯罪的概念》,《法律科学》1998年第1期。
③ 参见樊文《罪刑法定与社会危害性的冲突——兼析新刑法第13条关于犯罪的概念》,《法律科学》1998年第1期。
④ 参见张小虎《人身危险性与客观社会危害显著轻微的非罪思辨》,《中外法学》2000年第4期。
⑤ 参见李立众、李晓龙《罪刑法定与社会危害性的统一》,《政法论丛》1998年第6期。

随着时空的变换，行为社会危害性的有无与大小可能有所变化，但总的来说，行为社会危害性的有无与大小在一定历史时期是稳定的。这是刑事法律稳定的前提。司法中社会危害性的判断主体是司法者，判断依据是社会利益，判断的具体指标是犯罪客体，行为性质、方法、手段、危害结果及其大小，行为本身的情况，主观方面，实行行为实施时的社会形势等。判断主体、判断依据、判断具体指标的确定性决定了社会危害性在特定历史时期是明确、具体、确定的，司法者可以进行判断。

　　错误理论需要反思和批驳，正确理论需要建构和确立，唯其如此，刑法学方能不断发展，方能对司法实践起到有效的指导作用。但是在反思和批驳的过程中，当慎思明辨，找准标靶，认清问题症结；也要理智冷静，避免矫枉过正。对社会危害性众口一词的批判使之成为一个遍遭冷遇的可怜儿，我们愿以此文给予其些许安抚。

第三编　犯罪构成体系的比较研究

犯罪构成比较研究[*]

姜 伟[**]

摘 要：从内容看，大陆法系的异体论构成随着时代的变迁，为适应刑法思潮的需要，逐步扩大了构成要件的范围，把主观因素和客观因素融为一体，与我国的一体化构成具有相似之处。从功能看，异体论构成呈鲜明的"中性"，而一体化构成则具有实质性意义。从性质看，异体论构成与刑法分则的关系似乎更为直接，而一体化构成兼顾刑法总则和分则的有关规定。从地位看，异体论构成只是犯罪论体系的基础，而一体化构成则是犯罪论体系乃至刑法理论的核心。总之，这两个犯罪构成体系各有优劣。但主客观相统一的定罪理论是各国刑事立法和刑法理论所共通的。当然，外国犯罪论体系的超法规性、系统性以及其与犯罪概念的同化关系，也是值得我国深思和借鉴的。

关键词：犯罪论体系　构成要件　犯罪构成　主客观相统一

在刑法发展的历史进程中，犯罪构成理论昭示着法律文明的一大飞跃，被誉为"现代刑法理论的基石"。但是，由于法律体系的差别，指导思想的不同，历史传统的各异，各国刑法理论对犯罪构成的理解不尽一致。正视这些差异，借鉴各种学说，对于建立我国科学的犯罪构成体系，或许有所裨益。

---

[*] 本文原载于《法学研究》1989年第3期。
[**] 姜伟，时为中国人民大学法律系教师，现任最高人民法院副院长。

一

在欧洲中世纪，犯罪构成作为犯罪事实的审查和证明本是诉讼上的概念。19世纪初，德国学者费尔巴哈才将犯罪构成自程序法引入实体法，使其由事实性要件转化为法律性要件。他曾明确指出："犯罪构成乃是违法的（从法律上看来）行为中所包含的各个行为的或事实的诸要件的总和。"[1] 费氏对行为的认识与我们对行为的理解是有所不同的。他虽然也认为人的主观心理是发动身体外部动作的原因，但未将其作为行为本身的要素，所以，他的犯罪构成理论并不包括故意、过失等主观要素。据此，人们惯于把费尔巴哈的犯罪构成学说视为客观结构论。其实，这种概括是不确切的，起码是不全面的。费氏本人就曾说明："一定的违法结果，通常是属于犯罪构成的；行为违法性的某种主观（属于犯罪人的心理方面的）根据，即①某种故意，或②某种意思表示，它往往属于犯罪构成。行为的外部特征，永远属于犯罪构成。"[2] 可见，费氏并不绝对排斥主观因素，只是主张属于犯罪构成的那些因素取决于法律的明文规定。由此，费氏的犯罪构成学说与其说是客观结构论，毋宁说是法定结构论。强调犯罪构成的客观性和法定性，并不是一种偶然的历史现象，而有其深刻的时代根源。首先，犯罪构成不可避免地显露出其脱胎而来的诉讼意义上的客观事实的痕迹；其次，19世纪推崇因果行为论，不承认主观心理是行为的要素；最后，最主要的是犯罪构成反映了法治国家取代警察国家的必然要求。当然，费氏尽管主张主观因素一般不是犯罪构成要件，并不意味着否定或贬低主观因素对定罪的意义。他坚持认为，成立犯罪除具备犯罪构成外，还需有责任条件，即责任能力、故意、过失等。[3]

在19世纪，犯罪构成理论的发展是缓慢的，仅仅局限于刑法分则的条

---

[1] 转引自〔苏〕特拉伊宁《犯罪构成的一般学说》，薛秉忠等译，中国人民大学出版社，1958，第15页。
[2] 转引自〔苏〕特拉伊宁《犯罪构成的一般学说》，薛秉忠等译，中国人民大学出版社，1958，第15页注①。
[3] 参见〔苏〕特拉伊宁《犯罪构成的一般学说》，薛秉忠等译，中国人民大学出版社，1958，第15页。

文，没在刑法理论中占据应有的地位。20世纪初，德国学者贝林格把犯罪构成理论提高到一个崭新的阶段，确立了构成要件在整个犯罪论体系中的基础性、前提性的地位，从而把刑法总则和分则关于犯罪要件的规定连为一体。他指出："凡是违法地和有罪过地实现某种犯罪构成的人，在具备可罚性的条件下，就应当受到相应的惩罚。"① 如果说犯罪构成学说存在客观结构论，那么，这种理论是由贝氏确定的。他认为，"犯罪构成是一个没有独立意义的纯粹的概念，……犯罪构成本身存在于时间、空间和生活范围之外。犯罪构成只是法律方面的东西，而不是现实"。② 德国学者麦耶尔进一步阐发并完善了贝氏的理论，最终形成至今仍然盛行的构成要件该当性、违法性、有责性的犯罪论三维体系。

20世纪30年代，目的行为论崛起，改变了犯罪构成的格局，使犯罪构成学说转向综合结构论。目的行为论强调行为的目的性，认为意志是行为的核心，属于行为的构成要素。德国学者麦克尔便主张，构成要件本身就是不法的特殊化，而不法含有主观要素，所以，不法类型的构成要件也含有主观要素。③ 这就使以前单纯客观性的犯罪构成变成既包括客观要素也包括主观要素的犯罪构成，被称为新构成要件论。

应该指出，资产阶级刑法的犯罪构成学说先后经历了法定结构论、客观结构论、综合结构论三个阶段，主要是围绕主观因素在构成要件中的地位问题逐渐演进的。然而，其构成要件该当性本身无非是"中性"的被评价对象，决定了犯罪构成学说的形式主义色彩。

社会主义刑法的犯罪构成理论源于苏联。苏联刑法学者建立了以犯罪概念为核心的犯罪构成体系。经过40余年的论战，苏联刑法学界才得出统一的结论，即犯罪构成乃是苏维埃刑法规定的、说明社会危害行为（犯罪）特征的诸要件的总和，④ 明确揭示了犯罪构成的社会政治内容，无论在内容上，还是在性质上，都使犯罪构成理论发生了一次根本性的变革，

---

① 转引自〔苏〕特拉伊宁《犯罪构成的一般学说》，薛秉忠等译，中国人民大学出版社，1958，第16页。
② 转引自〔苏〕特拉伊宁《犯罪构成的一般学说》，薛秉忠等译，中国人民大学出版社，1958，第16页。
③ 参见甘雨沛等《外国刑法学》，北京大学出版社，1984，第271页。
④ 参见〔苏〕皮昂特科夫斯基等编《苏联刑法科学史》，曹子丹等译，法律出版社，1984，第40页。

使形式主义的概念转化为实质意义的概念。但是，形式主义的阴影也残留在苏联刑法理论的某些角落。有人认为犯罪构成可以脱离犯罪的本质而独立存在，正当防卫等排除社会危害性行为在形式上也具备犯罪构成。苏联的刑事立法也反映出这种理论的不彻底性。现行苏俄刑法典第13、14条规定，正当防卫、紧急避险也符合"本法典分则规定的行为要件"，显然相悖于实质意义的犯罪构成理论。

我国的犯罪构成理论比较彻底地摒弃了形式主义的观点，以社会危害性为核心，力求犯罪构成的内容与形式、事实特征与法律特征、主观要件与客观要件的统一。学者们一致主张，犯罪构成是行为人负刑事责任的基础。行为人的行为具备某罪的构成要件，便意味着该人已经犯罪，行为人的行为不具备犯罪构成，就说明该人没有犯罪。实践证明，我国的犯罪构成理论是切实可行的定罪根据。当然，由于我国的法制建设起步较晚，未能对外国的犯罪构成理论特别是西方的犯罪构成理论进行认真的、系统的、深入的考察，在引进苏联的犯罪构成理论时，难免存在一些弊端。对此，我们将在本文的有关部分专门讨论。

纵向勾勒犯罪构成理论的演进过程，是横向比较犯罪构成理论的必要前提。显然，犯罪构成学说的法定结构论—客观结构论—综合结构论的递进是在同一性质的刑法体系内，经过自身完善实现的；而由形式主义的犯罪构成向实质意义的犯罪构成的转化则是在不同性质的刑法体系间，通过变革完成的，这种变革归根结底是犯罪观和方法论的变革。

二

如何进行犯罪构成的横向比较，似乎不应成为问题。但是，我国学者在犯罪构成比较研究中，普遍存在一种误解，即把我国的犯罪构成理论完全等同于大陆法系的以构成要件该当性为基础的犯罪论体系（即犯罪要件体系）。我们认为，这种比较固然有其意义，但并不是对犯罪构成概念本身的不同含义的比较。其实，在大陆法系的刑法理论中，犯罪构成与犯罪论体系、犯罪要件，是内涵和外延皆有所区别的不同概念，不能混为一谈。依其刑法理论的通说，作为犯罪论体系前提的构成要件该当性的基点是犯罪构成事实或要件。某种行为具备犯罪构成事实或要件，仅仅是犯成立的条件之一——构成要件的该当性,并不意味着一定构成犯罪。而犯罪论体系则指犯罪成立要件整体,包括构成要件该当性、违法性、有责性。正是由于我国某些学者混淆了或者没有明确犯罪构成与犯罪论体系这两个概念,所以,在犯罪构成比较研究中,往往陷入自相矛盾的窘境。他们一方面说明贝林格等人的犯罪构成是四要件说,另一方面又指责贝林格等人的犯罪构成学说是客观结构论。显然,如果把贝林格的四要件(实际是六要件)体系作为他的犯罪构成理论,那便必然否定了其犯罪构成的客观性。因为贝林格并不否认,反而极为强调行为人的责任能力、责任条件(故意、过失等)是犯罪的成立要件(四要件)之一。据此,我们有什么理由将贝林格的四要件说斥为客观结构论呢?实际上,这是比较标的不统一造成的混乱。这种比较方法是不科学的,也是不负责任的。我们应当承认并尊重"犯罪构成"一词在不同体系的刑法理论中具有不同的含义,这是很正常的,不必强求一律。我国台湾地区学者韩忠谟指出:"所谓犯罪成立要件者,乃刑法学就犯罪之结构,依分析所得之诸种构成要素是也,与德、日两国学者一般所用'构成要件'(Tatbestand)一语未可混同。"[①]诚然,西方学者,特别是德国、日本学者对"犯罪构成"使用得比较混乱,在不同的意义上代表不同的内容,确有某些学者曾用构成要件代表犯罪成立要件的整体。但是,自20世纪初贝林格倡导的犯罪构成理论流行以后,犯罪构成或构成要件便有了特定的含义,仅指犯罪成立的要件之一,这是毫无疑义的。据此,本文横向比较我国的犯罪构成理论与大陆法系的犯罪构成理论,企望说明几个问题。

我国的犯罪构成是负刑事责任的根据,犯罪构成本身就是犯罪成立的要件,二者同一化,只要行为人的行为具备某罪的犯罪构成,就意味着成立犯罪。在此意义上,为了叙述方便,我们暂且将这种学说称为一体化构成(见图1)。大陆法系的犯罪构成仅记述行为的事实特征,是犯罪论体系的出发点,是犯罪成立要件之一,即便行为人的行为符合某罪的构成要件,也未必成立犯罪。在此意义上,我们姑且将这种学说称为异体论构成(见图2)。一体化构成与异体论构成是根据不同刑法体系中犯罪构成与犯罪要件的相互关系提出来的,借此可以比较形象地显示出两种犯罪构成理

---

① 韩忠谟:《刑法原理》,作者自版,1981,第81页。

论的异同。

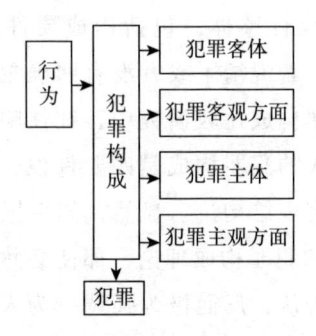

图1　一体化构成（犯罪构成体系）

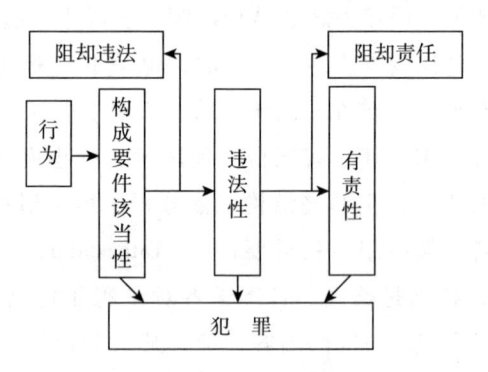

图2　异体论构成（犯罪论体系）

其一，从内容上看，异体论构成随着时代的变迁，适应刑法思潮的需要，逐步扩大了构成要件的范围，由客观结构论过渡到综合结构论，把主观因素与客观因素融为一体，与一体化构成具有相似之处。异体论构成的要件是刑法所规定的犯罪行为必须具备的直接性条件，由许多要素组成，一般认为行为（包括主观、客观两方面）、行为主体、行为客体（对象）是构成要件的必备要素。如果法律规定的是目的犯、身份犯，那么"目的"、"身份"也为构成要件。只是责任年龄、责任能力不属于构成要件的主体要素，而为与构成要件该当性并列的有责性的要素。可见，异体论构成的内容仍然仅仅局限于行为本身的特征，未涉及行为人的有关特征，不如一体化构成所概括的范围广泛。一体化构成不仅坚持了主客观的统一，而且强调了行为与行为主体的统一，行为形式与行为内容的统一。当然，这种差异是由异体论构成与一体化构成在不同刑法体系中所处的地位决定的，不足为奇。这并不意味着采用异体论构成的刑事立法和刑事司法在定罪时不考虑行为人的责任年龄、责任能力等因素。

其二，从功能上看，异体论构成呈鲜明的"中性"，不具有"是非"色彩。构成要件只是行为特征的记载，是被评价的对象，本身没有任何意义。例如故意杀人行为，无论是谋财害命，还是正当防卫，在构成要件上毫无二致、无法区别。仅仅根据构成要件，不能判断正当行为与犯罪行为，这是形式主义研究方法的反映，人为地将事实特征与评价因素割裂开来，是不足取的。一体化构成则具有实质性意义，不仅具有认定事实的作用，而且具有实质评价的功能，其认定事实和犯罪评价的过程是一致的、同步的，反映了认定犯罪的综合过程。依我国的刑法理论，只要某种行为具备了某罪的犯罪构成，便成立犯罪；只要某种行为是正当防卫，便不具备犯罪构成。二者在事实上和性质上都有明显的差别，不能也无法混为一谈。

其三，从性质上看，异体论构成与一体化构成虽然都是依据刑法的有关规定归纳的，但是异体论构成与法律规定的关系似乎更为直接，其表现形式是刑法分则的明文规定，而且仅仅局限于刑法分则的具体条文。例如，依日本刑法第235条"盗窃他人财物者"的规定，其盗窃罪的构成要件便为：客体（实为对象）是他人财物；行为是盗窃；主观是故意；主体是人。此罪的构成要件并不涉及刑法总则关于犯罪要件的规定。当然，这并不意味着异体论构成的定罪要件可以无视刑法总则的有关规定，只是构成要件本身不解决这些问题，而由其他要件加以说明。一体化构成与法律规定的联系更为广泛，兼顾刑法总则和分则的有关规定，全面概括某罪的构成要件。依我国刑法总则的有关条文及第151条的规定，一般盗窃罪的构成要件是：主体是年满16岁的有责任能力的自然人；客体为他人财物的所有权；主观方面是故意；客观方面是秘密窃取数额较大的财物的行为等。异体论构成与一体化构成的这种差别，也是由犯罪构成在不同性质的刑法体系中的地位决定的，无可厚非。

其四，从地位上看，异体论构成只是犯罪论体系的基础，而一体化构成则是犯罪论体系乃至刑法理论的核心。虽然在逻辑上，异体论构成和一体化构成都以行为为前提，即以行为作为构成要件的适用对象，都以犯罪为归宿，即为认定犯罪提供根据，但是，异体论构成与认定犯罪的联系是间接的，需要以违法性、有责性条件为"中介"，其本身不能单独成为区别罪与非罪的标准。因此，与刑法理论的其他问题，如正当防卫、共同犯罪等没有密切的联系。一体化构成与认定犯罪具有直接关系，完全包容了犯罪的全部要件，是划分罪与非罪、此罪与彼罪的唯一标准。而且，犯罪论的一切问题，如排除社会危害性行为、犯罪预备、未遂、共同犯罪、一罪数罪等，都是对一体化构成的补充和进一步说明。如果脱离了一体化构成，这些问题无从谈起。

我们认为，从各国刑法体系的结构出发，正视异体论构成与一体化构成的基本区别是必要的。但是，仅仅比较犯罪构成本身，我们无法说明一体化构成与异体论构成的优劣所在。在此意义上，一体化构成固然比异体论构成优越、全面，可异体论构成本身的缺陷完全可以由其他犯罪要件加以调整和补充，在定罪问题上丝毫不比一体化构成逊色。所以，如果我们把视野扩大一些，将我国的犯罪构成理论与大陆法系的犯罪论体系作一番全面、深入的比较，就会发现我国现行的构成要件理论虽有其优势，但也存在若干弊端。

三

综观世界各国的刑法理论，犯罪构成固然是一国法治的重要标志，但不是唯一的标志。英美法系的定罪理论不使用犯罪构成的概念，也不主张罪刑擅断，但仍然以犯意、作恶行为、责任年龄、责任能力等作为犯罪成立的要件。所以，我们要善于透过现象看本质，不能一叶障目，把犯罪构成的概念神圣化、万能化。在实质意义上，我国的犯罪构成体系与大陆法系国家的犯罪论体系或犯罪要件体系是同一级概念，是说明同一问题的不同提法。在此意义上加强比较研究，或许会给我们以新的启示，起码会自责我们以前对西方刑法学中的定罪理论的批判是幼稚的，是不负责任的。其实，"客观主义"的代表贝林格也未否定行为人的主观方面是定罪的必要条件，而"主观主义"的代表李斯特也承认，"犯罪的标志"可以用"作为行为的犯罪"、"作为违法行为的犯罪"、"作为有责行为的犯罪"、"作为可罚的不法行为的犯罪"四分法来把握。[①] 所以，主客观一致的定罪

---

① 参见〔日〕大塚仁《刑法中的新、旧两派的理论》，日本评论社，1957，第72页。

理论是各国刑事立法和刑法理论共通的。当然,在此前提下,不同社会制度的国家之间的刑法理论特别是定罪理论也有其各自的特点。

首先,外国犯罪论体系的超法规性,值得我们注意。我国的犯罪构成体系坚持了"法定主义",每一要件乃至全部内容都有其法律依据,即便类推定罪的构成要件,也要比照最相似的刑法条文。可谓无法律规定便无犯罪构成。外国的犯罪论体系虽然也以法律为依据,但其中的某些内容却具有超法规性质。现在,大陆法系的刑法理论普遍接受了"期待可能性"理论,并承认其为犯罪要件之一有责性中除责任能力、责任条件(故意、过失)之外的第三要素,对犯罪的成立与否具有决定性意义。所谓期待可能性,是指期待行为人实施合法行为的可能性。如果某人故意违法地实施了符合某罪构成要件的行为,而当时又不具有实施合法行为的可能性,该人的行为便不构成犯罪。例如,某妇女堕胎,按照日本等国刑法,符合构成要件和违法性,但由于她极端贫困,无法抚养婴儿,没有期待她不堕胎的可能性,因而阻却责任,不为犯罪。期待可能性理论是为弥补罪刑法定主义僵化的弊端而提出来的。由于认定期待可能性可以无视法律的规定,取决于法官的自主裁量,留下违法的隐患。我们认为,期待可能性理论反映了"有利于被告论"的思潮,从维护人权的角度看有一定的进步意义。但是,无限制地运用期待可能性理论,似乎也有放纵罪犯之嫌。当然,如何评价期待可能性理论,还有待进一步的考察。然而,可以肯定的是,犯罪要件还是应该坚持"以事实为根据,以法律为准绳"的原则。脱离法律定罪的历史教训是极为沉痛的,我们必须记取。

其次,外国犯罪论体系的系统性,值得我们借鉴。如图2所示,外国犯罪论体系是由构成要件该当性、违法性、有责性组成的有机联系整体。其每个要件不仅是犯罪成立要件的一部分,而且相互之间也具有依存、补充、递进的关系。从认定犯罪的逻辑顺序看,构成要件该当性是犯罪论体系的出发点,构成要件的内容是刑法规定的具体事实特征,其作用是将犯罪事实类型化,本身没有价值性判断。当某种行为具备构成要件时,便成为违法判断的对象。违法性是法律对符合构成要件行为的否定性评价,构成要件是违法性的认识根据和存在前提。有责性是对行为人主观恶性的具体判断,其评价对象是符合构成要件的违法行为。如果某一行为依次具备三个要件,不具有阻却违法、阻却责任的事由,该行为便构成犯罪;如果某一行为不符合构成要件，便无必要分析违法性与有责性；如果某一行为符合构成要件，但不具有违法性，也无须认定有责性。可见，在认定犯罪过程中，构成要件该当性是规范性要素，是基础；违法性是评价性要素，是核心；有责性是主观性要素，是补充。这三个环节的顺序是严格的，前一环节是后一环节的前提，后一环节是前一环节的继续，三者各司其职，紧密地连为一体。正是这一系统的内部调节，在认定犯罪过程中，达到事实与法律、行为人与行为、主观与客观、形式与实质的统一。外国刑法理论区别三要件各自职能的根据在于把法律规范分为对行为的评价和对行为人的评价两方面，故有"违法是客观的、责任是主观的"原则。这种犯罪论体系的长处还在于把认定犯罪与认定阻却违法行为（如正当防卫）有机结合在一起，置于同一个过程。从犯罪的角度认定正当防卫虽然也符合构成要件，但在违法性评价时，因法律对正当防卫已有明文规定，属于阻却违法事由，所以，不具有违法性，不构成犯罪。大陆法系的刑法教科书皆在"违法性"一节介绍正当防卫等行为，在逻辑上是严谨的，在体系上是完整的，说明适用刑法的一致性。反观我国的犯罪构成体系（见图1），虽是一个整体，但其内部的各要件之间缺乏层次、联系不明确，似乎是一种并列关系。然而分析其间的关系，仍有顺序，只是角度不同，顺序不一。如果从行为人发动犯罪的历史过程出发，应以犯罪主体—犯罪主观方面—犯罪客观方面—犯罪客体的顺序形成，即某人产生犯意，通过外在行为侵害了社会关系。然而，过失犯罪的实施过程却不尽然。如果从认定犯罪的逻辑过程出发，应依犯罪客体—犯罪客观方面—犯罪主体—犯罪主观方面的顺序进行，即先发现被侵害的社会关系，继而认定危害行为，再追溯行为人，最后认定主观心理态度。可见，各构成要件之间的历史过程和逻辑过程是不统一的。这种理论上的模糊性反映到司法实践中，往往造成不必要的混乱。为此，我们主张加强我国犯罪构成体系的系统性研究，注意各要件之间的依存性，明确划分其层次性，有效论证其整体性，这是建立科学的犯罪构成体系的一个重要课题。

最后，外国犯罪论体系与犯罪概念的同化关系，值得我们深思。大陆法系的刑法理论认为，犯罪就是符合构成要件该当性、违法性、有责性的行为。尽管这一定义的犯罪观是形式主义的，但其犯罪的基本特征与犯罪的成立要件却是同一的。所以，外国犯罪论体系认定犯罪只有一个规格，可以叫犯罪成立的三要件，也可以叫犯罪的三特征，既是确定罪与非罪的界限，也是划分此罪与彼罪的标准。这种统一的尺度对于维护法制的严肃性有着重要意义。我国的犯罪构成与犯罪概念既相互联系，又彼此区别，虽具有相互包容的关系，但犯罪的构成要件与犯罪的基本特征则是相互独立的。我国的犯罪概念有社会危害性、刑事违法性、应受刑罚性三个特征，而犯罪构成则有犯罪客体、犯罪客观方面、犯罪主体、犯罪主观方面四个要件，二者显然性质有别。问题在于，我国刑法理论承认犯罪概念也具有划分罪与非罪的功能，这便在认定犯罪时确立了两套标准，容易导致混乱。如果犯罪构成的标准服从于犯罪概念的标准，势必抹煞具体犯罪的个性；如果犯罪概念的标准服从于犯罪构成的标准，又会丧失犯罪概念的指导意义。例如，刑法第155条贪污罪的规定本来与盗窃罪不同，没有"数额较大"的限制，但在司法实践中总是根据犯罪概念的"情节轻微"不为罪的原则，拟出数额的限制。如此而言，立法者对盗窃等罪规定"数额较大"毫无意义。另一种令人称奇的现象是，每一具体犯罪的概念，都是对该罪构成的本质要件的说明，似乎与总的犯罪概念无关，并不是犯罪概念的具体体现。这种种概念与属概念不统一的情形，也是不科学的。如何认识犯罪构成与犯罪概念的关系，是一个常讲常新却总未彻底解决的老问题。

四

当前，我国刑法学界正在进行一场方兴未艾的针对犯罪构成体系的热门讨论。人们热衷于对犯罪构成内部要件的重构，欲冲破苏联犯罪构成四要件论的束缚，主张建立具有中国特色的犯罪构成体系。但是，通过上述对犯罪构成的不同层次的比较研究，可以看出，中外犯罪要件理论无论存在何种差异，构成犯罪的基本要件经过千百年的检验，在不同的刑法体系中都是相通的，是必不可少的，也是无法取代的。所以，仅仅对我国犯罪构成的要件重新进行排列组合或若干调整，如将责任年龄、责任能力视为犯罪构成的前提，或者把主客观综合为行为要件等，无非是一种换汤不换药的改革。我们认为，坚持中国特色固然无可非议，但建立科学的犯罪构成体系应是我们的主要价值追求，仅仅注重形式上的特色是不足取的。要弥补我国犯罪构成体系的现有缺陷，应该借鉴外国刑法理论的精华，为我所用。我们提倡进行一次观念的更新，变换传统的研究角度，要从重视行为的形式转为重视行为的内容，从重视构成要件的外在区别转为重视构成要件的内在联系，由重视犯罪构成的整体性转为重视犯罪构成的系统性，由孤立地研究犯罪构成转为注意犯罪构成与犯罪概念及刑法理论中的一切问题的联系。这便是笔者在比较、研究犯罪构成中获得的点滴启示，愿与同行们共同研讨。当然，我们不能奢望在短期内就会形成一个圆满的、科学的结论。西方的犯罪论体系经过百余年的争讼，苏联的犯罪构成理论也有几十年的辩论，那么，我们为何不准备讨论十几年乃至几十年？这是一个重大的也是严肃的课题，值得大做文章。

应然犯罪之构成与法定犯罪之构成[*]
——兼论犯罪构成理论风格的多元发展

阮齐林[**]

摘　要：三要件论最重要的出发点是落实罪刑法定原则，意在构建法定犯罪之构成；最重要的体系特征在于把罪状当作整体来把握，由此决定了它依托法律形式进行注释的、顺应司法认定思路的、局限于法定犯罪之犯罪构成的理论风格。四要件论是意在构建应然犯罪之构成，由此决定它从存在的犯罪现象出发，依托犯罪行为结构来揭示、把握应然犯罪之犯罪构成的理论风格。从不同角度阐述犯罪构成，不仅可以并行不悖，而且还能相得益彰。我们既需要应然犯罪之犯罪构成论，也需要法定犯罪之犯罪构成论。现在的问题主要不在于如何把四要件论发展到完美无瑕的程度，也不在于如何选择一个理论体系、抛弃另一个理论体系，而应在明确理论倾向、风格、功能的基础上，寻求犯罪构成理论风格的多元发展。

关键词：犯罪构成论　犯罪论体系　罪状

在我国影响较大的有两个犯罪构成论体系：其一是由苏联传入并在我国占据主流地位的（主体、主观、客体、客观）"四要件"论；其二是贝林构建的，在德国、日本占主流地位的（构成要件［Tatbestand］该

---
[*] 本文原载于《法学研究》2003年第1期。
[**] 阮齐林，中国政法大学刑事司法学院教授。

当性、违法性、有责性)"三要件"论。自 20 世纪 80 年代末,我国学者开始关注这两个理论体系之间的差别,通过比较研究,取得了许多重要的成果,在一些基本问题上达成了共识。但是,我认为三要件论最重要的出发点是落实罪刑法定原则,意在构建法定犯罪之构成,最重要的体系特征在于把罪状当作整体来把握,由此决定了它依托法律形式进行注释的、顺应司法认定思路的、局限于法定犯罪之犯罪构成的理论风格;四要件论意在构建应然犯罪之构成,由此决定了它从存在的犯罪现象出发,依托犯罪行为结构来揭示、把握应然犯罪之犯罪构成的理论风格。

一　罪状[①]是否被当作一个整体来把握

把罪状作为一个整体把握,即把行为该当罪状当作一个整体设定为犯罪成立的三个一般要件之一,是三要件论最突出的体系特征。

我国理论对两种犯罪构成论体系差别达成的共识之一是:从术语上看,"犯罪构成"概念在两个体系中具有广义与狭义的分别,在四要件论中,指犯罪成立的一般要件的总和,在三要件论中,指犯罪成立的一般要件之一,即"构成要件该当性"。在三要件论中,与我国广义"犯罪构成"概念相当的是"犯罪成立的一般要件"或"犯罪理论"。[②] 因此,就犯罪成立论而言,两大体系是可比的:四要件论是指犯罪成立的四个要件的总和;三要件论是指犯罪成立的三个要件的总和。解决的问题也是相同的,

---

[①] 在我国刑法学界,关于"罪状"较为通行的定义是:"刑法分则包含罪刑关系的条文对具体犯罪及其构成要件的描述。"(参见高铭暄主编《新编中国刑法学》,中国人民大学出版社,1998,第 475 页。)对这种通行的定义较为细致的表述是:"立法者在刑法分则性罪刑式条文中对具体犯罪构成要件和升降法定刑档次条件的类型化表述。"(参见刘树德《罪状之辨析与界定》,《国家检察官学院学报》1999 年第 4 期。)本文的"罪状"一词在上述意义上使用。

[②] 作者在著述中称"犯罪成立的一般要件"的,似乎侧重于法律注释。例如〔日〕福田平、大塚仁编《日本刑法总论讲义》,李乔等译,辽宁人民出版社,1986,第 38 页;〔日〕裁判所书记官研修所《刑法概说》,司法协会发行,1991,第 11 页。而称"犯罪理论"的,似乎更侧重于论理。例如〔日〕野村稔:《刑法总论》,全理其、何力译,法律出版社,2001,第 84 页。不同的称呼多少表明作者或著作的不同倾向,并非毫无差别。

即确立行为事实成立犯罪、作为刑事责任或刑罚处罚的前提。① 但是，两大体系中有一个关键概念是不可比的，即三要件论中"构成要件该当性"中的"构成要件"，特指刑法分则性法条处罚（法定刑）前提部分的内容（罪状）。三要件论通过这样一个"构成要件"的概念对分则罪状进行整体把握，使它与四要件论的差别远远超出术语的范围，成为体系差别的根源。

在三要件论中，"构成要件"就是指特定罪状或罪状所包含的犯罪因素的总和。因此"构成要件论"其实就是"罪状论"或罪状所含之犯罪因素论。李斯特指出："如果谈到刑法中的构成要件，通常是指特殊之构成要件，它表明分则章节中规定的具体不法类型特征之总和。……特殊之构成要件对刑法教义学具有重大之价值，该得到承认且源之于科学价值，是贝林的无可争议的功绩。"② 小野清一郎指出："犯罪构成要件论，是指在刑法总论亦即刑法的一般理论中，重视'特殊'的构成要件的概念并试图以此为契机来构筑犯罪论体系的一种理论"，③ "其重点在于必须把握住刑法分则中被特殊化（具体化）的构成要件"。④ 这个"'特殊'的构成要件"其实就是罪状。对此，库兹涅佐娃等直接挑明："《德国刑法典》从规范法学派的立场规定行为的构成（Tatbestand）……将它与刑法典分则的刑事法律规范的处理部分等同起来。"⑤ 她所称的"刑事法律规范的处理部分"，在我国刑法学说中通常简称为"罪状"。在日本的注释色彩较浓的刑法教科书中，这一点也得到证实。如对构成要件（内容）因素的分类，其实就是对罪状因素的分类，划分主观因素、客观因素、描述性要素、规范要素等。对构成要件的分类，其实就是对罪状的分类，如基本构成、修正的构成、加减的构成，行为犯、结果犯、举动犯，形式犯、实害犯、危险

---

① 参见〔日〕西原春夫《日本与德意志刑法和刑法学》，林亚刚译，《法学评论》2001年第1期。
② 〔德〕李斯特：《德国刑法教科书》，徐久生译，法律出版社，2000，第206页。
③ 〔日〕小野清一郎：《犯罪构成要件理论》，王泰译，中国人民公安大学出版社，1991，第1页。
④ 〔日〕小野清一郎：《犯罪构成要件理论》，王泰译，中国人民公安大学出版社，1991，第4页。
⑤ 〔俄〕库兹涅佐娃、佳日科娃主编《俄罗斯刑法教程》（总论），上卷"犯罪论"，黄道秀译，中国法制出版社，2002，第172页。

犯、继续犯、状态犯、即成犯，等等。① 对故意内容和实行行为的认定，也是以构成要件，其实也就是以罪状为准的。

由对罪状的整体把握产生了新的要件分割方式，形成三要件结构。在犯罪成立论中因为把罪状独立地当作一个要件完整地进行把握，并作为评价犯罪的法律标准之一和构建犯罪成立论的核心概念，所以需要在理论体系上对犯罪成立要件从实质与形式、主观与客观的角度进行分割。刑法学者很早就依据自然法或"事物本身的法"对犯罪构成要件进行结构性分割，认为犯罪是客观上违法、主观上有责的行为，形成主观与客观分割的犯罪一般要件的体系。② 贝林在违法、有责两要件之前加上"构成要件该当性"，形成三要件论，势必要在原有主、客观要件分割的基础上，对犯罪成立要件进行新一轮的分割，即形式与实质的分割。贝林通过把构成要件形式化、客观化来实现这种分割，指出构成要件应当是纯客观、价值中立的，从而使构成要件该当性评价独立于违法性和有责性评价。有的学者批评贝林对构成要件极端的客观化、形式化的主张，但依然沿用他的三要件分立的体系。③ 有的学者拒绝形式与实质的分割，采取违法性与有责性或者构成要件该当性和责任性二要件体系，仍然要么把构成要件（罪状）

---

① 参见〔日〕福田平、大塚仁编《日本刑法总论讲义》，李乔等译，辽宁人民出版社，1986，第44页以下。

② 早期刑法理论因循"违法是客观的、责任是主观的"（洪福增：《刑法理论之基础》，台湾刑事法杂志社，1977，第3页）思路解析犯罪概念。例如，斯就别尔在《刑法概论的体系》（1795）中针对犯罪问题指出："首先犯罪的客观性内容，即不外是必须把违法性作为问题；其次犯罪的主观性内容，即必须是把不道德作为问题。确立犯罪与刑罚关系的决定性的基准，应当从这两方面寻求。"因此斯就别尔的犯罪理论体系大体分以下四部分论述："第一章：犯罪概念"；"第二章：犯罪的客观性内容"；"第三章：犯罪主观性内容"；"第四章：犯罪的归责"。费尔巴哈在《德意志普通刑法纲要》（1801）中对罚则适用的条件也是从客观的可罚根据、主观的可罚根据两方面展开论述的。将属于客观可罚根据的犯罪构成要件要素也分为违反法规行为的结果和主观事由二要素（详尽的论述请参阅《近代刑法遗产》，〔日〕西村克彦译，信山社，1999）。例如，日本学者野村稔在其《刑法总论》（全理其、何力译，法律出版社，2001）中，采取行为论体系，着重从行为的"违法－责任"两大特征展开犯罪理论。但是，他在行为论之前，仍然设专节论述"犯罪的构成要素"和"犯罪的类型"（参见该书第91—116页）来整体把握分则罪状。

③ 例如小野清一郎提出构成要件是违法性和有责性的类型，大塚仁也持同样的观点，但他们都赞成三要件的体系。参见〔日〕小野清一郎《犯罪构成要件理论》，王泰译，中国人民公安大学出版社，1991，第28页；〔日〕大塚仁《犯罪论的基本问题》，冯军译，中国政法大学出版社，1993，第38页。

当作一个整体，单独把握，①要么把违法性内容纳入构成要件之中把握。②尽管这些学者对构成要件内容是否含有违法性和主观因素有不同的看法，对于构成要件与违法（或不法）是否应当分离有不同的看法，但是，如果他们在犯罪成立论中把罪状整个地当作一个要件来把握，则仍然沿袭了贝林体系的思路和特征。

从理论上讲，三要件论中的构成要件不过是整体把握罪状的"空白代号"。因为构成要件是以一个整体与违法、责任并列，被当作认定犯罪的法律标准之一，所以它只是整体把握罪状的"空白代号"，或者是如我们所批评的"纯粹的法律模式"。在三要件体系中，构成要件该当性仅仅是行为成立犯罪的要件之一，行为成立犯罪除了具备构成要件该当性之外，还需要具备违法、有责两个要件。这个把违法、有责内容人为分离出去的构成要件概念与特定罪状存在明确的指代关系，是特定罪状的"空白代号"。由于罪状（或立法者通过罪状）对各种犯罪的描述千差万别，无法一概而论，所以"构成要件该当性"不过是指行为被认定与刑法××条罪

---

① 例如，日本学者野村稔在其著作《刑法总论》中，提出了"犯罪论体系从哪种观点出发来构造"的问题，并提出了多元构造的观念：（1）犯罪的本质构造；（2）犯罪的认定构造；（3）犯罪的实现过程。而他本人则主要采取"犯罪的本质构造"的行为论体系，着重从"违法－有责"两大特征展开犯罪理论。这显然具有从存在之犯罪出发论述应然之犯罪的理论风格。但是，他在违法性要件之中仍给"个别的构成要素"以一席之地，在着重阐述应然的犯罪之构成的同时，不忘"作为规范的犯罪，是该当构成要件、违法、有责的行为"。也就是说，他尽管采用行为论体系，主张犯罪本质构造，采取的是"违法－责任"二要件的体系，但仍然在违法要件之内确立一个"个别的构成要素"概念来整体把握分则罪状，以兼顾认定"作为规范之犯罪"的需要。参见〔日〕野村稔《刑法总论》，全理其、何力译，法律出版社，2001，第93页。

② 例如《法国刑法总论精义》就与典型的三要件论有所不同。其犯罪论分为两大部分，其一是犯罪要件，其二是排除减轻责任事由，类似于英美刑法理论的构架，可看作（构成要件该当－有责）两要件。该讲义没有把"行为的违法性"作为一个独立的要件，而是把违法性要件与该当犯罪要件合并为一。但是在该讲义中，有一点与三要件论是共同的，即依托法律对罪状进行整体把握。该讲义把犯罪要件分为事实行为和犯罪心理两个要件（相当于主客观要件），但是这两个要件均在"法有规定"的前提或框架内，并且属于犯罪的"特有"要件。因此，这两个要件属于该当法有规定的罪状的事实行为与犯罪心理。在法有规定的前提下所把握的事实行为和犯罪心理这两个要件，仍然具有对分则罪状作整体把握的特征，同时体现犯罪的法定性，即作为法律上、实定法的犯罪。该讲义对犯罪、对罪状或该当罪状行为的整体把握，可以通过一系列的观点反映出来。如事实行为的类型，实行犯、正犯、共犯、教唆犯的概念等，也可以从该讲义在"犯罪概念"部分一再强调犯罪的法定性得到印证。参见〔法〕卡斯东·斯特法尼《法国刑法总论精义》，罗结珍译，中国政法大学出版社，1998。

状（的内容）具有同一性。相当于说，行为构成犯罪必须具备（或该当）分则条款的法定要素或犯罪定义。① 在构成要件的一般学说中，对构成要件内容通常进行技术性的分析，如划分出客观性因素、主观性因素，本身并没有实际的、具体的内容，完全是空白的。其内容取决于该构成要件指代的特定罪状的内容。在这个意义上讲，行为人该当的构成要件是具体的、特殊的。因为行为事实该当的只能是构成要件所指代的刑法××条的特定罪状。犯罪构成中的每一个因素都是必要的，没有选择的。对于该当要求特定目的的罪状（目的犯）而言，目的就是该当该罪状的必要因素。只能在两种意义上说构成要件是抽象的、一般的：第一，构成要件在理论体系中只是一个法条罪状的代号；第二，构成要件所指代的罪状本身是对犯罪事实的抽象，即所谓"具体的不法类型"，② 或如小野清一郎所说的，违法、有责的定型。

在四要件论中，则没有把罪状整体上作为认定犯罪成立的一般标准之一。罪状中规定的犯罪因素被打散并与刑法总则中规定的犯罪因素混在一起，分配到行为结构的四个方面，作为四个一般要件的法律来源。这表现在，无论是哪一个一般要件（主体、主观、客体、客观），与罪状均不存在这种完整的对应关系。因为四要件论缺乏这样一个完整把握罪状的要件，所以往往使用"分则条文规定的"、"刑法典分则处罚前提中的"概念来扮演罪状的角色，来界定既遂的类型，既遂、未遂、预备的区分，实行行为的概念，实行犯与帮助犯、教唆犯的区分等。因为四要件论中自始就没有把罪状完整地当作一个要件把握，所以，导致与三要件论中的许多概念不能兼容。我国学者往往根据四要件（方面）也是对罪状的分析，或者根据四要件的主要内容也是来源于分则罪状，以为三要件论与四要件论没有实质差别。其实，广义的作为犯罪成立要件总和的"犯罪构成"与狭义的作为犯罪成立要件之一的罪状，存在不对称性。前者内容大于后者，往往溢出罪状，无法用这种广义的犯罪构成概念来单独、完整地把握罪状。至于四要件中的任何一个要件，又小于罪状，不能涵盖所有罪状的因素，

---

① 日本有学者在研究了构成要件理论的是是非非之后，直白地指出："依我之见，把犯罪定义为该当刑法各本条有责、违法的行为，是比较合理的。"〔日〕下村康正：《犯罪论的基本思想》，成文堂，1975，第70页。

② 〔德〕李斯特：《德国刑法教科书》，徐久生译，法律出版社，2000，第206页。

也不能用一个要件来完整地把握罪状。这是三要件论与四要件论重大的体系差别的根源，也是二者的许多概念不能兼容的根源。

二 对法定犯罪因素是从法律还是从事实的角度把握

我国理论对两种犯罪构成论体系差别达成的另一共识之一是：从体系上看，两种体系对法定犯罪成立的因素分配方式不同，四要件论分配在主体、主观、客体、客观四方面中，而三要件论分配在构成要件、违法、责任三要件中。从功能上看，四要件论认为，行为具有（或包含）法定的犯罪构成要件是刑事责任的根据；三要件论认为，行为该当犯罪成立的全部一般要件时成立犯罪。从这些年的比较研究看，对此已经达成共识。

但是，我们不能忽视两种体系对犯罪成立要件的把握方式或者角度上的差异。这种差异隐藏在一个极为普通的命题之中，即犯罪构成是法律的还是事实的？人们对这个命题虽不陌生却有误解，似乎把它理解为犯罪构成本身的属性。任何一种犯罪构成论均不否认犯罪要件内容来源于法律，即法定性。那么，犯罪构成是法律的还是事实的，这个命题有什么值得讨论的呢？因此，我国学者除了反对把犯罪构成视为"纯粹的法律模式"[1]以外，大多认为犯罪构成是法律的。[2] 有些学者为了摆脱这一问题的困扰，

---

[1] 张文：《犯罪构成初探》，《北京大学学报》（哲学社会科学版）1984年第5期。

[2] 例如，孙燕山指出："首先应肯定构成的内容是刑法明文规定的，绝不是我们可以随意取舍的。在此前提下我们探讨有关构成要件，构成要件具有法律性，但至于这些要件的有机统一，作为成立犯罪的标准或规格叫什么，法律本身并没有直接规定，就像刑法对故意犯罪的规定并没有明确直接故意和间接故意一样，二者的区分只是刑法理论上的事情。"（孙燕山：《犯罪构成问题再探讨》，《法律科学》1997年第6期。）肖中华指出："犯罪构成的'法律说'与'事实说'的根本对立，在于犯罪构成究竟是事实要件的法律规定（类型）还是符合某一犯罪成立所必须具备的要件事实本身。"（肖中华：《犯罪构成及其关系论》，中国人民大学出版社，2000，第82页。）肖中华在题为《我国刑法中犯罪构成概念的再探讨——为犯罪构成"法定说"所作的论证》（《法学评论》1999年第5期）一文中，也是围绕犯罪构成本身是法律的还是理论的、事实的等问题进行讨论。陈兴良指出："犯罪构成是法律标准还是构成事实……犯罪构成作为一种法律规定与理论命题，是在对各种犯罪事实加以抽象与概括的基础上形成的，但能否将犯罪构成等同于构成事实呢？显然，我们的回答是否定的。……现在刑法理论中的犯罪构成要件是指犯罪的规格，这是一种法律标准，与构成事实是有所不同的，这已达成共识。"（陈兴良：《犯罪构成的体系性思考（之一）》，《法制与社会发展》2000年第3期。）

还提出了事实的犯罪构成与法律的犯罪构成的分类。以上论据表明，我国学者对于犯罪构成是事实的还是法律的命题，主要着眼于犯罪构成本身的属性进行研究。其实，这个命题并非如此简单，它是指对法定犯罪因素是从法律还是从事实的角度把握。其中隐含着两种犯罪构成论体系上的重大差别。三要件论把犯罪构成至少把构成要件当作"法律规范中"的犯罪构成来把握，苏联和我国的四要件论的传统与主流把犯罪构成当作"行为事实中"的犯罪构成来把握。特拉伊宁在他的《犯罪构成的一般学说》中把犯罪构成既当作"行为事实中"的，又当作"法律规范中"的犯罪构成来把握。把犯罪构成作为"行为事实中"的，还是"法律规范中"的东西来把握，是四要件论与三要件论体系思路根本不同的地方，也是导致两大理论体系的其他重大体系性差别的根本原因。

典型的三要件论把构成要件当作"空白的法律模式"或"分则某条罪状的代号"来把握。德国刑法典第5条第11款"术语解释"特意说明："违法行为只是实现犯罪构成的行为"。因此，"德国刑法典从规范法学派的立场规定行为的构成（Tatbestand）是'法定构成'，'法律构成'将它与刑法典分则的刑事法律规范的处理部分等同起来。……在德国的教科书和刑法典注释中，犯罪构成在关于刑事法律的一章中进行研究"。[①] 也就是说，违法、有责行为只有在该当构成要件的情况下才能成立犯罪。这个构成要件，如前所述，实际上是分则××条罪状的代号，并且是经过形式化（分离出违法性）、客观化（分离出责任）处理的（纯粹的）空白的法条罪状的代号，意思是判断违法、有责的行为事实是否成立犯罪，还需代入该当的具体的分则××条罪状，判断具有构成要件该当性，方可成立犯罪。这是从贝林开始，为了落实罪刑法定原则而形成的犯罪成立三要件论的基本思路。在这个意义上讲，构成要件是法律的甚至是纯粹的法律模式，或者说分则××条罪状之代号。

在"犯罪构成是法律的还是事实的"这个命题中，所谓犯罪构成是"法律的"，其含义既然原本如此，那么，与其相对应的犯罪构成是"事实的"，其含义是什么呢？这只能从四要件论的创始者苏联学者那里找

[①] 〔俄〕库兹涅佐娃、佳日科娃主编《俄罗斯刑法教程》（总论），上卷"犯罪论"，黄道秀译，中国法制出版社，2002，第172页。

答案。库兹涅佐娃鲜明地指出这一命题的焦点：犯罪构成，或者是"类似于刑事法律罪状的关于犯罪的立法表述"，或者是"刑事法律行为"。①贝林的三要件论"把犯罪构成仅仅看作是立法表述，是犯罪的法律模型，而不是把它看作现实生活的社会法律现象和事实"，这种认识导致了种种问题。她指出，与此相反，苏俄刑法的传统就不把犯罪构成当作法律模式，而是作为刑事责任根据的人的行为的构成。她指出："本世纪前半期俄罗斯刑法认为犯罪构成是构成犯罪的要素及其要件的体系（总和）。根本没有提到认为犯罪构成是'立法模式'或'科学抽象'的规范法学派的解释，也没有任何犯罪与其构成相对立。N. Я. 贡塔里正确地指出，'苏维埃刑法最初认为犯罪构成是一个结构，包含有危害行为的各要素组成的各个部分。'"②并且这种传统在现在的俄罗斯立法中得到肯定："刑法典和刑事诉讼法典中，犯罪构成的定义始终是'行为中所包含的'。"③

苏联学者大多从犯罪的实质定义和犯罪构成是刑事责任依据（或根据）的命题出发构筑犯罪构成论体系。因此，作为刑事责任根据的"犯罪构成"，除了在"构成犯罪的要件总和"的广义上使用外，最重要的特点是具有事实性。因为只有一定的犯罪事实才能作为刑事责任的根据。"有些文献认为，判定刑事责任的惟一根据应是认定犯罪分子的行为里有犯罪构成。持这种观点的人认为，这样措词，'就是指出确有犯罪事实'。由于犯罪构成被理解为法律认定的犯罪行为特征的总和，所以在这些人看来，判定应负刑事责任的依据就是认定有犯罪构成，而且认为，这样判定才能在使用刑法准则时确保社会主义法制"。④持这种观点的学者，从分析犯罪行为的结构特征（主体、主观、客体、客观）出发，形成以危害（犯罪）行为事实结构为基盘的四要件论。在这种犯罪构成论中，"犯罪构成——

---

① 参见〔苏〕库兹涅佐娃《犯罪构成：一些有争议的问题》，马改秀译，《外国法学译丛》1988年第2期。
② 〔俄〕库兹涅佐娃、佳日科娃主编《俄罗斯刑法教程》（总论），上卷"犯罪论"，黄道秀译，中国法制出版社，2002，第175页以下。
③ 〔俄〕库兹涅佐娃、佳日科娃主编《俄罗斯刑法教程》（总论），上卷"犯罪论"，黄道秀译，中国法制出版社，2002，第176页。
④ 〔苏〕扎戈罗德尼科夫、斯特鲁奇科夫：《苏联刑法的研究方向》，王长国译，《国外法学》1982年第1期。

这是构成危害社会行为的客观和主观必要要素的体系，其要件在刑法典总则和分则刑法规范的处理部分中加以描述"，是"行为所含有的和作为刑事责任根据的犯罪构成"。[①]

在苏联以及我国居主流地位的四要件论把犯罪构成当作事实的东西来把握。从术语上讲，是指该当或具有法定构成要件（因素）总和的行为。犯罪构成的"要件"（或因素，或因素的要件，或要件的因素）才是法律的。这只是承认要件在"来源上"是法律的。在犯罪构成中，对法定犯罪因素并非从法律的角度来把握，而是以人的行为事实出发来把握。也就是说，无论是几要件说的观点（指我国学说——引者注），都是将犯罪行为的整体在结构上进行分解，形成不同的要件。也正因为如此，在我国，"犯罪构成要件与行为要件是一致的"。[②] 这体现在：其一，犯罪构成的四个基本要件（或者构成因素的分体系）是以人的犯罪行为作基盘、依据人的行为结构进行的划分。因此，对于法定构成因素的掌握，是立足于人的行为结构特征，而不是立足于分则条文罪状、针对罪状内容的划分。法定犯罪因素划分的根据与存在的犯罪行为的方面相对应，客体是犯罪所侵害的社会关系，主体必须是具有责任能力的人，客观方面是人的外部活动等，而不是与法律规范相对应。作为构成因素最基本载体的罪状内容，与犯罪构成的四个一般要件不能形成完全的对应关系。再如，在四要件论中广泛存在构成的"必要因素"和"选择因素"的概念。这也是立足于人的行为事实进行的分类。因为只有针对存在的行为构成犯罪而言，才存在所谓"选择"、"必要"的问题，从法律规范而言，某刑罚法规作为处罚前提的因素对行为该当该条处罚前提而言都是必要的，无所谓"选择"的问题。从存在行为事实出发把握犯罪构成的最显著的体系特征是没有根据罪状划分的类型，如行为犯、继续犯、结果犯等，或者虽然引入了罪状类型的观念，但总是与体系不能协调一致。例如，从犯罪的实质考虑，犯罪总是具有法益（客体）侵害性，而根据这种法益侵害性往往又得出"泛结果"（即任何犯罪都有结果）的结论。在这种结论之下，很难兼容行为犯

[①] 〔俄〕库兹涅佐娃、佳日科娃主编《俄罗斯刑法教程》（总论），上卷"犯罪论"，黄道秀译，中国法制出版社，2002，第170页。

[②] 李洁：《三大法系犯罪构成论体系性特征比较研究》，载陈兴良主编《刑事法评论》第2卷，中国政法大学出版社，1998，第442页。

与结果犯、形式犯与实害犯的划分。其二，对于各因素之间的关系，四要件论从人的行为（存在的行为）的整体性把握构成诸要件要素不可分离分割性。

也有一些苏联或者俄罗斯学者把犯罪构成既当作事实的，又当成法律的。特拉伊宁在他的《犯罪构成的一般学说》[1] 中构建了一个"二元"的犯罪构成论。他的著作前半部分（第1、3、4章）论述的是犯罪（四）要件（或方面）论。他的犯罪要件论从存在的犯罪行为结构出发，依据法律规定的犯罪实质定义，建立了一个实质的（决定行为危害性）、事实的、广义的（要件、因素总和）"四要件"犯罪构成框架。他的著作的后半部分（第5章以下）论述的是构成因素论。而他的构成因素论却完全沿袭流行的西方三要件论的犯罪构成（Tatbestand）观念，以分则规范（罪状）注释为中心，建立了一个法律的、注释学的、形式的构成因素（总和）观念。他的理论往往在东西方之间摇摆，显现出"双重"或者"分裂"的品格。一方面论述作为刑事责任根据的危害行为所具有的事实的、实质的、广义的、综合的、一般的犯罪构成；另一方面论述作为分则法律规范注释的、形式的、狭义的、具体的、法定的构成因素。一方面批判西方构成要件论是形式的、主客观分立的、形式与实质分立的；另一方面他自己的构成因素论又回到先前批判的形式的、分立的思路上。这种二元的理论结构和分裂的品格，是他借鉴西方构成要件论与苏联当时的法律、社会实践相结合的产物，也是他的理论令人感到困惑的关键。特拉伊宁理论的"二元"结构被批评是"出尔反尔"。"50年代的理论（也包括实践上）开始将过去理解的犯罪构成'一分为二'，一是现实的现象，是犯罪的核心，犯罪的结构，二是立法模式或者科学抽象。"[2] "例如，A. H. 特拉伊宁认为犯罪既是客观实际，又是犯罪的法律定性。所以他被指责出尔反尔。"[3] 特拉伊宁的二元论也遭到我国学者的质疑。

---

[1] 参见〔苏〕特拉伊宁《犯罪构成的一般学说》，薛秉忠等译，中国人民大学出版社，1958。

[2] 〔俄〕库兹涅佐娃、佳日科娃主编《俄罗斯刑法教程》（总论），上卷"犯罪论"，黄道秀译，中国法制出版社，2002，第176页。

[3] 〔俄〕库兹涅佐娃、佳日科娃主编《俄罗斯刑法教程》（总论），上卷"犯罪论"，黄道秀译，中国法制出版社，2002，第176页。

三 应然犯罪之构成抑或法定犯罪之构成

如同有犯罪的实质概念和形式概念一样,犯罪构成也有应然犯罪之构成和法定犯罪之构成的分别。

从存在的角度按照"自然法"揭示的犯罪构成,是应然犯罪(或超法规的犯罪)的犯罪构成。从自然法或存在的犯罪现象角度(或层面)出发,对犯罪构成要件最经典的把握是:犯罪是客观违法、主观有罪责的行为。或者如我国主流犯罪构成四要件论那样把握犯罪要件,犯罪总是由一定主体以一定的罪过形式和客观的举止侵犯一定客体、具有社会危害性的行为。这种犯罪构成的功能,不仅具有司法定罪的意义,而且具有揭示犯罪本质、特征,为立法犯罪化提供依据的意义。这种犯罪构成因为是包含了应然意义的犯罪之构成,它的范围是广义的,不仅包含法律明文规定的犯罪之构成,也包含法律没有明文规定的应然意义的或超法规、实质意义的犯罪之构成。

这种犯罪构成难免脱离实定法的倾向。在实行类推制度的时期,法律体制和价值取向决定了必须选择这样的犯罪构成。在罪刑法定时代,这种犯罪构成论的要件虽然被加上了法定性的限制,但它仍然不是严格意义上法定犯罪之犯罪构成。这表现在两方面。第一,犯罪构成论具有积极的特性,不宜作为司法的定罪的模式。犯罪的实质要件仍然十分活跃,社会危害性的实质标准不仅具有消极要件的意义,而且具有积极要件的意义。在某种程度上,相当于犯罪本质、特征论。这种犯罪构成论的着眼点,不是力求发现立法者已经发现并"制造"出来的法律中的法,而是着眼于像立法者一样去发现、遵从事物的法。第二,与重视实质的特征相应,这种犯罪构成论的构成要件不讲求与法定内容的对应关系。正因为如此,我国学者质疑四要件论把分则条文中往往没有具体规定的客体作为犯罪构成要件之一,"导致犯罪构成法定化问题上的疑问"。[①]

从刑事立法的角度(或层面)出发,作为司法定罪标准(或规格)的

[①] 李洁:《三大法系犯罪构成论体系性特征比较研究》,载陈兴良主编《刑事法评论》第 2 卷,中国政法大学出版社,1998,第 442 页。

犯罪构成是法定犯罪之构成，首先重视犯罪构成的法定性。"尤其是在以罪刑法定为原则的现代刑法中，构成要件必须要有成文法规的严格规定。"[①] 而成文法严格规定构成要件的方式就是通过分则刑罚法规前提的罪状描述的。在三要件论中使用"构成要件"一词指代对具体罪状的描述，是分则××条规定之罪状的"空白代号"。只有行为该当这种构成要件时，才能构成犯罪。从刑事司法的角度（或层面）出发，判断"裸"的行为或案件事实该当分则××条罪状（构成要件）且违法、有责的，构成犯罪；或者违法、有责的行为该当分则××条罪状（构成要件）的，构成犯罪。这种法定犯罪的犯罪构成具有以下特征。一是把行为该当罪状当作犯罪成立要件之一，并从整体上把握。因为罪刑法定是通过分则法条中的罪刑条款体现的，只有该当具体条款中的罪状，才可能构成犯罪。二是贴近立法。依据法律规范来把握法定的犯罪要素，这表现在犯罪构成的三要件均有明确的对应的法律规定，体现出内容与形式（载体）的一致性。犯罪构成首先是法律规范中的构成。三是适应司法定罪的思路。即对犯罪构成因素的把握不讲究与行为事实结构一致，而是讲究与司法应用法律标准评价（或认定）行为（被评价行为或案件事实）的思路一致。行为该当分则××条罪状，并且经过进一步判断具有违法性和有责性的，成立犯罪。也是因为这一点，被小野清一郎称赞具有"实践的品格"，被大塚仁称赞"与上述刑事审判中犯罪事实的认定过程相协调"。[②] 四是具有消极性。在三要件中，只有法定的构成要件（罪状）具有积极要件的意义。而违法、有责要件，仅仅具有消极要件的意义，即排除该当构成要件的行为（不成立犯罪）的意义。虽然对违法性、有责性的理解可以是超法规的，但是这仅仅是在消极意义上使用（在限制、缩小犯罪成立范围上使用）。正是这种消极性，从犯罪构成论上落实罪刑法定原则和在司法上体现刑罚的审慎、谦抑的精神。

四 犯罪构成理论多元化

通过构成要件的概念对罪状（内容和形式）进行整体把握，并循着

[①] 〔日〕小野清一郎：《犯罪构成要件理论》，王泰译，中国人民公安大学出版社，1991，第4页。
[②] 〔日〕大塚仁：《犯罪论的基本问题》，冯军译，中国政法大学出版社，1993，第49页。

"注释法律评价标准（构成要件、违法、责任）—司法适用法律评价标准（构成要件该当性、违法性、有责性）"定罪的思路，构建犯罪成立三要件论，这种犯罪成立论是法定犯罪构成之"注释－司法"定罪论模式。通过对犯罪行为的结构分析，并循着客体、客观、主体、主观把握犯罪成立要件的四要件论，是应然犯罪之犯罪成立论。无论是应然犯罪之构成，还是法定犯罪之构成，都有其存在的价值。从哪一种角度来认识、把握犯罪构成要件，只是代表学者的一种理论倾向，既没有优劣之分，也可以并行不悖。一个国家的刑法学界，并非只能采取一种犯罪构成论，并非必须推翻一种犯罪构成论，才能确立另一种犯罪构成论。在国外，英美法系和大陆法系的犯罪构成论就有很大的差异，即使是在三要件论发源地的德国、日本学界，三要件论，即贝林创立的以构成要件该当性为中心的三要件论，也只是有影响的理论体系之一。①

从不同角度阐述犯罪构成，不仅可以并行不悖，而且还能相得益彰。法定的犯罪来源于对现实的犯罪的概括、抽象，并且需要以现实的犯罪诠释、演绎法定的犯罪构成。反过来，对法定犯罪构成的适用，进一步促进对现实犯罪的认识。在三要件论中，违法、归责理论的发展，如期待可能性的理论，就是从司法实践中首先提出的。

在我国学界，目前的问题并非占主流地位的四要件论不够完美，而是理论的种类和思维方式过于单一，缺乏辨别、接纳多元的犯罪构成体系的观念，总是站在一种体系的框架内看问题，比如对结果乃至客体的把握。按照存在的应然的犯罪构成观，犯罪总是要侵犯一定的法益（不论法律是

---

① 例如，在以构成要件该当性为中心的体系之外，还有行为论体系、构成要件与违法性合一的"不法"体系、"行为－行为人"二元体系。在确立犯罪论体系的出发点方面，可能有多种考虑和选择，如犯罪的本质构造、犯罪的认定构造、犯罪的实现过程等。构建体系的基础和出发点不同，在犯罪的存在与价值、实质与形式、应然与法定等方面也会有不同的侧重。此外，在现代犯罪论中，有一个值得注意的倾向，就是注重发挥保障人权机能，构建所谓"机能的犯罪论"以实现处理案件"结果的合理性"。例如，日本学者前田雅英在《刑法总论讲义》（东京大学出版会，1999）中，采取二分法，把犯罪构成要件分为"客观的构成要件"和"主观的构成要件"两个要件，并统合在犯罪的二个实质要件之内，即：(1) 存在值得处罚的恶害情形；(2) 对行为人就该行为有非难的可能。这种"实质的犯罪论"含有这样的意味：从形式上考虑"限于处罚该当构成要件的行为"是不够的，还需实质也可罚才能定罪处罚，进一步用实质的、应然的观念，限制刑罚的适用（参见该书第50页以下）。

否具体描述），而对法益的侵害则是犯罪的结果（也不论法律是否具体描述），因此，得出"泛结果"的结论：结果与客体一样都是犯罪的必要要件（要素），说客体、结果不是必要要件那是错误的。相反，在这种框架内试图引入行为犯、结果犯、形式犯、实害犯的观念，也是不相宜的。如果引入结果犯、行为犯的概念，则说法不同。二者不是有无结果作为要素的差别，而是都有结果，只是结果与行为是否可分的问题。可分的是结果犯，不可分的是行为犯。相反，如果从规范的、司法的角度把握犯罪构成，法律在罪状中描述的东西、司法中能够具象观察判断的东西，才能作为犯罪构成的因素。在这样的体系中，客体仅仅作为法律保护的利益，并且因为在分则条文中通常不被描述，所以它仅仅具有对条文规定要素如对象、结果的解释论意义。而结果也只能是具体刑罚法规规定的特定的、物质性的，至少是可以观测的结果，如故意杀人罪的死亡结果，医疗事故罪的就诊人伤残死亡的结果。对于脱逃罪、非法拘禁罪、伪证罪等，恐怕就不能强求结果是构成要件。缺乏辨别、接纳不同犯罪构成论体系的观念，单一的思维方式，妨害了我们正视不同犯罪构成论的体系差异，以至于遇到两种体系概念的冲突时，不是怀疑四要件论的正确性，就是批评其他体系的概念是错误的。

我们既需要应然犯罪之犯罪构成论，也需要法定犯罪之犯罪构成论。现在的问题主要不在于如何把四要件论发展到完美无瑕的程度，也不在于如何选择一个理论体系、抛弃另一个理论体系，而在于在明确理论倾向、风格、功能的基础上，寻求犯罪构成理论的多元发展。

对犯罪构成理论的多元发展，需要注意两个基本问题。

第一，明确理论体系的出发点，究竟是应然、存在的犯罪构成论，还是法定、司法的犯罪构成论。体系的出发点不同，将会导致把握犯罪构成要件的方式、角度的不同以及许多基本概念的差异。必须在认清体系思路的基础上，构建、评价犯罪构成论，避免不必要的混乱和冲突。

第二，明确理论的功能，究竟是定罪论，还是犯罪结构论。如果着眼于定罪功能，应当明确区分被评价的行为事实和评价的标准，并且顺应司法定罪的思路，侧重于从司法运用法律标准评价行为（或案件）事实的角度构建犯罪成立的体系。这样的犯罪构成论具有偏重法律注释和司法定罪模式的风格。

相反，如果着眼于揭示、反映犯罪的事实结构，那么，应当遵循犯罪的事实的、真实的、存在的状况，努力揭示、反映犯罪构成的"本来面貌"。真实的犯罪的确是一个有机整体，主客观不可分割，犯罪的实质与形式不可分割。在这个意义上讲，犯罪构成论不过是分析这样一种有机整体的工具，是一种从结构角度分析犯罪的方法。这种犯罪构成论揭示了一个客观、真实的犯罪结构。它不必拘泥于法律形式、结构，也不必考虑司法认定犯罪的思路。

四要件论似乎就是一种侧重于这种功能的理论。它尊重犯罪的真实状况，以犯罪行为本身的结构为结构，没有明显的评价标准和被评价行为的区分，因为评价标准（法定构成因素）被融入被评价的行为事实之中来把握了。我国学者认为，四要件论是"一次性综合的平面评价模式"。其实，从理论构架上讲，还具有被评价的行为事实与评价的标准一体化的体系特征。

犯罪论体系的位阶性研究[*]

陈兴良[**]

摘　要：犯罪成立要件是刑法规定的，四要件的犯罪构成理论与三阶层的犯罪论体系在此并无区别，两者的区别仅仅在于犯罪成立要件之间是否具有位阶性。在三阶层的犯罪论体系中，构成要件该当性、违法性、有责性之间具有位阶关系，这种位阶关系对司法的定罪过程具有逻辑引导机能，有助于保证定罪的正确性。而四要件的犯罪构成理论，在犯罪客体、犯罪客观方面、犯罪主体、犯罪主观方面之间没有位阶关系，只是一种排列顺序，可以随意变动，四要件之间是一种互相依存关系。根据四要件认定犯罪，往往主观判断与客观判断颠倒，事实判断与价值判断混淆，存在实用性缺陷，影响正确定罪。三阶层的犯罪论体系具有科学性，应当为我国所采用。

关键词：位阶性　三阶层　四要件

位阶是指客观事物之间的一种位置安排，由此形成事物之间具有内在逻辑关系的秩序。在犯罪论体系中，犯罪成立要件之间具有位阶性，这种位阶性决定了犯罪论体系的内在逻辑结构。无论是三阶层的犯罪论体系（以下简称"三阶层"），还是四要件的犯罪构成理论（以下简称"四要件"），都是对刑法所规定的犯罪成立要件的一种理论塑造。犯罪成立要件是由刑法而不

---

[*] 本文原载于《法学研究》2010年第4期。
[**] 陈兴良，北京大学法学院教授。

是由理论规定的，三阶层与四要件的区别并不在于其理论形态所呈现出来的犯罪成立要件的差别，而在于这些犯罪成立要件之间逻辑关系的不同。正是犯罪成立要件之间的位阶性，决定了三阶层的犯罪论体系的整体架构。以此反观四要件的犯罪构成理论，可以说，四要件是没有位阶的犯罪构成。犯罪成立要件之间是否存在位阶关系是三阶层与四要件的根本区别之所在。本文从位阶的观念切入，对三阶层与四要件进行结构性的对比研究。

一 犯罪论体系位阶性的学术史考察

犯罪成立要件是由刑法规定的，这种规定可以分为分则性规定与总则性规定。在一般情况下，分则所规定的是犯罪成立的特殊要件，总则所规定的是犯罪成立的共通条件。犯罪成立的特殊要件，主要是指犯罪成立的客观要件；而犯罪成立的共通条件，通常是指犯罪成立的主观要件。因此，犯罪成立要件可以分为客观要件与主观要件。在刑法理论上，对犯罪成立要件进行理论概括，最初形成的就是这种犯罪的客观要件与主观要件相区分的理论。例如意大利在 18 世纪的自然法理论的基础上，形成所谓古典的二分理论（La teoria bipartita classica）。意大利学者在介绍古典的二分理论时指出："从犯罪是一个'理性的实体'（ente di ragione）的前提出发，古典大师们认为犯罪由两种本体性因素构成。他们称这些因素为'力'（forza），包括'物理力'（forza fisica）和'精神力'（forza morale）。尽管有不尽然之处，这两种'力'大致相当于现代刑法学中的犯罪的'客观要件'和'主观要件'。根据古典学派的理解，这两种力又包含一个客观方面和主观方面：'物理力'的主观方面即主体的行为，而其客观方面则是犯罪造成的危害结果；'精神力'的主观方面指的是行为人的意志，而其客观方面表现为犯罪造成的'精神损害'（如在社会中引起了恐慌或者为公民所树立的坏榜样）。在这种'力'的二分模式中，犯罪的本体性因素与评价性因素合成了一个整体。但是，合法化原因在这种体系中却无存身之处，后来只好将其勉强解释为因主体受'强制'而排除精神力的原因。"[①]

---

① 〔意〕杜里奥·帕多瓦尼：《意大利刑法学原理》（注评版），陈忠林译评，中国人民大学出版社，2004，第 92 页以下。

古典的二分理论是十分简陋而原始的犯罪构成理论，在这一理论中，客观要件与主观要件之间的位阶关系并未确定。

费尔巴哈与施就别尔虽然对犯罪坚持二分结构，但初步确定了客观要件与主观要件之间的顺序关系。苏联学者特拉伊宁在论及犯罪构成时，把古典学派关于犯罪构成的理论称为客观结构，认为古典学派十分肯定地提到处于首要地位的并不是主观因素，而是客观因素——行为的质，而不是主体的质。特拉伊宁在评论费尔巴哈时指出："如 A. 费尔巴哈给犯罪构成下了如下的定义：'犯罪构成乃是违法的（从法律上看来）行为中所包含的各个行为的或实施的诸要件的总和……'。可见，A. 费尔巴哈在这里十分肯定地列入犯罪构成的只是表明行为的特征。A. 费尔巴哈并没有忽略责任的主观根据——罪过——的意义。可是，根据他所下的定义，罪过却处在犯罪构成范围之外，也就是说：只有那些实现了犯罪构成、行动有罪的人，才负刑事责任。"[1] 在以上的论述中，费尔巴哈所说的犯罪构成，是指刑法分则规定的犯罪成立的客观要件。所谓"实现了犯罪构成"，是指行为符合刑法分则规定的犯罪成立的客观要件。客观要件是放在第一位的，其次才是罪过，即主观要件。当然，特拉伊宁在意的并不是客观要件与主观要件之间的位阶关系，而是费尔巴哈将罪过放在犯罪构成的范围以外这一问题。其实，费尔巴哈这里所说的犯罪构成是指特殊的构成要件，即刑法分则规定的犯罪成立要件。从犯罪成立要件总和的视角出发去看费尔巴哈关于犯罪构成的定义，确实给人一种难以理解的感觉。只有在刑法分则规定的犯罪成立要件的意义上，才能透彻地领悟费尔巴哈的思想。特拉伊宁还对德国刑法学家施就别尔关于犯罪构成的理论作了以下描述："A. 费尔巴哈的同代人施就别尔（Stübel）在 1805 年出版的犯罪构成的专著中，也只把客观因素引入犯罪构成。施就别尔说：'犯罪构成，乃是那些应当判处法律所规定的刑罚的一切情况的总和，因为这些事实是同责任能力无关的。'同时，在施就别尔看来，责任能力的概念包括一切主观因素，首先包括罪过。由此可见，无论是 A. 费尔巴哈或者是施就别尔，都不容许在没有罪过的情况下负刑事责任，但同时又都把罪过置于犯罪构成的范围

---

[1] 〔苏〕特拉伊宁：《犯罪构成的一般学说》，薛秉忠等译，中国人民大学出版社，1958，第 15 页。

之外。在他们看来，犯罪是：（1）实现犯罪构成的行为；（2）有罪的行为。"①

施就别尔关于犯罪构成的概念与费尔巴哈如出一辙。这反映了18世纪后期至19世纪初期在德国通行的构成要件是指特殊的构成要件，因而是刑法分则规定的、客观的并且是事实的，并不包括主观因素在内。对此，日本学者小野清一郎曾经作过以下评论："在19世纪的刑法学中，还没有出现与今天完全一致的构成要件理论。Tatbestand一词仅限于在犯罪事实或法律上制约着成立犯罪的诸条件的意义上加以使用，而且它又被分成了一般构成要件和特殊构成要件，或是主观构成要件和客观构成要件。例如，弗朗克的《注释书》中，最清楚而又直截了当地表现出这一点。他认为，所谓一般构成要件，是指成立犯罪所必需的要素的总和；所谓特殊构成要件，则是各种犯罪所特有的要素。作为一般构成要件，有人的一定态度在内，并且它必须是有意志的行为或者有责任的行为。而有责任，往往说的是主观的构成要件，是与客观的、外部的构成要件相对立的。弗朗克的上述观点，被认为是19世纪的通说。在这个时期，虽有构成要件的概念，但并没有考虑它的特殊理论机能，所以还不是今天这种意义上的构成要件理论。"②

小野清一郎所说的"今天这种意义上的构成要件"，是指在贝林以后的构成要件概念，而这一构成要件概念与19世纪刑法学中的特殊构成要件概念是较为接近的。例如，李斯特指出："如果说到刑法中的构成要件，通常是指特殊的构成要件，它表明分则章节中规定的具体不法类型特征的总和。特殊的构成要件让我们知道，立法者是如何规定谋杀、抢劫、贿赂和叛国罪等的。易言之，特殊的构成要件为刑警（Kriminalist）了解对从刑法上确定犯罪种类具有重要意义的特别之违法性和其后为适用刑法而确定罪责，打开了方便之门。"③

在整个19世纪，虽然客观上的构成要件与主观上的责任区分是十分明

---

① 〔苏〕特拉伊宁：《犯罪构成的一般学说》，薛秉忠等译，中国人民大学出版社，1958，第15页。
② 〔日〕小野清一郎：《犯罪构成要件理论》，王泰译，中国人民公安大学出版社，2004，第4页以下。
③ 〔德〕李斯特：《德国刑法教科书》，徐久生译，法律出版社，2006，第205页。

显的，但对两者关系的界定仍然是模糊不清的。因此，犯罪论体系尚处在一个前位阶时代。

犯罪成立要件之间位阶关系的真正确立，肇始于李斯特。李斯特将"犯罪"界定为符合犯罪构成的、违法的和有责的行为。在论及违法性与有责性的关系时，李斯特指出："符合犯罪构成的违法性并不构成'犯罪'这种否定评价的理由。犯罪还是一种有责的行为（schuldhafte Handlung）；也就是说，有刑事责任能力的犯罪人是故意或过失地实施了符合犯罪构成的违法行为，也即刑法中的罪责问题涉及符合犯罪构成的违法行为。因此，也就必然得出这样一个结论：刑法制度中的罪责只能在违法性学说之后来探讨。"① 在此，李斯特提出了"刑法制度中的罪责只能在违法性学说之后来探讨"这一重要命题，首次明确地界定了违法性与有责性之间的位阶关系。违法性与有责性之间位阶关系的形成，可以说是古典犯罪论体系诞生的标志。正是在这个意义上，我们可以把李斯特称为古典犯罪论体系的创始人之一。对此，我国台湾学者许玉秀指出："如今被称为古典的犯罪阶层体系，是刑法理论史上第一个成形的犯罪阶层体系。这个体系又称为贝林-李斯特体系（Beling-Lisztsches System），因为完整的体系结构固然是贝林于1906年发表的，但李斯特于1881年第一版教科书中区分违法性（Rechtswidrigkeit）和罪责（Schuld），被视为最早区分刑法体系阶层之作，后世因而将贝林与李斯特合称为第一个犯罪阶层体系的创始者。"②

违法性与有责性的区分，即不法与责任的分野，是围绕客观违法论与主观违法论而展开的，并且涉及刑事不法与民事不法的界分。这是一场横贯19世纪的学术争论，它对三阶层的犯罪论体系的形成产生了深刻的影响。一般认为，不法理论可以追溯到黑格尔，黑格尔提出的不法理论，尤其是民事不法与犯罪的区分学说，为此后的主观违法论与客观违法论之争埋下了伏笔。黑格尔明确地把不法区分为以下三类：①无犯意的不法；②诈欺；③犯罪。他指出："法作为特殊的东西，从而与其自在地存在的普遍性和简单性相对比，是繁多的东西，而取得假象的形式时，它或者是自在的或者直接的假象，即无犯意的或者民事上的不法，或者被主体设定为

---

① 〔德〕李斯特：《德国刑法教科书》，徐久生译，法律出版社，2006，第168页。
② 许玉秀：《当代刑法思潮》，中国民主法制出版社，2005，第63页以下。

假象，即诈欺，或者简直被主体化为乌有，即犯罪。"① 黑格尔把不法看作对法的否定，而这种对法的否定又可以分为不同的发展阶段，由此形成不同的不法形态。尤其是黑格尔对民事上的不法和刑事上的不法加以区分。我国学者在评论黑格尔的不法理论时指出："他（指黑格尔——引者注）把民事上的不法同刑事上的不法，都看作是同一不法的不同的发展阶段，力求从不法本身找出它们之间的内在联系，力求把它看作是一个过程；并把不法区分为无犯意的不法、部分无犯意的不法和完全的不法，或者说是对法说来的假象、对我说来的假象和对法对我说来都不是假象，而是真正的不法，是对法的完全否定，因而对自在的法说来它完全是一种虚假的东西，而不是真实的东西，总是要被扬弃的。"②

黑格尔指出的"无犯意的不法"概念，被认为是客观违法论的肇始。由于受到黑格尔的客观精神法哲学以及"无犯意的不法"概念的深刻影响，客观违法论在德国法学界处于通说的地位。③ 黑格尔的客观违法论是建立在他关于法的学说基础之上的。黑格尔把法分为抽象法与道德法，这是法的辩证发展的两个阶段，抽象法是指客观法，而道德法是指主观法。而不法属于客观法领域的问题，责任则属于主观法领域的问题。客观法与主观法的区分，也就是法与道德的区分。

在黑格尔之后，德国学者阿道夫·默克尔（Adolf Merkel）教授于1867年发表了《可罚不法与民事不法之关系》一文。这里所称的"可罚不法"，就是指刑事不法，即犯罪。默克尔摆脱了黑格尔关于抽象法这样一种抽象的描述，而把法看作一种命令规范，并且寻求可罚不法与民事不法的上位概念——不法。默克尔指出，不法的内容主要由两个要素组成。一是否定了法所包含的客观化的共同意思或侵害法所保护的共同利益；二是归责可能性要件。如果认为法是由国家制定并由国家强制力保障实施的，那么就不得不承认国家的权威，而藐视法的权威、否定国家意志则是一切不法的特征。法规范表现为命令性规范或禁止性规范，不法则是对命令性或禁止性规范的侵害，然而命令只向具有责任能力的人下达，故侵害

---

① 〔德〕黑格尔：《法哲学原理》，范扬、张企泰译，商务印书馆，1961，第92页。
② 武步云：《黑格尔法哲学：法与主体性原则的理论》，法律出版社，1995，第193页。
③ 参见肖吕宝《主、客观违法论在刑法解释上的展开》，黑龙江人民出版社，2008，第20页。

此等命令即可认定为违法。为此，法的义务只能赋予具有责任能力之人，即义务只有在客观可能的情况下才有意义，人类在不可能实现的无法预见或无法避免的情况下不具有义务性。即使发生损害实施，只要行为人并没有否定法的共同意思，就是尊重了法本身。① 由是，默克尔主张主观违法论，即认为只存在"有责的不法"，而否认"无责的不法"。在默克尔看来，任何不法都必然以违法主体具有责任能力与故意或者过失为前提。而无责任能力的人的行为或者缺乏故意与过失的行为，都不能被评价为不法。由此可见，主观违法论实际上是把可归责性纳入不法要件，从而将不可归责的行为从不法概念中予以排除。尤其是主观违法论强调主体对法的理解能力，因而得出"有责的不法"的结论。

在1876年默克尔提出主观违法论的同时，德国著名学者耶林在《罗马私法中的责任要素》一文中提出了与主观违法论对立的客观违法论，进一步引发了主观违法论与客观违法论之争。客观违法的概念是耶林为与默克尔的主观违法论相抗衡而制造出来的概念。② 耶林是从民法上的善意占有与恶意占有的性质区分入手开始其论证的，认为善意占有他人之物绝不是合法的，只能认为是不法的。这种不法相对于恶意占有的主观违法而言，是一种客观的违法。因此，耶林论证了客观违法的存在，同时没有完全否认主观违法，而是为主观违法留下了存在空间。在这个意义上，耶林是赞同客观违法论的，但并非为完全的绝对客观违法论者。③ 应该说，耶林的客观违法论是不彻底的，并且在民法领域展开对主观违法论的批判，对刑法的贡献不是直接的。当然，耶林对把责任要素纳入违法范畴的主观违法论的抨击，对于古典派的犯罪论体系建构阶层理论仍然具有启迪意义。

在刑法中坚持客观违法论的李斯特，也是从对法的理解入手的。李斯特提出了法具有双重功能的命题，这里的双重功能是指命令规范与评价规范。李斯特在评论主观主义的强制理论时指出："此等主观主义的强制理论的结果可能是，当行为是由无责任能力或其他不负责任之人实施时，行为的不法特征即告消灭。该理论的不正确性源于它的武断的片面性。它忽

---

① 参见余振华《刑法违法性理论》，元照出版有限公司，2001，第15页。
② 参见〔日〕泷川幸辰《犯罪论序说》，王泰译，法律出版社，2005，第47页。
③ 参见肖吕宝《主、客观违法论在刑法解释上的展开》，黑龙江人民出版社，2008，第27页。

略了法律的双重功能,即法律不只是命令,即命令规范,而且,从逻辑上的必要性出发,法律也是评价规范。仅就此点而言,法律以抽象的价值标准的面目出现,其适用可能性完全不取决于被评价的对象、人的行为所发生的方式(有责或无责)。"① 李斯特在此所批评的主观主义的强制理论,实际上就是指主观违法论。李斯特认为主观违法论的错误在于片面地把法律理解为命令规范,由此否认无责的不法。但如果把法律同时理解为评价规范,则完全可以成立"无责的不法"。根据李斯特的观点,在不法阶层,主要是对行为是否具有法益侵害性进行客观外在的判断,因而应当承认客观违法。李斯特指出:"法律是作为一个客观评价规范的整体出现在我们面前的。依据这些规范,人类行为的特征作为客观上合法或违法而出现。"② 只有在有责性阶段,才涉及行为人的内心世界与将该行为评价为非法的法律规范之间的联系。正是在主观罪责的意义上,法律的规范功能的性质才得以彰显。

在李斯特将不法与罪责分离,并且正确地界定了不法与罪责的位阶关系的基础上,贝林进一步阐述了构成要件在犯罪论体系中所处的指导形象的地位,从而正式宣告阶层式犯罪论古典体系的诞生。贝林把犯罪类型与刑法分则规定的法律的构成要件加以区分。法律的构成要件是一种指导形象,它在逻辑上是先于犯罪类型的,这就是构成要件对于其他犯罪成立条件所具有的位阶上的优先性。贝林指出:"每个法定构成要件肯定表现为一个'类型',如'杀人'类型、'窃取他人财物'类型等。但是,并不意味着这种——纯粹'构成要件'的——类型与犯罪类型是一样的。二者明显不同,构成要件类型绝不可以被理解为犯罪类型的组成部分,而应被理解为观念形象(Vorstellungsgebild),其只能是规律性的、有助于理解的东西,逻辑上先于其所属的犯罪类型。"③ 贝林把构成要件确定为首要的构成要素,它在逻辑上是先于其他犯罪构成要素的。他还形象地把构成要件比喻为一个钩子,阐述了构成要件在定罪的司法过程中的优先作用,指出:"实务中,法官首先会在犯罪种类(独立的犯罪类型)范畴内一如既

---

① 〔德〕李斯特:《德国刑法教科书》,徐久生译,法律出版社,2006,第199页。
② 〔德〕李斯特:《德国刑法教科书》,徐久生译,法律出版社,2006,第251页。
③ 〔德〕恩施特·贝林:《构成要件理论》,王安异译,中国人民公安大学出版社,2006,第5页以下。

往地考察，某行为可以构成哪些犯罪类型。法官就相当于有了一个钩子，他可以把案件悬挂在这样一个钩子上面。因为所有犯罪类型（独立、直接的或者附属、间接的）都离不开一个作为指导形象的法定构成要件，然后分别进行排除，即客观方面的相关行为是否充足（genügen）法定构成要件（一般称为构成要件符合性，这是由揭示犯罪形象而与构成要件建立联系的问题），也即是处于优先考虑地位的问题，因为所有后续研究都有赖于该问题的解决，该问题本身相对于其解决的答案则具有独立性。"① 构成要件对于犯罪成立其他要件的优先性与独立性，是贝林对构成要件性质的重要界定。由此，古典派的犯罪论体系确立了"违法是客观的，责任是主观的"这一命题，并将客观要件置于比主观要件优先的位阶，形成了犯罪论体系的不法与责任两大支柱。

在古典派的犯罪论体系之后，新古典的犯罪论体系提出了主观违法要素，打破了"违法是客观的"这一命题。但主观违法要素只是例外的情形，它并不能否定在一般情况下违法是客观的这一事实。即使是目的主义的犯罪论体系，将故意与过失等主观要素纳入构成要件，形成所谓主观的构成要件，在这种情况下，仍然没有改变三阶层的体系，也没有动摇不法与责任这两大支柱。

二 犯罪论体系位阶性的实际功能

犯罪成立要件是多元的，并且相互之间互相联结，由此形成一种金字塔形结构。贝林指出："在方法论上，人们按照合目的的方式提出了六个有此特征的犯罪要素，其顺序和结构为：'构成要件符合性'需要置于'行为'之后，然后依次就是'违法性'—'有责性'—'相应的法定刑罚威慑'—'刑罚威慑处罚的条件'。构成要件符合性应当是先于违法性和有责性的，这样后续其他概念才能完全定义于刑法意义上。"② 在以上犯罪成立的六个条件中，构成要件符合性、违法性与有责性是最为基

---

① 〔德〕恩施特·贝林：《构成要件理论》，王安异译，中国人民公安大学出版社，2006，第30页。
② 〔德〕恩施特·贝林：《构成要件理论》，王安异译，中国人民公安大学出版社，2006，第62页以下。

本的，由此形成犯罪论体系的逻辑框架。尽管在具体要素的归属上，古典的、新古典的、目的主义的和目的理性的犯罪论体系之间存在各自不同的见解，然而，犯罪论体系的框架仍然是三阶层。犯罪成立要件的位阶性是各种犯罪论之间的最大公约数。犯罪论体系的位阶性，具有以下功能。

（一）位阶的结构支撑功能

在刑法学说史上，对犯罪的认识是一个逐步深化的过程，可以分为两个阶段。

第一个阶段是犯罪成立要件的主客观相统一的认知过程。在此期间经历了主客观相分离，即主观归罪与客观归罪的惨痛教训，最终达致主客观相统一，犯罪成立需要同时具备客观要件和主观要件，两者缺一不可的见解。贝卡利亚对犯罪成立问题上的"意图说"和"罪孽说"进行了猛烈的抨击，强调法律不惩罚犯意，只有对社会的危害才是衡量犯罪的标尺。[①]而费尔巴哈将构成要件（客观要件）与罪过（主观要件）确认为犯罪成立条件，从实体法上获得了犯罪的主客观相统一的认知结论。

第二个阶段是犯罪成立要件之间位阶关系的认知过程。在这个期间确立了不法与责任的位阶关系，由此开创了犯罪论体系的知识进路。前一阶段解决的是犯罪成立需要哪些要件的问题，后一阶段解决的是犯罪成立要件之间究竟是何种关系的问题。后一问题的解决以前一问题的解决为前提。犯罪论体系的形成是以犯罪成立要件之间的位阶关系的确立为标志的。

德国学者提出了区分不法与责任是否具有超越实定法的基础这样一个问题。在德国学者看来，不法与责任的区分，是"物本逻辑的结构"，无论刑法学者是否认识到不法与责任的区分，这种区分本身是客观存在的。就此而言，区分不法与责任并不是一个超越实定法的问题，而只是在刑法规定基础上的一种理论构造。德国学者指出："然而这绝非意味着，不法与罪责的区分出于上述的考虑已经在个别的情况先行确定，以及甚至可能确立超越实定法的基础。因为我们还可能高估了规范性指导原则与物本结构间的一致性效果，而且也可能重蹈目的行为论通常犯下的那个错误。我借用不甚精确的建筑学用语或是拱形支架的名词，这种情形称呼为超越支

[①] 参见〔意〕贝卡利亚《论犯罪与刑罚》，黄风译，中国大百科全书出版社，1993，第67页。

撑限度的托架（Hyper-überkragung）。"① 以上论述包含着较为深刻的哲理，它一方面阐明了不法与责任的区分并不是一种理论臆断，而是刑法的"物本逻辑的结构"。就此而言，是刑法自身所具有的不法与责任相区分的性质决定了在犯罪论体系中应当将两者加以区分，后者只不过是对前者的反映而已。另一方面，德国学者还引入了一个拱形支架的概念，认为它具有对结构的支撑功能，并且指出：托架不能超越支撑限度。这两方面的思想都是令人深思的。

就不法与责任的区分是刑法的"物本逻辑的结构"而言，它表明对刑法规定的理解不能停留在法条表象，而应当深刻地理解法条背后的法逻辑。这也就是所谓的"物本逻辑"。在此，德国学者明显采用了现象与本体的二元思维方法，认为法条规定本身只是一种表象，隐含在背后的是"物本逻辑"。我们通常只看到法条表象，认为犯罪成立的要件是由刑法规定的，这一点没有问题。而犯罪成立要件之间的关系，例如不法与责任的位阶关系，则是刑法理论所形塑的。德国学者指出，不法与责任的区分本身仍然是刑法自身的逻辑所决定的。这一点具有重大的启迪意义。

就不法与责任的区分是拱形支架这一比喻而言，是十分形象的。犯罪成立要件是多种多样的，但在所有犯罪成立要件中，只有不法与责任这两个要件具有拱形支架的功能，对于整个刑法体系起到支撑作用。不法与责任被称为犯罪论体系的两大支柱，② 这种支柱作用是由不法与责任之间的位阶关系所决定的。如果只有不法与责任这两个要件，但并不存在两个要件之间的位阶关系，那么就难以支撑犯罪论体系，因为在犯罪成立要件之间缺乏有意义的架构。不法与责任之间形成位阶关系：责任以不法为前提，不法对责任形成制约。在这种情况下，犯罪论体系才是具有内在逻辑性的，并且构成恢弘的理论大厦。

（二）位阶的价值取向功能

三阶层的犯罪论体系是以不法与责任这两大支柱为托架的。但不法又

---

① 〔德〕许迺曼：《区分不法与罪责的功能》，彭文茂译，载许玉秀、陈志辉主编《不移不惑献身法与正义——许迺曼教授刑事法论文选辑》，新学林出版股份有限公司，2006，第445页。
② 参见张明楷《以违法与责任为支柱构建犯罪论体系》，《现代法学》2009年第6期。

是以构成要件该当为前提的，因而形成构成要件该当性、违法性与有责性这样三个阶层。在刑法理论上，对于构成要件该当性与违法性的区分是否必要，存在各种不同的观点。相当有力的观点认为，这种区分是不必要的，只有在古典派的犯罪论体系中将构成要件形式化，才存在这种区分的必要。随着构成要件的实质化，这种区分的必要性随之丧失。例如，日本学者西原春夫指出："纵观德国与日本构成要件论发展的历史，简直就是构成要件论向违法论靠近的历史。"① 西原春夫主张将构成要件并入违法性，采取并不承认构成要件或者构成要件该当性是独立的犯罪要件的立场。但是，通说仍将构成要件该当性与违法性加以区分，因为两者的功能并不相同。实际上，犯罪论体系的三个要件分别对应三个原则，体现对三种价值的保护。

1. 构成要件该当性对应罪刑法定原则，体现的是刑法的人权保障价值

罪刑法定原则的基本含义是"法无明文规定不为罪"。因此，法律（这里主要是指刑法分则）是否有明文规定，就成为区分罪与非罪的基准。我国学者在论述构成要件与罪刑法定的关系时，深刻地指出："纵观犯罪构成（指构成要件——引者注）的形成史，我们可以发现，构成要件本来就是在罪刑法定主义的基础上产生和形成的，罪刑法定化必定要求构成要件法定化。……构成要件是将客观的案件事实和罪刑法定化后的刑法规范联系起来的枢纽，通过审视案件事实是否符合法定的构成要件'样板'，决定行为是否该纳入刑事领域。……可以说，正是借助于作为不法类型的构成要件，'罪刑法定'方得以从逻辑的世界走向经验的世界。"② 以上论述十分真切地解释了构成要件与罪刑法定的关系。罪刑法定原则是以人权保障为使命的，因而构成要件所具有的人权保障价值也是十分明显的。

构成要件之所以能够发挥罪刑法定原则所要求的人权保障机能，主要是由构成要件的类型性特征所决定的。例如贝林指出："立法者首先已对所有人们的行为给出了特定的形象、类型、抽象的法律形式指导，这些东西指示着具体的犯罪类型（'谋杀罪''盗窃罪'等），还指示着这些类型

---

① 〔日〕西原春夫：《犯罪实行行为论》，戴波、江溯译，北京大学出版社，2006，第25页。
② 劳东燕：《罪刑法定本土化的法治叙事》，北京大学出版社，2010，第204页以下。

彼此之间的价值关系。按照立法者的意志，这些东西同时扮演着这样的角色，即未符合上述形象之一的行为（非类型性行为），也就不具有刑罚可罚性。"① 类型具有某种封闭性，它使行为形成一个封闭的区间，从而将不具有构成要件该当性的行为被排除在犯罪之外，起到了第一道关卡的作用。正是在这个意义上，构成要件成为罪刑法定原则的实现途径。当然，在刑法学上对于贝林的构成要件能否起到人权保障的机能，也是存在疑问的。例如西原春夫指出："贝林的构成要件论旨在实现人权保障，强调罪刑法定主义，与此相对，他的构成要件论到底起到了怎样的作用呢？如前所述，他之所以将构成要件作为客观的、描述性的概念来把握，乃是为了据此在确定构成要件符合性之时尽可能地排除法官的价值判断。如果说在贝林以前，违法性的确定是在与实定法没有任何关联的情况下任意进行的，那么，贝林这种试图在确定违法性之前，首先将不符合构成要件的情形排除在违法性判断对象之外的见解，我认为是应当听取的。但是，第一，当时，德国刑法学在费尔巴哈以后已经意识到了罪刑法定主义思想，在脱离实定法的情况下恣意地确定违法性的罪刑擅断主义已经被排除了。如果是这样，那么，即使在判断构成要件符合性之时排除了包含有价值判断以及行为人主观方面的判断，由于在进行如下的违法、责任判断之时仍然必须作出这种判断，因此，可以说贝林的构成要件论并不能如其所期待的那样，实质性地发挥人权保障的机能。"② 在以上论述中，西原春夫虽然肯定构成要件论的初衷是限制罪刑擅断，强调罪刑法定主义，但是，他又认为在罪刑法定主义被接受、罪刑擅断主义被排除的情况下，构成要件论的作用就丧失了。笔者认为，这一理由是较为牵强的。因为正如上文所述，罪刑法定主义正是通过构成要件发挥其限制机能的。在某种意义上说，取消构成要件也就是在一定程度上削弱罪刑法定主义。即使贝林所主张的事实的而非规范的、客观的而非主观的、形式的而非实质的构成要件论在某种程度上被改变，出现了规范的构成要件与主观的构成要件，尤其是构成要件的实质化，给构成要件论带来深刻的变革，但这并不能从根本

---

① 〔德〕恩施特·贝林：《构成要件理论》，王安异译，中国人民公安大学出版社，2006，第59页。
② 〔日〕西原春夫：《犯罪实行行为论》，戴波、江溯译，北京大学出版社，2006，第32页以下。

上否认构成要件所具有的人权保障机能。

2. 违法性对应法益保护原则，体现的是刑法的社会保护价值

三阶层的犯罪论体系的违法性，不是指违反刑法，即刑事违法性，而是指实质违法。实质违法是与形式违法相对的，形式违法是通过构成要件确认的：凡是具备构成要件该当性的行为，当然就具有形式违法性，因为构成要件本身就是违法行为类型。而实质违法则与之不同，它是指对法益的危害。对此，李斯特曾经指出："实质违法是指危害社会的（反社会的）行为。违法行为是对法律保护的个人或集体的重要利益的侵害，有时是对一种法益的破坏或危害。对重要利益的保护是法律的首要任务。通过对因受法律保护而上升为法益的重要利益进行认真的界定，利益之矛盾、法益之冲突也不可能被完全排除。构成法制最后和最高任务的人类共同生活目标的要求，在此等矛盾、冲突中牺牲价值低的利益，如果只有以此为代价才能维护价值高的利益的话。据此可以得出以下结论：只有当其违反规定共同生活目的之法秩序时，破坏或危害法益才在实体上违法；对受法律保护的利益的侵害是实体上的违法，如果此等利益是与法秩序目的和人类共同生活目的相适应的。"①

对于违法性之违法，不能从规范上加以考察，而应当从实质上加以界定。它是指违反法秩序，其根本性质在于对法益的侵害。法益侵害不是绝对的，对法益的保护是通过解决法益冲突来实现的。在李斯特的以上论述中，也论及利益之矛盾和法益之冲突的问题。在违法性中，主要讨论违法阻却事由，即合法化事由，而这些合法化事由是以具备构成要件该当性为前提的。对此，德国学者指出："合法化事由不是以规范的一般之例外为基础，而是为了解决社会矛盾冲突情况，要求在具体情况下进行价值权衡（Wertabwaegungen），基于这样的价值权衡，不受影响地维持被保护的法益的利益，必要时必须退却到同样被法秩序承认的其他价值之后。但这不是绝对的，而只是在必要性和适当性的范围内有效的等价没有包含对一般禁止的总的限制，而是在具体情况下独立处理禁止规范及其固有的价值内容。"② "违法阻却的基本法理是法益衡量，而法益衡量是以法益冲突为前

---

① 〔德〕李斯特：《德国刑法教科书》，徐久生译，法律出版社，2006，第200页以下。
② 〔德〕耶赛克、魏根特：《德国刑法教科书》，徐久生译，中国法制出版社，2001，第309页。

提的。构成要件的设置本身也具有法益侵害的考量。因此，在一般情况下，可以从构成要件推定违法性。但在法益冲突的情况下，需要通过违法阻却而达致保护更为重要法益的刑法机能。因此，缺乏构成要件该当性的行为与违法阻却的行为在性质上是有所不同的。"① 也就是说，缺乏构成要件该当性的行为根本没有侵害刑法所保护的法益。违法阻却事由之所以不受处罚，是因为尽管行为对刑法保护的法益造成了损害，但例外地不是实质的不法。

3. 有责性对应责任主义，体现的是刑法的伦理或者公正价值

基于"责任是主观的"这一命题，心理责任论认为，责任能力和故意、过失是责任的全部要素。从心理责任论向规范责任论转变以后，故意、过失不再被看作责任要素，目的行为论的犯罪论体系甚至将其逐出责任概念，纳入构成要件，而把体现法敌对性意识的违法性认识和可非难性条件的期待不可能作为主观上的归责要素。及至目的理性的犯罪论体系，又进一步将罪责改造成包含预防必要性的实质性罪责概念。例如，德国学者罗克辛指出："规范罪责概念仅仅说，一种有罪责的举止行为必须是'可谴责的'。但是，这个概念仅仅具有形式上的性质，而还没有回答这个问题：这种可谴责性应当取决于哪一些内容上的条件。这是一个关于实质性罪责概念的问题。"②

这里的实质性罪责概念是与形式性罪责概念相对应的。罗克辛认为规范责任论仍然是一个形式性的罪责概念，没有涉及可谴责性的根据。那么，什么是可谴责性的根据呢？这个可谴责性的根据是指预防必要性。我国台湾学者在论及罗克辛的负责性的罪责概念时指出："Roxin 认为，在传统'罪责'（Schuld）这个'阶层'要问的是：是否在刑法的观点下，对一个'个别'的行为人加以制裁是必要的？从这个观点来看，以'罪责'（Schuld）这个概念来称这个阶层就是不适当的。因为 Roxin 认为，刑法中的'罪责'只能意味着'行为人可以为合法行为的能力'。而他认为这个意义下的罪责，并不是作为刑罚制裁必要性的概念。Roxin 主张，刑事制

---

① 〔德〕耶赛克、魏根特：《德国刑法教科书》，徐久生译，中国法制出版社，2001，第309页以下。
② 〔德〕克劳斯·罗克辛：《德国刑法学总论》第1卷，王世洲译，法律出版社，2005，第562页。

裁的必要性不只取决于行为能力，亦取决于立法者的刑事政策观点，两者合称为负责性（Verantwortlichkeit）。"[1] 从以报应为内容的罪责概念到包含了一般预防的负责性的罪责概念，这是责任理论的一个巨大变化。尽管如此，以责任限定犯罪成立范围，从而限制刑罚发动的机能并无改变，只不过从规范责任论以单纯的非难可能性来限定犯罪成立，到实质性罪责概念采用非难可能性与预防必要性这双重标准限定犯罪成立，其宗旨都是为使刑法的公正价值得以实现，防止刑罚滥用。

以上所述犯罪论体系的三个阶层，体现刑法的三种价值：人权保障、社会保护和刑法公正。但是，刑法的这三种价值不是并列的，也不是我们通常所说的那样，是辩证统一的。刑法的这三种价值是存在位阶关系的。其中，刑法的人权保障价值处于优先地位，也是刑法所追求的首要价值。刑法的社会保护价值处于第二位，它受到罪刑法定原则的限制，这就意味着，当人权保障与社会保护这两种价值发生冲突时，应当将人权保障置于优越地位。对于那些法无明文规定、不具有构成要件该当性的行为，即使造成了再大的法益侵害结果，也不能构成犯罪。至于有责性，它是一个责任归咎问题，应当充分考虑行为人的个人要素，尤其是非难可能性与预防必要性，从而将犯罪概念建立在公正的基础之上。这里应当指出，罗克辛虽然在责任的概念中引入了刑事政策的价值内容，包括预防必要性等因素，但由于它是以行为人具有非难可能性为前提的，因而预防必要性是对罪责的进一步限制而非扩张。就此而言，负责性的罪责概念具有合理性。这也体现了从存在论的责任概念向价值论的责任概念的转变，从形式上的责任概念向实质性的责任概念的转变。

（三）位阶的思维方法功能

犯罪论体系的位阶关系使犯罪论体系不仅是犯罪成立条件的总和，而且成为对定罪的司法活动具有引导功能的思维方法，这就是所谓位阶式的思维。日本学者西田典之在论及三阶层的犯罪论体系的作用时指出："在如何保证裁判官作出正确、适当的判断这一意义上，构成要件该当性—违法性—有责性这一判断顺序也具有相应作用。理由在于，是否该当于可罚

---

[1] 李文健：《罪责概念之研究——非难的实质基础》，作者自版，1998，第222页。

性行为类型这一构成要件该当性的判断，在某种程度上具有形式性、明确性，正因为如此，若由此首先设定一个限制性框架，即便其后对违法性、有责性进行实质性判断，也不会扩大处罚范围；接着进行的违法性判断是一种实质性判断，即便如此，由于原则上是基于客观性要素所作的判断，仍有可能相对明确地进行判断；相反，由于有责性判断考虑的是行为人的主观，因而在其认定中，包含有使之归于不明确的要素。正是出于这种考虑，犯罪论体系通过阶段性的深入，即由形式性判断进入实质性判断，由对客观性要素的判断进入对主观性要素的判断，从而力图确保裁判官的判断的正确、适当。根据上述解释，可以说，对于控制裁判官的思考过程，进而将刑法的适用限定于适当正确的范围之内，构成要件该当性、违法性、有责性这种犯罪论体系是一种行之有效的做法。"[1] 根据西田典之的以上论述，三阶层的犯罪论体系有助于保证法官判断结论的正确性，而这种正确结论的获得，主要是遵循了位阶式的思维方法。正是在这个意义上说，三阶层的犯罪论体系是行之有效的。在此，所谓位阶式的思维方法，是指层层递进式的逻辑思维方法。这种思维方法不仅规定了定罪的阶层与顺序，而且使后一阶层的判断结论受到前一阶层的判断结论的严格限制，从而使定罪的司法过程呈现出一种递进式结构，并把那些非罪行为从犯罪中予以逐个排除。

三阶层的犯罪论体系创造了一种在定罪的司法过程中的体系性思维。因此，位阶式思维方法不仅具有阶层性，而且具有体系性。德国学者指出："体系方法，乃是将一个思考的任务（无论是要解答一个抽象的问题，还是要判断一个具体的个案）分解成了一个个单一个别的思维步骤或决定步骤，并且将这些步骤合乎逻辑地整理排列好。这特别像德国谚语所指出的：第二步不会先于第一步。第二步，是指所有逻辑上以第一步为前提的步骤。体系方法，本质上也就是一种逻辑的运用。因而，体系方法在很大程度上也承担了逻辑在法学方法论中的命运。"[2] 德国学者罗克辛大力倡导刑法教义学体系性思考方法，并将体系性思考与问题性思考结合，还对体

---

[1] 〔日〕西田典之：《日本刑法总论》，刘明祥、王昭武译，中国人民大学出版社，2007，第45页。

[2] 〔德〕Ingeborg Puppe：《法学思维小学堂：法学方法论密集班》，蔡圣伟译，元照出版有限公司，2010，第253页。

系性思考的优劣作了辩证的考察。① 我们可以循着罗克辛的思路，对体系性思考的优点进行分析。

1. 降低审查案件的难度

犯罪论体系是一种审查案件的体系性模式（罗克辛语），它为审查案件提供了一种具有操作性的方法，因而减少了审查案件的难度。那么，这种审查案件的难度是如何降低的呢？罗克辛指出了以下两点。

一是定罪审查的程式安排，不会遗留重大问题。罗克辛指出："面对一个行为，人们首先应当审查行为构成（即构成要件——引者注）是否得到满足，然后是违法性、罪责性和其他刑事可罚性条件。在这个由符合逻辑顺序的确定思维步骤而形成的构造中，首先能够保障所有与刑事可罚性的评价有关的重要问题，都能够真正得到审查。"② 犯罪论体系是定罪经验的总结，将与定罪有关的各种要素都提炼出来，并且形成一个体系。在各种情况下，我们只要按照这个体系按部就班地进行，就能在程式化的模式中保证定罪的正确性，而不至于陷入混乱，或者面对各种各样的犯罪要素无所适从。在这个意义上说，具有位阶性的犯罪论体系恰似一幅定罪的路线图，使复杂的定罪活动能够按图索骥地展开。

二是定罪审查的经济性。按照三阶层的犯罪论体系进行思考，只有那些构成犯罪的行为才需要完成对三个阶层的全部考察。如果是不构成犯罪的行为，则在定罪的不同阶层停顿下来，不需要再继续对此后的阶层进行考察。对此，罗克辛指出："审查案件的体系性模式，对于思考的经济性来说，也是有帮助的。例如，如果正式行为构成不能得到满足，那么，就完全不需要再考察违法性和罪责。如果存在正当化的根据，那么，就可以从一开始就停止进行（可能是困难和费时的）寻找排除罪责理由的工作。"③ 显然，这种定罪思维的经济性，同时也是定罪活动的效率性，正是位阶式思维方法所带来的。尤其是把那些对于犯罪成立来说更为重要的要件放在前面，则可以最初就将非罪行为予以排除，而不至于浪费司法资源。对于定罪来

---

① 参见〔德〕克劳斯·罗克辛《德国刑法学总论》第 1 卷，王世洲译，法律出版社，2005，第 126 页以下。
② 〔德〕克劳斯·罗克辛：《德国刑法学总论》第 1 卷，王世洲译，法律出版社，2005，第 127 页。
③ 〔德〕克劳斯·罗克辛：《德国刑法学总论》第 1 卷，王世洲译，法律出版社，2005，第 127 页。

说，首先需要考察的是行为人是否实施了刑法分则所规定的犯罪行为，这是一个构成要件该当性的问题，其逻辑是："不符合构成要件，免谈。"由此可见，对犯罪成立要件的这种位阶式安排，体现了定罪思维的经济性。

2. 体系性秩序作为平等和有区别地适用法律的条件

体系性的定罪模式，对各种犯罪成立要件平等而有区别地加以安排，这样就能使相同的情况得到相同的处理，同时也实现了不同的情况不同处理。对此，罗克辛曾以正当化与免责的区分为例加以说明。如果有人受到抢劫犯的攻击，在自己进行防卫时，射杀了这个侵犯者，那么就属于正当防卫。但如果射中的是一个不相干的第三人，则不能认为其行为是正当的；换言之，其行为具有违法性，只能根据德国刑法典第35条被免责。那么这种区分的意义何在呢？意义在于：侵犯者对他人的防卫行为不能实施正当防卫，因为该行为是正当的。但第三人对他人射杀侵害而误中自己的行为可以实施正当防卫，因为该误射行为是具有违法性的。对此，罗克辛指出："根据正当化和免责根据，体系性秩序就可以使大量的事实性陈述（Sachaussagen），具有在刑事政策上令人满意的、同时照顾到各种利益状态不同点的规定。如果我们没有这个体系，那么，我们对于每个具体的可以想象的紧急情况，就需要对其法律条件和法律后果规定一种特殊的规则。这就需要很多条文，并且，就像在缺乏主导性体系原则时那样，还会产生大量同样漫无头绪、无法互相衔接、或者有缺陷的条款来。因此，体系性秩序的贡献，就像在例子中所表明的那样，是保证法律得到平等和理性适用的重要手段。"①

3. 法律的简化和更好的操作性

体系性的审查案件模式将定罪要件分解为构成要件该当性、违法性和有责性，并在这三个要件之间设置位阶关系，从而把各种相关的犯罪要素都纳入这三个犯罪成立要件，由此使法律得以简化，并且也提供了更好的操作性。这里所称的更好的操作性，是指在讨论一个问题的时候要明确其体系性地位，从而在不同的阶层予以解决。例如我国刑法第16条规定的不可抗力与意外事件，这两者是有所不同的。在三阶层的犯罪论体系中具有

---

① 〔德〕克劳斯·罗克辛：《德国刑法学总论》第1卷，王世洲译，法律出版社，2005，第127页。

不同的体系性地位：不可抗力是一个行为论的问题，是在构成要件该当性之前需要解决的问题；而意外事件是一个责任论的问题，并不否认其行为的存在。对此，应当在不同的阶层予以解决而不能混淆。否则，就容易出现差错。

例如，在关于奸淫幼女是否必须以明知幼女年龄为必要的讨论中，苏力教授持否定见解。在阐述理由时，苏力指出："如果强调男性行为人对 14 岁幼女的'年龄认知'，由此势必推断或认定 14 岁以下的幼女在与确实不知其年龄的男子发生性关系时的'自愿'意思表示是法律上认为有效的（valid）自愿，因此可以豁免行为男子的罪责或罪错；而当她同一位知道或应当知道其年龄的男子发生性关系时的'自愿'意思表示则在法律上是非自愿，因此不能豁免该男子之刑事责任。这两个推断在逻辑上不可避免，但在社会规范层面上是无法成立的。因为这很可能导致，同为与 14 岁以下幼女发生性行为，行为人对不足 14 岁这一点的'知'（或'应当知'）与'不知'就可能决定了他的命运相当甚至完全不同——当他'知'或'应当知'时，他的最高刑有可能是死刑，而当他'确实不知'时，他的这一行为甚至不被认为是犯罪。仅仅这样一个有关年龄的认知就决定了同样的行为可能穿越从无罪到死刑的全部刑事惩罚的跨度，如此巨大的差别，我想没有一位刑事法律人能够接受。"[①] 以上论述听起来有理，但又似是而非。按照苏力的逻辑，行为人在不知幼女年龄的情况下之所以无罪，是因为幼女性承诺有效；而行为人在明知幼女年龄的情况下之所以有罪，是因为幼女性承诺无效。那么，幼女的性承诺有效与无效是否以行为人对幼女的年龄是否明知为转移呢？答案是否定的。苏力之所以得出这一结论，是混淆了犯罪论体系的位阶关系。性承诺是否有效，这是一个构成要件该当性的问题。若妇女的性承诺是有效的，因而强奸妇女构成犯罪应以违背妇女意志为前提。如果妇女同意与他人发生性关系，则强奸罪的构成要件该当性不具备。而若幼女的性承诺是无效的，这一点与男性是否明知其年龄无关，即使幼女同意发生性关系，奸淫幼女的构成要件该当性也是具备的。明知的问题则是一个有责性的问题。根据构成要件的故意规

---

① 苏力：《司法解释、公共政策和最高法院——从最高法院有关"奸淫幼女"的司法解释切入》，《法学》2003 年第 8 期。

制机能，凡是被纳入构成要件的要素，都是行为人必须认识的。因此，奸淫幼女的故意必然包含了对幼女年龄的明知。如果不具有这种年龄的明知，并不是幼女性承诺有效而使男性行为人无罪，而是缺乏故意不能对其进行主观归责而使其无罪。由此可见，采用位阶式的思维方法，就不会发生类似的逻辑混乱。

4. 体系性思考作为深化法学的路标

体系性思考不仅对于案件审查是十分重要的，对于法学研究也同样具有指导意义。法学不是脱离司法实践而存在的，而是对司法实践知识进行专门的体系化整理而形成的。因此，三阶层的犯罪论体系所具有的这种位阶性的定罪模式，对于深化刑法理论研究具有引导功能。例如，共犯理论，很大程度上就是以犯罪成立要件的阶层性为前提的。共犯的从属性，历来区分为最小从属性说（对应于构成要件该当性）、限制从属性说（对应于违法性）、极端从属性说（对应于有责性）。没有犯罪成立条件的位阶性，也就不可能产生共犯的各种从属形式。同样，关于共犯处罚根据论，存在因果共犯论（对应于构成要件该当性）、不法共犯论（对应于违法性）、责任共犯论（对应于有责性），也是以犯罪成立条件的位阶性为前提的。由此可见，体系性思考方法是法学研究的重要方法。

尽管体系性思考方法存在罗克辛所指出的那些缺陷，[①] 但其优越性是十分显著的。体系性思考是以犯罪成立要件的位阶性为前提的，因此，体系性思考也是位阶式方法的应有之义。

三 四要件与三阶层理论的结构对比

苏联刑法学的四要件犯罪构成理论，是在继承沙俄时期关于 Tatbestand（构成要件）概念的基础上逐渐形成的。如前所述，费尔巴哈只把客观要素纳入构成要件，而把主观要素排除在构成要件以外，作为另一个犯罪成立的要件。这一观点中包含了犯罪成立的客观要件与主观要件之间的位阶

[①] 参见〔德〕克劳斯·罗克辛《德国刑法学总论》第1卷，王世洲译，法律出版社，2005，第128页以下。

性的思想萌芽。但这一观点受到特拉伊宁的批判，被指责为一种人为割裂犯罪构成统一概念的做法。① 在主客观相统一原则的指导下，特拉伊宁对犯罪构成作出如下界定："犯罪构成乃是苏维埃法律认为决定具体的、危害社会主义国家的作为（或不作为）为犯罪的一切客观要件和主观要件（因素）的总和。"②

在这种情况下，构成要件就被改造成犯罪构成，而犯罪构成涵括了犯罪成立的所有客观要件与主观要件，犯罪构成成为犯罪成立的一切客观要件和主观要件的总和。这里的"总和"一词表明，犯罪构成只是犯罪成立要件的简单相加，而这些犯罪成立要件之间的位阶性不复存在。

四要件的犯罪构成理论把犯罪构成分为以下四个要件：犯罪客体、犯罪客观方面、犯罪主体、犯罪主观方面。显然，在四要件之间是存在一定顺序性的，但这种顺序性并不能等同于位阶性。那么，如何区分顺序性与位阶性呢？位阶本身也是一种顺序，但顺序不能等同于位阶。顺序只是一种确立前后关系的概念，而位阶则具有逻辑蕴涵。在三阶层的犯罪论体系中，构成要件该当性、违法性和有责性这三者之间显然存在一定的顺序，但这种顺序是不可变更的。因为后一要件的存在以前一要件为前提，前一要件则可以独立于后一要件而存在。这样一种前后要件之间的关系，就是犯罪论体系的位阶关系。而在四要件的犯罪构成理论中，显然四个要件的排列是存在一定的顺序的，但四要件之间是一种互相的依存关系：不仅后一要件的存在以前一要件的存在为前提（这是位阶性所要求的），而且前一要件的存在也以后一要件的存在为前提（这一点是不同于位阶性的），因而形成一有俱有、一无俱无的依存关系。依存性是四要件之间的关系，它与三阶层的位阶性是存在本质区别的。

我国学者对三阶层与四要件的结构作了对比，指出："在德日三阶层体系下，是将一个整体平面的刑法规范裁为三块：构成要件该当性与中国体系的客观方面大致相似——均系对客观外在之事实特征的符合性分析；违法性实质上是讨论刑法规范中必然隐含的法益侵损问题——与中国体系

---

① 参见〔苏〕特拉伊宁《犯罪构成的一般学说》，薛秉忠等译，中国人民大学出版社，1958，第15页。
② 〔苏〕特拉伊宁：《犯罪构成的一般学说》，薛秉忠等译，中国人民大学出版社，1958，第48页以下。

的客体要件意义极为相似而只是排序不同;有责性涉及的是主体的一般性资格及具体心态问题——中国体系的主体和主观方面两要件可以完整将其包容。由此可见,德日体系的所谓阶层递进,只是一些学者们的一种想象式的理解。如果将德日体系理解为一种递进路径,那中国体系又有何理由不能如此相称呢——从客体递进到客观方面,再递进到主体,最后达到主观方面——呈一种较德日体系更为清晰、更为合理的递进理路。"[①] 以上论述充满了似是而非之处。

首先,三阶层与四要件的要素对比并不能说明两种犯罪成立体系的相似或者相同,因为这些犯罪成立条件是由刑法规定的,而不是由犯罪论体系规定的。唯有如此,才能说明同一个法律规定是可以采用不同的犯罪论体系加以诠释的。因此,从三阶层与四要件所指称的犯罪成立要件相似甚至相同,无论如何也不能得出"德日体系的所谓阶层递进,只是一些学者们的一种想象式的理解"这样的结论。因为阶层递进并不是由犯罪成立要件本身决定的,而是由犯罪成立要件互相之间的关系决定的。就三阶层之间的关系而言,从构成要件该当性到违法性再到有责性,这样一种递进关系是客观存在的:在逻辑上,不法是先于责任的,而不可能相反。因此,只有在确立了行为不法以后,才能考察责任追究的问题。责任的存在以不法为前提,而不法的存在则不以责任为前提,即所谓存在"无责的不法",但不存在"没有不法的有责"。这难道不是一种实实在在的阶层递进关系吗?

其次,四要件之间确实存在一定的顺序,但不能将这种顺序错误地理解为位阶,因为四要件中对后一个要件的判断并不以对前一个要件的判断为前提。例如,以正当防卫杀人而言,按照三阶层的犯罪论体系,具备杀人罪的构成要件该当性但不具备违法性而出罪;但如果是精神病人杀人,则不仅具备杀人罪的构成要件该当性,而且具备违法性,但是因为缺乏有责性中的责任能力而出罪。只有同时具备构成要件该当性、违法性和有责性这三个要件的杀人行为才构成杀人罪。但根据四要件的犯罪构成理论,对正当防卫杀人与精神病人杀人是没有区分的,都是犯罪构成要件不具备。而且,正当防卫杀人和精神病人杀人都是四要件不具备,因而与杀人

---

① 冯亚东:《中德(日)犯罪成立体系比较分析》,《法学家》2009年第2期。

罪之间没有任何关联。换言之，正当防卫杀人仅仅在形式上符合杀人罪的客观要件，而实质上是不具备杀人罪的犯罪构成的，因而连杀人这一事实本身也被否定了。这样一种犯罪成立要件之间的关系，怎么可能存在层层递进关系？因此，四要件的犯罪构成理论的所谓阶层递进，才是一些学者的一种想象式理解。

更为重要的是，三阶层的犯罪论体系尽管某些要素可以在不同阶层之间进行调整，例如故意与过失是属于责任要素还是构成要素，对此是存在争议的，但无论如何，三个阶层之间的顺序是不能前后颠倒的，这说明在三个阶层之间存在位阶关系。而且，即使故意与过失被纳入构成要件，在构成要件内部，客观构成要件与主观构成要件之间的位阶关系也是客观存在的，即客观判断先于主观判断。但对于四要件理论来说，四要件之间的顺序是可以随意调整的，这是四要件不存在位阶关系的明证。

我国刑法学界曾经讨论过四要件的排列顺序。我国从苏联引入的四要件的传统排列顺序是犯罪客体—犯罪客观方面—犯罪主体—犯罪主观方面，这是我国刑法学界的通说。对于这一顺序，有学者认为，这是一种从立法者认识犯罪行为的角度出发得出的排列顺序。[1] 也有学者认为，这是一种侦查逻辑顺序。[2] 对于这种传统的四要件的排列顺序，有学者提出了批评并提出了新的排列顺序，指出："通说的观点将犯罪客体排在首位，在没有论述犯罪行为之前就突如其来地谈犯罪客体，不符合犯罪构成各要件之间的逻辑关系。犯罪构成要件的排列，应以犯罪构成要件各要件之间的逻辑关系作为排列标准。据此，犯罪构成要件应当按照犯罪主体要件—犯罪主观要件—犯罪客观要件—犯罪客体要件进行排列。因为犯罪构成要件在实际犯罪中发生作用而决定犯罪成立的逻辑顺序是这样的：符合犯罪主体要件的人，在其犯罪心理态度的支配下，实施一定的犯罪行为，危害一定的客体即社会主义的社会关系。"[3]

这是一种以犯罪主体为中心的犯罪构成要件的排列顺序，其根据是犯

---

[1] 参见王充《从理论向实践的回归——论我国犯罪构成中构成要件的排列顺序》，《法制与社会发展》2001 年第 3 期。

[2] 参见储槐植、高维俭《犯罪构成理论结构比较论略》，《现代法学》2009 年第 6 期。

[3] 赵秉志：《论犯罪构成要件的逻辑顺序》，《政法论坛》2003 年第 6 期。

罪构成要件在实际犯罪中发生作用而决定犯罪成立的逻辑顺序。① 笔者认为，这是一种犯罪发生顺序，其仅具有犯罪学意义而不具有刑法学意义。② 值得注意的是，也有学者把这种排列顺序称为审判逻辑顺序，指出："司法人员首先审查的是被告人是否具备相应的刑事责任能力（即主体要件），如否，则指控罪名不成立；如是，则继续审查该行为人是否实施了受指控的行为（客观要件），侵害了刑法所保护的社会关系（客体要件）；最后，再审查其主观罪过（主观要件）是否成立，如否，则宣告无罪；如是，则判定为犯罪。"③

以上描述并不是定罪的司法过程的真实反映。在任何一起案件中，首先引起关注的是刑法上的行为，即构成要件行为，其他一切要素都是以此为依据的，没有构成要件行为就没有犯罪。如果认为犯罪主体是犯罪成立的第一个要件，那么我们每个人都具备犯罪主体要件，只是在犯罪构成的客观要件上，才将没有实施犯罪行为的人从犯罪中排除出来。反之，一个不具备犯罪主体要件的人，从第一个要件就被排除，而与根本就没有实施犯罪行为的人完全相同。例如我国学者认为，对于实行行为人明显属于不满 14 周岁的案件，司法人员首先就从主体要件上对其行为作出非犯罪性的评价，无须从客观要件更谈不上从所谓客体要件开始审查。④ 这种观点显然不妥，它完全抹煞了一个没有实施杀人行为的不满 14 周岁的人与一个实施了杀人行为的不满 14 周岁的人之间的差别。例如，一个不满 14 周岁的人被指控杀人，首先需要解决的是该人到底是否杀人的问题，而不是简单地根据不满 14 周岁就不考虑其到底有没有实施杀人行为而径直判其无罪。正确的判断是：先判断是否实施了构成要件该当的杀人行为，如果不具有构成要件该当的杀人行为，则该人不是因为不满 14 周岁而无罪，而是因为不具备构成要件该当性而无罪。那么，这两种情形是否存在差别呢？当然是有差别的。这种差别表现在：如果具备构成要件该当性而仅仅由于不满 14 周岁而无罪，则应该适用刑法第 17 条第 4 款的规定："因不满十六周岁

---

① 参见王充《从理论向实践的回归——论我国犯罪构成中构成要件的排列顺序》，《法制与社会发展》2001 年第 3 期。
② 对这一犯罪构成要件排列顺序的批评性意见，参见冯亚东《对我国犯罪构成体系的完善性分析》，《现代法学》2001 年第 4 期。
③ 参见储槐植、高维俭《犯罪构成理论结构比较论略》，《现代法学》2009 年第 6 期。
④ 参见赵秉志《论犯罪构成要件的逻辑顺序》，《政法论坛》2003 年第 6 期。

不予刑事处罚的,责令他的家长或者监护人加以管教;在必要的时候,也可以由政府收容教养。"如果是因为不具备构成要件该当性而无罪,即使对于不满14周岁的人也不适用上述规定。

对于四要件的犯罪构成理论来说,四要件是可以按照不同的逻辑关系进行排列的。正因为如此,四要件之间只有顺序性而没有位阶性。这种顺序性并非四要件之间逻辑关系的反映,而仅仅是出于表述的需要。就四要件之间的逻辑关系而言,它们之间是相互依存的:犯罪客体是犯罪行为所侵犯的刑法所保护的社会关系,没有犯罪行为,也就不可能存在犯罪客体。反之,没有侵犯犯罪客体的行为,也不可能是犯罪行为。这就是犯罪客体与犯罪行为之间的依存关系。犯罪主体也是如此。没有实施犯罪行为的人不可能是犯罪主体,因为犯罪主体是具有刑事责任能力、达到刑事责任年龄并且实施了犯罪行为的人。反之,没有犯罪主体,也不可能实施犯罪行为。这就是犯罪主体与犯罪行为之间的依存关系。至于犯罪行为与犯罪故意或者过失之间的依存关系更是明显:因为犯罪故意是行为人明知自己的行为会发生危害社会的结果,并且希望或者放任这种结果发生的一种主观心理态度,没有犯罪行为,怎么可能存在犯罪故意呢?反之,犯罪行为(也称危害行为)是指在人的意志支配下实施的危害社会的身体动静。[①]在没有明确区分上述定义中意志支配与故意心理的关系的情况下,很容易得出没有犯罪故意就没有犯罪行为的结论。四要件之间的依存关系在陈忠林教授的以下论断中体现得最为明显:"犯罪构成要件的实质是各种犯罪行为特殊本质在不同侧面的体现,它们分别从不同的角度说明了罪与非罪、此罪与彼罪的区别。犯罪构成是有内在必然联系的浑然不可分的整体。任何一个犯罪构成要件的成立都有赖于整个犯罪构成的成立,任何一个犯罪构成要件的成立也标志着整个犯罪构成的成立。犯罪构成各要件间存在着一种既相互联系又相互限制,既相互包含又相互转化的辩证关系。"[②] 在以上论断中,陈忠林教授采取的是整体性思维,是以犯罪已经成立为前提的。[③] 在犯罪已然成立的情况下,对犯罪的构成要素从四个方面

[①] 参见高铭暄、马克昌主编《刑法学》,北京大学出版社,2000,第68页。
[②] 陈忠林:《刑法散得集》,法律出版社,2003,第267页。
[③] 关于犯罪构成的整体性,参见何秉松主编《刑法教科书》上卷,中国法制出版社,2000,第214页。

加以描述。显然，这种思维方法不能反映定罪的动态过程。定罪的司法过程，是一个从无罪到有罪的过程，在寻找犯罪成立条件中不断地把非罪行为予以排除。只有在三阶层的犯罪要件同时具备的情况下，犯罪才能成立。这一定罪过程是符合无罪推定原则的，并且与诉讼程序设计和举证责任分配相匹配。如果说在上述论断中把四要件的犯罪构成称为一个整体还可以理解，那么把四要件的犯罪构成要件界定为相互转化的辩证关系，则无论如何都是令人难以捉摸的。

陈忠林教授还主张一种以犯罪主观要件为中心建立犯罪构成体系的观点，提出了主观罪过是犯罪构成的核心的命题，指出："当我们分别把犯罪构成各要件与犯罪的本质与犯罪的法律后果（刑事责任）和犯罪构成其他要件的相互关系联系起来考察时，我们就不能不得出一个与现行犯罪构成理论大相径庭的结论：犯罪构成的核心不是构成中的客观要件——'行为'，而是犯罪构成的主观要件——行为中所包含的主观罪过（故意和过失）。"[1] 在上述命题的论证中，理由之一是：犯罪主观要件是唯一直接包含了全部构成要件内容的构成要件。在一般情况下，我们很难想象一个构成要件可以包含另一个构成要件。如果是这样的话，犯罪成立只要一个构成要件即足矣，何必要其他被包含的构成要件呢？陈忠林教授认为犯罪构成要件之间存在相互包含的关系。[2] 既然是相互包含，何以犯罪主观要件与其他要件存在包含与被包含的关系，其他要件为什么不能包含主观要件呢？这在逻辑上是存在明显漏洞的。关键是：这里的包含如何界定？陈忠林教授认为存在两种包含关系：直接包含（即根据一要件可以推出另一要件）与间接包含（即一要件通过其他要件才能推出另一要件）。[3] 根据这两种包含关系，那么犯罪主观要件就不是唯一直接包含了全部构成要件内容的构成要件，任何一个犯罪构成要件都可以包含全部构成要件内容。例如，犯罪主体可以包含犯罪客观要件，因为行为是犯罪主体的行为；犯罪主体可以包含犯罪主观要件，因为故意与过失都是犯罪主体的主观心理态度；犯罪主体还可以包含犯罪客体，因为犯罪客体是犯罪主体所侵犯的社会关系。如此等等，依此类推。这些结论都是从犯罪构成要件

---

[1] 陈忠林：《刑法散得集》，法律出版社，2003，第269页。
[2] 参见陈忠林《刑法散得集》，法律出版社，2003，第272页。
[3] 参见陈忠林《刑法散得集》，法律出版社，2003，第272页。

之间相互依存的关系中推导出来的，也是否定犯罪构成要件之间位阶性的必然结果。

犯罪构成要件之间的位阶关系是以不法与责任为支柱的，基于"违法是客观的，责任是主观的"命题，不法与责任的位阶性也就是客观要件与主观要件的位阶性。对此，陈忠林教授提出质疑，认为司法实践在认定犯罪主观方面的内容之前，先认定犯罪客观方面的要件，这是一个任何人都不可能完成的任务。陈忠林教授提出了以下这个他自认为无法回答的问题："面对某甲砍了某乙一刀这一客观事实，在认定行为人主观方面是否有犯罪的故意或过失，有何故意或过失（即如果不先确定某甲主观上是否有伤害、杀人或危害公共安全等方面的故意或过失）之前，谁可能认定某甲的行为是否具备犯罪的客观要件，具备何种犯罪行为的客观要件？"[1]

其实这个问题也可以反过来问：面对某甲砍了某乙一刀这一客观事实，在认定行为人客观方面是否具备杀人罪、过失致人死亡罪或者危害公共安全罪的行为之前，谁可能认定某甲的主观上是否具备犯罪的主观要件，具备何种犯罪行为的主观要件？按照陈忠林教授的逻辑，犯罪客观要件与犯罪主观要件是互相依存的：没有犯罪客观要件，也就没有犯罪主观要件，反之亦然。因此，在没有认定行为人主观方面是否有犯罪的故意或过失，以及具有何种故意或过失之前，无法认定其行为是否具备犯罪的客观要件，以及具备何种犯罪行为的客观要件。反之亦然。因为客观上没有犯罪行为，主观上也就没有犯罪故意，犯罪故意是支配犯罪行为的主观心理状态，并且有何种犯罪行为就有何种犯罪故意：客观上是杀人行为，主观上则有杀人故意；客观上是盗窃行为，则主观上有盗窃故意。由此可见，从犯罪构成要件之间相互依存的关系出发，必然陷入循环论证的陷阱而无法自拔。

陈忠林教授提出的客观要件能否在位阶上先于主观要件的问题，其实是是否存在"无责的不法"的问题。应该说，在绝大部分情况下，客观要件是不以主观要件为转移的，因而不法是在位阶上先于有责的。例如秘密窃取，这是盗窃罪的构成要件，它并不以主观要件为转移。而恰恰相反，

---

[1] 陈忠林：《现行犯罪构成理论共性比较》，《现代法学》2010年第1期。

主观要件受客观要件性质的制约，支配着秘密窃取的故意，只能是盗窃故意，而不可能是其他犯罪的故意。因此，构成要件具有个别化机能。日本学者在论及构成要件的个别化机能时指出："为了保障人权，就要求犯罪个别化、明确化。如行为即便在人为地断绝他人的生命一点上相同，但是，由于犯罪构成要件的事实不同而分别成立杀人罪、伤害致死罪、过失致死罪一样，必须实行犯罪个别化，构成要件必须具有能够进行个别化的机能。这一机能就是构成要件的个别化机能。"[①]

应该说，在绝大多数情况下，据客观构成要件本身就可以实现个别化。在对同一行为既处罚故意又处罚过失的情况下，例如放火罪与失火罪，在客观上均具有引起火灾的行为，如果不考虑主观上的故意或者过失，是无法实现个别化机能的。此外，像故意杀人罪与过失致人死亡罪，客观上都具有非法剥夺他人生命的行为，如果不考虑主观上的故意与过失，同样也无法实现个别化机能。如果再加入故意伤害致人死亡这一情形，个别化就更加困难。正因为如此，有些学者主张将故意与过失纳入构成要件。例如日本学者在论及故意、过失在犯罪论体系上的地位时，指出："在构成要件符合性、违法性以及责任的犯罪成立要件之中，故意、过失应当属于哪一个要件呢？如后所述，理论上有不同意见。故意、过失是行为人的应当受到谴责的心理状态，本来是属于责任条件或形式的责任要素之内的，所以，认为故意、过失完全属于责任要素的见解很有力。但是，正如杀人罪（第199条）和过失致人死亡罪（第210条）的区别在于主观要素（故意、过失）的不同一样，故意、过失作为构成要件的主观要素，具有犯罪个别化的机能（通说）。"[②]

犯罪个别化机能是分阶层实现的。构成要件承担了绝大多数犯罪的个别化机能，极少数犯罪的个别化机能留待有责性阶层实现，并不会从根本上影响定罪。因此，没有必要以犯罪个别化为由将故意与过失纳入构成要件。而且，即使将故意与过失纳入构成要件，在犯罪的客观构成要件要素与主观构成要件要素之间仍然存在位阶关系。因此，就某甲砍某乙一刀的行为如何定罪而言，首先需要确定将人砍伤这一事实，如果根本没有伤害

---

① 〔日〕大谷实：《刑法讲义总论》，黎宏译，中国人民大学出版社，2008，第102页以下。
② 〔日〕大谷实：《刑法讲义总论》，黎宏译，中国人民大学出版社，2008，第118页。

（轻伤或者重伤）发生，则不可能构成犯罪。在确认伤害事实存在以后，如果没有考虑其主观故意的内容，则依其客观事实确认其具备伤害罪的构成要件。在有责性中如果认定某甲系出于伤害故意而砍乙，则构成故意伤害罪；如果认定某甲系出于杀人故意而砍乙，则属于故意杀人罪的未遂。而未遂属于构成要件的修正形式，即构成要件不齐备，对于杀人罪的未遂来说，就是死亡结果没有发生。但在某些情况下，虽然杀人行为没有造成死亡结果，却造成了伤害结果，此时，存在未遂的杀人行为与伤害行为的竞合。对此，日本学者指出："在未遂成为犯罪时，即使其行为本身符合其他的犯罪，也不另外定罪处罚。例如，被承认是杀人罪的未遂时，即使其行为相当于伤害罪，也不能追究伤害罪的责任。"[①] 因此，不能以未遂的杀人行为与伤害行为在构成要件上的竞合这种极为特殊的、个别的情形否认客观要件对于主观要件的位阶性，否则就是以偏概全。

四 对犯罪论体系位阶性的实效性分析

三阶层的犯罪论体系的位阶性与四要件的犯罪构成理论的平面性之间存在对立，是一个不容否认的事实。虽然笔者在理论上论证了犯罪成立要件之间位阶性的科学性，但其实效性如何，仍然是需要加以证明的。为四要件的犯罪构成理论辩护的学者指出："有的学者认为，我国犯罪构成理论体系逻辑上存在所谓'要件位阶关系'（或者阶层关系）缺失。笔者认为，如果说要件的阶层关系对于任何一个国家的犯罪构成理论体系来说都是必不可少的，那么毫无疑问，我国犯罪构成理论体系的确存在根本性缺陷，必须被推倒。问题是，体系不属于阶层，本身（疑系"平面"之笔误——笔者注）并不是缺陷，这是我国体系在形式上的特点。换个角度，我们也不能因为大陆法系国家犯罪成立理论体系中不存在要件平面关系，没有直接将行为分解为要件要素就指责阶层的犯罪论体系存在'平面关系的缺失'，因为这种差别正是与我国犯罪构成理论的形式比较的结果，形式的差别就是划分要件方法、组合要件途径的差别。重要的是，形式上要件不具备阶层关系的体系是否意味着其在逻辑上是不能自立？在形式背

[①] 〔日〕大塚仁：《刑法概说（总论）》，冯军译，中国人民大学出版社，2003，第251页。

后，是否存在因为形式属于要件平面关系而产生的根本实用性缺陷？"[1] 在此，作者提出了一个实用性缺陷的问题。以下，笔者通过相关案例来分析缺乏位阶性的四要件的犯罪构成理论的实用性缺陷，同时也就是论证具有位阶性的三阶层的犯罪论体系的实效性。

（一）思维的经济性问题

犯罪论体系是一种定罪的思维方法论，思维的经济性是衡量一个犯罪论体系优劣的标准之一。三阶层的犯罪论体系所具有的位阶式思维能够提供一个较为经济的思维方法。其优点是首先找到问题所处的阶层，然后集中精力解决该问题。尤其是在前一阶层的构成要件不存在的情况下，就无须再作下一阶层的判断。而在前一阶层的构成要件存在的情况下，可以通过推定来认定下一阶层。例如构成要件就具有违法性推定机能，在一般情况下，具备构成要件该当性即可推定违法性的成立，除非存在违法阻却事由。但四要件的犯罪构成理论，不仅在构成犯罪的情况下需要作全部犯罪成立要件的逐一判断，而且对不构成犯罪也要作全部犯罪成立要件的逐一判断，甚至对此罪与彼罪的区分也要作全部犯罪成立要件的逐一判断。从思维的经济性来考察，这显然是存在缺陷的。

例如顾永波非法拘禁案，公诉机关以绑架罪向人民法院提起公诉，人民法院审判后改变了公诉机关的定性，以非法拘禁罪定罪处罚。对于被告人顾永波的行为不构成绑架罪，有关裁判理由是这样论述的："1. 行为人顾永波没有以勒索他人财物为目的的主观要件；2. 行为人顾永波没有以扣押人质为目的的主观要件；3. 行为人顾永波在客观方面没有使用暴力、胁迫或其他方法，绑架被害人的行为。"[2] 以上论述是按照绑架罪的定义"绑架是以勒索财物或者以扣押人质为目的，使用暴力、胁迫或其他方法，绑架他人的行为"所提供的犯罪成立要件的顺序展开的：没有勒索财物的目的，没有以扣押人质为目的，没有使用暴力、胁迫或其他方法绑架他人的行为，因此不构成绑架罪。但是，这一论述根本就没有厘清前述目的与后述绑

---

[1] 肖中华：《我国现行犯罪构成（成立）理论总置评——为我国现行犯罪构成（成立）理论的辩护》，载刘宪权主编《刑法学研究》第4卷，北京大学出版社，2007，第109页。
[2] 国家法官学院、中国人民大学法学院编《中国审判案例要览》（2008年刑事审判案例卷），人民法院出版社、中国人民大学出版社，2009，第276页。

架行为之间的逻辑关系。使用暴力、胁迫或其他方法绑架他人这一行为，是不以行为人主观上是否具有勒索财物、扣押人质的目的为转移的。上述目的是主观违法要素，是一种主观的超过要素。因此，按照三阶层的犯罪论体系，在构成要件该当性中首先考察是否存在绑架行为。如果没有绑架行为，又怎么可能具有通过绑架而向他人勒索财物或扣押人质的主观目的呢？因此，在判断没有绑架行为以后，其绑架罪已然被否定，不再需要对主观上是否具有勒索财物的目的或扣押人质的目的进行考察。通过对两种定罪思维方法的对比，何种定罪的思维方法具有经济性难道不是一目了然吗？

以上裁判理由还进一步论述了非法拘禁罪与绑架罪之间的区分，指出："在审判实践中常把'索债型'的绑架行为或'以一定行为为目的'的扣押人质的非法拘禁罪与以勒索财物为目的的扣押、绑架人质的绑架罪相混淆。二者均侵犯了人身自由权利，客观上均实施了扣押、绑架人质等行为。但二者是有区别的，主要区别有三点：一是犯罪的主观目的不同。前者以逼索债务为目的，后者以勒索财物为目的。二是犯罪的对象不同。前者的犯罪对象大多数是有过错的，后者的犯罪对象基本上是无过错的。三是实施的客观行为不同。前者是以扣押、拘禁人质等作为索债的手段，其实施的行为比后者轻，不包括轻伤以上的暴力行为存在。若在实施行为中致被害人轻伤、重伤、死亡的，以结果论罪，可定故意伤害或故意杀人罪。后者暴力、胁迫手段突出，直接危害被害人的生命健康，社会危害性较大，完全可致被害人轻伤、重伤、死亡，并可能触及数罪，可以进行数罪并罚。"[①] 应该说，以上论述前后是自相矛盾的。前面说"索债型"的绑架行为属于非法拘禁，后面又说绑架行为与非法拘禁行为存在区别。那么，绑架行为与非法拘禁行为是否存在区别呢？其实，绑架和非法拘禁都是采取强制手段使他人丧失人身自由，并在一定期限内维持这种状态。因此，就客观行为而言，绑架与非法拘禁之间存在竞合关系。两者之间的区分，仅仅在于主观目的之不同。因此，对于绑架罪与非法拘禁罪的关系可以这样来表述：绑架罪是以勒索财物为目的的非法拘禁，而非法拘禁罪是不以勒索财物为目的的绑架。对于本案中被告人顾永波的行为构成非法拘禁罪而

---

① 国家法官学院、中国人民大学法学院编《中国审判案例要览》（2008年刑事审判案例卷），人民法院出版社、中国人民大学出版社，2009，第276页。

不构成绑架罪，只要在认定被告人客观上实施了将他人扣押，使其丧失人身自由的基础上，再确认行为人主观上是否具有勒索财物的目的即可，而根本没有必要对各个要件逐一分析。

（二）客观判断与主观判断的关系问题

在三阶层的犯罪论体系中，客观要素与主观要素之间存在位阶关系，只有先进行客观判断，然后才能进行主观判断。贝林指出："从主观到客观要素的适用，司法上并不是以此为基本考察；该考察虽符合人们行为的道德考察，而不符合法律的本意，法律在社会生活中是直接规范外在要素，只是结合外在要素才间接考虑内在心理要素。"① 之所以应当坚持客观判断先于主观判断的原则，是因为在一般情况下，客观要素可以独立于主观要素而存在，但主观要素却在很大程度上依附于客观要素而存在。例如，杀人行为是指剥夺他人生命的行为，只要在客观上能够引起他人死亡的行为都可以被评价为杀人行为，甚至过失致人死亡的行为也是一种杀人行为，即过失杀人。而故意伤害致人死亡，是故意伤害罪与过失致人死亡罪的竞合。因此，故意伤害致人死亡罪在客观上也包含了过失杀人行为。至于主观要素，如果是故意，只有其所支配的是杀人行为，该主观故意才能被认定为杀人的故意。因而，脱离客观上的杀人行为，杀人故意是不能成立的。如果是过失，也同样取决于客观要素：只有对于致人死亡这一结果存在过失，其主观过失才能被认定为致人死亡的过失。在司法实践中，如果不是严格遵循客观判断先于主观判断这一位阶式思维的基本要求，那就会导致定性上的错误。

例如王某职务侵占案，该案基本案情如下：2008年8月，王某以虚假的身份证、驾驶证到某服装公司应聘驾驶员。应聘后上班第一天，王某接受公司指派，驾驶公司的小轿车送公司办事员外出，借机将该车开走，占为己有。其后，王某采取同样手段又非法占有了三家公司的三部小轿车。经查，非法所得小轿车每台价格10万余元至20万余元不等。②

---

① 〔德〕恩施特·贝林：《构成要件理论》，王安异译，中国人民公安大学出版社，2006，第31页。
② 参见许少宇《以虚假身份应聘司机开走单位汽车如何定性》，《检察日报》2009年10月24日。

对王某的行为如何定性存在三种意见。第一种意见认为，该案构成诈骗罪。因为王某主观上有骗取被害单位小轿车的犯罪故意，客观上使用虚假身份证和驾驶证去被害单位应聘，骗取被害单位的信任，使被害单位陷入错误认识，而自愿将车辆交由其驾驶、保管，由此得以非法占有他人财物。第二种意见认为，该案构成职务侵占罪。因为王某虽然在应聘驾驶员职位时使用了虚假身份证和驾驶证，但一旦成为驾驶员，就获得了实际驾驶、控制车辆的职务上的便利，并利用这种职务上的便利，将本单位的车辆非法占为己有，数额特别巨大，应以职务侵占罪认定。第三种意见认为，该案属于"诈骗型盗窃"，应以盗窃罪认定。因为即使行为人在实施犯罪过程中采用了诈骗手段，使他人相信某种虚假事实，从而产生某种错误的理解，甚至上当受骗，但只要被害人在整个过程中未交付财物，或者虽交出财物，但未处分该财物，行为人趁被害人不备或对财物的支配暂时松懈而秘密窃取财物，就仍应视为盗窃而非诈骗。况且，王某利用的只是工作便利，而非职务之便，王某并不具有经手、保管车辆之职务便利。

从司法实践的情况来看，对王某的行为应以诈骗罪论处的意见占有相当的比例。在本案中，王某的行为当然不可能是盗窃罪，所谓诈骗型盗窃是不能成立的。那么，王某的行为到底是诈骗罪，还是职务侵占罪？笔者认为，这取决于王某使用虚假身份证件应聘取得司机职位的性质，即这一身份能否因为是采取欺骗手段获得的从而无效。对此，2004年3月30日最高人民法院研究室《关于对行为人通过伪造国家机关公文、证件担任国家工作人员职务并利用职务上的便利侵占本单位财物、收受贿赂、挪用本单位资金等行为如何适用法律问题的答复》指出："行为人通过伪造国家机关公文、证件担任国家工作人员职务以后，又利用职务上的便利实施侵占本单位财物、收受贿赂、挪用本单位资金等行为，构成犯罪的，应当分别以伪造国家机关公文、证件罪和相应的贪污罪、受贿罪、挪用公款罪等追究刑事责任，实行数罪并罚。"由此可见，采用欺骗手段获得职位，并且利用这一职位上的便利侵占本单位财物，如果骗取的是国家工作人员的职位，则定贪污罪；如果骗取的是公司、企业或者其他单位工作人员的职位，则定职务侵占罪。按照这一司法解释，对王某认定职务侵占罪是没有任何问题的。对于本案，如果从客观上来分析，从王某实施的行为入手，就会发现王某实施了前后衔接的两个行为。第一个是骗取司机职位的行为，第二个是利用骗取的司机职务上的便利，非法占有公司车辆的行为。前一行为，如果存在伪造证件等犯罪的，应当依法认定。后一行为，明显就是一种职务侵占行为。那么，为什么会把王某的行为认定为诈骗罪呢？笔者认为，这与没有按照客观判断先于主观判断的原则有着直接的关系。例如，有论者在分析本案时指出："王某的行为应当以诈骗罪论处，理由如下：首先，王某诈骗犯罪的主观故意贯穿全案始终。王某非法占有的主观故意产生于获取驾驶员职务之前，其在虚构事实、隐瞒真相的掩护下，带着'骗走财物'的主观故意，实施了'应聘—任职—接近财物—获取财物'等一系列行为，其目标明确、行动周密，行为过程中贯穿着明确的诈骗故意。其次，王某在客观方面的表现符合诈骗犯罪的特征。正是因为王某所采取的隐瞒真相、虚构事实手段，让被害人陷入错误认识，从而自愿交付、处分财物，才使得王某犯罪目的得以顺利实现，这一客观表现行为完全符合诈骗犯罪的特征。"[①] 在上述论述中，论者采取了从主观判断到客观判断的次序。问题在于：没有认定其行为是诈骗之前，怎么可以将行为人的主观故意认定为诈骗故意呢？事实上，诈骗故意是依附于诈骗行为而存在的，是行为人在实施诈骗行为时的主观心理状态。从论者的分析来看，所谓诈骗故意是指具有占有公司财物的意图，这是王某使用虚假身份应聘的动机。由此可见，论者是把行为人的动机与犯罪故意混为一谈了。如果按照客观判断先于主观判断的原则，这样的错误本来是可以避免的。当然，由于四要件的犯罪构成理论在客观要件与主观要件之间并不存在逻辑上的位阶关系，因此，出现上述错误也是可以理解的。

应当指出，在我国目前的司法实践中，从客观到主观的判断位阶并没有确立。相反，司法人员习惯于从主观到客观的判断过程。其结果往往具有浓厚的主观主义色彩，导致定罪上的错误。例如赵金明等故意伤害案。[②]在该案中，被告人赵金明等人持刀追砍被害人，被害人跳入河中溺水而亡。法院判决认为：被告人赵金明等人为报复被害人，主观上有故意伤害他人身体的故意，客观上实施了持刀追赶他人的行为，并致被害人死亡后

---

① 许少宇：《以虚假身份应聘司机开走单位汽车如何定性》，《检察日报》2009年10月24日。
② 参见最高人民法院编《刑事审判参考》第55集，法律出版社，2007，第21页以下。

果的发生,其行为已构成故意伤害罪(致人死亡)。法院在论证裁判理由时指出:"赵金明等人持刀追砍被害人马国超时已具有伤害的故意,且已着手实施犯罪,该伤害行为本身具有致人死亡的高度危险,其持刀追砍的行为与被害人死亡结果之间具有刑法意义上的因果关系。根据主客观相一致的定罪原则,可以对赵金明等人以故意伤害罪定罪处罚。"在上述裁判理由中,是按照"伤害故意—伤害行为—造成死亡结果—因果关系"这样一种顺序进行判断的,表现为主观判断先于客观判断,把持刀追赶人的主观心理界定为伤害故意,然后推导出伤害行为等其他要件,这是一种较易入人以罪的思维方法。按照三阶层的犯罪论体系,定罪过程应当按照以下顺序递进:是否存在伤害行为—是否存在伤害结果—伤害行为与伤害结果之间是否存在因果关系—是否存在伤害故意。这是客观判断先于主观判断的思维逻辑,因为伤害行为的存在不以伤害故意为前提,而伤害故意则以伤害行为为前提,这就是伤害行为与伤害故意之间的位阶关系。并且,在定罪过程中,在任何一个环节得出否定性判断,定罪过程就告中断。按照这样一种定罪思维方法,对于赵金明案,首先要判断的是:是否存在伤害行为?赵金明等人持刀追赶被害人能否被认定为伤害行为?这里的关键是如何判断伤害行为的着手。追赶行为是为了伤害,但从其本身还不能认定为伤害,因为追赶并不会造成他人的人身损伤。在这种情况下,不存在故意伤害罪的构成要件行为,故意伤害罪的定罪进程就结束了,本案就不能认定为故意伤害罪。通过对赵金明等故意伤害案采用四要件与三阶层两种不同的犯罪成立条件理论加以分析,得出了完全不同的结论。结论之所以不同,就是由四要件的犯罪构成理论缺乏阶层性造成的,这难道不是一种实用性缺陷吗?

我国学者认识到四要件犯罪构成理论存在缺乏阶层性的缺陷,因而提出在现有的犯罪构成体系上贯彻客观优先的阶层递进理念,并且认为对犯罪构成体系不必重构。[①] 笔者认为,阶层关系是通过犯罪论体系加以确定的,犯罪论体系是阶层关系的一种制度性安排。如果犯罪成立要件之间不存在逻辑上的位阶关系,即使倡导客观优先的阶层递进理念,也是无济于事的。正如我国学者指出的:"刑法学通说认为,坚持从客观到主观认定

---

① 参见黎宏《我国犯罪构成体系不必重构》,《法学研究》2006年第1期。

犯罪是人类社会的进步成果和科学经验，并意图在犯罪构成要件的排列顺序上，加以具体落实和说明。遗憾的是，由于受各种因素的影响，这种观念在其对具体问题的说明当中，并没有得到充分的展现。"[1] 事实已经充分证明：没有阶层的犯罪构成理论并不能为客观判断先于主观判断、形式判断先于实质判断、类型判断先于个别判断这些人类社会的进步成果和科学经验在定罪过程中的适用提供制度性保障。犯罪成立要件之间是否具有位阶性，是三阶层与四要件之间的根本区别之所在。如果对四要件进行阶层式改造，那么四要件的犯罪构成理论就不复存在，而变成三阶层的犯罪论体系了。这也正是四要件的犯罪构成理论的改造说不能成立的根本原因。

（三）违法性判断的体系性地位问题

在三阶层的犯罪论体系中，违法性是犯罪成立要件之一，在犯罪构成中予以讨论。但在我国刑法学中，违法性只是犯罪概念的特征之一，在犯罪概念中进行讨论，而在犯罪构成的四要件中并没有违法性的一席之地。当然，这并不意味着在四要件的犯罪构成理论中不存在实质判断，而只是在四要件之外进行这种实质判断。其中社会危害性作为犯罪的本质特征，起着重要作用。但由于社会危害性是游离于并且凌驾于四要件之外、之上的，因此在具体案件的判断过程中，往往容易产生逻辑上的混乱。例如陈某强奸卖淫女案。[2] 在该案中，陈某（男，33 岁）通过网络聊天结识了卖淫女李某（27 岁），商定嫖娼价格为一次 300 元、包夜 800 元。二人上午 8 时见面后，陈某先支付 800 元，并与李某发生了一次性关系。下午 3 时许，因有其他人出更高价格嫖宿李某，李某遂要求陈某离开。陈某要求退还 500 元，李某不同意，陈某遂强行与李某发生了性关系。对于陈某第二次强行与李某发生性关系的行为是否构成强奸罪，实践中有两种意见。一种意见认为，陈某事先与李某达成了包夜协议，且已支付嫖资，但李某反悔，且拒不返还 500 元嫖资，陈某强行与其发生性关系具有正当性，不构成强奸罪。另一种意见认为，陈某强行与李某发生性关系的行为，完全符

---

[1] 黎宏：《刑法总论问题思考》，中国人民大学出版社，2007，第 64 页以下。
[2] 参见方文军《刑事违法性的判断逻辑——由一起先嫖娼后强奸案展开》，《人民法院报》2008 年 7 月 30 日。

合强奸罪的构成要件，不能因陈某多支付了 500 元嫖资就认为其行为具有正当性，对陈某的行为应认定为强奸罪。

上述案件，根据四要件的犯罪构成理论，四要件都是具备的，由此可以简单地得出结论：陈某的行为构成强奸罪。但这种结论并不是建立在充分的法理论证基础之上的。因为上述案件不同于一般的强奸案的特殊性在于：陈某事先已经支付了包夜的嫖资，李某不履行协议，而拒不退还 500 元嫖资。在这种情况下，陈某强行与之发生性关系的行为到底有没有违法？针对这个问题，在四要件的犯罪构成理论中，往往是在四要件之外进行社会危害性的判断。但这种社会危害性的判断是含混的。如果说陈某的行为具有社会危害性，那么李某反悔拒不退还嫖资的行为是否也具有社会危害性呢？如果结论是都具有社会危害性，那么就要对这两种社会危害性进行比较，陈某的行为是否构成强奸罪，就取决于社会危害性比较的结果。在这种情况下，四要件的犯罪构成对于罪与非罪的决定作用就完全被社会危害性所架空。而按照三阶层的犯罪论体系，本案就能够获得逻辑上的清晰论证。即使存在不同见解，互相之间的逻辑对立也十分明确。例如，我国学者在论述本案时指出："若以这种犯罪构成体系来判断陈某行为的性质，可以发现，争议的焦点实际上就是陈某的行为是否具有违法性的问题。否定论者的论证逻辑是，陈某已经支付了 800 元嫖资，李某应允，双方达成了嫖宿合意，但李某违约后又拒不退还陈某多支付的嫖资，陈某强行与李某发生性关系，系以实现二者事先约定为基础，故阻却其行为的违法性，不构成强奸罪。这种判断逻辑以陈某的行为在伦理、道德上不属于'恶'行为根据，显然是行为无价值论的立场。肯定论者的论证逻辑是，李某违反约定又拒不返还陈某多支付的嫖资，在情理上的确对双方矛盾激化有责任，但陈某的行为侵害了李某的性自决权，即使承认陈某对多支付的嫖资享有债权，但 500 元的债权与李某的性自决权相比是较小法益，不可能具有阻却陈某行为违法性的效力，故陈某的行为构成强奸罪。这种以是否侵害法益及比较法益大小的判断逻辑显然又是结果无价值论的立场。"[①]

---

① 方文军：《刑事违法性的判断逻辑——由一起先嫖娼后强奸案展开》，《人民法院报》2008 年 7 月 30 日。

由此可见，按照三阶层的犯罪论体系，可以在违法性这一阶层中对本案展开讨论。如果主张行为无价值的观点，就会通过否定违法性而将陈某出罪；如果坚持结果无价值的立场，则可以通过肯定违法性而使陈某进入有责性阶层的判断。因此，上述案例充分说明了违法性要件在犯罪认定中的作用。这也说明，四要件的犯罪构成理论对于简单的犯罪案件在认定上不会出现太大问题，例如一般的强奸案件，只要简单地罗列四要件即可论证强奸罪的成立。但遇到类似本案这样较为复杂的强奸案件，由于在四要件的犯罪构成理论中，事实性要件与价值性要件之间没有形成位阶关系，因此在认定上就会出现疑惑难以排除。因此，犯罪论体系的位阶性不仅仅是一种逻辑关系，缺乏这种位阶性也绝不是无关紧要的，而是会对定罪的司法过程产生重大影响。正是在这个意义上，笔者认为具有位阶性的犯罪论体系与没有位阶性的犯罪构成理论之间存在质的区别，而犯罪论体系的位阶性具有司法上的实用功能，这是无可否认的。对此，我国台湾地区学者许玉秀指出："犯罪阶层理论提供的犯罪判断阶层构造，从分析和定位构成要件要素，可以提供一个精确判断犯罪成立与否以及处罚与否的步骤，借以确保刑罚制裁制度的合理和有效。"[1] 所言甚是。

---

[1] 许玉秀：《当代刑法思潮》，中国民主法制出版社，2005，第59页。

第四编　犯罪构成体系的性质

法律的犯罪构成与犯罪构成理论[*]

李 洁[**]

摘 要：法律的犯罪构成与犯罪构成理论在本质上具有一致性，它们所要解决的问题都围绕什么是犯罪行为进行。但是犯罪构成理论与犯罪构成的法律表现又是不同的。这种不同来源于它们不同的功能，而功能的不同又取决于它们各自不同的特征。犯罪构成理论具有本质性、应然性和理论性的特征。犯罪构成理论的特点决定了其具有指导立法和司法以及评判立法的功能。而犯罪构成的法律表现具有法定性、类型性和形式性特征。这些特征决定了其功能仅限于认定犯罪。犯罪构成理论与犯罪构成的法律表现之间存在的不同特征和功能表明，应当明确划分理论刑法学与注释刑法学，建立不同的体系。

关键词：犯罪构成理论　犯罪构成的法律表现　理论刑法学　注释刑法学

犯罪构成是犯罪成立的条件，行为符合犯罪构成即成立犯罪，否则没有犯罪的存在，这在我国刑法理论界已成共识。这种共识说明，犯罪构成关系着犯罪是否存在、犯罪可否认定等重大刑法问题，也正是在这个意义上，犯罪构成被认为是犯罪论的核心。那么，犯罪构成是什么？它是法律

---

[*]　本文原载于《法学研究》1999年第5期。
[**]　李洁，时为吉林大学法学院副教授，现为吉林大学法学院教授。

规定，还是理论体系？对此理论界观点不一。犯罪构成理论与犯罪构成的法律规定是什么关系？理论界也研究不多。而该类问题的解决，关系到我国犯罪构成理论体系的基本结构、犯罪构成的法律表现形式、犯罪构成的基本功能等犯罪论基本理论问题，有必要进行深入的理论探讨。本文愿作引玉之砖，以期引起同行对此问题的关注。

一 犯罪构成既是法律规定，又是理论体系

犯罪构成到底是法律概念还是理论学说，对此，理论界观点不一。有论者对各种观点进行了概括。一种观点认为，犯罪构成是法律概念。比较典型的表述是：犯罪构成是我国法律所规定的，决定某一行为的社会危害性及其程度，而为该行为成立犯罪所必须具备的一切主观要件与客观要件的总和（后将"总和"改为"有机统一"）。但该观点同时承认犯罪构成是理论，认为犯罪构成理论是刑法学中极其重要的理论，在整个社会主义刑法理论体系中居中心地位，是正确认定犯罪的理论基础。即犯罪构成既是法律概念，又是理论学说。另一种观点认为，犯罪构成是一种理论，是依照法律的规定说明法律的。它本身不是法律，也不是权力机关对法律的解释，而是在理论与实践相结合的原则指导下，对我国刑法规定的构成犯罪的各种要件的概括与说明。但该观点同时认为犯罪构成的概念可以表述为构成犯罪的客观要件与主观要件的统一，这是构成犯罪的基本界限、基本规格。而构成犯罪的基本界限、基本规格都只有在刑法中才能规定，因而这种表述又使犯罪构成具有了法律的意义。该论者通过对学术界各种观点的分析，提出了自己的观点，也可以说是理论界关于犯罪构成的第三种观点：犯罪构成与犯罪构成理论同法律与法律理论、经济与经济理论一样，二者相辅相成，紧密联系，但又是两个不同的概念，各有其内涵与外延，各有其不同的含义与作用。犯罪构成是我国刑法规定的某种行为构成犯罪所必须具备的一切客观与主观要件的总和。它是构成犯罪的标准与规格，是使行为人负刑事责任的根据。这里强调的是其法律属性。犯罪构成理论是关于制定、说明和运用构成犯罪规格的理论。它以犯罪构成为研究对象，是对刑法规定的构成犯罪的要件进

行理论概括与说明。①

据以上理论界对犯罪构成概念的理解可以认为，犯罪构成这个概念应该具有双重属性，即理论性与法律性，在不同的情况下，它分别指犯罪构成理论与犯罪构成的法律表现。这从以上各观点的表述中就可以明确。第一种观点强调犯罪构成的法律性，却也没有否认犯罪构成是一种理论；第二种观点强调犯罪构成的理论性，但同时认为犯罪构成是犯罪成立的基本界限、基本规格，而作为犯罪的基本界限、基本规格，只能由法律规定，没有法律的规定，仅凭理论是无法认定犯罪存在的，因为理论没有法律效力。在坚持罪刑法定原则的国家，无论理论多么科学、合理，都不能据以作为认定犯罪的直接标准。因此，既然承认犯罪构成是成立犯罪的基本界限、基本规格，那么作为其必然的逻辑结论，就应承认犯罪构成是法律。由此看来，虽然在犯罪构成是理论还是法律的问题上理论界有不同的观点，但若进行逻辑推论，所得出的结论却是一致的，即犯罪构成既是法律又是理论。那么，犯罪构成理论与犯罪构成的法律表现之间的关系如何？在我国刑法理论中，一般认为两者具有同一性。其语言表述为：犯罪构成理论是对一切犯罪构成所作的抽象与概括，反映出犯罪构成的共同特征，从而对分析具体的犯罪构成、正确定罪量刑具有指导意义。② 它是对刑法规定的各种具体犯罪构成进行理论上的归纳和概括，作出学理解释，以利于正确地制定和运用刑法。也正是这种同一性，使犯罪构成概念的理论意义与法律意义在一般的著作中并不进行严格的区分，经常混在一起使用。

问题的关键在于，犯罪构成理论与犯罪构成的法律表现是完全同一的吗？如果两者完全同一，研究犯罪构成理论与犯罪构成的法律表现就没有实质意义；如果两者并非完全同一，就有必要研究两者各自的内容以及两者的关系。笔者认为，两者并不具有完全的同一性。犯罪构成的法律表现与犯罪构成理论不完全同一，是由法律与理论各自不同的特点决定的。

---

① 参见樊凤林主编《犯罪构成论》，法律出版社，1987，第4页以下。
② 参见高铭暄主编《刑法学》，北京大学出版社，1989，第83页。

二 法律的犯罪构成与犯罪构成理论非同一性的现实表现

（一）从寻找各个具体犯罪的犯罪客体开始

在我国犯罪构成理论的通说中，犯罪客体是犯罪构成的共同要件，没有犯罪客体，或者说，行为不侵害犯罪客体，就不会有犯罪的存在。理论界一般又把犯罪构成界定为："依照我国刑法的规定，决定某一行为的社会危害性及其程度而为该行为构成犯罪所必须具备的一切主观要件和客观要件的有机统一。"法定性则是犯罪构成的重要特点之一。[1] 犯罪客体作为犯罪构成的共同要件之一，当然也是刑法规定的。但在刑法中，除总则在犯罪概念部分有犯罪客体的总体性规定之外，分则条文中很少有犯罪客体的规定。而犯罪构成是具体的，无法用总则的概括性规定直接说明分则各条文规定的具体犯罪的犯罪客体。为了在具体犯罪的法律规定中寻找犯罪客体的内容，理论界付出了很大的努力，并对犯罪客体的规定方式一般作如下说明：我国刑法规定的犯罪客体的形式是各种各样的，有的明确规定犯罪客体，有的只规定行为所侵害的对象，有的指明被侵害的社会关系的主体，有的指出对某种法规的违反，还有的列举具体的行为表现形式。[2] 但这样的说明并不能令人满意。根据罪刑法定原则，法律的规定应该明确、具体，作为法律规定的犯罪成立条件，法律条文不作具体描述，还需要通过对其他规定的分析才可以确定其内容，这种内容能否说是法定的就值得研究。对具体犯罪的犯罪客体的确定，在有些罪中存在很大分歧，例如对受贿罪的犯罪客体是简单客体还是复杂客体，在渎职方面，其犯罪客体的内容是国家机关的正常活动还是国家机关公职人员职务行为的廉洁性，观点不一；新刑法规定了计算机犯罪，对其客体一般只规定为公共秩序，而公共秩序几乎可以成为所有妨害社会管理秩序罪的犯罪客体，并不具有具体性，能否成为直接客体的内容就值得研究。

不只在分则各罪的确定上，就是在犯罪客体的内容方面，理论界至今

---

[1] 参见赵秉志、吴振兴主编《刑法学通论》，高等教育出版社，1993，第77页以下。
[2] 参见高铭暄主编《刑法学》，北京大学出版社，1989，第90页以下。另参见陈兴良主编《刑法全书》，中国人民公安大学出版社，1997，第56页。

也未达成共识,"社会关系说"与"社会利益说"处在激烈的论争中,而且这种争论不是对立法表述的不同解释——因为立法中根本没有这样的表述,而是通过法条对其他要件的规定来分析立法意图。如果把这样的内容也当作法律规定,则是与罪刑法定原则相对立的。有学者注意到了这个问题,于是意图通过对犯罪客体概念的解释来解决问题。如有学者在表述犯罪客体特征时,指出犯罪客体的特征之一是:犯罪构成要件必须是在我国刑法中加以规定或包含的。[①] 这里所说的"包含"是否意味着法律没有明确规定而可以通过立法规定分析出来的情况,如犯罪客体?若指这种情况,它能否说是法定的就值得研究。将规定与包含并列,已经说明两者不同。

以上在刑法分则条文的规定中寻找犯罪客体的过程,说明我国关于犯罪构成的特征界定与犯罪构成内容的规定存在不协调:犯罪构成是法定的,而作为犯罪构成共同要件的犯罪客体多数情况下却难以在刑法规定中找到。如何解释这种不协调?可以有两种方法:一是认定立法规定不完整,没有规定出犯罪构成的全部要件;二是改变犯罪构成是法定的这样的界定,否则难以达到协调。

(二) 将犯罪客体排除在犯罪构成之外观点的提出

在我国刑法理论中,将犯罪客体排除在犯罪构成之外的观点是存在的。该观点认为,犯罪客体不是犯罪构成的内容,而是犯罪概念的内容,其理由是:其一,犯罪客体是刑法所保护而为犯罪行为所侵害的社会关系,犯罪概念首先是揭示犯罪的本质属性——社会危害性,即犯罪行为对特定社会关系的侵犯性,因此犯罪客体的意义已经包含在犯罪概念中。如果把一切犯罪都必然侵害一定的客体作为将犯罪客体规定为犯罪构成要件的理由,这个理由是不成立的。因为一切犯罪都必然侵害一定的客体,正是指一切犯罪都必然具有社会危害性,将其作为犯罪构成要件没有意义。同时,正像一切犯罪都具有刑事违法性,却不能把违法性作为犯罪构成要件一样,只是表明任何犯罪都有社会危害性的犯罪客体也不能成为犯罪构成要件的内容。其二,犯罪构成中没有犯罪客体要件,不会给犯罪定性带

---

① 参见赵秉志主编《新刑法教程》,中国人民大学出版社,1997,第87页。

来困难。一个犯罪行为侵害了什么社会关系,是由犯罪客观要件、主体要件和主观要件综合决定的,犯罪客体只是被反映的现象。事实上,当人们还在争论某些犯罪的犯罪客体是什么社会关系的时候,司法机关就已经认定了其成立犯罪。当然,该观点不是要取消犯罪客体在犯罪论中的地位,只是改变其体系性地位,不将其放在犯罪构成中,而是放在犯罪概念中。

该观点的提出,当与具体犯罪构成中一般没有犯罪客体的规定有关,正是由于刑法对具体犯罪的规定中少有描述犯罪客体的内容,才使不用评价立法就能将犯罪客体排除在犯罪构成之外,并能得到立法的支持。但问题的关键在于:

其一,没有犯罪客体真的不影响对犯罪的定性吗?对此,有论者指出,在有些情况下,行为虽然具备主体要件、主观要件和客观要件,却没有侵害刑法保护的社会关系,仅仅根据主体要件、主观要件和客观要件定性就是错误的,如执行命令的行为、迷信犯等即属此类。[1] 这种观点应该是有说服力的。

其二,将犯罪客体作为犯罪概念的理由并非无懈可击,认为犯罪客体等同于犯罪本质的观点是值得商榷的。首先,犯罪客体不等于犯罪本质,犯罪客体是社会关系,是事实,而犯罪的本质是社会危害性,是由某种事实所表现出来的事物的社会政治意义,因而犯罪客体不是被表现的社会危害性本身,而是表现行为的社会危害性即犯罪本质的事实之一。其次,若无犯罪客体的存在,犯罪构成的其他要件就不足以说明犯罪的本质,也不足以区分罪与非罪,如前面提到的执行命令的行为等。

其三,犯罪客体的地位,涉及犯罪构成在犯罪论中的地位,也关系到犯罪构成与犯罪概念的关系。如果将犯罪客体排除在犯罪构成之外,有赖于以下两个问题的解决。①犯罪构成是否为犯罪成立的全部要件。只有在否认犯罪构成是犯罪成立的全部要件的基础上,才有可能将犯罪客体排除在犯罪构成之外。在我国,虽然对犯罪构成理论体系的构建方式有所不同,但各种理论在以下方面却基本具有一致性:犯罪构成等同于犯罪的成立;循着把犯罪行为的不同构成部分进行分解的思路划分犯罪构成要件;各个构成要件不但能够说明行为某个方面的外在特征,而且能够说明该行

---

[1] 参见赵秉志主编《刑法争议问题研究》上卷,河南人民出版社,1996,第175页以下。

为在本质方面的价值评价特征。在这种犯罪构成体系下，作为被刑法保护而为犯罪行为所侵害的犯罪客体，就是犯罪构成不可缺少的内容。前述观点在没有改变犯罪构成体系与地位的情况下，将犯罪客体排除在犯罪构成之外，就使犯罪构成不再具有犯罪成立要件的意义，成立犯罪，尚需其他要件的存在，而论者并未明确指出这样的要件，因而是难以与犯罪构成的体系贯通一致的。②犯罪构成与犯罪概念的关系。按照我国刑法理论界的通行观点，犯罪概念与犯罪构成的关系是抽象与具体的关系，犯罪构成是犯罪概念的具体化。这种关系表明，在说明犯罪这一点上，两者是相同的，犯罪概念能说明的问题，犯罪构成也应该能够说明，只是说明的方式不同，否则就难以说犯罪构成是犯罪概念的具体化。也就是说，犯罪构成与犯罪概念的关系不是分担犯罪成立要件，而是从不同的层次（抽象的程度不同）说明同一问题——犯罪。如果认为犯罪客体对说明犯罪还是有意义的，只是改变其体系性地位，从犯罪构成移入犯罪概念，那就意味着重构犯罪成立的要件体系，犯罪构成不再是犯罪成立的全部要件，而只是犯罪成立的部分要件，犯罪概念也应作为与犯罪构成相并列的犯罪成立要件，由此导致对犯罪构成与犯罪概念间的关系也需重新界定。因此，在承认犯罪概念与犯罪构成是抽象与具体的关系的情况下，将犯罪客体移入犯罪概念是与犯罪论的体系难以协调的。

（三）排除犯罪性行为的设定意义

刑法是规定犯罪与刑罚的法律。与其他的法律相比，刑法在规定方式上有一个比较明显的特点，就是一般情况下，刑法不直接规定行为人的权利与义务，只规定对不履行义务的特定行为应该如何处罚，即以某种权利义务关系的存在为前提。根据犯罪客体的内容是社会关系的观点，这种权利义务关系就是犯罪客体的内容，这种作为刑法特定犯罪规定前提的法律关系，一般是在其他法律中规定的。但在刑法中，却明确规定了正当防卫与紧急避险的权利，将其排除在犯罪性行为之外。刑法不规定其他权利，只规定正当防卫与紧急避险的权利，而且对其他理论及司法实务均予承认的排除犯罪性的一般正当行为也不作规定，其原因何在？这恐怕与正当防卫、紧急避险的行为方式与犯罪行为的相似有关。

正当防卫与紧急避险在行为方式上，与相关犯罪行为在行为的自然形态上没有区别，又难以像一般的正当行为那样就一般人的认识来看当然属于无害行为，如医疗行为、执行职务的行为等，如果没有排除犯罪性行为的规定，就难以将其认定为正当行为。也就是说，从行为类型上看，排除犯罪性行为与相关的犯罪行为并没有实质的区别，将其中的一部分规定为非犯罪行为的根据是什么？应该是该行为不具有社会危害性。但若离开犯罪客体的内容，其社会危害性的表现就值得研究。行为的性质不能从行为的自然属性中得到说明，而只能从行为的社会性质即社会价值的正面或负面性上得到说明，而对犯罪的社会本质，离开了犯罪客体就难以把握。因此，在刑法不规定权利义务关系即不规定犯罪客体的情况下，一般的犯罪认定不会发生失误，但在特殊情况下，就会有不同。当行为的类型所具有的一般社会本质与该类型的特殊行为的社会本质不一致时，就需要有法条对此加以规定，以区别于相同行为类型的犯罪行为。而判断某种行为是犯罪行为还是排除犯罪性行为的标准，就是依据该行为是否会侵害某种刑法所要保护的利益。如果在犯罪构成中没有犯罪客体的内容，那么排除犯罪性行为的规定就失去了根据。

以上几种情况说明，刑法分则条文很少有对犯罪客体的规定。但作为犯罪的成立条件，没有犯罪客体，就很难说明犯罪的本质，也就失去了刑法规定某行为成立犯罪的根据。因此，把法律规定的犯罪构成的内容与犯罪构成理论的内容相比可以发现，两者不具有同一性，不管这种非同一性是否合理，却是我国的现实，我们只能承认它，并寻找说明或评价这种不一致的根据。

三　犯罪构成理论与犯罪构成的法律表现不具有同一性的根据

从刑法分则条文规定的具体犯罪的犯罪构成中很少规定犯罪客体，而犯罪构成理论中又不能没有犯罪客体的情况可以看出，两者并不具有完全的同一性。犯罪构成的法律表现与理论表现不完全同一，是由法律与理论各自不同的特点决定的。

（一）犯罪构成理论能够涵纳的内容

犯罪构成理论是从理论上说明犯罪的成立应该具有的条件。作为一种理论形态，它应该具有理论的一切特征。所谓理论，是指人们由实践概括出来的关于自然界和社会的知识的系统的结论。理论的基本特点在于，它不但能够表述事物的现象，而且能够说明事物的本质。因为理论是通过人的思维来把握的。对本质的把握不仅是通过某种命题，更重要的是通过对某种命题的分析与研究，其研究过程也就是本质的显现过程。在对本质的把握中，不但应该把握某事物的本质是什么，更应该把握为什么。通过对为什么的研究，反映出人的行为的重要特征，即目的性。

犯罪构成作为理论时，它所能够涵盖的内容是广泛的。首先，它应该并且可以研究立法目的。从总体来说，立法者将法律的价值目标设定在那里，这是立法的前提。这种前提即使未在法律中得到具体表述，也会在犯罪构成理论中得到说明。从具体犯罪的规定来说，设定某一具体犯罪所要达到的立法目的如何，也无法在具体的刑法分则条文中得到体现，应该由犯罪构成理论予以界定。这种内容，其实质是犯罪构成理论对犯罪构成立法发挥指导作用。其次，它可以指导法律的设定。它不但可以对应该制定一部什么样的刑法给予理论的说明，而且可以说明如何设定具体的法条才符合立法目的。例如，我国刑法规定的侮辱罪的罪状是：以暴力或者其他方法公然侮辱他人，情节严重的行为。为什么作这样的表述？就是由于设定该罪的立法目的是要惩治严重侵害他人人格、名誉权的行为，而只有公然侵害他人的人格、名誉权，且情节严重，才达到可罚的程度。也就是说，法条规定的立法意图，是由犯罪构成理论予以说明的。最后，它可以为法律的解释提供依据。无论法律的表述多么具体，它都不可能将实际存在的所有情况列举无余，而只能规定一定的类型，即具有一定的抽象性。这种抽象的立法规定决定了法律解释的必要性。这里所说的法律解释，不仅仅指最高司法机关以司法解释文件的形式作出的司法解释，更常见的是由司法人员在司法过程中对法律的解释，这样的解释虽然对其他的案件没有法律效力，但对本案的法律效力是无可置疑的。进行这样的司法解释，其依据就是作为具体司法人员法律意识形成基础的犯罪构成理论，没有犯罪构成理论，对法律的解释就失去了应有的根据。

若要完成以上的任务，对犯罪构成的具体内容就应在理论中给予设定。这种设定依据两方面的内容：一是现实出现的具体事实的类型；二是立法目的的要求。因而在犯罪构成理论中，不但要有表现可以作为犯罪处理的事实的类型，即行为本身的各种内容，而且要有表明立法目的的内容，即设定刑法所要保护的对象，在我国称犯罪客体。在其他国家的犯罪成立理论中，这样的内容也是存在的，如德日法系犯罪成立理论中的保护客体。犯罪构成理论是从应然的角度说明犯罪的成立所需具备的条件，因而无论成立犯罪的条件的具体形态如何，是有形的还是无形的，是可以由感官直接把握的还是只能在思维中把握的，都可以在犯罪构成理论中给予说明，这是由理论的特点决定的。

（二）法律只能规定能够规定的内容

犯罪的成立条件由法律明确规定，是罪刑法定的要求。如果在刑法中不规定犯罪构成，就意味着法律不规定什么是犯罪，罪刑法定也就难以实现，因此，犯罪构成的法定化，是罪刑法定的要求。在刑法中规定犯罪构成，是在实质上支持罪刑法定主义。因此，从支持罪刑法定的要求来看，将犯罪构成的所有要件均规定在法律中，应该是立法者的追求。那么，犯罪成立的所有要件是否都应该在法律中给予规定呢？这就要看这样的规定是否有必要与可能。

首先看规定的可能性。无论建立何种犯罪成立的理论体系，作为犯罪成立的基本要件，各个国家应该具有一致性，即一定的主体、一定的行为与结果、罪过、立法者要保护而犯罪行为能够侵害的对象、其他内容。上述内容在我国就是犯罪构成的内容。在以上内容中，主体一般由总则加以规定，在某罪要求主体有特殊身份时，在分则中予以规定；行为一般在分则条文中规定，只有某些特殊的有一定存在范围的内容才在总则中给予规定；罪过的一般内容规定在总则中，即从最高抽象的角度说明什么是故意与过失，而在分则中，故意犯罪一般不规定罪过，过失犯罪一般指明其罪过形式是过失，但无论故意与过失，其具体含义分则条文中则不再规定；犯罪客体的内容，在总则中只是在对犯罪概念的界定中概括地予以规定，而在分则条文中除少数犯罪需特别说明犯罪客体外，大多数条文对犯罪客体不作规定，即便涉及犯罪客体的条文，也不是指具体罪的犯罪客体，而是具有某种同类性质的客体。这样的规定方式不仅仅存在于我国，在其他国家的刑法中，也只在刑法分则条文中主要规定行为的诸特征，而对罪过、保护客体的内容则一般不作具体描述。这样的规定方式与其说是一种巧合，毋宁说它反映了一种规律，即犯罪成立条件刑法规定的可能性问题。为什么在刑法分则条文中一般不具体描述罪过与犯罪客体的内容？笔者以为，这是由于一方面，在每个具体犯罪的条文中规定犯罪客体与罪过的内容，必然造成法律条文的冗长，篇幅成倍增加，这是与法律规定应该简明的要求相矛盾的；另一方面，犯罪客体的内容具有复杂性，意图将复杂的内容在法律中给予明确的表述是困难的，尤其是犯罪客体的内容具有保护客体的意义，在条文中规定客体，就意味着在每一个条文中明确指出立法实质意图，实在难以做到。罪过的内容依赖于犯罪客体内容的确定，在犯罪客体的内容未在法律中给予规定的情况下，具体犯罪的罪过也难以在法律中给予描述。也就是说，要想在分则条文中规定犯罪构成的全部内容是困难的。

其次看必要性。前面的分析说明，在刑法条文中规定全部犯罪构成的内容是困难的，但也并非没有任何可能性，是否规定，还要看是否有此必要。在刑法总则已经对故意与过失的一般内容进行了明确界定，且罪过的具体内容主要依赖于犯罪客体内容的情况下，在分则条文中即使不规定罪过的具体内容，只要犯罪客体是明确的，对罪过内容的理解也不会发生失误，因而没有必要在每个条文中规定罪过的具体内容。再看犯罪客体。犯罪客体是刑法规定某罪所要保护的东西，一般情况下，根据法条对行为以及对象等的描述，就可以明确刑法设定该犯罪所要保护的内容。例如，刑法规定处罚杀人行为，所要保护的是人的生命应该是不言而喻的，再在条文中规定保护客体，便有蛇足之嫌。更重要的，犯罪是一种行为在刑法理论界已经没有异议，刑法处罚的是行为，而处罚的基本依据虽然必须是行为侵害一定的客体，但并非所有对客体造成侵害的行为都要用刑罚加以惩罚，即犯罪不但有质的规定性，而且有量的规定性。这种量的规定性是不可能由客体本身说明的，它一般只能通过对行为的设定而达到目的。在这种设定中，一般自然可以在规定中反映出犯罪客体的内容，立法者的立法目的越明确，所设计的刑法条文反映出来的立法意图越明显，犯罪客体的内容也就越不需要在法条中明确规定，因为已经在对行为等的规定中表明了，没有必要再规定犯罪客体。同时需要指出，刑法的规定只要在一般情况下可以为普通民众所理解就应认为是合适的；在特殊情况下，专门的法律工作者应该给予符合立法意图的解释，这也是对专门法律工作者的要求。

　　以上分析说明，在法律规定中，没有必要对犯罪构成的所有内容都在法条中给予规定，这样的规定既很困难，也无必要，法律只能规定它应该规定与可以规定的内容。有些内容受到法律规定特点的限制——法律不是论文，因而需要法律解释。法律的制定与解释应以立法意图为根据，但这样的根据却不需要在法条中给予明示，这正是法律与理论的界限。以犯罪构成理论与犯罪构成的法律表现的非同一性来解释犯罪客体问题上的困惑，那就是，犯罪客体是犯罪构成理论中必须存在的内容，但在犯罪构成的法律表现中则不是必需的。即没有必要在每一个法所规定的具体犯罪的犯罪构成中寻找犯罪客体，也无必要将犯罪客体排除在犯罪构成理论体系之外。

四　犯罪构成理论与犯罪构成的法律表现间的关系

　　从前面的分析可以看出，犯罪构成理论与犯罪构成的法律表现之间，并不具有完全的同一性，主要表现在以下几个方面。

　　第一，作用不同。犯罪构成理论的研究总是以一定的目的作为出发点，不但提出命题，而且论证命题的正确性。这种理论的特性，就使得犯罪构成理论至少具有以下几个特点。首先，作为立法的理论指导。刑法是规定犯罪与刑罚的法律，把什么样的行为规定为犯罪，不是取决于立法者的任性，而是取决于立法的目的，取决于刑法要保护什么以及怎样保护才更有效和更公正。这样的立法目的是犯罪构成理论的指导，也是犯罪构成理论的重要内容。没有这样的犯罪构成理论，刑法对犯罪的规定就有可能陷于盲目性，也就失去了其合理性与公正性。从这个意义上说，没有成熟的犯罪构成理论，就不会有成熟的刑事立法，就不会有科学的犯罪规定。其次，作为司法的理论指导。这种指导一般来说不是直接地给出一个适用于所有犯罪的操作规程，而是为司法者的行为提供基本的法律意识。无论多么细密的法律，作为其立法表现的法律条文都是抽象的，将抽象的法律条文应用到具体的社会现实中去，对法律的解释是不可缺少的环节。作为法律解释者的司法人员，其法律意识状况是决定其解释能否符合立法原意的关键。司法者法律意识的形成不仅依据法条，而且依据法理。犯罪构理论正是作为形成司法者法律意识的重要根据来指导司法的,因而具有间接性。与犯罪构成理论的作用不同,犯罪构成的法律表现具有法律的特点。首先,它为犯罪规定明确、具体的规格。法律是行为规范,具体的行为是否犯罪,就要看行为是否符合法律规定的规范。只要法律已经生效,其所规定的犯罪的规格就具有法律效力,不管这种规定会导致何种后果,其合法性都是毋庸置疑的。其次,它是司法的直接依据。法律需要解释,但对法律的解释并非可以随意进行。立法规定就是解释的直接依据。因为立法者在制定法律时,已经把立法意图反映在法条中,那么,通过对立法的文理解释,就应该揭示法律的基本含义。这种含义具有法定的性质,它是定罪的根据。法条规定的内容,司法无权将其省略,法条没有规定的内容,司法也无权予以附加,即其法定性使其具有权威性。

第二,内容不同。由于犯罪构成理论与犯罪构成的法律表现的不同作用,决定了其内容也不相同。犯罪构成理论具有表现立法意图的作用,其内容的设定就不能不以刑法所要保护的内容即犯罪客体作为首要内容,这部分内容决定着其他内容的设定。为了能够对刑法所要保护的客体给予必要且周全的保护,主体资格、主观罪过、客观要件等内容的设定都必须符合保护客体的要求。至于以上犯罪成立的要件如何组合,构建何种犯罪构成的理论体系,要受一个国家的法律传统、思想文化传统的影响,这也正是不同的法系、不同的国家在成立犯罪的基本内容方面并无很大差别,而犯罪构成理论体系却很不相同的重要原因。也正是由于犯罪成立的基本内容具有一致性,不同的犯罪构成理论体系才具有了进行比较的基础。在立法上,由于罪刑法定原则已经成为具有世界意义的刑法基本原则,为了在犯罪的规定方面体现罪刑法定原则,各国的法律依据罪刑法定原则的明确性要求,对具体的犯罪均有明确具体的表述,这种表述是在犯罪构成理论的指导下进行的。如前述,由于犯罪构成的立法具有限定可能对保护客体构成侵害的行为的范围的作用,以什么样的行为方式,针对什么样的行为客体,行为实施到何种程度才具有可罚性,就必然成为法律条文描述的主要内容。虽然各国在犯罪客观要件的设定上有不同的内容,但在这些方面,各国的立法也具有一定的一致性。

第三,体系不同。犯罪构成理论体系的构建取决于不同思维习惯所形成的体系性思路,思路不同,所形成的体系也不同。如中国是四大要件的犯罪构成理论体系，德日是三大要件的犯罪构成理论体系，英美则是双层次的犯罪构成理论体系。① 而作为犯罪构成的法律表现，其体系则是在法律的体系中表现出来的。为了避免重复，总则规定一致性的内容，分则所规定的一般则是各种具体犯罪具有独特性的内容。一般情况下，由对某罪成立条件的全部规定结合总则与分则的内容共同说明，这是由法律的规定应尽量简明的要求决定的。在法律的体系方面，尽管是不同理论体系的国家，其法律的体系也具有一定的一致性。

以上的非同一性表明，尽管犯罪构成理论与犯罪构成的法律表现都是说明犯罪的，但由于说明方法不同，表现出了差异。将犯罪构成理论与犯罪构成的法律表现混为一谈，将两者作为同一的东西看待，就会出现矛盾。在我国刑法理论中，由于一般将其作为同一的内容，因而出现或者将犯罪客体排除在犯罪构成之外，或者在法律中寻找犯罪客体的表现形式的情况。如果将两者分开，我国的法律规定与理论体系之间的关系就会更加明了，各种矛盾也将迎刃而解。

以上主要说明了犯罪构成理论与犯罪构成的法律表现的非同一性，但对这种非同一性的论证，主要在于说明两者并非完全同一，而非否认两者之间的密切联系。就两者之间的关系来说，它们都是说明犯罪的，因而在本质上是一致的。

五　结论

由以上的分析我们可以得出如下结论：法律的犯罪构成与犯罪构成理论在本质上具有一致性，它们解决的问题都是围绕什么是犯罪进行的。但犯罪构成理论与犯罪构成的法律表现又是不同的，这种不同源于它们的不同功能，这种不同的功能又决定于各自不同的特征，不同的功能与特征表明可以形成不同的体系。

犯罪构成理论的特征有三。其一，本质性。犯罪构成理论作为理论，不但能表述犯罪的表现，而且能够揭示犯罪的本质，说明为什么要把某种

---

① 参见储槐植《美国刑法》，北京大学出版社，1996，第3页以下。另参见〔日〕中山研一《概说刑法》上，日本成文堂，1993，第29页。

行为规定为犯罪，以及如何规定才能符合立法意图。其二，应然性。犯罪构成理论不仅仅解释法律，它首先研究法律应该是怎样的，如果理论不能解决应然性问题，就没有完成应有的任务。其三，理论性。理论的特点在于不仅提出命题，而且论证命题。作为犯罪构成理论，就是不但提出犯罪是什么，某种具体的犯罪是什么，而且要说明为什么这样的行为就是犯罪。犯罪构成理论的特点决定其功能有三：一是指导立法；二是作为解释法律的依据来指导司法；三是作为立法评判的一种标准。在犯罪构成的理论体系方面，由于构建体系的主体的思维方式、观察问题的角度不同，可以有不同的犯罪构成理论体系，我国的四大要件的理论体系就是与大陆法系、英美法系思路不同的结果。

与犯罪构成理论的特点不同，犯罪构成的法律表现具体有以下几个特点。其一，法定性。作为犯罪构成的立法，是在法律条文中表现出来的，法定性是其首要特征，无论这种立法是否科学，均具有法律效力，在法律的有效范围内必须一体遵行。其二，类型性。将现实发生的所有应该用刑罚加以惩罚的行为全部在刑法中予以规定是不可能的，而只能规定值得用刑罚处罚的行为类型，因而，作为刑法中规定的犯罪，类型性是其重要特点。其三，形式性。在类型性的犯罪规定中，由于类型的抽象性质，就不可避免地会出现符合某种类型的行为在本质上不符合犯罪成立要求的情况，因而，犯罪构成的法律表现具有形式性的特点。正是因为有这种特点，才有必要在刑法中设定排除犯罪性行为。犯罪构成的法律表现的特点，决定其主要功能在于认定犯罪。

犯罪构成理论与犯罪构成的法律表现的不同特点与功能表明，犯罪构成理论具有层次性，为了指导立法或评判立法而研究犯罪构成理论时，应不囿于法律规定，放开视野，研究应然问题；为了指导司法而研究犯罪构成理论时，应立足法律规定，研究已然问题。在研究犯罪构成的法律表现时，则应完全以法律规定为依据，研究现实中发生的行为是否符合法律的规定。因此，对理论刑法学与注释刑法学应该作明确划分，建立不同的体系。

行为评价机制与犯罪成立[*]
——对犯罪构成理论的扩展性思考

周光权[**]

摘 要：前沿性的犯罪构成理论在宏观上应关注这样一个事实：在活生生的社会现实中，由极其复杂的权力机制决定犯罪的成立与否，所以不能仅基于国家权力来讨论犯罪构成。实际上，正是在国家权力和非国家的行为评价机制间不易察觉、难以描绘的冲突与调和、抗争与妥协的运动过程中，沉寂的事实要素最终得以生成为被法律框定、具有形式意义的犯罪构成要件事实，从而填充着犯罪构成框架结构中的空域。

关键词：国家权力 非国家的行为评价机制 犯罪构成理论

序说：扩展犯罪构成理论视野之意义

犯罪构成理论是刑法学中的核心问题，无论何种刑法理论体系都要旗帜鲜明地表明其对犯罪构成理论的态度，否则其结构难言完整。尽管欧陆诸国、英美国家以及我国学者之间因体系性研究进路之不同而对犯罪构成要件的具体内容、排列组合方式等问题得出了不同的结论，但是，在如下一点上三种理论思路是一致的：一系列构成要件都是从静态上对犯罪的行

---

[*] 本文原载于《法学研究》2000 年第 3 期。
[**] 周光权，时为清华大学法学院讲师，现为清华大学法学院教授。

为作出说明；①而且更为重要的是，这种说明都是纯粹地、根本地从国家的立场来考虑问题，即认为人们只有求助于国家司法机构的力量才能剪裁、组合行为事实和综合评断行为的性质。这种研究路径肯定不能说是错的，但可能不是全面的，容易忽视一些重要的环节。

确定行为是否构成犯罪的司法过程实质上是一个评价行为性质的过程，对此，刑法理论以前流行的认识是，评价犯罪的所有使命都只是由司法机构完成的，犯罪实质上的构成与否取决于司法力量是否主动出击。但是，这种认识忽略了这样一些隐含的问题：犯罪构成的标准只是由司法机构掌握的吗？司法权如果得不到其他非国家的行为评价机制的配合，是否还能有效地完成确定犯罪的任务？换言之，司法机构能否独自掌握、提出并判断行为是否构成犯罪的标准？如果将司法权视为唯一的犯罪构成评价机制，那么司法机构的独立判断在多大程度上具有真实性和权威性，是否有走向专横之虞？

上述分析表明，以往的刑法（本体）理论对犯罪构成的总体性把握是偏狭的。所以，在今天，强调扩展犯罪构成的理论视野就具有特别重要的理论和实践意义。在这一点上，至关重要的是从另一个侧面去认识评价犯罪的非国家机制。在我看来，这实际上属于刑法学理论视角的转换问题，即从非国家的角度反思刑法机制和刑法理论。这种研究之所以必要，主要是因为"站在国家立场的刑法工具主义理论实际上形成了一种话语霸权，极大地抑制着人们进一步思考刑法问题的权利和能动性。所以过去把强制性、有效性、正当性视为刑法的内在生命的观念或话语系统，必须得到一定程度的改变或结构性肢解，与现代法治国家的精神意蕴相契合的刑法理念才能最终形成。为此，以公众认同修正刑法有效性、以诱导观念软化刑法强制性、以忠诚理论代替报应刑论和威慑论，从而阐明刑法正当性的一系列刑法观念，都是极为重要的"。②而从非国家的角度思考犯罪构成的评价问题，实质上属于以公众认同感来修正刑法有效性的范畴。对这一中外学者或无意忽略或有意回避的重要问题，我认为有必要进行详尽的探讨。

---

① 这是因为行为是犯罪的事实性基础，而且对犯罪的价值判断需要借助于行为的损（危）害性等概念作出说明。
② 周光权：《公众认同、诱导观念与确立忠诚——现代法治国家刑法基础观念的批判性重塑》，《法学研究》1998年第3期。

我的基本取向是：犯罪是由多重因素综合地决定或"构成"的，在几乎所有的刑事案件中，源自国家的司法力量可能在形式上是"最终"将行为定性为犯罪的权力因素，但是其在为数不少的场合下可能不是决定行为是否构成犯罪的最为重要的力量，或者不是最先登场的权力机制。所以，前沿性、解释性的犯罪构成理论必须在宏观上或总体上关注这样一个事实：在活生生的社会现实中，是极其复杂的权力机制决定了犯罪成立与否，所以对犯罪构成的讨论不能只偏向于审视国家权力一面，我们应当进一步追问和凸显非国家的行为评价机制在确立犯罪构成的过程中所起的作用，仔细分析非国家的权力因素是如何迫使国家力量出面来使某一行为尽量"符合"形式化的法律要件的。在我看来，尽管许多事实要素"客观地"存在于社会中，但是，如果没有复杂的（国家的和非国家的）权力因素的激烈争斗和交互影响，事实要素本身不会主动"开口说话"，犯罪无从得以完整地"构成"。正是在国家权力和非国家的行为评价机制的不易察觉、难以描绘的冲突与调和、抗争与妥协的运动过程中，客观上的、沉寂的事实要素最终得以生成为法律上的、形式意义上的犯罪构成要件事实，从而填充犯罪构成框架结构中的空域。以此为基准所建构的犯罪构成理论，可能与我们今天的认识多少有些不同。最大的区别恐怕在于：它要考虑填充犯罪构成要件的要素是通过何种过程生成的，同时它要关注哪些因素可能有效地改造纯粹的、静态的犯罪构成要件，使之变通、扭曲或发挥作用。从这个意义上思考犯罪构成问题，可能要求我们具备一种更为广阔的刑事一体化的知识眼光：不将犯罪构成问题绝对地当作一个"刑法化"的问题，不将犯罪构成的确定过程局限于利用司法权"定罪"的阶段，而是将关注的目光前移到其他机制影响构成要件要素生成的阶段。所以，我们需要一种更为拓展的、更有涵括力的刑法学视野和犯罪构成理论。

在本文中，我将首先对本体性的刑法理论在犯罪构成问题上的基本立场作出回顾，指出这种理论在知识论上的意义和它的偏狭性。在接下来的文字里，我要重点探讨的是非国家的行为（犯罪）评价机制是如何介入犯罪构成标准的确立过程的，读者将目睹刑事司法过程中极其复杂的、超乎想象的各种权力运作的场景，这一切都将证实从事实判定到犯罪性质确定的艰难性和司法权力被其他权力机制所推动、驾驭甚至架空的身不由己的具体情形。最后，我要对承认有非司法的力量参与犯罪构成的确定过程所可能带来的疑问作出回答，试图在合理解释事实上的犯罪构成评价机制的同时求得理论论证的完满性。

一 本体刑法论在犯罪构成问题上的基本立场

犯罪构成的基本问题在于如何确立一种把与危害行为有关的事实组合起来的规则，以及如何对这些事实的性质作出评价。从这个角度讲，犯罪构成问题主要牵涉人们对某种"典型事实"[①]的看法。因为一方面，犯罪是一种与社会的主流意识形态和道德观念背道而驰的行为，对犯罪进行惩治是政府当局一项长期的使命。另一方面，对犯罪的认定与处理始终有一个"度"，纯粹为了打击犯罪的需要而不依一定的规格和准则行事是不妥当的，这里的规格和准则就是国家司法机关据以确定犯罪事实的标准。所以，根据犯罪构成要件确立典型事实，在今天的世界各国都是被普遍接受的基本观念。

大陆法系刑法学遵奉的由 M. E. 迈耶所提出的犯罪构成（成立）理论体系认为，将某一行为认定为犯罪，必须具备构成要件符合性、违法性和有责性，这三个递进范畴连接着犯罪客体和犯罪主体两个极位，形成由一般向个别紧缩的认识规律。其现象表征是：犯罪客体（泛化的行为事实）—构成要件符合性（第一次筛选，判别一般情况）—违法性判断（第二次筛选，判别一般情况）—有责性判断（第三次筛选，以判别个别情况为核心）—固定犯罪主体、落实罪责。[②]这是一种递进式的犯罪构成理论构架。英美刑法中犯罪构成理论则涵括犯罪本体要件和责任充足要件。实体刑法意义上的犯罪要件（刑事责任基础）包括犯罪行为和犯罪心理两个方面的内容，它是建立在行为人具备责任条件和行为本身具有刑事政策上的危害性的假设前提之上的。但在某些场合下，行为特征符合犯罪定义，

[①] 这里的"典型事实"同时具有事实描述和价值评判双重含义，这与意大利刑法理论中狭义的典型事实观有所不同。参见〔意〕杜里奥·帕多瓦尼《意大利刑法学原理》，陈忠林译，法律出版社，1998，第100页。

[②] 参见〔日〕大塚仁《犯罪论的基本问题》，冯军译，中国政法大学出版社，1993，第23页。

但行为人不具备责任条件或者行为在本质上缺乏政策性危害，这些问题留待诉讼过程中"合法辩护"事由加以解决。因此，犯罪定义之外的责任条件和政策性危害便是由诉讼原则提炼而成的实体法（总则）中的犯罪要件。① 这是一种双层次的犯罪构成理论模式。而在中国刑法中，虽然学者们对犯罪构成内部结构的具体内容有激烈的论争，有三要件体系、四要件体系、五要件体系等理论模型，但是，这些观点有一点是共同的，即行为的主体、主观方面、客体等内容有机地组成了犯罪构成的整体内容。犯罪构成体系等于犯罪成立体系，若行为符合犯罪构成，说明该行为构成犯罪；若不符合犯罪构成，就没有犯罪存在。这是一种闭合式的犯罪构成理论体系。

上述犯罪构成的不同理论，确立了内容不同的评价行为性质的基本机制。在德、日等大陆法系刑法中，应当作递进式、顺序性评价的是：①构成要件的符合性。由于构成要件只是一个"观念形象"或犯罪"类型轮廓"，所以对行为是否成立犯罪的判断，必须审查其是否符合刑法分则所规定的该罪的构成要件，只有符合这个"类型轮廓"的行为才有必要作进一步的违法性、有责性判断。②违法性。违法性意味着行为从维持法秩序或法规范的角度看没有价值，它是在该当构成要件行为的基础上，从法律规范的整体价值观上进行评价、判断，将法律精神所容忍或许可的行为排除出去（即因存在正当防卫、紧急避险等违法阻却事由而否定行为的违法性），其他与整体法规范相对立、冲突的行为具备违法性时有构成犯罪的可能。③有责性。对于符合形式化的构成要件、违法的行为是否构成犯罪，还需要作出进一步有无责任的判断。责任因素包括责任能力、故意和过失以及期待可能性等内容。如果没有责任阻却事由，行为最终即成立犯罪。而英美刑法中应当先后评价的是犯罪行为、犯罪心态和辩护事由。犯罪行为是在一定意识支配下的身体动静，包括作为、不作为和持有（事态）。犯罪心态是行为人在实施危害行为时应受社会谴责的心理状态，包括蓄意（intention）、明知（knowledge）、轻率（recklessness）、疏忽（negligence）四种情形。辩护事由则是指排除行为违法性的正当理由或阻却行为人责任的可宽恕事由，包括未成年、错误、精神病、被迫行为、警察圈套、紧急避险、合法防卫等情形。在中国刑法中，犯罪客体要件、犯罪客观要件、犯

---

① 参见储槐植《美国刑法》，北京大学出版社，1996，第 51 页。

罪主体要件和犯罪主观要件都是需要加以评价的对象，此乃常识，毋庸赘言。

由此可见，在不同的犯罪构成体系中，应予评价的对象在宏观上是不同的，但是，有一些对成立犯罪必不可少的事项或共同要素则是各理论体系都普遍具备的，这使得我们对犯罪构成理论的讨论有了起码的基点。这些共同要素或事项包括：①行为及说明行为的诸要素，包括行为本体、行为对象、行为结果，以及说明行为时空、方法手段等的要素。②罪过心理，即将行为人主观上的认识因素和意志因素的不同组合作为评价犯罪人心态模式的标准。③主体。以人作为犯罪的主体，对人构成犯罪的具体情形加以限制，乃是现代刑法理论的共识。④保护客体，即政府当局制定刑法，规定犯罪所要保护的利益或价值。学者认为，上述各种要素，是构筑犯罪构成体系的建筑材料。至于对这些材料进行怎样的体系排列，还有赖于犯罪构成体系建筑规则的确定。①

对行为作上述具体要件和共同要件的评价的过程实际上是一个遴选过程，但是究竟应当由谁来操持评价权或遴选权，这是需要特别探讨的。在本文所关注的范围内，评价主体是比较三大法系犯罪构成总体特征以及行为评价机制之后的落脚点，是一个核心问题，否则，前面研究的意义将大为丧失。通行的见解是，在大陆法系国家，遴选过程的方法包括确定一般规则（定性规定）和确定具体犯罪人（建立在定量研究基础上），前者是立法的任务，后者是司法的职能。评价主体之间应当经常性协调的项目是：立法活动凭借抽象的、观念性的评价犯罪的筛选过程，尽量将所有现实可能性囊括于法典中；司法活动凭借专门性技术通过特定程序填充立法之不足。② 这就决定了对立法者而言，一方面，要将各种犯罪行为的构成事实或评价犯罪的一般标准类型化、抽象化与条文化地规定于刑法分则或其他具有刑事法律效果的条款中，作为可罚性前提；另一方面，在刑法典中从反面规定排除违法性的事由。至于司法官员的任务，则是对行为是否符合构成要件、是否违法和有责加以判断，其中至关重要者是对超法

---

① 参见李洁《三大法系犯罪构成论体系性特征比较研究》，载陈兴良主编《刑事法评论》第 2 卷，中国政法大学出版社，1998，第 459 页。
② 参见宗建文《刑法修改与制度创新》，载陈兴良主编《刑事法评论》第 1 卷，中国政法大学出版社，1997，第 62 页。

规的违法阻却事由和超法规的免责事由（如期待可能性）加以判断。在英美法系中，根据独具特色的罪刑法定原则的要求，犯罪行为或犯罪心态多由成文法典或先例加以框定，而辩护事由则由法官加以判断。在中国刑法中，评价行为性质的主体与欧陆诸国及英美国家大体相同，即立法者首先要在刑法典中设定犯罪构成的总体架构，这是抽象化的行为评价；具体的行为是否符合犯罪构成，实质性地成立犯罪的评价，则交由司法官员完成。

在这里，我无意再对三大法系犯罪构成理论的具体内容及优劣得失作更为详尽的比较，我想重点指出的是，无论三大法系犯罪构成理论的体系性特征、具体构成要素、行为评价过程有多大的差异，它们有一点都是相同的：都只承认国家权力在评价犯罪过程中的作用。换言之，评价行为的主体是单一化的，都重点强调通过国家权力的运作来实现刑法的社会保障功能，其中立法权对行为的评价是第一层次的、抽象的，而司法权对行为的评价是第二层次的、具体的。三大法系刑法理论均不承认有其他非国家的机制介入了犯罪评价过程，也未对其他非国家的行为评价机制参与刑事立法或司法（尤其是后者）的可能与现实情况作出详尽的考察。

然而，这种认识很难说是全面的。由于犯罪的"典型事实"、"犯罪构成"都是有多个意义域、含义并不清楚的语词，所以，我们不能静止地、单维度地看待行为事实和犯罪构成。刑法学不应该仅满足于确立多层次或多方面的构成要件框架结构，而应当特别关注这些构成要件在司法实践中哪些被舍弃了、哪些在多重权力因素的综合作用下被想象性地重构了。

事实上，两大法系及我国刑法学界关于犯罪构成的基本主张（我将其称为一种本体刑法论）都接受这样一个认识前提：构成事实作为法律事实，其前提性、事实性无可置疑，[①] 它在很大程度上等于案件真相。以过去发生的、静止的、客观的、作为整体存在的事实为基础，通过司法程序司法人员能够较为主动和顺利地发现、确认客观存在的事实要件，将其组合起来而形成符合刑法规则的司法确信。所以，这些理论从根本上讲，都

[①] 在这一点上，法理学界的观点基本上就是刑法学者的主张："以事实为根据，就是指司法机关审理一切案件，都只能以客观事实作为唯一根据……必须绝对真实可靠。"（沈宗灵主编《法学基础理论》，北京大学出版社，1988，第381页。）刑事诉讼法学界也有完全相同的见解，对此，请参见目前流行之刑事诉讼法教科书。

接受了构成要件事实特征的客观性、单一性、静态性和整体性，正是这些基本的主张决定了传统观点在犯罪构成要件问题上的共同缺陷。

其一，犯罪构成的客观性。以往的刑法理论认为，有一种客观存在的事实于犯罪发生以后作为社会事实而固定下来。这种客观事实是与犯罪的具体情形相一致的。客观事实的各种细节虽然比较分散，但是司法人员只要依照刑事程序法所提供的认定证据的规则行事，把收集到的证据材料与犯罪构成要件进行仔细比对，某种能够证实犯罪存在的事实就可以被"发现"。将司法人员发现的事实与立法上所确定的客观标准相比对，就可以径行确定罪之有无。由于典型事实是客观的，而且判断事实的依据即犯罪构成要件（主要是其中客观方面的一系列条件）所提供的标准也具有客观性，犯罪构成具有客观性也就是无可置疑的了，借助司法力量完全可以证实犯罪，此时的犯罪构成也只与得到广泛运用的司法权有关。

其二，犯罪构成的单一性。按传统刑法学的基本观点，依司法权调取的某一案件中的证据材料只能证实某一种特定事实的存在及犯罪人的罪责轻重，即犯罪构成是单一的：根据甲、乙、丙证据能证实 A 犯罪事实存在，就排除了根据同样的证据证实有 B 犯罪事实存在的可能性。犯罪构成具有单一性是传统刑法观念的基本态度，人们今天一直在强化这一主张，流行的案例分析书籍也在不遗余力地灌输这一点。在刑法学教学过程中，人们普遍接受的也是一种犯罪事实只能与一种具体罪名相对应才可能具有科学性的观念。

其三，犯罪构成的静态性。犯罪行为一旦实施，犯罪事实就会形成，而且这一事实会以凝固的形态表现出来。事实的凝固形态在相当长的时期内不会发生变化。对此，常见的刑法理论论证是：甲、乙、丙、丁等要件排列组合构成一个犯罪事实，由于足以证明这些要件的证据是客观地、静止地和现实地存在的，那么，由它们组合起来的事实特征在犯罪实施终了以后就不可能有任何变化。

其四，构成事实的整体性。追求事物的和谐性和整体美可能是人类的一种基本爱好。在刑法学理论中，也有一种非常明显的"整体主义"[①]倾

[①] 对整体主义的分析和严肃的批判，请参见〔英〕卡尔·波普《历史决定论的贫困》，杜汝楫等译，华夏出版社，1987，第 60 页以下。

向：犯罪构成诸要件互相支撑，彼此印证，形成一个完整的证明体系，从而共同维持着犯罪事实的整体性。犯罪构成的这一特性强调，在司法者眼中，犯罪事实本身是不可分割的，去掉作为整体存在的犯罪事实的任何一个环节都是不允许的；将甲事实替换成乙事实或者削弱某一事实的说服力会影响司法官员对一种"实体真实"的追求，从而妨害对案件的公正审理。

应当说，上述认识的片面性是显而易见的，其中最大的不足在于我们不能将犯罪构成简单地、完全地等同于一系列所谓的"国家标准"。我不否认犯罪构成具有法定性，但是，其程度是极其有限的，因为刑法规范毕竟相当抽象、模糊和具有普遍性。犯罪构成首先是一种理论概括，而且至关重要的是，法定的、学理上的犯罪构成框架在实践中如何被运作的状态是极其复杂的，社会现实的生动性和司法过程中不可预期因素的影响、其他非国家因素的介入等，都可能导致立法上和学理上构设的犯罪构成标准发生很大的甚至是异质的变化，"另类"的犯罪构成形态完全可能出现。所以，我们以前过多地关注了静态的、书本上的犯罪构成；今天，我们的刑法理论似乎应当适当地审视一下运作过程中实际的犯罪构成。把犯罪构成完全视作几条干巴巴的标准，而不面对社会现实中事态的发展对犯罪的构成性特征的存在、组合、形成、行为性质的实质影响，可能不是一种务实的态度。

所以，我认为，有必要突破犯罪构成只与刑事立法、刑法理论有关的思维困囿，我们所需要的犯罪构成理论应当更有针对性、更有意义和更能解释社会现实。

二 权力的复杂构造与非国家的行为评价机制

（一）权力观、司法权与权力的非国家性

谁也不会否认最终以判决的形式决定犯罪成立与否的是司法机关。司法权是一种权力（国家权力），对此我们从来没有过疑问。但是在刑法学领域，我要问：①权力就是国家权力吗？②决定被告人有罪的只是司法机关吗？要说清这两个问题极不容易。我们首先要做的是换个立场审

视权力概念。

"权力"是一个被广泛误用和滥用的词。在中西方学术界,关于权力的定义恐怕不下几百种,但它们都无不强调以下三点。第一,权力是支配、控制或影响他人的能力。对此,美国多数学者都与人类学家乔纳森·哈斯持有相同的态度:"权力,在其最基本的方面,一直被理解为'驱使的能力',是强迫他人做本来不愿意做的事的能力。"① 第二,权力是不平等的社会关系。例如,迪韦尔热认为,一种权力的存在意味着一个集体的文化体制建立起了正式的不平等关系。而波郎查斯说得更为直接:阶级关系就是权力关系。阶级和权力的概念是同类概念。② 第三,权力是强制性的力量。学者认为,权力并不必然表现为暴力,但权力总是与强制性力量形影相随。韦伯就认为,权力是处于社会关系之中的行动者排除抗拒其意志的可能性,"它意味着在一种社会关系里哪怕是遇到反对也能贯彻自己意志的任何机会,不管这种机会是建立在什么基础之上"。③ 我国学者虽然也试图给权力下一个完满的定义,但基本上仍是从上述要点来理解权力内涵的。④ 中外学者在这一点上保持着惊人的相似。

在我看来,上述权力观在一定意义上触及了问题的实质。但是,它们都应当只是权力概念的一种解说方式,而非问题的全部解决方案,而且都远远不能令人满意。其要害在于:它们都人为地限制了权力的视野,销蚀了"权力"一词的统摄力和涵括性,极大地遮掩了我们认识权力现象和揭露权力运作机制的理论视线。在这个意义上,我把上述权力观称作传统的权力观。

传统的权力观极力强调国家的权力和经济上占主导地位的阶级的权力,国家权力和阶级权力在社会经济生活中独立运作,权力运作的基本形式是制定法律和实施法律。因此,归根结底,传统的权力最终体现为:基本上是法律机制起否定和禁止作用,且具有大量消极后果(排斥、否认、阻碍、隐藏等)。从这一界定出发,人们自然而然地将权力归结为"禁止",认为权力就是执行"禁止"的能力、阻止别人做某些事情的

---

① 〔美〕乔纳森·哈斯:《史前国家的演进》,求实出版社,1988,第139页。
② 转引自赵磊等《走近权力》,团结出版社,1997,第4页。
③ 〔德〕韦伯:《经济与社会》上,林荣远译,商务印书馆,1997,第81页。
④ 参见赵磊等《走近权力》,团结出版社,1997,第5页以下。

能力。

　　传统权力观的（消极）影响力，在今天看来远远超出我们的想象。权力一定表现为国家权力，权力就必然是镇压性的，它有可能被滥用，所以权力应该是消极的。国家权力的展开及控制成了迄今为止刑法学中最根本的中心化命题。人们一直认为，仅仅是国家权力才有义务和有能力控制犯罪，所以对刑法领域的国家权力一往情深；但是人们又对国家权力怀有天然的恐惧感，所以希望国家权力受到制约，由此而在刑法中设定了罪刑法定原则、罪刑均衡原则、刑法人道原则，企盼国家权力既承担保障人权又肩负打击犯罪的双重使命，并实现二者的"综合平衡"，这是自贝卡利亚以来几乎所有的刑法学者都孜孜以求的。刑法领域的这种权力观与传统的国家-权力观有着亲缘关系，更与实证主义法学理念一脉相承。实证主义法学的代表人物奥斯汀就曾指出，当一个人对另一个人发出以威胁为后盾的命令，强制他服从时，我们就发现了法律的本质。[1] 所以，实证主义法学是对传统权力观在法学领域最好的继承。而实证主义法学自20世纪40年代末以来在中国取得了独尊的统治地位。[2] 在刑法领域，唯国家权力是瞻，强调刑法的阶级性、强制性、工具性，视刑法与国家意志为一体自然就在情理之中。

　　但是，我要说，把权力仅仅解读为国家权力的配置及其运作实在是值得追问的。在这一点上，福柯的观点无疑是正确的：禁止、拒绝、抑制不仅远远不是权力的根本形式，甚至它们造成了权力的局限性，使权力受挫并走向极端。[3] 与福柯对传统的国家权力观的无情解构相对应，卡特对以奥斯汀为代表的实证主义法学的法律观提出了尖锐的批评，认为其关于法律的定义是一个"失败的记录"。[4] 福柯等人对国家权力的精辟见解无疑为我的研究提供了丰富的滋养。福柯探讨权力的目标并不是为了提出一种与权力有关的"理论"，即他不想把这种说明作为一种摆脱背景的、与历史

---

[1] 参见〔英〕哈特《法律的概念》，张文显等译，中国大百科全书出版社，1996，第8页。
[2] 关于法律实证主义的立场与方法，尤其是对它在中国的发展历程的详尽探讨，请参见梁治平《法律实证主义在中国》，《中国文化》1993年第8期。
[3] 参见〔法〕福柯等《权力的眼睛——福柯访谈录》，严锋译，上海人民出版社，1997，第42页。
[4] 参见沈宗灵《现代西方法理学》，北京大学出版社，1992，第187页。

无关的、客观的描述，而是从事一种权力的"分析"。① 这种分析是在批判传统的和本质主义权力观的基础上谨慎地进行的。

传统的权力观是一种国家（统治）权力观，权力往往通过法律来运作。而在福柯看来，只有完全脱离他所说的人们对权力所作的某种"法律－话语"描述，权力分析才能成立。仅对权力作"法律－话语"描述的权力观有5个特征。首先，它所建立的是一种权力否定关系：排斥、拒斥、抛弃、阻碍、掩饰或遮掩。权力只会产生缺失和裂缝；权力忽视基本因素，引入间断性，分离相关物，并划定界限。权力运作采取的一般形式是限制和缺失。其次，对法律的坚持。权力把人们的行为置于合法与非法、许可与禁止这种二元对立的系统之中；权力为人们的行为设定了"秩序"。权力通过制定法律而起作用。权力控制效果是通过语言，或更准确地说，是通过创造法律规范的话语来进行的。权力开口说话就是法律。权力的纯粹形式存在于立法者的功能之中。再次，恐吓、惩罚的手段。权力相对人要么否定自身，要么遭受被压制的惩罚。又次，审查逻辑。断言权力对象存在，组织人们对之进行谈论，又否认它的存在。最后，手段的一致性。在所有层面上，权力以相同方法实施于对象，自上而下，无论是总体决策，细枝末节的干涉，还是它依赖于何种设想或制度，它总是以一种统一和综合的方式而起作用。它依赖法律、禁忌和审查等简单且无限再生的机制而起作用。"所以，从国家到家庭，从王子到父亲，从法庭作日常惩罚的细小变化，从社会统治机构到臣民本身的组成结构，都可以发现一种权力的一般形式，只是规模不同而已。"② 这种形式是有关违法与惩罚的法律，体现了合法与非法的相互较量。面对作为法律的权力，只有服从——"臣服"——的人才被承认是它的臣民。所以，一方是立法的权力，另一方则总是被驯服的臣民。

福柯认为，人们总是将权力图解为法律的形式并将其效果定义为服

---

① 福柯的基本见解是：如果我们尝试建立一种权力理论，我们总是不得不把它看作在特定地点与时间形成的，因此不得不推演它，重构其发生。但是，如果权力实际上是开放的、多少协调起来的关系集合，那么唯一的问题是：如何为自己找到使权力关系的分析成为可能的分析之网。参见〔法〕德赖弗斯等《超越结构主义与解释学》，张建超等译，光明日报出版社，1992，第240页。

② 《知识的意愿》，载〔法〕福柯《性史》，张延琛等译，上海科学技术出版社，1989，第83页。

从，这种对权力的"法律的迂曲论证"存在三大弊端。首先，它是用一种奇怪的限制方法来界定权力，于是这个权力不会随机应变，缺少方法，所使用的战略比较单调，无法创新，似乎注定只是老调重弹。其次，这个权力只具有否定力量，表现为对权力对象的奴役性，只会说"不"，它绝不会创造和生产，只会设定界限，它基本上是反能量的。最后，这个权力的模式基本上是法律的，并集中于法律的陈述和禁忌的实施，所有统治、顺从和臣服的方式都最终归结为服从的结果。权力实施总是在法律中被表述。因此，传统权力理论仍把重要性赋予了权力与暴力、法律与非法、意志与自由，特别是国家与独裁等问题。在这些问题的基础上构想权力，也就是用一种西方社会所特有的历史形式（即法律君主制）来构想权力。这种构想很难说不是一种"假想"，含有自欺和欺人的成分。法律君主制虽然独特，但毕竟短暂，尽管它的许多形式延续到今天，但它逐渐为相当新颖的权力机制所渗透，而这些权力机制一般不能简化为法律的描述。在福柯看来，如果这种法律体系真能有效地代表一种基本上围绕"提取"和死亡的权力，那么它便与新的权力方法完全不协调，这些新方法的运作是由技巧（而非权势）、违反化（而非法律）和控制（而非惩罚）来保证的，它们可以在任何层面上起作用，并且采取的形式并不局限于国家及其机器。我们已经置身于这样一个社会：在其中法律愈来愈不能解释权力，不能充当权力的描述体系。我们的历史变迁（linge de pente）使我们愈加远离法律体制。[①] 这就促使我们要在权力运行的具体和历史框架内分析权力，摆脱权力 - 法律形象，从而形成"另一种权力观"。由此，福柯在批评有关权力的"法律 - 话语"描述基础上建构起来的权力论题已经呼之欲出了。他指出，权力并不只是作为一种禁止力量作用于我们，它还产生事物，导致快乐，构成知识，产生话语。我们需要把权力当作一种贯穿于整个社会机体的起生产作用的网络，而不是一种起压抑作用的否定力量。

在福柯的非本质主义权力观中，以下三点是重要的。第一，权力是一种关系。权力不是人们获取、把握、分享和让渡的某物，而是一种关系。权力是特定时间、特定社会的力量关系的一般模式。统治不是权力

[①] 参见莫伟民《主体的命运——福柯哲学思想研究》，上海三联书店，1996，第252页。

的本质。① 而且，也根本不存在实体和本质意义上的权力。福柯所说的权力，不是保证一个特定国家的公民服从于某一组织机构或机制，不是指暴力相对地具有法规形式，也不是指一个要素或集团对另一个要素或集团实施的普遍统治体系。实际上，权力意味着关系，一组或多或少组织起来的、有等级的、协调的关系。甚至更确切地说，权力意味着由个体实施并影响个体的整体关系，这些关系指导个体的行为并构建可能的结局。②

福柯详尽地阐述了自己的思想：首先，权力首先是多重的力量关系，存在于它们运作的领域并构成自己的组织；其次，权力是通过无休止的斗争和较量而转化、增强或倒退的过程；再次，权力是这些力量关系相互之间的依靠，它们结成一个连锁或体系，或者正相反，分裂和矛盾使它们彼此孤立；最后，权力如同它们据以实施的策略，它的一般构思或组织机构上的具体化体现在国家机器、法律条文和各种社会领导权中。权力无所不在，并非因为它有特权能使万物巩固在它战无不胜的整体之下，而是因为它不断地产生出来，存在于每一点或每层关系中；权力无所不在，不是说它包容万物，而是说它来自各方。而所谓"权力"，就它是持续的、重复的、变化迟缓的、自生的来说，只不过是所有这些运动体的最终结果，是由它们所支撑的并反过来试图限制它们的运动的一系列相互联系的事物。所以，福柯强调说："毫无疑问，在这里我们有必要做一个唯名论者：权力不是一个机构，不是一种结构，也不是我们具有的某种力量；它是人们给特定社会的一种复杂的战略形势所起的名字。"③ 这是福柯进行权力分析的起点。

第二，权力只存在于其实施过程中。福柯通过对中世纪以来的权力话语的分析发现，权力发送和激活的不是统治权关系，而是支配关系。这里的支配，不是一个人对另一个人或者一个集团对另一个集团的有形的和普遍的支配，而是社会内部实施的多方面的支配。"因此，不是国王在他的中心位置进行的支配，而是他的臣民在相互关系中的支配；不是单一的统

---

① 参见〔法〕德赖弗斯等《超越结构主义与解释学》，张建超等译，光明日报出版社，1992，第242页。
② 参见莫伟民《主体的命运——福柯哲学思想研究》，上海三联书店，1996，第265页。
③ 《知识的意愿》，载〔法〕福柯《性史》，张廷琛等译，上海科学技术出版社，1989，第91页。

治权的大厦,而是在社会有机体内部发挥作用的多重形式的镇压。"① 权力正是在支配过程中得到实现。

福柯还强调说,权力来自下面,就是说,在权力关系的原则上,在统治者与被统治者之间不存在作为普遍模式的完全的二元对立,这种二元性不反映在由高及低,或从越来越受限制的团体到社会最底层的发展过程上。不妨假设,在生产机器、家庭、受限的团体和机构中形成并运作的多重力量关系是遍及整个社会肌体的有广泛分裂作用的载体。② 因此,广泛存在的是渗透到社会生活每一个角落的"微观权力"和权力关系无穷复合的网络。③ 权力广泛延展,权力在无数地方得到实施,在不平等关系和运动的相互作用中实施。权力为每个人所实施,每个人都发挥了相对自主的作用,即使那些通常被视为"无力之人"也拥有偏向、部分屈从、抵抗和部分行动等手段。总之,权力是被实施的,而不是被拥有的;权力并不是统治阶级获得或保存的"特权",而是其策略地位的全局效果,不能将权力限制在政治制度的范围之内。

第三,权力与抵制共存。福柯说,哪里有权力,哪里就有阻力,这个阻力在权力问题上从来没有处于局外位置。权力关系的存在依赖于多方的阻力;在权力关系中,它们充当对手、攻击的目标、支撑物或把柄等角色。这些阻力在权力网络中到处存在,它们各有特点:有些阻力是可能、必需却未必可信的;另一些则是自发、野蛮、孤立、联合、猖狂、暴力的;还有一些是极易于妥协、热心和乐于献身的。从定义上说,它们只存在于权力干线的战略领域。它们在权力的所有关系中是独特的,它们是权力不可缺少的对立面。因而,阻力的那些点、结、焦点以各种密度分布于时间和空间,不时以一种明确的方式鼓动公众或个人,激发身体的某些部位,生命的某些时刻,行为的某些类型。④ 一言以蔽之,没有任何一种不遭受抵制、反抗或阻挠的畅行无阻的权力。

---

① 〔法〕福柯等:《权力的眼睛——福柯访谈录》,严锋译,上海人民出版社,1997,第230页。
② 参见〔法〕埃里蓬《权力与反抗——米歇尔·福柯传》,谢强等译,北京大学出版社,1997,第302页。
③ 参见〔英〕阿兰·谢里登《求真意志——米歇尔·福柯的心路历程》,尚志英等译,上海人民出版社,1997,第182页。
④ 参见《知识的意愿》,载〔法〕福柯《性史》,张延琛等译,上海科学技术出版社,1989,第93页以下。

在这里，有必要对与传统权力观决裂的、福柯式的权力观作一个简单的总结：权力是一种复杂的社会策略形式，它不是简单的法律加极权的体系。因此，我们不能在一谈到权力的时候，就把它与国家或阶级等工具性力量等而视之。"我们还是不要去寻找控制权力的合理的司令部，也不要寻找统治阶级和控制着国家机器的集团以及那些作出最重要的经济决定的人们。"① 虽然他们指挥着使社会运行的权力网络，但权力的自构和运行往往具有自足和独立性，国家"权力"最多只能算作形成真正权力的促成力量之一。我们应该反复审视的是国家强权和真正的权力是如何"合作"、如何建立在处于相对微观层面的相对自主自足的权力之上，并通过这些权力而起作用的。

（二）刑事案件中的权力构造与行为评价机制

秉承上述思路，我认为：在刑法学的知识视野内，权力不止一个主体，不具有单一性；在一个被人们称作"刑事的"案件中，往往是多种权力因素交互作用，形成合力和对合力的抵制。这恐怕才是对刑事领域内权力的完整看法。事实上，正是这些权力因素的存在和运作，才使得一些原本不被重视的事实进入司法视野，一些原本可以作此种解释的事实被作另一种解释，而另一些可能被司法机关早已视为具有决定性意义的事实也可能因为介入权力因素的影响而变得不再重要。所以，从这个角度看，以往的以本体刑法论为预设的英美双层次论、德日递进式以及中国的闭合式犯罪构成理论体系，纯粹地从"理论"上看是否完善，不是最为关键的问题。问题的要害在于，与确认犯罪有关的主客观方面的要件及相关事实是如何通过各种权力因素的交互作用而符合或该当立法者所确定的构成标准的。因此，我们有必要仔细探讨在一个刑事案件中究竟存在哪些权力要素这一重要问题。

经验事实早已表明：在绝大多数案件中，危害行为和危害结果发生以后，总有各种各样的因素推动着司法机关开展刑事诉讼活动，如果不是受各种各样复杂因素影响，司法机关不会主动出面干预，② 从而对之定罪量

---

① 〔法〕福柯：《权力／知识》，第98页。转引自莫伟民《主体的命运——福柯哲学思想研究》，上海三联书店，1996，第269页。
② 实际上，对不告不理的审判权启动原则即可在这种意义上进行理解。

刑。被告人最终经历的一段可谓刻骨铭心的"法律生活"是多种权力因素交互作用的结果，这些因素的叠加或交错形成了一个极其复杂而又力量无穷的权力场景。在这一场景中，通过下列权力因素的彼此作用，我们看到了各种类似于呼喊、挣扎、仪式的展开、压制、反抗与服从的场景，具体的犯罪构成的事实要件就是由于这些因素的存在和较量而逐步具备的，嫌疑犯最终因为符合一种处于游移状态的犯罪构成而一步步成为"罪犯"。

1. 危害行为的实施及"典型事实"的形成及存在

这是整个刑事诉讼程序得以启动的起因，更是特定权力场域得以生成或活动的决定性因素。从理论上讲，由于被告人的行为使社会生活的和谐性遭受破坏，其应当受到道义上的否定性谴责，所以被告人的命运如何在这一刻已经基本上被注定了。因此，我们没有任何理由忽略这一事实。

2. 受害者及其亲属的震惊与愤怒

在某一与犯罪有关的事件中，人们都会不约而同又无可置疑地关注受害者，人们会对这一事件迅速作出反应，而反应最为迅速和强烈的，当数受害者及其亲属。为此，我们有必要分析在某一社会尤其是中国社会中，受害者及其亲属所形成的社会圈子（circle of social relations）的社会结构功能。

费孝通认为，在颇具乡土性的中国社会中，社会圈子是以个人（或"己"）为中心向外延伸的关系体系。他指出，我们社会中最重要的亲属关系就具有类似于这种丢石头形成同心圆波纹的性质。亲属关系是根据生育和婚姻事实发生的社会关系。从生育和婚姻所结成的网络可以一直推出去，包括无穷的人，过去的、现在的、未来的人，以"己"为中心，像石子投入水中一般，和别人联系成的社会关系，不像团体中的分子一般大家立在一个平面上，而是像水的波纹一样，一圈圈推出去，也愈推关系愈薄。① 如此界定社会圈子，颇有个人中心论的意味，似乎个人（"己"）把所有的关系当成"资源"加以动员利用（mobilization）。但是，正如学者所指出的，这只是"社会圈子"的一个方面。"社会圈子"一旦形成，便以"人情"观念为规范，造成个人（家庭）间互动和互惠。换言之，"社会圈子"不仅是"己"赖以自我发展的"文化器具"，而且是人们在一定

---

① 参见费孝通《乡土中国》，三联书店，1985，第 23 页以下。

的社会范围内展开具有伦理性和社会交换互助的场所。[①] 将上述分析借用到刑事案件中基本上是恰当的。

在国外的社会环境中,下述判断也基本是恰当的。受害人及其亲属、朋友结成了一个相对稳定的社会圈子,这一圈子首先要讲人情。人情是社会中人与人应该如何相处的社会规范,它包含着当关系网内的某一个人遭受到贫困病厄时,其他人当有"不忍人之心",同情他,体谅他,并尽力帮助他,"做人情给他"。[②] 人情最终意味着情感感受与交换意识。基于人情,受害人的亲属在震惊、愤怒之后,会产生一种应当"帮一帮"受害人的欲望。他们对受害人的帮助,事实上是对"社会圈子"在互助中角色的展示。根据克鲁泡特金的观点,虽然数个世纪以来近代国家为了为少数人创造利益条件,而试图把人际关系界定为个人与整体(国家)的直接交往,但是,事实上,互助的功能是不可忽略的。[③] 互助的制度和风俗习惯的核心存在于由受害人及其亲属所形成的社会圈子中。克鲁泡特金认为,这表现出一种与所谓"科学的"社会法制(国家-社会的一体化)不同的社会伦理。

3. 集体表象的形成

人类学家所谓的"集体表象",在刑事案件中表现为知情人的同情。知情人通过对案件发生前后过程的切身感受或间接了解,基本上会形成共识:对被害者给予程度不同的同情和表达对危害行为实施者的共同愤怒。这一点在中国表现得特别充分。

中国社会基本上是一个缺少流动的乡土性社会,按费孝通的说法,这是一个"熟悉"的社会,没有陌生人的社会。我们周围的人物都不是我们选择得来的关系,而是无须选择,甚至先于我们而存在的一个生活环境。[④] 在这个熟人社会里,每一个关系网络都结附着道德要素,人们接受着同一的道德体系,彼此的了解有助于社会关系的稳定。在这种生活环境里,同样的刺激会引起同样的反应。人们有凑热闹的习惯,经常会聚集在一起讨论他们

[①] 参见王铭铭《村落视野中的文化与权力——闽台三村五论》,三联书店,1997,第181页。
[②] 黄光国:《人情与面子:中国人的权力游戏》,载黄光国编《中国人的权力游戏》,巨流图书公司,1992,第19页以下。转引自王铭铭《村落视野中的文化与权力——闽台三村五论》,三联书店,1997,第173页。
[③] 参见〔俄〕克鲁泡特金《互助论——社会进化的一个要素》,李平沤译,商务印书馆,1997,第233页。
[④] 参见费孝通《乡土中国》,三联书店,1985,第5页。

感兴趣或不感兴趣的问题。所有这些，成了人们生活中不可缺少的一部分。

危害事实的发生无疑给生活在乡土性社会中的人们提供了绝好的"谈资"。事件本身构成了知情人在相当长一段时间内无休止的闲谈的经和纬。被告人与被害者之间的初始矛盾如何产生或者被害人如何遭受了突如其来的灾难，危害行为发生的血腥场面如何，第一个到达现场的案件知情人如何描述他/她的惊恐，都是人们详加讨论的内容；其间穿插着没完没了的重复和冗长繁复的评论，表明了他们最感兴趣和最不厌倦的谈论主题。① 人们从对事件的传播中获得了实际的知识，事实上，这种追求身边实际知识的愿望已经成了人们的一种生活传统。

不过，必须指出，案件知情人最终得出的善、恶结论从样态上看可能是很复杂的。我们无法用"理性"或"非理性"这样含混的词语来形容这种态度或结论。但是，可以肯定的是，除了极少数阻却违法和免除行为人责任的刑事案件外，人们对被害人的同情多于对被告人的道德义愤。这是由群体的社会本能所决定的。共同的同情和共同的义愤都表明了一种综合的文化现象——集体表象。人们对案件的评价结论为什么在总体上相似？这实在是一个复杂的问题，集体表象可能是最好的解释。人们评价的形成不可能从研究个体本身的途径得到理解；评价内容不是个人的，而是集体的、普遍的，是历史在"种族记忆"中的投影，② 或者说是一种超越单个人之上的潜在社会力量。研究任何一个个体都无法探得它的真谛，但它又无所不在地支配着个人，通过纷繁的世态顽强地表现着自己。③ 集体表象的形成有助于构造一种权力话语。因为内蕴于集体表象中的集体的愤怒是一种社会群体动力，而"社会群体的动力无法离开特定时代个人的命运，同时特定时代的个人命运也无法离开群体的动力"。④ 以集体的愤怒这种"原始"的法情感反映来宣泄自己，即表现为复仇，首先是报复，在较聪明、慎思的最狭窄意义上表现为法情感指导下的惩罚。当然，需要指出，在权力话语集群作用下的愤怒的"集体"既包括被害人或其亲属，其他案

---

① 在鲁迅的小说《药》中，当人们在华老栓的茶铺里不厌其烦地讨论夏瑜并对他的革命行动表示不理解和愤怒时，便表明了这种生活倾向。
② 参见张隆溪《诸神的复活》，《读书》1983 年第 6 期。
③ 参见梁治平《集体表象与心史的研究》，《读书》1986 年第 5 期。
④ 王铭铭：《村落视野中的文化与权力——闽台三村五论》，三联书店，1997，第 293 页。

件的知情人，同时也包括司法力量，甚至还包括被告人本人。被告人也在一定程度上反对自己，其忏悔就是一种自己反对自己的方式。事实上，司法机关也乐于借助忏悔这种普遍、标准的技术来制造权力话语。忏悔是通过被告人对他人乃至司法机关就案情一次次作出自述来完成的，它逼迫被告人承认自己的非法行为，流露出忏悔和悔恨情绪。人们通过建立"询问——陈述"的一套忏悔机制来强行索取信息，促使被告人与问话者的合作。忏悔由此也是一种话语符号，是集体愤怒的一个组成部分。不过，我们说对行为实施者有一种集体愤怒，并不是说知晓案情的每一个人都对其表现出义愤和谴责。因为正如迪尔凯姆所说，把一个集体类型的社会与构成社会的一般类型的个人混为一谈，这是一种根本性的错误。[①] 社会状态和个人反映之间的差距往往很大。由个人联系起来形成的群体不同于单独的个人实体；集体的心理状态产生于群体的本性并存在于群体之中，然后影响个人本身，并在个人身上形成了一种权力话语的反抗力量。

4. 行为人的忏悔

危害事实、被害者或者其亲属的愤怒与案件知情者的态度，汇合在一处，形成了一股排斥势力：它宣布行为人是不受共同集体生活欢迎的人。社会生活是一种团体生活，这就决定了集体的每个成员都不能从事根据集体成员的习惯和经验判断为危害社会存在的事情，这是社会生存本能的反应。它的当然结果是主体的行为相似，即人应当巩固一种向其同伴的行为看齐，取悦与其每日相处的他人以及被后者取悦的倾向性。这种倾向极其简单，但它是一切法律的基础。康德就认为，他发现了一切法律的基础在于这样的主张：每个人的所作所为应能使他自己的行为规则成为一般的法律。他的发现是人生活于社会状态中这一条件下的发现。普通人行为的这种标准在许多方面从未改进过。[②] 例如，当所有人都认为被告人有义务维持家庭的平衡，在妻子处于危难境地时应当予以救助，而不予救助从而导致妻子死亡时，他的行为就不再符合大家所习惯的行为方式。如果他没有按集体的要求做，那么，他就不可避免地被逐出集体（因而，就极有可能被司法机关最终认定为构成不作为的故意杀人罪）。集体对他的排斥对于

---

① 参见〔法〕迪尔凯姆《自杀论——社会学研究》，冯韵文译，商务印书馆，1996，第297页。
② 参见〔美〕约韩·麦·赞恩《法律的故事》，刘昕等译，江苏人民出版社，1998，第22页。

一个被社会生活所训练并过惯了社会生活的人而言是无法忍受的，所以，社会一致性法则的根本效果在这个时候开始体现：它使被告人产生羞耻感，从而考虑反思和忏悔自己的举动。犯罪心理学的研究表明：即便是十恶不赦、在公开场合死不认罪的被告人，都会在内心世界产生羞耻感和忏悔意识，只是程度有所不同。

被告人的自责和忏悔事实上又为权力场域的形成增添了机会，其忏悔产生于行为实施成功之时，贯穿于整个刑事司法乃至监狱执行过程。忏悔过程其实就是被告人的"自我定罪"过程，与其个人命运休戚相关，对此，我们将在后文中作更为详尽的探讨。

刑事案件中的典型事实、被害人或其亲属的震惊与愤怒、公众的同情以及行为人个人的忏悔，在我看来，都是与犯罪构成事实有关的权力场域中的权力构成要素。它们形成了一种生活情景：特定的社会圈子被调动并卷入了这个事件中，被害人及其亲属有声或无声的控诉，知情人的谴责和少数人为行为人所作的辩解，被告人个人的忏悔以及试图及早从事件中脱身的挣扎，混杂在一起。这种情景完全可以用新现象学学者的概念来界定：一种或多或少混沌多样的，至少包含着多个事态的整体性。① 在这一情景中，既有事件本身所呈现出来的事态，也有人们为平息事态所采用的程序。事态和程序休戚相关，各种权力要素互相指涉，它们形成的具体规则已经汇聚成了一种混沌多样的、高度协调的情景。在这一情景中，它们只是部分地、交替地作为具体规则重新出现，但规则意义上的这种随意的可使用性不会受到整体化融合的伤害。因为整体的情景如具体的规则同样可以或更好地给出行为的限度，② 从而创造出一个意义世界。从这个意义上讲，与其说被告人真正有罪，不如说其罪行是被"创造"出来的（按结构主义的说法），然后又在它们中间感觉到的那种关系。简言之，世界乃是由各种关系而非事物本身构成的。③ 这些关系对于被告人的个人命运而言，就是一种权力要素。

---

① 参见〔德〕赫尔曼·施密茨《新现象学》，庞学铨等译，上海译文出版社，1997，第81页。

② 参见〔德〕赫尔曼·施密茨《新现象学》，庞学铨等译，上海译文出版社，1997，第55页。

③ 参见〔德〕霍克斯《结构主义和符号学》，瞿铁鹏译，上海译文出版社，1987，第8页。

事实上，由上述情景所展示的自发的、不需要特殊的安排就会形成的事实性的东西及事态、程序和问题都无不给人留下一种印象：事情"似乎"已经发展到"不可收拾"的地步，需要司法机关的介入。司法权力的介入，一方面意味着事情可能真的无法收拾了，另一方面也可能使事情还有其他救济途径。但司法权力的介入可以显示国家的实力，可以尽早安抚民心，则是不言而喻的。

但无论属于哪种情况，都表明司法权力（国家权力）并不是权力关系的全部。非国家的权力要素先于国家权力而存在并发挥作用，司法权力只是其他权力要素的自然延伸，它只是顺应事态发展而运作的力量。所以司法权力/国家权力都并不是权力的全部，它甚至受制于其他权力要素；在社会生活中真正起作用的可能并不是国家权力这种权力要素，国家权力此时成了其他权力要素的辅助。

5. 国家法律的介入

这是刑事案件中的最后一个权力要素，但它并非毫不重要，而且从外在表现看，被告人是在一整套法律机制和法律话语的推推搡搡下走入监狱的，国家权力给人以直接性和可感性的印象。

但是，国家法律的介入并不是国家权力的主动出击，而是在其他权力因素的要求、迫使下的被动登场。司法权力的运用在很大程度上是为了契合集体大众的观点和信仰，而且与情景混沌多样的整体性所要求的法律机制相适应，因为"一种法制本身就是一种情景，而不是可计数的具体规则的集合"。① 这些都说明这一结论的正确性：在官方规则和公众感到是合法的法律之间有巧妙的相互作用。② 在刑事司法中，这种"巧妙"的相互作用的结果，是权力要素的紧张对抗，最终将嫌疑人提交刑事法庭。

被告人的个人命运并不是在行为事实发生之初就注定的，他自己可能并不认为走向监狱是平息集体愤怒的唯一方式，因而会多次作出抗争，在法律上辩解。这种反抗非但不能对司法权力和其他权力的行使构成威胁，反而还会凸显权力的存在。权力与反抗共存，没有反抗，就没有权力的对立面，就没有权力，这是福柯一贯的见解。个人的反抗、个别人对涉案者

---

① 〔德〕赫尔曼·施密茨：《新现象学》，庞学铨等译，上海译文出版社，1997，第82页。
② 参见〔美〕弗里德曼《法律制度》，李琼英等译，中国政法大学出版社，1994，第59页。

的同情甚至声援都代表着一种力量，它与另一种力量——集体愤怒相对峙。前一种力量试图排斥后一种力量，后一种力量则力求征服个人。虽然被告人的反抗产生了权力网络中短暂的阻力点，制造了到处游移的分裂点，但是，这些分裂点只不过是部分地打破权力网络并对它们进行重新组合，权力关系系统最终仍然是一张稠密的网。个人在权力话语关系中只不过是戴着金箍的孙悟空，左冲右突却始终无法走出神佛为他划定的圆圈。而且被告人本人在案发之后的忏悔，事实上会使其对权力关系的反抗显得有些犹豫不决和底气不足。被告人可能为把握自己的命运、陈述关于自己的真理付出了很大的代价，但最终仍然"构成"了司法视野中的"犯罪主体"，而事情是一步步形成这个结局的。

经多种权力机制广泛"讨论"，已然存在的行为事实、行为人的负罪感及其表白，使犯罪构成中的类型化事实（大陆法系中的构成要件该当性、英美法系中的犯罪的本体要件、中国刑法中的犯罪构成主客观方面）得以具备，被害人的愤怒和集体表象的形成，都进一步强化了前述结论。假如被告提不出更为有力的抗辩性正当化事由，其"构成"犯罪就势所难免。根据我的前述分析，我们似乎可以说：是很多盘根错节的权力机制影响下的具体情形，而不是所谓"客观"的行为或事实决定着犯罪构成。所以，本体刑法论上的犯罪构成可能更应当被看作一具"空躯"。这样说并不是为了贬损以往的理论，而是在描述一种现实情况。

三 权力要素的运作与犯罪构成要件之填充

在前面的分析中，我重点展示了交织在刑事案件中且对犯罪构成要件的组合有决定性意义的权力要素。接下来我们应当讨论的是：这些权力要素是如何运作的，它们如何紧张对抗而又亲密合作，从而填充了具有形式化特征的犯罪构成要件。在我看来，刑事案件中的权力要素形成了一整套"话语"。由于权力暗中压制，这些话语虽然名为表意系统，却往往变成强加于事物的暴力。[1]话语中的权力作用产生了关于犯罪构成的系统知识，使嫌疑人最终"符合"现代国家刑法上形式化的犯罪构成标准。由此，我

---

[1] 参见赵一凡《福柯的话语理论》，《读书》1994年第5期。

这里对刑事案件中权力运作导致犯罪成立的过程的分析，可以被看作一种侧重于话语分析的刑法研究，其特点是把语言的冲突、变革和凝聚过程视为充满斗争的"事件"（event）。

索绪尔（Saussure）通过区分语言和言语，指出语言的符号性和任意性，强调共时性的重要性等，提出了一种新的语言观，由此语言被视为一个封闭的结构，而且构成了人类现实世界的结构。① 索绪尔的贡献在于使现代西方语言哲学开始兴起，他使哲学对语言的注意力转向语言结构自身。这种转向为多数学者所欣赏，因为对语言自身的分析是澄清思想的前提。但是索绪尔只关注语言自身或符号之间的差异性，由此引发的纯粹形式化的符号学倾向完全抛弃了意义本体论的价值，并不为许多语言哲学家所赞成。比如利科（Ricoeur）就认为应当在解释学的革新意义上重新解释"思想"，反对把符号封闭起来，与外界事物隔绝。利科指出，结构主义者不仅接受了索绪尔的影响，而且走得更远，使语言作为话语的功能消逝了。为了表示与结构主义及符号学的区别，利科赋予"话语"以新的含义，即话语亦有其特殊结构——句子结构。他对语言的关注表现在把句子作为话语的基本单位。② 句子是一个"事件"，而不是一个复杂的词，作为"事件"的句子和意义之间是辩证关系。在利科看来，可以分别从"事件"和"意义"两方面分析话语："如果所有话语实际上作为一个事件，那么一切话语被理解为意义，意义这里指命题内容，识别和表述两种作用的综合。"③

在任何一个刑事案件中，我们自然都可以看到话语的隐秘活动。话语作为事件的潜在运动，构成了嫌疑人本人和其他案件关涉人的意义世界，最终使具体的犯罪构成标准和刑罚机制得以形成。在以下的分析中我们将看到：由某一方面刑事突发事件所形成的庞杂话语集群，在权力冲突的支

---

① 参见索绪尔《普通语言学教程》，高名凯译，商务印书馆，1985，第43页。
② 利科认为话语是作为一个事件而被给予的，因此，他与索绪尔都同意应当对"语言"和"话语"作出区分：第一，话语是瞬时和当下实现的，而语言却在时间之外；第二，语言没有主体，而话语通过人称代词等指示出说话者；第三，语言只在系统内与其他符号有关，而话语是关于事物的；第四，语言只是交流的前提条件，而话语使得交流真正实现。详细的分析请参见〔法〕利科《解释学与人文科学》，陶远华译，河北人民出版社，1987，第135页以下。
③ Ricoear, *Interpretation Theory*, The Texas Christian University Press, 1976, p. 12.

配下，经由不断剔除、混淆和积淀，才逐渐过滤成"专业化的"犯罪构成评价的知识系统。

  在具体的刑事案件中，与犯罪有关的典型事实的形成、被害人或其亲属的愤怒、知情者对死者的同情、行为者本人的忏悔以及基层社会生活的场景都表现为一种话语，它们是权力的各种表现形式，不仅受到权力的制约，更是权力的产物。话语的活动就是权力的运作，按利奥塔尔的说法：话语就是斗争，语言行为属于一种普遍的竞技，可观察的社会关系是由语言的"招数"构成的。[①] 刑事案件中的话语活动形式是：①话语对象。对涉案行为的价值评价（道德的或法律的）是我们讨论中的话语对象。福柯认为，话语对象是一种需要许多人反复加以填充、不断变动的特殊空间。对被告人的行为肯定应当给予道德谴责。但是，在此基础上能否进一步否定性地评价其行为，并对其给予较重的惩罚，这种惩罚到什么程度（极端地讲，有无必要按照犯罪构成标准作出评价）才算是既报应了他个人也警示了他人，实在是难以说清的道理。话语对象的这一特征表明：话语并不像一般的语言符号那样，有着明确具体的指涉目标。换言之，我们并不能随时随地、随心所欲地说明一切。人们对某一案件之所以横说竖说、极尽描摹刻画之能，也是因为话语对象本身的复杂性。反过来，也正因为话语对象本身较为复杂，人们才愿意不厌其烦地予以评说，话语形式的多样化由此又加剧了权力样态的多样化和层次性。这是一个循环论说的过程。②陈述。陈述构成了话语的语用学基本单位，它表明人们试图通过语词完成一种意指功能。意义是语句或语词的一种功能。语词的意义不可能等同于该语词在某一特定场合下所作出的论断，所以应当重视语言在特定环境中的使用。哈贝马斯就曾指出，语句在使用中经常带有不同的意向，在不同的语境中语用学的意义会发生变化。[②] 例如对"犯罪"这一概念，在特定环境下人们的理解会不同，对某一行为是否符合犯罪构成的评价（陈述）自然也迥然有异。在这里，有必要区分"叙述"和"陈述"。在语用学里，"叙述"是通用口语形式，它由短语和句子构成，内含指示、描述、

[①] 参见〔法〕利奥塔尔《后现代状态——关于知识的报告》，车槿山译，三联书店，1997，第18页。

[②] 参见〔德〕哈贝马斯《交往与社会进化》，张博树译，重庆出版社，1993，第46页。

质疑、评价等游戏规则。维特根斯坦关于"语言游戏"的著名观点①可以移用来说明语用学中叙述形式的多样性和活动性。与叙述不同的是，陈述仅仅涉及知识或真理的权威性指示和限定，人们一般不便对它加以评注或争辩，而是承认和服从。按福柯的说法，这种陈述不属于私人所有（它"外在于主体"），却是一种稀少、游移、令人向往和被占有的"公共财物"。人们可以对陈述进行生产、改造、重组或分解，并反复使用，因为它具有一种"重复使用的物质性"。② 由此可见，一个人学会了陈述，等于掌握了知识。而在刑事案件中，多种要素对被告人的"敌视"态度无不表明，"陈述"掌握了一种关于评价犯罪构成的"知识型"；他们对"陈述"的奇特属性的拥有和（有意或无意的）运用，都表明他们正在发挥一种权威。而陈述的知识性表明话语受到种种策略的限制，这些策略包括：一是外在于话语的排斥规则；二是话语的内部规则；三是对话语使用者施加的种种限制。③ 在刑事案件中，求真意志和社会对知识的占有都限制着话语生产，规制着人们的陈述方式。就求真意志而言，刑法先后从贝卡利亚的保障权利学说，19世纪后的社会学、心理学、医学和精神病学知识中找到了"真理性"的根据，似乎这些真理话语不再与权力运作相联系。但是，"求真意志与其他排斥系统一样依赖于制度的支撑"。④ 刑法学认定犯罪构成的话语取得了其他学说/学科的支撑，因为出自一种"真理话语"，求真意志得到了制度化的支持，必然导致排斥其他话语，从而行使一种限制其他话语的权力。就法制（刑法）教育对陈述的限制而言，它是对话语使用者施加的一种限制措施。国家对普通公民灌输刑法知识，这是一种话语传播方式，它极大地决定着人们的陈述态度和程度，人们可以通过对国家刑法的了解、学习来形成对犯罪的评判，从而作出陈述："我知道法律或刑法对某某行为是怎么规定的，行为人应受何种处罚……"这都是陈述业已受限制或决定的典型形式。所以，福柯才说，每一种教育制度都集知识与权力于一身，都是维护或修改话语占有状况的政治工具。刑事案件中的话

---

① 参见〔奥〕维特根斯坦《哲学研究》，李步楼译，商务印书馆，1996，第48页。
② 转引自赵一凡《福柯的话语理论》，《读书》1994年第5期。
③ 参见刘北成《福柯思想肖像》，北京师范大学出版社，1995，第190页以下。
④ 转引自〔英〕阿兰·谢里登《求真意志——米歇尔·福柯的心路历程》，尚志英等译，上海人民出版社，1997，译者前言，第14页。

语陈述也受到这种制约,人们通过受教育所获得的知识有助于他们形成关于某人有(无)罪的观念。③话语形成。与常规句子不同,陈述只有在相关领域内才成为话语部分,而不能孤立运作。福柯列举了话语形成的三个条件:形成区域、分界权威和专业格栅。例如在考察西方精神病学时,他先圈出产生这门知识的文化区域,即欧洲启蒙运动后的家庭、教区、法制等相关环境。此时出现的疯子,是否应由司法部门羁押?或交给神父教诲?或送济贫院供养?援引不同机构的权威性,人们反复争辩"疯子"的定义及处罚办法,逐步认定他们是病人,而不是迷信误犯之徒,因此认为该让医生去管。这明确了知识领域里的分界权威,而早期医学也对付不了这种复杂情势,需要新的专业格栅,将生理、病理、心理学知识合成一门精细学问。借用福柯对精神病话语形成的考察模式来分析刑事案件也是恰当的。关于某人的行为符合犯罪构成要件的话语形成区域是社会生活的实际环境。人们在话语形成过程中可能反复争辩,被告人仅仅是违背了伦理道德还是触犯了刑律,其应当受到多重的惩罚。通过话语的直接交锋,人们易于逐步达成相对一致的意见:某人构成犯罪且应当被判刑,应当送交司法机关管辖,由此明确了知识领域的分界权威。法官借助于由社会学、心理学、精神病学支持的刑法学这一真理权力对(犯罪的)行为性质作出判断,新的专业格栅由此形成。不过,最终来看,话语形成终与权力运作密不可分。对此,福柯指出,在任何社会中,话语的生产是被一些程序所控制、组织、筛选和分配的,它们的作用是转移其权力和危险,应付偶然事件,避开其臃肿麻烦的物质性。①话语形成标志着一次权力话语运作状态的终结。

权力话语运作的直接结果是产生了符号。话语系统和任何文化系统一样,都是一个符号系统。②由于每一次话语运作都有成为权力行为的潜在可能性,那么,每一次语言表达都是一次权力行为。③话语形成的指向是产生一种意义符号,这是通过语言的阐述性功能完成的。话语的阐述功能

---

① 参见 Foucault, *The Archaeology of Knowledge*, Pantheon, 1972, p. 216.
② 关于符号与文化的重要关联的详尽分析,请参见梁治平《法律的文化解释》,《中国社会科学季刊》(香港)1993年第4期。
③ 参见〔法〕布迪厄《实践与反思——反思社会学导论》,李猛等译,中央编译出版社,1998,第192页。

在于突出情境和准情境的事态、程序。① 在刑事案件中，话语关系符号化的表征是给被告人贴上符合犯罪构成的"犯罪者"的标签，这是由案情的一步步发展、权力要素的依次登场、话语的逐步形成所直接决定的，嫌疑人无法避免这种符号形式的生成。事实上，不论是个体还是集体，总是由于把自己困在一套意义形式——他们自己织就的分类甄别意指之网（Webs of Signification）——之中而成为被统治的对象。② 被告人受制于符号之网，其他话语作出者又有谁能幸免呢？符号作为一种权力形式，与一种暴力形式似乎没有本质的区分。所以布迪厄才提出了"符号暴力"的概念，认为符号暴力是在一个社会行动者本身参与合谋的基础上，施加在他身上的暴力。符号暴力可以发挥与政治暴力、警察暴力同样的作用，还更加有效。③ 在刑事案件中，由话语而形成的符号形式是对被告人的行为是否符合犯罪构成作出认定。而刑法中的犯罪构成标准如同其他法律一样，按布迪厄的观点，都是有关命名和分类的一种凌驾于一切的符号暴力形式，这种命名和分类创造了被命名的事物，特别是创造了那些被命名的集团。现实从法律的分类操作过程中产生出来，而法律赋予现实以全部的永久性。④ 在此我们有必要重复前面隐约提到的结论：嫌疑人因符合犯罪构成要件而获取的"犯罪者"这一符号，是被话语形成过程"制造"出来而最终被法律机构命名和赋予的，嫌疑人个人和其行为都可以用一个符号来指称。

权力话语不仅构成符号，而且产生知识。在福柯看来，人不仅是生物进化的产物，而且是知识进步的产物。知识的对象不止于生物体，还包括法律、政治、经济、权力、性欲等，知识与这些对象相结合又构成不同的具体知识，人由此自然进入知识与权力构成的关系网之中。人既是知识的对象，又是权力实践的对象，或者说人成为知识/权力的动物。换言之，福柯认为，权力与知识密不可分，相互依赖。权力生产知识，两者相互蕴含。哪里有权力实验，哪里就有知识产生。

---

① 参见〔德〕赫尔曼·施密茨《新现象学》，庞学铨等译，上海译文出版社，1997，第49页。
② 参见〔美〕吉尔兹《地方性知识：事实与法律的比较透视》，邓正来译，载梁治平主编《法律的文化解释》，三联书店，1994，第92页。
③ 参见〔法〕布迪厄《实践与反思——反思社会学导论》，李猛等译，中央编译出版社，1998，第221页。
④ 参见〔法〕布迪厄《实践与反思——反思社会学导论》，李猛等译，中央编译出版社，1998，第319页。

福柯研究权力/知识的动因有两个：一是历史从未认真研究过一般的权力机制，更没有研究权力（策略和机制）与知识之间的关系；二是人道主义者认为，人们一旦拥有权力，就不再有知识。权力使人发疯，统治者是盲目之人。只有那些远离权力的人们，那些绝不卷入暴政、躲入烘房、沉思冥想的人们才能获得真理；只有在权力关系得以悬置的地方，知识才是可能的。福柯设法弄清楚权力和知识的关系，认为我们不应该只满足于说权力需要一种知识，而是要补充说，权力实施本身创造和引起了新的知识对象的出现，同时积累了新的信息体系。在任何时候知识都依赖于权力；没有知识，权力不可能实施，知识也不可能不引起权力。为此，福柯提出了"权力－知识"（pouvoir-savoir）概念，旨在表明两者之间的关系：倘若没有知识领域的相关构成，就没有权力关系，同时任何知识都预先假定并同时构成权力关系。[1]

的确，在权力与知识的内在关系之中，存在由权力与知识构成的活的（现在、当下、现实）历史。现在的历史和历史的现在是权力与知识相互作用的结果。在刑事案件中，被告人既是知识分析的核心对象，又是权力运作的直接对象。但是，实际上受权力/知识支配的又不仅仅是遭受犯罪构成评价的嫌疑人本人，涉入案件的所有人包括法官都是受权力/知识系统管理、支配、统治的活生生的人，他们组成了庞大而复杂的社会。主体、知识和权力构成了三角式话语理论关系。要使被告人在知识教化下变得文明，在犯罪构成权力机制的作用下变得驯服，就需要一套知识体系。在我所讨论的范围内，这套知识体系首先是涵括真理话语的刑法学理论体系，其次是由真理话语所形成的权力要在日常生活中实践，"开口说话"。认定行为是否符合犯罪构成的知识的形成，既与我们拥有一整套"现代刑法理论"体系有关，更与我们所有人参与建立和广泛使用的一整套有效的策略（strategy）、技艺（technology）、程序（procedure）有关。虽然运用于嫌疑人身上的是一些特殊的规则、知识和权力，但它们又是社会普通规则、知识权力的具体表现形式。一切规则、知识、权力都是为了维护社会的秩序。申言之，人人都生活在"规则－知识－权力"网络之中，整个社

---

[1] 参见莫伟民《主体的命运——福柯哲学思想研究》，上海三联书店，1996，第273页。

会都是一个规训（discipline）的共同体。①

展示在案件中的权力话语产生着认定嫌疑人符合犯罪构成的刑法上的知识，这不仅是因为知识有用，能为权力服务，更是因为权力与知识直接互相指涉。不相应地建立一个刑法知识领域，就不可能有对嫌疑人给予犯罪构成评价的权力关系；不预设和建构一种指称和惩罚的权力关系，也就不会有任何关于刑法（学）的知识领域。出现在案件中的认识主体、认识对象以及认识模态，都应该被视为"权力－知识"的基本意蕴及其变化所产生的许多效果。我们已经看到，在案件发生、发展过程中形成的庞杂话语集群（权力要素）在冲突中经由司法机构产生了评价犯罪构成与否的知识，不过，这也并非权力主动对知识进行激励、扭曲或强打烙印，权力和知识的最终结盟也并非完全由意识形态撮合而成。至于体现在案件中的权力最终如何产生了知识，福柯的话仍然一语中的："没有任何知识能够单独形成，它必须依赖一个交流、记录、积累和转移的系统，而这系统本身就是一种权力形式。反过来说，任何权力的行使，都离不开知识的提取、占有、分配与保留。在此水平上，并不存在知识同社会的对垒……只有一种权力/知识焊接的根本形式。"② 正是话语、权力、知识的交互作用，最终注定了刑事被告人的个人命运。

被告人的个人命运首先被复杂的权力话语的交互作用所决定，而司法力量的介入只是最终迎合了一种占优势地位的势力。通过借用刑法规范的过程，权力在特定领域生产出了某一特定的"犯罪"个体，形式化的犯罪构成与复杂的行为评价机制所"制造"出来的事实与之相符合。在这里，规范化力量乃是权力关系的关键，国家的与非国家的权力关系创造了屈从于它们的被告人。当然，在刑事案件中无论作用于被告人个人的权力机制和影响有多么复杂，权力关系自始至终深深植根于社会网络仍是不可置疑的事实。

需要特别讨论的是，既然司法权并不从根本上或完全地意味着就是评价犯罪构成的唯一权力，那么，如何认识司法权在犯罪构成中的作用？学者们早就认识到：决定惩罚的是公众意见，而不是惩罚决定公众意见。③

---

① 参见于奇智《理解与误解：福柯在中国》，《中国社会科学季刊》（香港）1998 年第 1 期。
② 转引自赵一凡《福柯的话语理论》，《读书》1994 年第 5 期。
③ 参见〔美〕波斯纳《法理学问题》，苏力译，中国政法大学出版社，1994，第 272 页注释 33。

司法权的行使者虽然在刑事司法中担当着支配者的角色，但这正如布迪厄所言，支配者极有可能会采用支配者的语言，这是通过一种"屈尊策略"（strategy of condescension）来完成的，即通过一种暂时的却大肆渲染的方式放弃他的支配地位，"屈尊俯就"来同其他的交流者打交道，以生产出对权力关系的认可。[1] 这说明司法权介入刑事案件也是"不自由"的。一方面，它深陷于一种话语集群之中，另一方面，它必须转化为一种技术、策略或话语出现，而往往不是纯粹的暴力。事实上，在刑事司法中，正如卢曼（Luhmann）指出的那样，程序性的性能（对司法策略或技巧的应用）正在越来越多地替代法律的规范性。[2] 根据权力话语来进行程序改善本身就意味着一种合法化。刑事司法的最终结果是确定责任。卢曼曾经指出："通过责任将行为人个别化，就实现了一个目的，即把冲突从一个需要维持的秩序转移到一个可以孤立的下层构造、一个亚系统中，并且采取的方式是，在一个重要的问题即促成亚系统运用其遵守规范的自治能力上稳固与亚系统相对立的外在条件，以至于通过富有责任的归属就证实了秩序必须被继续维持。"[3] 而这一司法预期的出现，不是司法机关主动出击就能获得的，而是司法权受制于一种权力话语的结果。在产生这一结果的过程中，确定犯罪构成、运用惩罚权力的实践与一整套知识、技术和（科学）话语等综合体日益交织在一起，惩罚权力从中获得了自身的基础，扩大了自己的效应，并用这些综合体掩饰自己超常的独特性。从这个意义上讲，刑事司法中对行为事实进行重构从而确立犯罪是否构成这一过程的生动性和扑朔迷离，远远超出了传统刑法学有限的想象力。

四 事实重构与犯罪构成的解释论

以往刑法学关于犯罪构成的基本主张应当说在很大程度上有其合理根

---

[1] 参见〔法〕布迪厄《实践与反思——反思社会学导论》，李猛等译，中央编译出版社，1998，第190页。
[2] 转引自〔法〕利奥塔尔《后现代状态——关于知识的报告》，车槿山译，三联书店，1997，第96页。
[3] 转引自〔德〕雅科布斯《行为·责任·刑法》，冯军译，中国政法大学出版社，1998，第13页。

据，所以成了一种主流学说。但是这种知识是否就一定能代表关于犯罪构成的所有学问？我们在宣扬这种知识的时候是否有可能掩盖了其他关于犯罪构成的知识？的确是值得探讨的问题。我认为，我们有必要主动去发现被人为建构的理论框架所遮掩的复杂的意义世界，竭力去叩问犯罪构成的不确定性、非客观性和生动性，从而建构一种富有解释力的犯罪构成理论。在这里，确立一种有别于传统刑法理论的关于事实或犯罪事实的新看法是较为关键的。在我看来，这是一种关于犯罪构成的解释说立场。

理解和解释人类行为的基本前提是对其行为的对象进行分类和定义。但是我们应当以什么样的标准来展开这种分类，是以行为对象的物质属性，还是其他别的什么因素？在我看来，说作为行为的对象的社会事实（自然包括犯罪事实）有一种不变的、客观的、可把握的物质属性是值得怀疑的。

犯罪构成要件中的行为及后果作为事实形态与机械、食物、词汇、生产活动一样，都是在人类的思考过程中不断出现的人类活动对象的常见例子。这些概念并不涉及这些事物的某些客观特征，或者观察者能发现的特别的东西，然而，却与别人对这些事物的看法有特别的关联。所以，事实上，以物质名词来定义这些事实形态并不妥当，因为不存在某类事实形态中任一个体必须拥有的单一物质属性。"没有任何物质特征能够进入任何类别的人类行为对象的明确界定当中。"[1] 人们多数时候把某种事实形态作为"技术概念"的实例，但是作这种理解往往是偏颇的。犯罪构成事实这种社会事实的意义只有通过以下三个术语之间的关系才能揭示出来：（广义上的）特定的目的；拥有特定目的的行为主体；主体自动选择的与特定目的相当的手段。在这个意义上，我们可以说，犯罪构成事实和其他事实形态一样，不是根据其"实际"的特征来定义，而是以人们对它们的看法来定义的。对此，哈耶克指出："在这些事实中，没有任何物质标准能告诉我们是事实的一部分以及它们是如何结合在一起的。任何对它们加以定义的尝试都必定采取某种思想重建的形式。"[2] 把这一洞识借用到刑法学

---

[1] 《社会科学的事实》，载〔英〕哈耶克《个人主义与经济秩序》，贾湛等译，北京经济学院出版社，1991，第58页。

[2] 《社会科学的事实》，载〔英〕哈耶克《个人主义与经济秩序》，贾湛等译，北京经济学院出版社，1991，第67页。

中，意味着犯罪和犯罪构成事实都要由人们的观念来决定。这一结论符合刑法学中犯罪构成事实概念的逻辑特征。某一行为是否构成犯罪，或者说某一事实是否为犯罪事实，主要取决于有决定权的"人"是否相信它是犯罪。刑法条文提供了认定某一类行为为犯罪行为的基本框架，但这一犯罪构成特征只是备而不用之物，没有司法人员乃至社会公众的运用，立法上的规定毫无价值。某一行为事实是否为犯罪事实，需要将其与法律规定进行比对，所以，实际的评价活动的意义是决定性的。犯罪构成事实的判断过程就是一个对事实进行重建的过程。在这一点上，人类学者吉尔兹的说法无疑是正确的：法律事实并不是自然生成的，而是人为造成的，它们是根据证据法规则、法庭规则、判例汇编传统、辩护技巧、法官雄辩能力以及法律教育成规等诸如此类的事物而构设出来的，总之是社会的产物。[1]这与哈耶克的说法是一致的：社会事实是否存在及其存在的样态，与认识或解释这一现象主体的观念有关。他还打比方说，从理解一个人的行为这一目的看，药是否为药，主要取决于人是否相信它是药，而与我们这些观察者是否赞成那是药没有关系。[2] 对犯罪构成的判断之所以应当被认为有合理性，一方面是因为在我们生活的这个世界上，大多数人的知识都类似，所以，从根本上讲，不存在为刑法研究者（外在的观察者）所拥有而不为正在行动的他人（司法者和非司法人员，我在本文中更愿意强调的是后者）所持有的能够理解人的行为动机的超级知识。另一方面，更为重要的一点是，以自然科学所使用的"事实"一词的特殊含义为标准来衡量，作为一种"社会事实"的犯罪构成事实与其他任何个体行为及其后果一样，并不是什么"事实"，而是一种根据我们自己头脑中所找得到的要素建立起来的思想模式。也就是说，当我们在讨论如何看待他人有意识的行为时，我们总是会依据自己的观念来进行解释，把他人的行为及其行为对象纳入我们自己头脑中的知识所规定的种类或范畴中去。在刑事司法领域，人们必须在认识犯罪构成事实的过程中理解人们的行为。由于我们渐渐地不把犯罪构成事实当作一种拥有特定物质属性的事物，而是把它当成

---

[1] 参见〔美〕吉尔兹《地方性知识：事实与法律的比较透视》，邓正来译，载梁治平主编《法律的文化解释》，三联书店，1994，第80页。
[2] 《社会科学的事实》，载〔英〕哈耶克《个人主义与经济秩序》，贾湛等译，北京经济学院出版社，1991，第57页。

一种符合特定主体有目的的行为模式的事物,所以,人们通过使观察到的事物适应于他自己的思维方式而把观察到的东西连接起来,从而其判断显得具有较多的合理性。

把犯罪构成事实看成我们的想象性重构活动的结果的观念,与一种解释的立场是一致的。作为一种世界观的结构主义试图在人与现实世界的关系的基础上重新认识事物的本质:世界并不像以往人们认为的那样是由许多特征清晰可辨和独立存在的客体组成的,外在于人和与人对峙的客观世界并不存在。实际上,感觉的方式(包括其中所固有的偏见)对于感觉到什么具有无可置疑的作用,以至于纯粹客观的感觉从一开始就没有存在的可能。对世界的认识首先依赖于观察,观察者必定从他自己的观察中创造出某种东西。因此,观察者与被观察对象之间的关系如何就显得至关重要。这种关系成了唯一能够被观察到的东西。正是在此意义上,结构主义者才指出,事物的真正本质不在于事物本身,而在于我们在各种事物之间构造然后又在它们中间感觉到的那种关系。简言之,世界是由各种关系而非事物本质构成的。[①] 现代解释学在此问题上持一种基本相同的立场。对世界的解释必须借助语言来进行,由于语言本身具有符号的特征,所以对世界的解释不得不与一个表达意义的符号体系有着根本上的关联:人不可能直接地面对世界,他生活在一个符号的世界里面,被语言形式、生活想象力、宗教符号包围着,如果没有这些人为媒介物的帮助,人们不可能看见或者认识任何东西。正是在这种意义上卡西尔把人定义为符号的动物(animal symbolicum)来取代把人定义为理性的动物。[②] 当人们利用符号性工具竭力去解释一种过去发生的、作为一种"历史事件"存在的犯罪构成事实时,他必定为预先给定的某些东西(即伽德默尔所说的"效果历史")所影响:哪些构成要件要素问题值得探究,哪些证据需要进一步拷问,哪些东西可以成为研究的对象,等等。这些内容构成了主观见解和主观态度的基础,规定和限制了解释对象的一切可能性。随着解释活动的进一步开展,如何处理"视域"问题就显得很重要了。人们经常讨论视域,因为获得"历史"视域是"历史地"理解的一项要求。许多人以存在彼此不同的

---

① 参见〔德〕霍克斯《结构主义和符号学》,瞿铁鹏译,上海译文出版社,1987,第8页。
② 参见〔德〕恩斯特·卡西尔《人论》,甘阳译,上海译文出版社,1985,第34页。

封闭的视域为潜在的前提，认为研究者必须将自己置身于他所探究的事物的历史视域之中，否则，他就会误解流传物的意义。伽德默尔对此进行了批判：视域是我们活动于其中并且与我们一起活动的东西。理解一种事物的"历史面貌"当然需要某种历史视域，但那并不是与我们自己的世界全然无关的另一个世界，因此，获得某种关于"历史"的视域并不意味着我们要丢失自己。我们要做的是将自己带入其中，而这既不是一个个性移入另一个个性，也不是使另一个人受制于我们自己的标准。正确地说，它是那种向着更高普遍性的提升。由此形成一个新的更大的视域，它超出了现在的视界而包容了我们自我意识的历史深度。这将是唯一的视域。"理解其实总是这样一些被误解认为是独自存在的视域的融合过程。"① 也正是借助于视域，我们才能达致对犯罪构成事实这种人类的历史性存在方式的理解。

对犯罪构成事实的解释最终必须根据国家的刑事法律来进行，但是，应当特别注意的是，如果我们承认非国家的权力机制在刑事司法领域隐秘地活动，那么，我们就不难看到，处于司法运作过程中的作为人类文化传统之一部分而存在、具有符号特征的刑法，已经并不仅仅具有解决问题的功能，还秉承了传达意义的性质。对此，我国学者梁治平有极为精当的表述：法律是被创造出来的，而且，它是在不同的时间、地点和场合，由不同的人根据想法创造出来的。人在创造自己的法律的时候，命定地在其中贯注了他自己的想象、信仰、好恶、情感和偏见。发自人心的法律同时表达了特定的文化选择和意向，它从总体上限制着法律（进而社会）的成长，规定着法律的发展方向。② 进一步说，法律是创造的，构成事实也是"创造的"，而且人们对法律的创造在很大程度上是以对构成事实的创造为前提的。这里应该特别关注的是，创造法律或构成要件规则的主体不具有单一性，即在刑事司法中评价行为的国家机制和非国家机制共同发生作用，没有它们对作为法律事实的犯罪构成事实的想象性重构，基本上就没有对刑法的创造性运用。

对构成事实进行司法重构的过程是一个复杂的过程，其实现有赖于两

---

① 〔德〕伽德默尔：《真理与方法》上，洪汉鼎译，上海译文出版社，1992，第393页。
② 参见梁治平《法律的文化解释》，《中国社会科学季刊》（香港）1993年第4期。

方面的活动：一是回溯性思考；二是罪犯仪式。参与回溯性思考的，在任何刑事案件中都不能仅限于司法人员。回溯性思考的展开离不开对证据①的收集和对证据的判断，而且由于在收集证据过程中也离不开人们的主观判断，所以，整个回溯性思考过程都可以转化为证据判断过程，在此过程中，要获取我们潜意识里所希望的"实体真实"似乎并不可能。因为证据的性质和使用方法决定了一种刑事诉讼法上所言之证据的"客观性"或多或少会受到质疑。自18世纪以来，人们就习惯于对证据作出下列诸种划分：真实、直接或正当的证据（如由目击者提供的证据）与制造、间接或推断的证据（如通过论证获得的证据）；使人们对行为事实无可争辩的证据（如多名证人证实在现场看到甲举刀杀乙）；只要被控者提不出反证就具有真实性的接近充足的证据（如来源不明之巨额财产）；以及完全由言辞组成的证据，等等。这些服从于特定规则的理论上的精密区分（即福柯所说的刑事法上的精确算术学）在今天的司法操作上具有极其重要的作用。因为"犯罪"这种事物的结构非常复杂，如果没有一系列精细技术的帮助，我们就不可能在没有原则性错误和造成矛盾的危险下将这些要件或要素"构成"起来。正是由于证据对于司法活动所具有的特殊支撑作用，人们简直不敢想象，如果离开了这些证据，所获得的司法结论会是什么样的。法官利用一系列人们认为是绝对真实和确定不移的证据作出有罪判决，从而满足着平复社会秩序的整体愿望。但是，事实上，一切似乎都并不那么客观，根本的原因在于证据事实和客观事实的区分。对哪些证据应当收集所作的取舍、对所收集的证据的任意性抛弃，首先说明了介入诉讼的主体（并非仅指司法人员）在司法活动中的重要性；对证据证明力、证据关联性的判断，更是渗入了主体的意志力。可以这么说，整个与证据相关的犯罪构成判断过程本身就是一个利益综合平衡过程：对被告人有利和不利的证据交织、被告人在法庭上的恳求和法庭外公众的喧嚣声混杂、法律和刑事政策之间的势力此消彼长、先例对正在审理的案件的强烈影响，甚至于司法官员的情绪等情势，都与证据的审查、判断与运用休戚相关。所以，司法活动的结论在为数不少的情况下都不是依据对象方面（犯罪

---

① 应当将我这里所说的"证据"与证据学所严格界定的概念相区别，我将其视作帮助个体或一定群体增强"回忆"能力的材料。

人、客观真实以及相关的证据）的言辞，而是根据所受到的各种权力机制的偏向或意图而得出。可以经过法庭推演的刑事司法所依据的事实往往只是客观事实的一部分甚至是一小部分，更进一步说，能够为司法机关发现、确认并运用的构成事实"可能只是某些事实、部分事实和部分非事实（个人的有一定证据支持的感觉和意见，甚至某些谎言和欺骗）的混合"。[①]事实上，在国家的正式司法机制启动前，已经有另一套权力机制在对（犯罪的）构成事实进行挑拣、组合、剪裁和演示，事后登场的正式司法机制完全有可能把具体的司法人员所不能观察到的东西强加于犯罪人身上，这些强迫转嫁给犯罪人的，至少在超出了极端情况下是我们能观察到的事情。对此，福柯有极为深刻的见解，他指出，对证据的使用，是一种受诡辩术调节的算术，其功能是确定一个"法律上的"证据应如何建构，从而在刑事领域把一种复杂艺术变成真理。[②] 对犯罪构成事实的这种认识给传统的刑法学理论带来了巨大的冲击：无论法律依据什么证据得出结论，它都只能揭示部分事实真相。

在此过程中，司法活动作为一种基本的文化现象的价值就最终凸显出来了。由于"事实构成"不只是那些直接可以从现实世界中发现、带到法庭出示的事物，还包括对应过程本身所产生的经过裁剪的现实的图像，所以，整个刑事司法过程的扑朔迷离程度就远远超出了以往的刑法理论所赋予我们的想象力。刑事司法的核心在于提供构成事实，以使司法官员作出判断，但是，这种"事实提供"也只不过是使法律对世界的意义描述得以展开。因此，按吉尔兹的说法，这里的关键在于，事物的"法律"面相并不是一系列限定的规范、规则、原则、价值或法官可以用作判案依据的任何东西，而是想象真实的独特方式的一部分。[③] 从根本上讲，法律所关注的犯罪事实并不是过去发生的（what happend），而是现在发生的或将会发生的（what happens）。

除了回溯性思考以外，被告人自己对相关事实的招认等被告人自身

[①] 苏力：《关于抗辩制改革》，《法学研究》1995年第4期。
[②] 参见 Michel Foucalt, *Discipline and Punish: The Birth of the Prison*, trans. by Alan Sheridan., Vintage Books, 1979, p.37。
[③] 参见〔美〕吉尔兹《地方性知识：事实与法律的比较透视》，邓正来译，载梁治平主编《法律的文化解释》，三联书店，1994，第81页。

的仪式也是形式上的犯罪成立条件得以构成的方式之一。在由文字重构的构成事实中，认罪的被告人担负着活生生的真相体现者的角色，他的招供行为不仅是其承担罪责的态度的表示，而且是对先期进行的非国家机制的评价和司法调查所获证据的有效补充。由此产生了刑事法上的一个悖论：一方面，人们强调，被告人的自认只是众多证据中的一种，它并不比其他证据更有证明力，它必须与其他的旁证结合在一起才能证明被告人有罪；另一方面，人们又对被告人的自认寄予厚望，在潜意识里认为其证明力高于其他证据。因为在某种程度上，它是确认构成事实的精细计算中的一个因素，更是被告人接受指控、承认事实的行为。被告人的自认的这种双重歧义性（既是一种证据，又是先行调查的对应物；既是强制的结果，又是一种半自愿的交易）来自司法官员对于这种证据的证明力的迷恋，即认为依凭被告人的招认可以获得通过其他证据所无法获得的犯罪构成事实真相。但是由于存在被告人认罪时的趋利避害心理、回忆的不精确、所用语言的多义性等复杂因素，被告人的招供就完全不具有我们以往所理解的客观性。所以福柯指出，被告人的认罪也是一种产生构成事实真相的机制和现代真理/权力话语的产物。被告人的人身、会说话的和必要时受折磨的身体把司法调查和被告的仪式行为这两种因素联结在一起，从而成为展示司法权力以及证实力量不平衡的处所。[①]

上述关于犯罪构成事实的司法重构过程通过证据调查和罪犯的自认来完成的主张，从总体上讲是一种法律现实主义的观点，它只是提供了关于司法重构过程的一般路径。实际上，构成事实、想象性语言、判决语言相互转化的这一过程的复杂性是文字所无法描述的。人们也越来越多地认识到：在对构成事实进行司法重构的过程中，事件、规则、政策、话语、信仰、情绪、符号、程序以极其特殊、微妙和不可想象的方式纠缠在一起，使得对刑事案件的审理成了对事件的特定过程和生活的总体观念进行描述的一种方式，成了将具有想象意义的条件的存在结构与具有认识意义的因果的经验过程联系起来的一种方式，而不仅仅是通过厘清一个证据来证实

---

① 参见 Michel Foucalt, *Discipline and Punish: The Birth of the Prison*, trans. by Alan Sheridan, Vintage Books, 1979, p.39。

法律论点的过程。① 由此，我们可以看到，针对行为是否符合犯罪构成的评价机制的内部结构就显得特别复杂。

五 若干疑问之澄清

需要特别指出的是，如前所述，在所有的刑事案件中，我们直观地看到的都是通过司法权的介入而判定嫌疑人的行为是否符合犯罪构成；对刑事案件的分析，我们以前只从单一的视域入手，只看到了司法机制的排斥、否定、破坏、掩盖功能，把司法机关的权力作为决定案件性质的唯一的、最终的决定力量，这种见解是偏颇的。以往的分析方法由此也是值得检讨的。我这样说，当然不意味着我想把国家权力的重要性和效应降低到最低限度。我只是觉得过分强调国家权力的作用会导致一些危险：①一旦发生使人心冲动的案件，感情上会产生处罚的强烈要求；②一旦行为人主观恶劣，便不充分调查行为在客观上造成了何种后果就进行处罚；③一旦危害结果重大，就不问行为人的主观状态就进行处罚。② 所以，我们不能忽视先于或独立于国家机器而存在的权力机制和效应，这些机制和效应在维护既有生活秩序方面比国家机构有时更为有效，权力的实施也比我们通常所持的权力分析模式更为复杂。对话语、知识和权力的分析都业已表明：涉入刑事案件的每一个单独的个人都拥有一定的权力，因此也能成为传播更为广泛的权力的负载工具，权力通过一些细微管道起着作用。作为话语对象的被告人也不是一个从一开始就被权力的实施牢牢抓紧的实体。他的个人命运是权力关系对其身体、身份、特性、欲望和力量施展作用的产物。正是这些非国家的权力机制和国家权力的共同纠集，从而形成对犯罪构成的各个方面要件的冷静的、体系性的具体判断，防止前述之只认识

---

① 对犯罪构成事实特性的新认识，可以促使我们重新审视刑事法的许多基本问题，重新思考以往理论的框架结构和实践做法。例如在刑事司法中广泛开展的"错案追究制"可能无法有效运作。在为数不少的情况下，犯罪构成事实的复杂性、多元化、不确定性决定了这一"制度"并不具有多少可行性。刑法规则和构成事实特征的不明确，从实质上决定了"错案追究制"本身在多数时候是一种"给人看的摆设"。关于从深层次对"错案追究制"进行质疑的有价值的文字，请参见王晨光《法律运行中的不确定性与"错案追究制"的误区》，《法学》1997年第3期。

② 参见〔日〕平野龙一《刑法总论Ⅰ》，有斐阁，1972，第87页以下。

到国家权力存在于刑事司法过程所可能导致的危险，使最终的司法判断符合刑法目的性的要求。由此出发，我还应当对一些问题作出进一步澄清。

其一，我的研究是要填充以往理论之不足而非否定以前的研究。我承认对犯罪的评价最终必须以国家权力为中心而展开，所以有两个前提不可动摇：①立法上确定一般化的行为评价规则，这是立法权的积极活动；②司法官员确定行为是否符合犯罪构成标准，这是司法权的公开运作。但是，这里的问题是，我们以往的刑法理论只看到或只关注了国家权力运作与犯罪构成评价的关系，对是否有其他因素介入犯罪构成领域视而不见或不感兴趣。但是，正如我在前面多次申明的那样，我们的刑法学还应当具有更开阔的视野，应当看到国家权力背后更为隐蔽和有威力的其他非国家的评价机制的隐秘活动。

我在这里所做的工作是，尽力发现以往的研究者没有发现或不愿言及的非国家权力在判断行为是否该当犯罪构成这一过程中的隐秘活动机制。我着力考察的是：具体行为是如何在多重机制（国家的、非国家的）的作用下符合立法上所确定的犯罪构成要件规则的。所以，这种研究实际上看到了被国家权力所"规训"（discipline）的活生生的个人，看到了富有弹性的规则和犯罪评价活动的冗长而生动的过程。在我看来，对犯罪构成评价机制的上述更为深刻和有新意的看法是三大法系的犯罪构成理论共同缺乏的，而认识到复杂机制在评价犯罪构成过程中的作用对完善刑法理论又是至关重要的。所以，一方面，我并不否认国家权力机制在评价犯罪成立过程中的作用；但是，另一方面，我更愿意肯定其他因素在司法判断形成之前或过程中所起的推动、催化、否定、拒斥、推波助澜和决定作用，我们应当由以前的评价犯罪成立的一元化思维转向多元化思路，去努力探求国家权力和非国家的行为评价机制在判断犯罪成立时的"背离"和"密谋"。

其二，肯定非国家的和国家的犯罪成立评价机制的共同作用，实际上是承认犯罪构成的过程性。刑事案件的认定从犯罪构成标准的角度看绝不是一件简单易行的事情，换言之，在司法实践中绝少简单案件。事实的真实性、人们看法的真实性和刑法学（作为科学？）的真实性都应当受到质疑，对被告人个人命运的集体性关注提供了来源、形式、组织和功能各不相同的话语的交错，这些话语表面上陈述着同一个事情，但是，这些话语都没有构成一个有机的整体，而是构成一种对抗、一种权力关系、一场话语争夺战。在非国家的犯罪评价机制激烈争论之后，向行为是否构成犯罪的评价过程开始过渡，国家机制作为后续的力量登场，在国家权力运作过程中，程序的意义是不可忽略的，其具有限制恣意、保证理性选择、促进反思性整合等功能。[①] 在权力和知识的关系中进攻和防御的话语的过程性、交涉性互动，决定了主体的命运。学者指出，程序运作对犯罪构成规则的实质作用之一是，"在所有案件中，以创造性的价值判断准确界定普遍规则的具体含义，使之合理地适用于个别案件"。[②] 所以，话语的合作与对抗、权力网络的分裂和愈合"过程"应该是我们分析刑事案件时应当特别强调的。我们以往的本体刑法论在犯罪构成这一问题上之所以既缺乏针对性又无说服力，就是因为我们回避了权力话语的对抗关系和犯罪构成的过程性，没有给予经验生活的常识以足够的关注。

其三，借用福柯的权力分析范式来对刑法中的权力作出界定，考察犯罪构成的根本问题，可以使理论研究达到一种"片面的深刻"。[③] 我们尤其应当通过关注刑事被告人的个人命运来审视刑法中的权力。不要把司法权表述为刑法中对犯罪构成有直接影响力的权力的唯一形式，我们应当关心权力在什么地方超越了对它们进行组织和限制的规则，把自己扩展到这些规则之外，把自己付诸制度，具体化为技术，用工具甚至暴力的手段装备自己；应当试图找出惩罚和惩罚的权力是以何种方式有效地体现在某些局部的、区域性的具体制度（如犯罪构成规则）之中，并把这些因素放在一种有效的惩罚机制的前提之下把握；要在权力完全投入到真实有效的实践中的地方研究权力，研究权力与其对象、目标、应用领域的直接的关系。总之，在刑法中，"我们有关权力本质的研究，不应该指向统治权的大厦、国家机器和与之相伴的意识形态，而应该指向权力的支配和具体操作者，指向臣服的形式和局部系统的运用及变化，指向战略的机器"。[④] 在与犯罪构成有关的权力研究中，我们应该把分析基点建立在对支配的技术和战术

[①] 参见季卫东《程序比较论》，《比较法研究》1993 年第 1 期。
[②] 宗建文：《程序运作中的犯罪构成——外国刑法中的适用解释》，《法制与社会发展》1995 年第 6 期。
[③] 参见陈兴良《刑法的启蒙》，法律出版社，1998，代跋。
[④] 参见〔法〕福柯等《权力的眼睛——福柯访谈录》，严锋译，上海人民出版社，1997，第 236 页。

的研究上，从而避开利维坦的模式。① 由此，才能对刑事司法领域中主体的命运有较为贴近的关怀。

其四，承认非国家的行为评价机制介入犯罪构成的确定过程并不意味着要整体性地抛弃本体刑法论的犯罪构成学说。在案件最终进入司法视野后，该理论下的犯罪构成标准可以提供框定行为的大致标准，使刑事司法是创造性的实践性活动而不至于变成恣意和擅断的行为。但是，也必须看到，罪刑法定主义、犯罪构成的安定性只是在相对意义上有效。这样说并不等于要否认这一原则的重要性，而是要从更为实际、经验化和功能性的立场来看待问题。罪刑法定的形式要求是罪之法定和刑之法定，司法机关按照明定之罪和明定之刑开展职权活动。但是，在犯罪构成事实本身具有不确定性、需要回溯性的思考，在此过程中又有多种行为评价机制介入的情况下，案件虽同，但在不同的情形下极有可能被重构出不同的构成事实，因而适用的法律条文会有所不同，对被告人的实质处理自然就会有差异。在这种情况下，形式化的犯罪构成就有可能被架空。在这方面，卢埃林早就提出的论点颇值得玩味：实体法规则在实际的执法过程中所具有的意义远没有早先设想的那么重要。"那个根据规则来审判案件的理论，看来在整整一个世纪中，不但是把学究给愚弄了，而且也把法官给愚弄了。"② 上述理念直接影响着我们对犯罪构成的态度：我们需要本体刑法论和刑事立法上所确定的犯罪构成框架来维持法的安定性，从而确定客观主义的刑法取向，但是我们也应当对犯罪构成的这一绩效持一种仔细辨析的立场，从而在更高的层面上来把握犯罪构成问题。

---

① 对此我国学者也是赞成的。参见郑莱《否思社会科学：国家的迷思》，《读书》1998 年第 5 期。
② 转引自〔美〕博登海默《法理学——法哲学及其方法》，邓正来等译，华夏出版社，1987，第 149 页。

犯罪构成体系的价值评价：
从存在论走向规范论[*]

欧阳本祺[**]

摘　要：德日三阶层犯罪构成体系以规范论为基础，以评价性概念为基石，价值评价的对象是事实，价值评价的实证标准是罪状，实质标准是开放的，诸如新康德主义的超验理性、罗克辛的刑事政策以及雅各布斯的社会规范等。我国四要件犯罪构成体系以存在论为基础，以描述性概念为基石，评价对象与对象评价不分，事实判断与价值评价同一。存在论体系及其描述性概念严重限制了价值评价的功能，无法协调好事实判断与价值评价、体系内评价与体系外评价、积极评价与消极评价的关系。我国犯罪构成体系应该从存在论走向规范论。

关键词：犯罪构成体系　价值评价　存在论　规范论

当前我国刑法学界对于犯罪构成的研究投入了相当多的资源，形成了两种不同的学派。刑法史的知识提醒我们，中外刑法史上曾经出现过各种各样的学派，但很多只是过眼云烟，真正沉淀下来影响后世的学派都是基于特定背景发生的。例如，刑法学新派与旧派的争论是由当时社会结构的深刻变化引起的，而犯罪阶层理论中的古典三阶层体系、新古典体系、韦尔策尔体系、罗克辛体系等则有着明显不同的价值哲学基础。只有建立在

---

[*]　本文原载于《法学研究》2011年第1期。
[**]　欧阳本祺，时为东南大学法学院副教授，现为东南大学法学院教授。

深刻的社会结构或者哲学基础上的学派才会有生命力。那么，我国现阶段犯罪构成体系之争是建立在什么基础上的呢？这样一个根本性的问题恰恰为"重构派"与"完善派"所共同忽视。现有的争论多集中于犯罪构成的要件设计，而这基本上只是技术层面的问题；"重构派"和"完善派"绝不应仅限于犯罪构成要件的重构和完善。本文以犯罪构成体系的价值评价功能为切入点，以存在论与规范论为线索来参与犯罪构成理论的研讨，以期抛砖引玉，深化学术讨论。

一 问题的由来：两大犯罪构成体系分歧的根源何在

关于德日三阶层体系与我国传统四要件体系的区别，可谓众说纷纭，甚至出现一些误解。[①] 但是其中也不乏富有启发性的见解。

（一）应然犯罪构成说与法定犯罪构成说

关于犯罪构成是应然的还是法定的，我国学界存在两种完全相反的观点。一种观点认为，我国的四要件体系是应然的犯罪构成，因为四要件体系"不仅具有司法定罪的意义，而且具有揭示犯罪本质、特征，为立法犯罪化提供依据的意义……不仅包含法律明文规定的犯罪之构成，也包含法律没有明文规定的应然意义上的或者超法规、实质意义的犯罪之构成"；德日三阶层体系是法定的犯罪构成，因为它"1. 把行为该当罪状当作犯罪成立条件之一……2. 贴近立法……3. 适用司法定罪的思路……4. 具有消极性"。[②] 而另一种观点则认为，德日三阶层体系具有"一种非常强烈的试图影响和指导刑事立法的倾向"，而我国四要件体系"只能是'司法技术性'的，即着眼点在于帮助司法顺利完成'找法'工作"。[③] 这两种观点试图从犯罪构成体系与立法、司法的关系来论述两大体系的区别，但得出的却是完全相反的结论。这说明，从立法与司法的角度也许难以看清两大

---

① 张明楷：《构建犯罪论体系的方法论》，《中外法学》2010 年第 1 期；刘艳红：《晚近我国刑法犯罪构成理论研究中的五大误区》，《法学》2001 年第 10 期。
② 阮齐林：《应然犯罪之构成与法定犯罪之构成——兼论犯罪构成理论风格的多元发展》，《法学研究》2003 年第 1 期。
③ 冯亚东、胡东飞、邓君韬：《中国犯罪构成体系完善研究》，法律出版社，2010，第 159 页。

（二）顺序构成说与位阶构成说

有观点认为，"犯罪成立要件之间是否存在位阶是三阶层与四要件的根本区别所在"。并且认为，位阶性不同于顺序性："顺序只是一种前后关系的概念"，位阶则是一种特殊的顺序——"后一要件的存在以前一要件为前提，前一要件则可以独立于后一要件而存在"；四要件之间"不仅后一要件的存在以前一要件的存在为前提（这是位阶性所要求的），而且前一要件的存在也以后一要件的存在为前提（这一点是不同于位阶性的），因而形成一有俱有、一无俱无的依存关系。依存性是四要件之间的关系，它与三阶层的位阶性是存在本质区别的"。[①]

不可否认，四要件体系与三阶层体系之间确实存在顺序性与位阶性的区别。但是，这种区别可能是某种内在区别的"映像"，人们看到的是位阶性的有无，而在它的背后应该有更加深刻的区别。如果不指出这种根本性的区别所在，位阶性就会成为分歧丛生的无根"浮萍"。反对者认为，"德日体系的所谓'阶层递进'，只是一些学者们的一种'自我式理解'"，完全可以将中国体系四要件之间的关系也定义为阶层递进性；甚至认为中国刑法学中犯罪概念与犯罪构成之间的关系"才属于真实意义的递进，而三阶层的评价在方法论上基本上是在同一层面内的分块评价"。[②] 这种批评不无道理。因为，如果离开了与本质的联系，作为"映像"的位阶性确实是一个"自我理解式"的概念，不同学者可以赋予其不同的含义。

（三）主客观构成说与不法罪责构成说

有观点认为，我国传统的犯罪构成体系是以"客观"与"主观"为支柱建立起来的，犯罪客体、客观方面属于"客观"，犯罪主体、主观方面属于"主观"。而德日体系是以"不法"与"罪责"为支柱建立起来的，"主观"、"客观"仅仅是一种描述事实的概念，"不法"、"罪责"却是一种价值或目的性概念。"犯罪论体系应当以价值或目的作为出发点，从而

[①] 陈兴良：《犯罪论体系的位阶性研究》，《法学研究》2010 年第 4 期。
[②] 冯亚东、胡东飞、邓君韬：《中国犯罪构成体系完善研究》，法律出版社，2010，第 134、223 页。

能够体现评价。"①

这种观点敏锐地发现了两大体系建构基石上的差别：我国体系使用的"主观"、"客观"属于描述性概念，而德日体系使用的"不法"、"罪责"属于价值性概念。但是，该观点有需要进一步明确之处。其一，我国体系的描述性概念并非没有评价，而是事实判断与价值评价合而为一。其二，德日阶层体系并不都是以评价性的"不法"与"罪责"为支柱，如后所述，李斯特—贝林三阶层体系实际上是以"客观"与"主观"为支柱的。其三，主客观概念与不法罪责概念并非两大体系的根本区别，两者的根本区别在于价值观的不同。

（四）行为构成说与行为意义构成说

有观点认为，我国的犯罪构成体系是行为构成体系，而德日体系是行为意义体系。我国体系"是把犯罪行为的不同构成部分划分为犯罪构成的各个要件。按照人类行为的一般规则，行为人是行为的前提与起点，客体是行为的指向，联结主体与客体的是行为自身，而行为又分为外在的表现与内在的心理，于是，就有了犯罪构成的主体与客体、客观方面与主观方面四大构成要件体系"。"而德日体系采用了与中国完全不同的方法。他们不是将行为自身分解为不同的部分作为各个构成要件，而是将行为作为一个整体，从对这个整体的不同意义的把握上来划分犯罪成立条件。即首先框定某类行为的外部特征，进一步从行为的社会、法律意义上对行为进行限定，最后从刑法的公正与功利的角度对行为人的责任提出要求。"②

这种观点正确地指出了两大犯罪构成体系的不同根基——起源于对行为的评价，还是起源于对行为意义的评价。应当说这种见解是比较深刻的，但是论者没有继续深究：为什么苏联和我国的体系会形成一种行为模式，而德日体系会形成一种行为意义模式？其实，这种分歧归根到底是受到两种不同价值观的影响：苏联和我国的犯罪构成理论坚持的是存在论，认为事实与价值不可分，价值蕴含于事实中，因此把犯罪构成分为四个方面，而这四个方面是事实与价值的统一；德日犯罪构成理论坚持的是规范

---

① 张明楷：《以违法与责任为支柱构建犯罪论体系》，《现代法学》2009年第6期。
② 李洁：《三大法系犯罪构成论体系性特征比较研究》，载陈兴良主编《刑事法评论》第2卷，中国政法大学出版社，1998，第441、447页。

论，认为事实与价值之间具有不可逾越的鸿沟，因此三阶层体系把事实判断与价值评价分开。

二 存在论与规范论的价值观

本文认为，存在论与规范论的分歧，是苏联和我国四要件体系同德日三阶层体系分歧的根源所在。贯穿苏联和我国传统犯罪论体系的指导思想一直是存在论，在存在论的指导下，四要件的历史没有也不可能发生大的变化；德日三阶层体系的指导思想则历经存在论与规范论的变化，而且规范论中的"最终规范"也形态各异，因此，三阶层体系的历史是一个不断发展变化的历史。

欲准确把握我国四要件体系与德日三阶层体系的根本区别，并"把脉"我国四要件体系的命运，不得不以存在论与规范论为切入点。存在论与规范论实际上是两种不同的价值哲学。存在论认为，事实中蕴含着价值，规范来源于现实，两者之间不存在一条不可逾越的鸿沟。规范论认为，事实（现实）与价值（规范）是两个各自封闭的领域——事实只能实际运作，无法从价值上定型，规范只能从其他规范体系中演绎而来，无法从存在体系归纳而成。[①]

总体而言，自然科学实证主义是一种价值无涉的哲学，既非存在论，亦非规范论；新康德主义是一种规范论价值哲学；物本逻辑、马克思主义是一种存在论价值哲学。

（一）自然科学实证主义价值观

自然科学实证主义的基本原则"在于认为哲学应当以实证自然科学为根据，以可以观察和实验的事实及知识为内容，摒弃神学和思辨形而上学所研究的那些所谓决定的、终极的，然而却无法证明的抽象本质"。[②] 按照这种观点，哲学应当只限于对事实的研究，而价值本质上是一种形而上学

[①] 许玉秀：《当代刑法思潮》，中国民主法制出版社，2005，第 9、129 页；林文雄：《法实证主义》，作者自版，2003，第 145 页。

[②] 刘放桐等：《新编现代西方哲学》，人民出版社，2000，第 5 页。

的思辨，应当被排除在哲学研究的范围之外。19世纪中叶实证主义哲学渗入法学，出现了法律实证主义。法律实证主义"反对形而上学的思辨方式和寻求终极原理的做法，反对法理学家试图辨识和阐释超越现行法律制度之经验现实的法律观的任何企图。法律实证主义试图将价值考虑排除在法理学科学研究的范围之外……法律实证主义者还坚持要把实在法与伦理规范和社会政策严格区分开来，并倾向于认为正义就是合法条性"。①

这里必须了解自然主义与新康德主义、物本逻辑、马克思主义的异同，只有弄清楚它们之间的关系，才能够真正把握这几种价值观指导下的不同犯罪构成体系。

首先，自然主义、新康德主义、物本逻辑都是以"现象学"为基础的，三者的共同点在于，认为哲学研究的范围只限于我们经验可以感觉到的"现象"，本体的客观世界是理性所无法把握的。② 而马克思主义是一种彻底的"唯物主义"，它研究的范围已经突破我们所认识、感觉到的"现象"，而深入到作为"本体"的客观世界。

其次，自然主义、新康德主义都否认事实中蕴含着价值，认为从事实中无法推导出价值，主张方法二元论；而物本逻辑则认为事实并非一团乱麻，而是内含秩序，规范对生活材料不是规制而是描述，主张方法一元论。

最后，自然主义不仅认为事实中不存在价值，而且认为价值等无法实证的东西不是自然主义哲学所考虑的问题；新康德主义则同时研究事实与价值两个不同世界的知识，事实是经验的存在，价值是超验的存在，两者虽然无法沟通，但是确实并存着。由于自然主义只研究事实而不涉及价值问题，因此严格说来，自然主义既不是存在论，也不是规范论。

自然科学实证主义深深地影响了李斯特的刑法理论。李斯特认为，刑法的任务就在于解释犯罪与刑罚之间的因果关系，而这只能透过自然科学的方法才能竟其功。③ 当然，李斯特也不至于认为犯罪是一种价值中立的

---

① 〔美〕博登海默：《法理学：法律哲学与法律方法》，邓正来译，中国政法大学出版社，2004，第118页以下。
② 例如，孔德一再强调他的实证哲学是现象范围之内的知识，至于现象之后的本质是什么，已经超出了实证知识的范围。再如，孔德所谓的自然规律，不是指马克思主义意义上的自然界客观存在的内部的、必然的、本质的联系，而是指现象之间的外部联系。参见刘放桐等《新编现代西方哲学》，人民出版社，2000，第6页以下。
③ 参见许玉秀《当代刑法思潮》，中国民主法制出版社，2005，第119页。

行为，他当然会同意犯罪是一种价值恶的行为。只不过他认为，这种恶的价值判断是立法者的事，司法者只要按照立法早以明文规定的罪状认定犯罪就可以了，无须进行额外的价值评价。对此，许迺曼指出，"李斯特刑法构想的错误，其实在于误以为价值的问题，已经透过刑法典加以解决，并且没有认识到，例如在刑法总则里，极大部分的规范问题，根本不曾被立法者及19世纪的刑法学者认识到，遑论被解决"。①

（二）规范论的价值观

规范论的价值观，主要是指新康德主义价值哲学。它的基本特点是，认为事实与价值是二分的，价值只能够来自其他更高的价值。当然，不同的学者会有不同的具体看法。

文德尔班认为，"价值决不能作为对象本身的特性，它是相对于一个估价的心灵而言……抽开意志与情感，就不会有价值这个东西"。既然价值是情感与意志的产物，因而它就只能是主观的、相对的。但是，为了避免知识的主观主义和相对主义，文德尔班提出了关于普遍价值的学说。他认为，除了作为特殊主体的特殊意识以及与之相应的特殊价值外，还存在作为一般主体的普遍意识以及与之相应的普遍价值。② 可见，文德尔班认为有两种价值，一种是主观的个别价值，另一种是超验的普遍价值。他所说的普遍价值，不外乎就是康德作为最高道德原则的"绝对命令"。

李凯尔特认为，"价值决不是现实，既不是物理的现实，也不是心理的现实。价值的实质在于它的有效性，而不在于它的事实性"。他认为价值是超验的，是经验的认识所不能达到的，价值在主体和客体之间形成一个独立王国。但是，他也指出价值与现实之间存在两种类型的联系：一是价值附着于现实对象之上，并由此使对象变成财富；一是价值与主体的活动相联系，并由此将主体的活动变为评价。李凯尔特强调，"之所以不能把价值与主体的评价活动混为一谈，是因为评价是一种心理活动，它存在着，但价值并不存在，而只是'意味着'"。③ 可见，李凯尔特认为价值是

---

① 〔德〕许迺曼：《刑法体系思想导论》，许玉秀译，载许玉秀、陈志辉合编《不移不惑献身法与正义——许迺曼教授刑事法论文选辑》，台湾春风煦日论坛，2006，第270页。
② 参见刘放桐等《新编现代西方哲学》，人民出版社，2000，第85页以下。
③ 涂纪亮：《新康德主义的价值哲学》，《云南大学学报》（社会科学版）2009年第2期。

一种超验的实体，价值不是因为主体的评价活动而产生；恰恰相反，超验的价值与主体的活动相联系才产生评价。也就是说，不是评价产生价值，而是价值产生评价。

拉德布鲁赫继承了康德的"方法二元论"，但是与康德主张"绝对命令"不同，拉德布鲁赫主张"价值相对主义"。他严格区分"当为"与"存在"，认为两者分属不同的领域，各受其固有原则支配。在法之当为领域中，同一法律问题常有许多分歧对立的价值判断。究竟以何者最为妥当，唯有由持各种不同世界观者，各凭良知，以决定之。[1] 例如，拉德布鲁赫提出了作为法律目的的三个最高价值，即人格价值、社会价值和事业价值：人格价值的形态是自由主义，社会价值的形态是权力主义，事业价值的形态是文化主义。[2] 这三个最高价值是其他价值判断的根据，但它们作为"最后的当为命题是不可能证明的，正与公理是不能认识的道理相同，而只能相信"。[3]

雅各布斯是20世纪70年代以来规范论的"旗手"，虽然其师韦尔策尔坚持物本逻辑，但是雅各布斯本人却转向新康德主义。"亚寇布斯（即雅各布斯——引者注）的构想就像一次惊人的文艺复兴，所复兴的是新康德主义论者拉斯克的概念架构理论。"[4] 雅各布斯的规范论不以经验为根据，而是一种形式的、抽象的概念。主流的观点认为规范的目的是保护法益，而雅各布斯认为规范的目的是保护规范的有效性，因而被指责为循环论证。[5] 当然，雅各布斯的规范并不是内容空洞之概念，根据其严格区分个体（群体）与人格体（社会）的初衷可以看出，其规范的内容是一种社会结构或社会心理的抽象。

（三）存在论的价值观

存在论的特点在于承认事实与价值之间的沟通性，但是，不同观点对

---

[1] 参见韩忠谟《法学绪论》，中国政法大学出版社，2002，第281页。
[2] 参见陈根发《论东亚的拉德布鲁赫法哲学思想研究》，《云南大学学报》（法学版）2002年第4期。
[3] 林文雄：《法实证主义》，作者自版，2003，第149页。
[4] 〔德〕许迺曼：《刑法体系思想导论》，许玉秀译，载许玉秀、陈志辉合编《不移不惑献身法与正义——许迺曼教授刑事法论文选辑》，台湾春风煦日论坛，2006，第292页。
[5] 参见许玉秀《当代刑法思潮》，中国民主法制出版社，2005，第26页。

于事实与价值的内涵有不同的理解。

韦尔策尔的物本逻辑认为,所有的秩序和意义原本就存在于客观现实之中,换言之,价值原本隐藏于存在之中。在概念形成之前,存在一个具有意义内涵的真实世界,这个世界不是透过方法论上的概念塑造才产生的。相反,概念只是对已成形的现实加以描述而已。[1] 韦尔策尔的物本逻辑是以现象学的存在论为基础的,所以归根到底属于超验的唯心主义。胡塞尔现象学认为,科学和哲学的理念世界可以还原为实践活动的生活世界,而实践活动的生活世界又最终还原为先验自我和先验意识的世界。[2] 可见,在现象学那里,不仅科学和哲学是生活世界的"理念的衣服",而且生活世界本身也是先验自我通过它的意识活动而构成的。也就是说,不仅价值是一种主观的理念,而且事实终究也是主观的。

按照马克思主义的观点,价值"是对主客体相互关系的一种主体性描述,它代表着客体主体化过程的性质和程度,即客体的存在、属性和合乎规律的变化与主体尺度相一致、相符合或相接近的性质和程度"。"价值是主客体之间的一种统一状态",具有主体性和客观性。一方面,价值具有主体性,即价值因主体而异:"价值具有主体间的个体性或多元性,基于同一主体的多维性或全面性,基于同一主体方面的时效性或历时性"。另一方面,"价值不是主体的属性,更不是主体的主观性产物",而是具有客观性:价值是主体对客观存在的客体及其属性进行改造或利用的结果。[3] 马克思主义价值观认为"应然"来自于"实然",应然的价值评价受制于客观的"价值标准"——"人的、主体的客观需要和利益"。[4] 也就是说,评价的标准不是某种主观的或者超验的"理性",而是主体的客观需要和利益。而主体的需要和利益是以"实践"的形式表现出来的,因此,实践是沟通实然与应然或者事实与价值的桥梁。[5] 马克思主义价值观具有不同于物本逻辑价值观、新康德主义价值观的特点。

首先,强调价值是主客体的统一状态,但是价值不是客体的属性,也

---

[1] 参见许玉秀《当代刑法思潮》,中国民主法制出版社,2005,第134页以下。
[2] 参见刘放桐等《新编现代西方哲学》,人民出版社,2000,第325页。
[3] 参见李德顺《价值论》,中国人民大学出版社,2007,第79、90、102页。
[4] 参见李德顺《价值论》,中国人民大学出版社,2007,第256页以下。
[5] 参见孙伟平《事实与价值》,中国社会科学出版社,2000,第203页。

不是主体的主观理念。这种"主客体统一"的价值观，是苏联和我国刑法采用"主客观统一"的社会危害性理论以及"主客观体系"的犯罪构成的根本原因。而物本逻辑和新康德主义都认为价值是主观的或者先验的，这决定了它们的犯罪构成体系最终选择规范性概念作为建构基础。

其次，马克思主义价值观所说的事实是指作为本体存在的客观事实，事实之间的联系是内在的、本质的、不以人的意志为转移的。这样一种事实观，使得苏联和我国的刑法因果关系理论长期纠结于因果关系的必然性与偶然性、绝对性与相对性、复杂性与多样性，使得因果关系理论以追求行为与结果之间客观的、内在的联系为目的，变成真正的、纯粹的"客观"归责。而其他价值观所说的事实，都是以"现象"为基础的：条件说以事实所表现出的外部联系为依据，原因说、相当因果关系说、客观归责理论，更是在事实之间外部联系的基础上引入了某种主观的标准。

三 犯罪构成体系的价值评价模式

（一）犯罪构成体系是价值评价模式

之所以要强调犯罪构成体系是价值评价模式，是因为苏联和我国学界都存在一种观点，认为犯罪构成体系是事实判断的模式，不应该含有价值要素。例如，有学者断言，各国犯罪构成理论都存在"基本前提错误"。因为，犯罪行为是一种事实，"事实不仅是一种人们可以感觉的客观存在，同时也是一种可以直接用客观证据证明的客观存在"。所以，作为评价犯罪是否成立的标准的犯罪构成体系也必须是客观的，否则，"如果是以人们对其性质的某种认识作为标准，这种标准的内容必然是不确定的"。"遗憾的是，现行犯罪构成理论，不论是'四要件'体系，还是'三阶层'理论，都包含了很多不是将事实，而是将人们对犯罪的认识作为构成犯罪要件的情况。"其中的典型就是犯罪客体和违法性，"这两个概念的内容都不是直接可以用客观事实作为证据证明的事实，而是一种人们对构成犯罪的某一事实的社会性质的认识"。"因此，任何犯罪构成理论，只要以'违法性''犯罪客体'等人们对犯罪性质的认识为构成要件，在实践中只可能有两种命运：要么严格地坚持这个理论，使司法实践正确认定犯罪成为不可能；要么坚持按照法律的规定正确地认定犯罪，将这种不可能认定犯罪的理论扔在一边。"①

初看起来，该观点似乎逻辑严谨，论述合理。但是，在这种形式逻辑的背后隐藏着一个重大的误解——将事实与价值混为一谈。具体来说：

首先，该观点没有区分事实判断与价值评价。行为的存在与否是一种事实判断，是可以用客观证据证明的，但是，犯罪的成立与否却是一种价值评价。比如，故意杀人的行为是一种可以感觉也可以证明的客观存在，但是，该故意杀人的行为是构成故意杀人罪还是故意伤害（致死）罪，抑或正当防卫、紧急避险，却是一个价值评价的问题。人们对杀人行为是否存在不会有分歧，但是对杀人行为是否构成犯罪、构成何种犯罪可能会存在争议。上述观点的错误在于，以事实判断的标准来要求价值评价，从而将价值评价的因素逐出犯罪构成体系，使得犯罪构成体系只是事实判断的模式，而不是价值评价的模式。

其次，该观点没有区分科学事实与价值事实。价值论把事实区分为科学事实与价值事实。"科学上所说的事实，对于所有人来说，只要客体是一个，事实也是一个。而价值事实则是：尽管客体是一个，有多少主体就有多少事实……科学事实是'一'，价值事实是'多'。"② 犯罪事实是一种价值事实，而不是科学事实，对它的认识不可能达到众口一词的确定。

最后，该观点所说的犯罪构成体系在实践中的"命运"是一个没有实证根据的"独断论"，而且还含有把犯罪构成体系与法律规范对立起来的意思。

我国学界另有一种有力的观点，认为犯罪构成体系是"犯罪认知模式"，即"特定法域下运用刑法甄别具体案件事实从而厘定犯罪的思维模式及相应操作程式"。③ 这种观点的内容是准确的，但是表述上值得商榷——与其称为"犯罪认知模式"，不如称为"犯罪评价模式"。因为认识与评价是有区别的，两者的根本区别在于主体的地位不同：当被认识的价值关系的主体仅仅是被认识的客体的一部分，而不是认识的主体时，这种认识属于认识；当评价主体与被认识的价值主体合而为一时，这种认识就

---

① 陈忠林：《现行犯罪构成理论共性比较》，《现代法学》2010年第1期。
② 李德顺：《价值论》，中国人民大学出版社，2007，第242页。
③ 冯亚东、胡东飞、邓君韬：《中国犯罪构成体系完善研究》，法律出版社，2010，第5页。

成了评价。例如，对于我国古人修筑长城这一历史事件，可以有两种不同的认识方式：一种是考察古人修筑它的原因、过程和结果，指明长城对于当时中华民族的意义；另一种是把长城作为祖先留给我们的遗产，指出它今天对于我们的意义。这两者都是在认识价值，但它们并不都是在评价：前者只是单纯的认识，只有后者是评价。长城对古人有什么价值与它对我们有什么价值显然是不一样的。长城与古人都是我们的客体，二者之间的关系对我们来说是客体之间的关系。当谈到长城与我们的关系时，我们既是评价主体，也是与长城价值关系的主体。① 刑法既是一种行为规范（决定规范），又是一种裁判规范（评价规范）。与之相适应，犯罪构成既是一种认识模式，又是一种评价模式。相对于一般人而言，犯罪构成仅仅是一种认识模式；相对于法官而言，犯罪构成则是一种评价模式，因为法官是国家的代表，他（国家）既是评价主体，又是犯罪负价值关系的主体。

（二）德日犯罪构成体系的价值评价模式

韦尔策尔认为，"把犯罪分解为行为构成、违法性和罪责这三个因素，是信条学②在过去两代人或者三代人中取得的最重要的进步"。③ 三阶层体系的重要性在于它是一种价值评价模式，而且该模式能够容纳不同的价值评价标准，从而为过去两三代人提供了一个施展才华、改造社会的平台。

1. 自然主义体系的评价模式

如前所述，在事实与价值之间，自然主义基本上只研究事实，而将价值排除在视野之外。因此，自然主义体系基本上是一个事实判断的体系，将犯罪成立的认定与犯罪行为存在的判断当作同一件事。在三阶层中，构成要件是客观的外在事实，有责性是主观的心理事实，这两者都不需要法官的价值评价，"只有'违法性'在自然主义的体系里所呈现的还是一个规范判断的异形"。④ 但是自然主义体系的这个"破绽"并不严重。因为，在自然主义体系看来，违法就是违反实证法，仅此而已。虽然实证法是立

---

① 参见李德顺《价值论》，中国人民大学出版社，2007，第228页以下。
② "信条学"即指"教义学"。——编者注
③ 〔德〕克劳斯·罗克辛：《德国刑法总论》第1卷，王世洲译，法律出版社，2005，第139页。
④ 〔德〕许迺曼：《刑法体系思想导论》，许玉秀译，载许秀玉、陈志辉合编《不移不惑献身法与正义——许迺曼教授刑事法论文选辑》，台湾春风煦日论坛，2006，第265页。

法者价值判断的结果，但是对于法官来说，只要判断行为是否违反实证法就可以了，无须进行额外的价值评价。另外，自然主义的"等价说把所有的条件称为相同的原因，并且认为各种不同因果因素的规范评价是不科学的，而加以排斥……因而再也不能接纳存在于多样性社会冲突地位之中的价值差异，而且也不能藉着彻底区分概念来处理这种价值差异"。①

前述张明楷教授的观点认为，德日体系是以违法与责任这两个评价性概念为支柱的，而我国体系是以主观与客观这两个描述性概念为支柱的。②这种见解很有道理，但是自然主义体系应该是个例外。自然主义体系虽有违法、有责之名，却并无评价之实；虽无主观、客观之名，却是以描述性概念为支柱的。自然主义体系的逻辑在当今德日三阶层体系看来恍如隔世，但与我国传统的四要件体系却内在相通。正如冯亚东教授所说，"贝林当年在考虑理论体系之阶层结构时，主要强调的并非什么'阶层递进'，而是在方法论上必须从刑法总分则的整体性规定中分离出主客观之不同分析层面"。③罗克辛教授也认为，自然主义体系的标准"要么只能是客观的外部世界的要素，要么只能是主观的内在心理上的过程，因此，从这样的观点出发，由相互分离的客观要素和主观要素组成刑法体系的两个部分，就是很合适的"。④而贝林之所以没有直接采用主观与客观的概念，也许是囿于德国早已存在的违法和有责概念。

2. 规范论体系的评价模式

规范论的共同点在于，认为事实与价值是二元分离的，事实是一团乱麻，价值只能够来自更高的价值。新古典犯罪论体系、罗克辛体系、雅各布斯体系都可以归入规范论体系，通过对三者的比较，可以发现规范论体系价值评价模式的发展变化。

新古典体系的历史贡献在于实现了犯罪构成体系的方向性转变，犯罪构成体系从"事实判断体系"转变为"价值评价体系"。因为根据新康德主义，既然存在两个世界，一个是现实世界，一个是非现实的价值世界，

---

① 〔德〕许迺曼：《刑法体系思想导论》，许玉秀译，载许秀玉、陈志辉合编《不移不惑献身法与正义——许迺曼教授刑事法论文选辑》，台湾春风煦日论坛，2006，第266页。
② 参见张明楷《以违法与责任为支柱构建犯罪论体系》，《现代法学》2009年第6期。
③ 冯亚东、胡东飞、邓君韬：《中国犯罪构成体系完善研究》，法律出版社，2010，第132页。
④ 〔德〕克劳斯·罗克辛：《德国刑法总论》第1卷，王世洲译，法律出版社，2005，第123页。

那么犯罪构成体系相对于犯罪事实，自然属于非现实的价值世界。既然犯罪构成体系属于价值世界，那么其中的构成要件该当性阶层不可避免地包含规范的构成要件要素；违法性判断的标准不能仅限于实证法，还应该寻找实证法以外的价值标准；有责性的根据不再限于故意、过失等心理事实，规范责任论取代了心理责任论。

罗克辛体系在规范论的方向上发展了新古典体系，"即在文化价值上有点含糊的新康德主义的方向被一种特别的刑法上的体系性标准代替了，这就是：现代刑罚目的理论的刑事政策性基础"。刑事政策这个更高的价值标准指引着犯罪构成体系的价值评价：在构成要件阶层，客观归责理论"第一次使用一种以法律评价为导向的规则性工作，来代替因果关系所具有的自然科学的即逻辑的范畴"；以调节整体法秩序各法域之间的价值冲突来解释违法性阶层；以预防必要性来解释罪责阶层。①

雅各布斯则将规范论体系推至极端。雅各布斯不是以康德的先天理性，也不是以罗克辛的刑事政策，而是以一种抽象的社会结构或社会心理作为其规范论的根基。他认为，犯罪是对规范的破坏，刑罚是对规范效用的重构，从而建构了独特的犯罪构成体系：不是以法益侵害，而是以规范侵犯来解释构成要件的该当性；取消不法与罪责的区分，因为该当构成要件的行为是侵犯规范的行为，无罪责的行为本来就谈不上对规范的侵犯，当然也就不该当构成要件了；按照一般预防的社会需要来确定罪责，而不考虑行为人个体的能力。②

3. 存在论体系的评价模式

韦尔策尔体系和我国体系都属于存在论体系，这里只论述韦尔策尔体系，对我国体系的论述放在下文。韦尔策尔体系的特点在于：首先，以目的行为论取代因果行为论。自然主义和新康德主义都认为行为是一个价值中立的外界因果变动，韦尔策尔认为，行为并非价值中立，而是内含价值，目的行为是事实与价值的统一。其次，深化了实质违法性观念。既然"法律对生活材料不是规制而是描述"，那么违法就不仅仅是违反实证法，而是违反了其背后的实质价值秩序。最后，"不将罪责理解成主观的犯罪

---

① 〔德〕克劳斯·罗克辛：《德国刑法总论》第1卷，王世洲译，法律出版社，2005，第124页；许玉秀：《当代刑法思潮》，中国民主法制出版社，2005，第40页。
② 参见〔德〕罗克辛《构建刑法体系的思考》，蔡桂生译，《中外法学》2010年第1期。

要素的总和,而是将罪责理解成'可责难性',那么,决定罪责之责难的那些客观要素,就可以很容易地整合进来了"。①

(三) 我国犯罪构成体系的价值评价模式

1. 我国四要件体系与德日三阶层体系不存在对应关系

我国学界有一种为很多人接受的观点,认为我国四要件体系与德日三阶层体系"没有实质上的区别":三阶层体系中的构成要件与四要件体系中的犯罪客观方面是"可以互相替代的范畴";违法性与犯罪客体这两个概念"也没有任何实质上的差别";德日体系中的责任与我国体系中的犯罪主体和主观方面"具有基本相同的内涵"。② 或者说德日体系的"构成要件该当性与中国体系的客观方面要件基本相同";"违法性……与中国体系的客体要件意义极为相似";"有责性涉及的是主体一般性资格和具体心态问题,中国体系之主体和主观方面两要件可以完整将其包容"。③

这种观点隐藏着严重误解,混淆了两种不同的评价模式:我国四要件体系是事实判断与价值评价的统一,它的基础是存在论;三阶层体系仅仅是一种价值评价的模式,它的基础是规范论。以构成要件该当性为例,上述观点认为,德日体系中的构成要件该当性与我国体系中的犯罪客观方面"可以互相替代"或者"基本相同"。但是,这种看法至少存在以下几个误解。首先,从贝林体系以后没有人再认为构成要件该当性要件中只包含客观要素,由于大量的主观要素和规范要素都放到了构成要件中,西原春夫先生甚至认为,"构成要件论发展的历史实际上也正是构成要件论崩溃的历史"。④ 可以说,贝林体系中的构成要件与我国体系中的犯罪客观方面极为相似,而现在德日体系中的构成要件实际上与我国作为犯罪成立要件的"犯罪构成"概念相似。其次,即使都包含了客观要素,但是我国体系中的犯罪客观方面是事实判断与价值评价的总和,而德日体系的构成要件符

---

① 〔德〕罗克辛:《构建刑法体系的思考》,蔡桂生译,《中外法学》2010 年第 1 期;许玉秀:《当代刑法思潮》,中国民主法制出版社,2005,第 136 页以下。
② 参见陈忠林《现行犯罪构成理论共性比较》,《现代法学》2010 年第 1 期。
③ 参见冯亚东、胡东飞、邓君韬《中国犯罪构成体系完善研究》,法律出版社,2010,第 134 页以下。相似的观点参见刘艳红《我国与大陆法系犯罪论体系之比较研究》,《中外法学》2004 年第 5 期。
④ 〔日〕西原春夫:《犯罪实行行为论》,戴波、江溯译,北京大学出版社,2006,第 56 页。

合性仅仅是一种价值评价模式——评价的对象是行为事实（包括客观和主观方面），评价的实证标准是罪状，实质标准是超法规的价值（例如，罗克辛以是否制造并实现不容许的风险为标准）。再次，从语言表述来看，我国犯罪客观方面的判断一般使用"是否有犯罪行为、结果"的表述，它包括两层意义："是否有行为、结果"——这是一种事实判断；"行为、结果是否犯罪"——这是一种价值评价。当然，事实判断与价值评价是同时进行的。德日体系构成要件"该当性"的判断，是将已经存在的行为、结果涵摄于评价标准的价值评价过程。最后，我国体系中的犯罪客观方面与其他三个要件之间的关系是平行并列的，而德日体系中构成要件与违法性、有责性之间的关系却存在行为类型说、违法类型说、违法有责类型说之间的争论。如果说我国体系中的犯罪客观方面与德日体系中的构成要件具有对应关系，那么是与哪个意义上的构成要件相对应的呢？

2. 我国犯罪构成体系的价值评价模式的特点

首先，我国的犯罪构成体系以存在论为基础，是事实判断与价值评价的统一。有学者认为，这种评价模式具有两方面的缺陷：一是"价值判断过于前置，不利于保障人权和实现法治"；二是"一次司法判断过程承担了过多的使命，裁判结论出现偏差的可能性自然就会增大"。[①] 这种评价是合理的。本文认为，这种事实判断和价值评价相统一的模式还存在一个更为关键的问题——无法很好地处理价值评价与事实判断的关系，导致事实判断有余，价值评价不足。于是，"堤内损失堤外补"，犯罪构成体系价值评价的不足靠社会危害性的评价来弥补，从而使得犯罪构成体系与社会危害性概念之间形成一种说不清、道不明的关系。

传统的观点认为，社会危害性与犯罪构成是抽象与具体、被说明与说明的关系：社会危害性指出了犯罪的抽象本质，犯罪构成则通过诸方面要件的齐备来具体体现犯罪行为的社会危害性。但是，这种论述至少存在两个方面的问题。一是社会危害性是一个价值评价概念，这种抽象的价值评价应该通过分解为几个方面的价值评价来具体化。而犯罪构成中的客观方面、主体、主观方面更侧重于事实描述，事实描述不可能具体化抽象评价。例如，对"幸福"的评价不能够量化为存款、房子、车子等事实要

---

① 参见周光权《犯罪论体系的改造》，中国法制出版社，2009，第82页以下。

素。二是这种说明具有循环论证的嫌疑：为什么行为具有社会危害性？因为它符合犯罪构成四要件。怎么判断行为符合犯罪构成？因为它具有社会危害性。

现在有一种新的观点认为，社会危害性与犯罪构成之间是递进关系。冯亚东教授认为，犯罪概念具有大类定位功能——主要解决刑法与其他部门法、犯罪与非罪行为的区分；犯罪构成则在犯罪概念所划定的大范围内具有小类定位功能——主要从罪刑法定的技术层面解决罪与非罪（若无明文规定，则实害行为仍属非罪）、此罪与彼罪的区分。并且认为犯罪概念与犯罪构成之间的这种关系才是"真实意义上的递进"。而且，社会危害性与犯罪客体也是有递进关系的：社会危害性是对行为从事实到价值、由客观到主观进行完整评价的产物，是对行为总体意义的抽象评价；而作为犯罪客体的法益侵害性只是揭示了社会危害性的客观方面，并不涉及社会危害性的主观方面。[①] 这样一来，冯亚东教授实际上是认为，犯罪构成只是犯罪成立条件的一部分，在犯罪构成之外另有犯罪概念作为犯罪成立的条件。但是，他又认为，"'犯罪构成（体系）'与'犯罪成立体系'实为不同词语表达的同一概念——二者在内涵、外延方面完全一致"。[②] 前后矛盾的事实说明，对社会危害性与犯罪构成关系的新解说没有取得重大突破。

其次，我国犯罪构成是一种封闭的评价体系。这里的"封闭"并不是指我国犯罪构成体系没有为被告人提供辩护的空间，而是指没有为社会和法律的发展提供空间。许迺曼教授认为，犯罪构成的评价体系应该是一个开放的体系，"这个开放的体系不但不会阻碍社会及法律的发展，而且能保留发展的空间，或者至少能够配合发展……为了能够建立一个此种'弹性体系'，俾能提供不多不少的功能，本质上我们需要富有弹性的建构基石，这些建构基石必须能配合社会及法律的发展"。[③] 而"封闭型犯罪构成结构忽视犯罪现象的复杂性，夸大理性认识的能力，试图在法典中一次性

[①] 参见冯亚东、胡东飞、邓君韬《中国犯罪构成体系完善研究》，法律出版社，2010，第223页以下。

[②] 冯亚东、胡东飞、邓君韬：《中国犯罪构成体系完善研究》，法律出版社，2010，第20页。

[③] 〔德〕许迺曼：《刑法体系思想导论》，许玉秀译，载许秀玉、陈志辉合编《不移不惑献身法与正义——许迺曼教授刑事法论文选辑》，台湾春风煦日论坛，2006，第255页。

地揭示犯罪的定性因素和定量因素"。①

李斯特-贝林体系和我国传统的四要件体系都是封闭的评价体系，它们都相信价值评价的问题早已在立法中解决了，司法只需要"依法办事"就可以了。例如，李斯特-贝林体系中的违法性等于违反实证法，没有实质违法理论存在的余地；我国刑法中社会危害性等于刑事违法性，也没有实质违法理论存在的余地。而在规范论体系中，犯罪构成作为一种价值评价体系，当然以实证法为标准，但也能够容纳其他的实质标准——如新康德主义的价值论、罗克辛的刑事政策论、雅各布斯的规范论。

封闭性体系以描述性概念为基石，开放性体系以评价性概念为基石。德日体系中的违法性、有责性是评价性概念，这种评价性概念能够为社会发展留下空间；我国体系中的"客观方面"、"主观方面"、"主体"是描述性概念，这种描述性概念无法为理论发展留下足够空间，任何评价性理论都必须"削足适履"地融入这些描述性概念。这就是为什么我国违法性理论、责任理论乃至整个刑法理论都难以长足发展的重要原因。例如，在我国现行的四要件体系中，只能将违法性的评价融入犯罪客体，将责任的评价融入主体或主观方面，但这终究是隔靴搔痒。

四 对我国犯罪构成体系价值评价的展望

当前，我国刑法学界对于犯罪构成的重构或完善投入了相当多的资源，争论也相当激烈，这反映了我国犯罪构成理论到了一个将何去何从的十字路口。本文认为，我国犯罪构成体系应该朝着以下三个方向发展。

（一）从存在论走向规范论

关于德日犯罪构成体系是否具有从存在论走向规范论的趋势也是有争议的。雅各布斯教授认为，"存在论倾向的刑法教义学支离破碎了，人们曾有意识地以存在论为根基建立这种教义学，但现在它更为彻底地支离破碎了"。② 陈兴良教授也认为，"目前大陆法系犯罪论体系的发展早已超越

---

① 宗建文：《论犯罪构成的结构与功能》，《环球法律评论》2003年秋季号。
② 转引自〔德〕罗克辛《构建刑法体系的思考》，蔡桂生译，《中外法学》2010年第1期。

了存在论,进入到规范论与价值论的知识领域"。① 但是,许逎曼教授和许玉秀教授却提倡存在论与规范论的和解。许玉秀教授认为,"所谓价值不能从存在引申出来,只能从价值引申出来,是目的层面的方法论,而存在决定价值是手段层面的方法论,这两种方法论观点各有其正确性,并不是互相对立的,而是在不同层面同时存在"。②

其实,上述两种观点并没有实质区别。许玉秀教授的"调和论"实际上是认为评价的标准应该从价值中引申出来,而评价的对象则应该来源于存在。而雅各布斯教授和陈兴良教授所说的从存在论走向规范论,是指评价的标准应该采取规范论。因此,两者并没有本质区别。例如,到底是应该采取三阶层还是两阶层,以及每一阶层应该采取什么评价标准(抽象理念、刑事政策抑或社会规范),则必须采取规范论立场。但是每一阶层应该包括哪些评价对象(例如主观要素、客观要素置于哪个阶层),则应当采取存在论立场。

而我国现行的四要件体系不区分评价对象与评价标准,每一要件既是评价对象,又是评价标准。这是因为四要件体系以存在论为基础,所以事实蕴含着价值,由评价对象引申出评价标准,这样一来,事实判断与价值评价的关系无法厘清。因此,从存在论走向规范论是指评价标准的发展,就评价的对象而言,当然是存在的事实。正是在这个意义上,陈兴良教授提出,"从存在论到规范论,从归因到归责,我认为是整个犯罪论体系发展的一条基本线索"。③ 但是,"从存在论到规范论,从归因到归责"不等于"从客观归因到主观归责"。例如,冯亚东教授认为,关于因果关系的问题无须借助客观归责说等规范理论,只要采取"条件说"+"罪过判断"就可以了。④ 这里的"从客观归因到主观归责"不是"从存在论到规范论",而仍然是在存在论内部解决问题。但是,这一论断至少有两个不足。一是采用"条件说"将虚化"客观归因"过程中的评价功能,从而加大"主观归责"判断的压力和错误率。二是即使客观上有条件关系,主观上有罪过,也并不一定能够归责。归责所考虑的因素多于条件性、罪过

---

① 陈兴良:《主客观相统一原则:价值论与方法论的双重清理》,《法学研究》2007年第5期。
② 许玉秀:《当代刑法思潮》,中国民主法制出版社,2005,第151页。
③ 陈兴良:《主客观相统一原则:价值论与方法论的双重清理》,《法学研究》2007年第5期。
④ 参见冯亚东、李侠《从客观归因到主观归责》,《法学研究》2010年第4期。

性，还得考虑预防的必要性等因素。

（二）从描述性概念走向评价性概念

"在开始尝试建立一个刑法体系时，会有这样的问题，是否体系的基础应该使用描述性的或规范性的语言，也就是说，形成体系的要素是评价或是经验上可予以描述的事实。"[1] 我国四要件体系以描述性概念为基石，"天不变，道亦不变"，事实不变化，描述性概念的内涵难以发展。德日体系以评价性概念为基石，评价性概念只是将事实作为评价对象，而评价的实质标准是发展的。在人类有限的理性范围内，"客观"和"主观"可能是最好的描述性概念，同样，"违法/不法"和"有责/罪责"应该是最佳的评价性概念。据此，可以把我国学者设计的犯罪构成体系分为以下几类。

1. 以描述性概念为基石的体系

这类犯罪构成体系主要包括"犯罪客观要件、犯罪主体要件、犯罪主观要件"体系，[2] "犯罪主体、犯罪主观要件、犯罪客观要件"体系，[3] 以及"主观要件、客观要件"体系。[4] 这类体系具有三个共同特点：一是将犯罪客体要件排除在体系之外；二是体系内的每个要件是事实判断与价值评价的统一；三是把阻却犯罪性事由放在犯罪构成体系之外。本文认为，就价值评价功能而言，这类体系对我国传统四要件体系的改造并不成功：排除了犯罪客体要件后，价值判断的任务完全落到其他要件上，而其他要件都建立在描述性概念之上，这种描述性概念的价值评价功能是很有限的。而且，这种改造后的体系同样没有处理好犯罪构成的积极评价与消极评价之间的关系。

2. 同时包含描述性概念与评价性概念的体系

这类犯罪构成体系主要有"罪体、罪责、罪量"体系[5]与"客观要件、

---

[1] 〔德〕许逎曼：《刑法体系思想导论》，许玉秀译，载许玉秀、陈志辉合编《不移不惑献身法与正义——许逎曼教授刑事法论文选辑》，台湾春风煦日论坛，2006，第293页。
[2] 参见张明楷《刑法学》，法律出版社，2003，第136页。
[3] 参见肖中华《犯罪构成及其关系论》，中国人民大学出版社，2000，第147页。
[4] 参见杨兴培《犯罪构成原论》，中国检察出版社，2004，第144页以下。
[5] 参见陈兴良《规范刑法学》，中国人民大学出版社，2008，第108页。

主观要件、排除要件"体系。① 在"罪体、罪责、罪量"体系中，罪体和罪量是描述性概念，罪责是评价性概念。该体系的一个突出优点就是，在罪体和罪责要件中分别进行积极评价与消极评价。但是，罪量是否应该归入罪体要件还值得商榷，而且陈兴良教授现在已经明确提出直接借鉴德日的阶层体系了。"客观要件、主观要件、排除要件"体系中的客观、主观是描述性概念，排除是评价性概念。该体系"不仅存在逻辑上的缺陷（犯罪的积极要件不是以违法与责任为支柱，而犯罪的消极要件则以违法与责任为支柱），而且导致犯罪客观要件与犯罪主观要件的判断，成为没有目标指引的纯形式判断"。②

3. 以评价性概念为基石的体系

这类犯罪构成体系包括"罪状符合性、不法性、罪责性"体系③与"客观（违法）构成要件、主观（责任）构成要件"体系。④ 前者实际上是德日三阶层体系；后者则借鉴了德日二阶层体系，并做了中国化的改造，例如使用了"客观"、"主观"、"构成要件"等表述。从作者的原意来看，"'客观'与'主观'不是从实践结构上作的区分，而是从违法性与有责性意义上作的区分，即表明客观违法性的要件属于客观构成要件，表明主观有责性的要件属于主观构成要件"。⑤ 既然如此，不如把"客观（违法）构成要件"直接叫作"违法构成要件"，把"主观（责任）构成要件"直接叫作"责任构成要件"。

综上，本文认为描述性概念以对事实的描述为内涵，主观、客观、主体等概念原本就是对事实的描述，要在这种概念的内涵中加入评价性意义并非完全不可能。但是，如何处理好描述性意义与评价性意义的关系却是件很难的事情。例如，期待可能性原本是一种客观的情状，但是把它放在"主观（责任）构成要件"中，总给人一种不和谐的感觉。同样，目的犯的特定"目的"也很难与"客观（违法）构成要件"兼容，而评价性概念的内涵包括两层意思——评价对象与评价标准，因此，能够很好地处理

---

① 参见周光权《犯罪论体系的改造》，中国法制出版社，2009，第281页。
② 张明楷：《违法阻却事由与犯罪构成体系》，《法学家》2010年第1期。
③ 参见李立众《犯罪成立理论研究》，法律出版社，2006，第189页。
④ 参见张明楷《刑法学》，法律出版社，2007，第98页。
⑤ 张明楷：《刑法学》，法律出版社，2007，第98页。

价值评价的问题。

(三) 处理好积极评价与消极评价的关系

存在论体系往往采用描述性概念，而只有"积极事实"或者"有"才是存在的，才能够被描述；而"消极事实"或者"无"并不存在，因而不能被描述，而只能被感知。存在论体系虽然试图把价值评价与事实判断统一起来，但是体系内的价值评价往往是表明犯罪成立的积极评价。而表明犯罪不成立的消极评价，性质上是对"没有"的评价，而不是对"存在"的评价，因此，很难纳入存在论的犯罪构成体系。我国传统的四要件体系以及上述以描述性概念为基石的体系，都是在犯罪成立体系之外研究排除犯罪性事由。

规范论体系往往采用评价性概念，而评价既可以是积极评价，也可以是消极评价。因此，在这种体系内可以很好地容纳消极的构成要件，而且由于规范论体系把违法评价与责任评价分开，所以能够就违法性和责任性分别进行积极评价与消极评价。

犯罪构成体系平面化之批判[*]

刘艳红[**]

摘　要：以主客观相统一的定罪原则为基础，我国刑法形成了主客观有机统一的犯罪构成理论；辩证唯物主义全面联系视角对有机统一的解答，导致了犯罪构成体系的平面化。平面化犯罪论体系存在似是而非与规范说理缺失、定罪过程中的主观化与入罪化、无法应对实践需求以及主客观要素混淆等诸多理论与实践问题。我国刑法应该摒弃泛而论之的主客观相统一原则及平面化犯罪构成体系。以客观主义为立场、以明确界分客观要素与主观要素为内容、以阶层化为结构的犯罪论体系，应该是今后我国犯罪论体系的探讨方向。考虑到违法与有责在当今刑法理论中与构成要件符合性判断的融合趋势，以违法和有责为支点构建二阶层的犯罪论体系应该是反制平面化犯罪构成体系的最好出路。

关键词：主客观相统一　犯罪构成　平面化　客观主义　阶层化

我国传统犯罪构成理论自20世纪90年代开始"面临严峻的挑战"已是不争的事实，其中，改良派与激进派最为引人注目。前者主张维持传统犯罪构成基本框架，只作部分要件增删、名称置换或顺序重新排列；后者力推扬弃传统犯罪构成体系，实现犯罪构成的阶层化。激进派在当下颇为

---

[*] 本文原载于《法学研究》2011年第5期。
[**] 刘艳红，东南大学法学院教授。

引人注目,主张犯罪论体系建构应由传统平面化演变为阶层化。

提倡阶层化体系,首先应对我国犯罪构成的平面化进行深刻反思和剖析。支撑平面化犯罪论体系的是我国刑法主客观相统一的定罪基本原则,这决定了检省传统犯罪构成体系的平面化特征应从主客观相统一的角度进行。虽然早已有刑法学者提出我国"传统犯罪构成理论是平面化"的命题,[①] 也展开过对主客观相统一原则的批判和清理,[②] 但联系主客观相统一原则展开对犯罪构成理论平面化特质的系统探讨却付之阙如。为此,本文拟联系主客观相统一原则,对我国犯罪构成体系的平面化从形成、表现以及危害等方面展开分析,以期为犯罪论体系阶层化的探讨提供更加充分的理论前提。

一 "主客观有机统一"犯罪构成体系的形成

主客观相统一原则,是特定时期苏联刑法学者在运用马克思主义批判大陆法系刑法学的弊端,并力图构建社会主义的犯罪构成理论过程中提出来的。[③] "近代刑法学之父"费尔巴哈认为,构成要件(Tatbestand)是"'包含在一定种类的违法行为的法的概念之中的所有特别行为或者事实的总体',外部行为或结果等客观要素当然属于构成要件,一定的目的或者特定犯罪之下的故意那样的主观性要素也属于构成要件"。[④] 尤其值得注意的是,"费尔巴哈只把犯罪行为的客观要件归入 Tatbestand 中,而把主观属性(罪过)排除在犯罪构成之外,将它们看做是犯罪人负刑事责任和具备可罚性的第二个(除 Tatbestand 之外)独立的条件"。[⑤] 经过后来刑事古典学派进一步发展,Tatbestand 的事实性与违法和有责的价值性愈加分离,层次愈加清楚。

遗憾的是,其后许多德国学者开始更为广泛地解释 Tatbestand 的内容,

---

① 参见陈兴良《刑法知识的去苏俄化》,《政法论坛》2006 年第 5 期。
② 参见陈兴良《主客观相统一原则:价值论与方法论的双重清理》,《法学研究》2007 年第 5 期。
③ 参见何秉松《苏联犯罪构成理论的历史与现状》,《法学研究》1986 年第 4 期。
④ 〔日〕西原春夫:《犯罪实行行为论》,戴波、江溯译,北京大学出版社,2006,第 28 页。
⑤ 何秉松、〔俄〕科米萨罗夫、〔俄〕科罗别耶夫主编《中国与俄罗斯犯罪构成理论比较研究》,法律出版社,2008,第 4 页。

将犯罪行为所有必要的客观和主观要件都包括进来，如贝尔纳。① 而 Tatbestand 被引入苏联刑法学界之后，刑法学者将之译为"犯罪构成"。同时，受政治意识形态的影响，对 Tatbestand 提出了错误批判，使本为犯罪成立条件之一的、事实性的 Tatbestand 概念，经由辩证唯物主义的洗礼而发展成所谓的主客观相统一的理论体系。特拉伊宁根据马克思主义唯物辩证法的基本原理，从主观辩证法与客观辩证法的形式与内容、反映与被反映的辩证关系出发，错误地批判德国学者所说的 Tatbestand 概念，指出德国刑事古典学派学者所主张的 Tatbestand 是"人为地割裂犯罪构成的统一概念"的"犯罪构成的客观结构"。"犯罪构成乃是苏维埃法律认为决定具体的、危害社会主义国家的作为（或不作为），为犯罪的一切客观条件和主观条件（因素）的总和。"② 皮昂特科夫斯基也指出，"犯罪构成永远是犯罪行为必要的客观特征和主观特征的统一"。③ 这样，在批判发端于刑事古典学派，以新康德主义为哲学根据、以形式主义构成要件理论为基石的犯罪论体系的同时，在错误地吸纳了贝尔纳等德国学者观点的基础上，以特拉伊宁为首的一批苏联学者使"犯罪构成"定格为以社会危害性为价值基础、糅合了客观（客体与客观方面）与主观（主体与主观方面）内容的犯罪成立理论，为犯罪成立诸要件总和的"犯罪构成"最终成为压倒多数的观点。主客观相统一就此被奉为与资产阶级刑法理论相区别的圭臬。

我国刑法理论创始之初，完全移植了苏俄刑法成果，主客观相统一原则及犯罪构成理论在我国得以确立和展开。"社会主义刑法关于犯罪构成是主、客观相统一的原则，正是在辩证唯物主义理论的指导下，在资产阶级片面强调客观或者片面强调主观的基础上产生的。苏联刑法学者批判了资产阶级刑法理论的客观主义和主观主义，坚持了社会主义刑法主、客观相统一的原则。特别在犯罪构成理论中，不仅重视犯罪行为，而且也重视主观罪过。认为刑事责任中的主观要素和客观要素不是处于对立和分裂的

---

① 参见何秉松、〔俄〕科米萨罗夫、〔俄〕科罗别耶夫主编《中国与俄罗斯犯罪构成理论比较研究》，法律出版社，2008，第 4 页以下。
② 〔苏〕特拉伊宁：《犯罪构成的一般学说》，薛秉忠等译，中国人民大学出版社，1958，第 48 页以下。
③ 〔苏〕皮昂特科夫斯基：《社会主义法制的巩固与犯罪构成学说的基本问题》，载《苏维埃刑法论文选译》第 1 辑，中国人民大学出版社，1955，第 85 页。

状态，而是辩证地组成犯罪构成统一体。"① 在犯罪构成的具体定义上，则明确指出，"犯罪构成就是依照我国刑法的规定，决定某一具体行为的社会危害性及其程度而为该行为构成犯罪所必需的一切客观要件和主观要件的有机统一"。② 此后，我国刑法学界在长达20余年的时间里基本秉承了"犯罪构成是一系列主客观要件的有机统一"这一主导思想。犯罪构成体系自此成为具有"政治正确"优势的主客观相统一原则的重要载体，"主客观相统一"成为"我国刑法学中犯罪构成的精髓，是我们认定犯罪所必须坚持的基本原则"。③ 在某种程度上，主客观相统一原则也成为犯罪构成的同义语，犯罪构成理论因此又可称为主客观相统一的犯罪构成理论。基于行文的方便，下文将坚持主客观相统一原则及主客观相统一的犯罪构成理论者简称为"统一论者"。

二 "主客观有机统一"犯罪构成体系之平面化

主客观相统一的犯罪构成体系最为突出的缺陷是平面化。然而，我国犯罪构成体系的平面化是如何形成的？它有哪些特征？如何看待学者关于"我国犯罪构成体系不是平面化"的观点？

首先，犯罪构成体系的平面化是如何形成的？笔者以为，我国平面化犯罪构成诸要件之间"有机统一"的哲学根基及方法论，是马克思主义唯物辩证法中的"整体－部分"理论。

以主客观相统一的定罪原则为基础的我国犯罪构成理论认为，犯罪构成是一个包含一系列主客观要件的有机统一体；而"所谓有机统一，就是说这些要件是有内在联系的、缺一不可的"，④ "缺乏任何一个方面的要件，犯罪构成的整体就不能存在"。⑤ 其实，主客观相统一关系的实质是部分之和等于整体。"唯物辩证法把世界看作相互联系的统一整体，因而要求用

---

① 高铭暄主编《中国刑法学》，中国人民大学出版社，1988，第76页以下。
② 高铭暄主编《中国刑法学》，中国人民大学出版社，1988，第75页。
③ 刘明祥：《试论盗窃罪犯罪构成中的主客观相统一问题》，《法学评论》1985年第2期。
④ 高铭暄、马克昌主编《刑法学》，北京大学出版社、高等教育出版社，2010，第54页。
⑤ 高铭暄：《对主张以三阶层犯罪成立体系取代我国通行犯罪构成理论者的回应》，载赵秉志主编《刑法论丛》第3卷，法律出版社，2009，第9页。

全面、联系的观点来看整体与部分的关系。整体是由部分组成的，不了解部分就不能清晰地把握整体。因此，把个别事物从普遍联系中抽取出来，进行单独的、分别的研究，是完全必要的。但是，辩证法在强调研究个别事物时，要求看到它同整体以及整体中其他部分之间的联系。割断联系，就看不清任何一个最简单的事物；抛开整体，就弄不清组成它的各个部分。"① 据此，犯罪构成由四个部分组成，如果每一部分不能满足，犯罪构成整体就无法实现；部分得不到说明和印证，整体也就不存在。所谓全面、联系的观点，强调的是一致性与共存性；落实到犯罪构成体系，强调的是四要件同时存在性，认定犯罪时的同时考量性，体现的是"整体等于部分的总和"这一哲学命题。"但按照唯物辩证法的系统观特别是现代系统论的观点，这个哲学命题是不正确的。因为整体功能并不等于各部分的简单相加，各要素之间相互联系、作用的方式不同，系统的整体就具有不同的功能。"② 因此，"整体-部分"的答案根本就没有回答何为有机统一中的有机性。对于犯罪的认定而言，只有具备内在特定机理的构成系统才能称为具有有机性，仅仅只有共存性与一致性显然不能说是主客观四要件的有机统一。

其次，为何说我国犯罪构成体系是平面化的？有观点认为，我国"平面的犯罪构成的特点是，犯罪构成由具有等价性的要件组成，各个要件处于平面关系，行为要么符合全部构成要件，因而成立犯罪；要么一个要件也不符合，根本不成立犯罪"。③ 这种看法存有疑问。我国犯罪构成四要件具有等价性，但符合所有要件而成立犯罪并不是我国犯罪构成平面化的特征；德日构成要件符合性、违法性与有责性三阶层体系中，缺少其中任何一个要件，犯罪也不能成立。可见，平面与阶层体系的区分并不在于每一要件是否不可或缺，而在于各要件之间的内在关系。归纳起来，应为如下三点：一是各成立要件之间是相互依存还是各自独立；二是各成立要件是处于同一水平线还是不同水平线上的立体存在；三是各个成立要件之间是

---

① 李秀林、王于、李淮春主编《辩证唯物主义和历史唯物主义原理》，中国人民大学出版社，1982，第143页。
② 焦旭鹏：《关于"回到塔甘采夫"的刑法学反思》，载陈兴良主编《刑事法评论》第25卷，北京大学出版社，2009，第123页。
③ 张明楷：《犯罪构成理论的课题》，《环球法律评论》2003年秋季号。

相互递进、由前推后，还是无前无后或前后均可。

对照分析，我国犯罪构成体系显然是平面的。其一，我国犯罪构成中的四要件各自独立。四要件中每一个要件都不是为了递进到下一个要件而存在的，它们之间不具有相互依存的关系，各自可以独立存在。平面体系因其各个成立要件都在同一水平线上，故而先后顺序既不严格也不明显；随意抽调一个要件或者随意调换某个要件的位置，都不影响这个体系的存在。在平面四要件体系之下，社会危害性理论起了支撑作用。因为无论在苏联还是在我国刑法学界，"目前的主流观点仍然是将社会危害性视为一个主客观的统一体，它包含了主观与客观两个方面的决定要素与其他选择性评价要素，正因为有质的区别，才能够有效区分此罪与彼罪，由于量的不同，才会有刑法所规制的犯罪与情节轻微的非犯罪行为的划分"。[1] 以主客观相统一为载体的社会危害性理论，是我国犯罪概念的内容，犯罪概念又是犯罪构成的基础，犯罪构成则为抽象的犯罪概念发挥具体操作认定犯罪的作用，所以，主客观相统一的犯罪构成理论与主客观相统一的社会危害性犯罪概念，可谓契合无二。其二，犯罪构成四要件间不存在相互递进、由前推后的关系，而是无所谓前后或者前后均可。在我国刑法理论与实践中，既可从犯罪客体至客观行为认定犯罪，又可舍去犯罪客体直接从犯罪客观行为入手再至犯罪主观方面认定犯罪，还可从犯罪主体入手再至主观和客观等方面认定犯罪，更可舍去犯罪客体与主体，只结合主观罪过与客观行为认定犯罪。如果四要件之间存在层层递进关系，则刑法理论上也不可能存在将四要件颠来倒去都可以称其为犯罪构成理论的各种体系。

最后，对我国犯罪构成体系不是平面而是立体的观点作回应。有学者认为我国犯罪构成体系不是平面的。一方面，"犯罪构成与犯罪概念"之间具有"说明与被说明的关系；体现与被体现的关系；抽象与具体的关系"。另一方面，"从四要件犯罪构成内部结构上看，我国的犯罪构成是主客观相统一的有机整体，主观见之于客观，客观检验主观"。在四要件之下，"认定一个行为是否具有犯罪构成，需要对这些要件和要素逐一进行分析和认定，由整体到方面再到个别，又由个别到方面再回到整体……这样有先有后、有分有合、有步骤地由抽象到具体，又由具体到抽象的认定

---

[1] 薛双喜：《苏俄刑法学关于社会危害性理论的论争》，《中国刑事法杂志》2010年第3期。

过程，难道就不是区分了层次，不是立体"？① 笔者认为，以上观点难以成立。其一，犯罪构成体系是否为平面的，并不取决于它与犯罪概念之间的关系，而是取决于犯罪构成内部的关系。其二，在犯罪认定中，四要件犯罪构成体系固然有着物理性的先后顺序，但物理性的"有先有后"不等于阶层性。这种看法实际上是"把阶层与顺序相混淆"。"阶层关系或者位阶关系，虽然也是一种顺序，但由于被阶层之间的内在关系所决定，这种顺序是固定而不可变动的。"② 德日体系是阶层化的，是因为，如果行为由于不符合构成要件"而在犯罪构造系统的第一个评判层面上就被剔除……用不着还对它做下一层面（违法性、有责性）上的判断。能够进入第二个评判层面（行为的违法性）的，只能是构成要件符合性的举止（即行为——引者注）"。③ 其三，平面化体系在诸要件各自证明了之后，又在具体与抽象之间来回对照检查，恰恰是没有阶层的体现，因为在阶层体系之内，根本不允许来回检视，只能层层展开并最终定夺。

三 "主客观有机统一"犯罪构成体系在理论与实践中的危害

以主客观相统一原则为基础的平面四要件犯罪构成体系，在刑法理论与司法实践中存在似是而非与规范说理的缺失、定罪中的主观化与入罪化、难以应对实践需求以及造成主客观要素混淆等一系列问题。

（一）似是而非与规范说理缺失："主客观相统一"平面体系的套套逻辑

主客观相统一原则及主客观相统一的犯罪构成理论体系重在强调统一，但又未能准确回答如何统一，于是，平面体系在理论逻辑上存在特别突出的似是而非：看似说理，其实什么都没有说，只不过是在套套逻辑里

---

① 高铭暄：《对主张以三阶层犯罪成立体系取代我国通行犯罪构成理论者的回应》，载赵秉志主编《刑法论丛》第3卷，法律出版社，2009，第7页。
② 陈兴良：《犯罪构成论：从四要件到三阶层——一个学术史的考察》，《中外法学》2010年第1期。
③ 〔德〕约翰内斯·韦塞尔斯：《德国刑法总论》，李昌珂译，法律出版社，2008，第71页。

兜圈子。"所谓套套逻辑,是指一些言论,在任何情况下都不可能是错的。说得更严谨一点,套套逻辑不可能被想象为错!举一个例,假若我说:'四足动物有四只脚。'这怎可能会错呢?""但内容究竟说了些什么?其实什么也没有说!……就是说,套套逻辑的内容是空洞的,半点解释能力也没有。"① 统一论者对主客观相统一原则中以及四要件犯罪构成体系中主客观如何统一的说明,正是典型的套套逻辑。

传统观点明确表示:"中国刑法学犯罪构成理论体系在整体格局上表现为两大块四要件耦合式的结构。两大块就是根据主客观相统一原则将犯罪构成整体上划分为客观要件和主观要件两个板块。"② 由此,主客观相统一原则的核心应该是由主观要件与客观要件组成一个统一体,于是,以此为基础构建的犯罪构成必然是主观要件与客观要件的有机统一。如前述,统一论者认为,"所谓'有机统一',说明这些要件不是简单地相加,而是密不可分的有机统一的整体"。③ 在此,我们看到的是循环定义,用"有机统一"界定"有机统一"。可见,主客观相统一的犯罪构成体系始终在"有机统一就是有机统一"的套套逻辑里兜圈子。

主客观相统一命题自身论证上的似是而非必然导致具体问题运用说理中的似是而非。以犯罪既未遂的区分学说为例。通说认为,犯罪既未遂的区分标准是主客观相统一的犯罪构成要件说。"故意犯罪的完成形态即既遂形态负刑事责任的根据,在于其完全具备主客观相统一的犯罪构成要件。""所谓犯罪既遂,是指行为人所故意实施的行为已经具备了某种犯罪构成的全部要件",亦即具备了"主客观相统一的四个方面的犯罪构成要件"。④ 犯罪既遂与未遂则是在犯罪成立前提之下所讨论的问题,既然我国刑法理论认为任何犯罪包括未遂或者预备都是符合犯罪构成

---

① 张五常:《经济解释卷一:科学说需求》,中信出版社,2010,第 39 页。另须指出,如果说套套逻辑只是逻辑不清、语焉不详,而认为主观要件的有机统一是反对主观归罪、客观归罪的"高级理论",则是刑法理论上的常识性错误。对此种错误,学界早有诸多学者予以批判指出(如陈兴良:《主客观相统一原则:价值论与方法论的双重清理》,《法学研究》2007 年第 5 期),此不赘述。
② 高铭暄:《关于中国刑法学犯罪构成理论的思考》,《法学》2010 年第 2 期。
③ 高铭暄主编《中国刑法学》,中国人民大学出版社,1988,第 77 页。另参见马克昌主编《刑法》,高等教育出版社,2007,第 39 页。
④ 高铭暄、马克昌主编《刑法学》,北京大学出版社、高等教育出版社,2010,第 157 页以下。

要件的行为，这就意味着，犯罪未遂也与犯罪既遂一样都是具备了犯罪构成四要件的行为，既如此，用主客观相统一的犯罪构成要件说又如何能区分既遂与未遂？对此，统一论者说，虽然"行为符合主客观相统一的犯罪构成，是使行为人负刑事责任的科学根据。这既适用于故意犯罪的完成形态，也适用于故意犯罪的未完成形态"，这样的观点极易使人误以为既遂与未遂是"完全划一、毫无差异的"，但是，完成形态的构成是基本的，未完成形态的构成是修正的。"应当注意，修正的犯罪构成也是要件完整齐备的犯罪构成，因为犯罪构成只能是一个主客观诸要件有机统一和紧密结合的整体。"① 如此反复强调只是加深了人们的印象：好像未遂与既遂根本没有什么不同！为此，统一论者只好勉力解释，基本的与修正的犯罪构成要件还是有区别的，区别在于"具体要件的内容上有所不同"。② 问题是，究竟什么是"内容上有所不同"？统一论者丝毫未涉及。

再以单位犯罪为例。对于法律没有明文规定的单位犯罪，有观点主张，根据是自然犯还是法定犯来区别处理。对于单位盗窃、诈骗等自然犯罪，可以追究自然人的刑事责任；对于贷款诈骗等法定犯，如果单位责任人员确实不知道其行为是违法的，就不能追究其刑事责任。③ 对此，有学者指出，"这种从主客观相一致原则要求出发来论证行为人是否需要承担刑事责任的方法固然不错……但如果其明确知道是在从事违法犯罪活动，而且起着较大作用，是否就应该承担刑事责任"？④ 法无明文规定的犯罪单位可否成为主体向来是个争议很大的问题。如果是单位人员不知本单位有关行为比如贷款是违法的，然后形成单位意志并实施了此行为，那么这种情况可否按照贷款诈骗罪追究该负责人的刑事责任，其实已经不属于法无明文规定的单位犯罪如何处理的问题，而是演变为对于行政犯罪来说违法性认识是否为主观故意的必备条件的问题。此时定或不定贷款诈骗罪，都不是主客观相一致原则下所要讨论的问题，而应是在明确了违法性意识是否为故意的必备要件之后所要解决的问题。将这一问题置换为"从主客观相一致原则要求出发来论证行为人是否需要承担刑事责任"，似乎指明解

---

① 高铭暄、马克昌主编《刑法学》，北京大学出版社、高等教育出版社，2010，第157页。
② 高铭暄、马克昌主编《刑法学》，北京大学出版社、高等教育出版社，2010，第157页。
③ 参见张军《刑法纵横谈》，北京大学出版社，2008，第314页。
④ 卢勤忠：《刑法应设立单位贷款诈骗罪》，《政治与法律》2009年第1期。

决法无明文规定的单位犯罪应该遵守主客观相一致原则及使用主客观相统一的犯罪构成理论分析。然而，所有的犯罪包括自然人犯罪不都是遵循着统一论者所说的主客观相统一的四要件犯罪构成体系吗？

对于刑法第 30 条单位犯罪中的"其他直接责任人员"，有学者指出，基于刑事政策的考虑及主客观相一致原则的要求，"其他直接责任人员"应当是指积极地直接实施单位犯罪行为并对单位犯罪起主要作用的单位成员。[①] 对单位犯罪中其他直接责任人员的认定，主要在于确定单位犯罪主体的处罚范围。在单位行政管理负责人人数较多的情况下，是以有关人员在单位犯罪中所发挥的作用（"重要作用说"）或是其是否直接实施了单位犯罪的行为（"行为参与说"）作为认定其他直接责任人员的标准，还是采取"积极地直接实施单位犯罪行为并对单位犯罪起主要作用"的"行为参与+重要作用"的折中论，体现了对"其他"的限定解释立场，实在看不出这与主客观相统一原则有什么联系。如果说根据折中论在认定其他直接责任人员时，因为考虑到了单位有关责任人员的主观意志，从而说其是"根据主客观相一致原则的要求"所形成的学说，那么，在"重要作用说"或者"行为参与说"中，不也一样考虑了其他责任人员在单位意志中的主观罪过吗？照此逻辑，"重要作用说"和"行为参与说"都可以说是"根据主客观相一致原则的要求"所形成的学说。

个罪分析说理中的似是而非也随处可见。如 A 因与 B 在生意上有纠纷，故对 B 涉嫌非法买卖爆炸物的行为特别关注。在 B 被取保候审逃跑后，A 积极配合司法机关追捕。一次行动中，A 终捕获 B 并强行将其控制在自己的轿车内，后因 A 等人在车内将 B 头部按住约 20 分钟而致 B 死亡。有观点认为，A"向司法机关提供犯罪嫌疑人行踪线索的行为既是其作为一个国家公民的权利，也是其应尽的义务，不具有非法性"；A"既没有实施非法拘禁行为，也没有非法拘禁的犯罪故意，根据主客观相统一原则的要求，其行为不构成非法拘禁罪"。[②] 上述观点传递的信息是，强调主观和客观二者之间"统一"或者"一致"，是对平面犯罪构成不分彼此、不分

[①] 李翔：《单位自首正当性根据及其认定》，《法学家》2010 年第 4 期；石磊：《论单位犯罪的直接责任人员》，《现代法学》2006 年第 1 期。

[②] 高铭暄、王俊平：《扭送在逃嫌疑犯的行为不应构成非法拘禁罪》，载赵秉志主编《刑事法判解研究》，人民法院出版社，2010，第 77 页。

层次的一体化重视。这种观念和定罪方法与法律思维模式格格不入。分析具体案件时，应有的法律思维模式是：先对法律规范进行解释，比如，对非法拘禁罪的"法定构成要件做出解释，特别需要注意立法者所做出的价值取向。然后在这个基础上进行决定，具体的案件是否符合该法律规范，也就是说，该规范是否适用于该案件"。[1] 而在主客观相统一的平面犯罪构成体系之下，很多刑法理论和实务工作者往往直接根据主客观统一论的要求，先说某种行为的主观方面如何，再说其客观方面如何，然后将二者统一起来，得出犯罪成立与否的结论；至于某种行为的主客观方面为什么是论者主张的"如何"之观点，例如为什么认为A"既没有实施非法拘禁行为，也没有非法拘禁的犯罪故意"，则看不到论者在案件事实与法律规范之间的来回往返以及由此展开的充分说理。

如果刑法学是精确的法学，那么似是而非的主客观相统一的提法可以休矣；如果任何时候、任何要素都需要根据主观与客观两方面综合考量，换言之，既然犯罪构成的判断无时无刻不是主客观相统一的，那么又何必强调主客观相统一？

（二）主观化与入罪化："主客观相统一"平面体系对人权保障之不力

主客观相统一的犯罪构成体系在遵循主观要件与客观要件统一之时，往往从文意中的主观在前、客观在后，发展出从主观到客观的定罪思路，并"导致借以'主客观相统一'之名得出倾向于'主观主义'的结论"。[2] 于是，以主观为主导的主客观相统一的定罪模式在实践中大行其道，其结果又导致犯罪认定中的入罪化。

由于平面四要件间的等价性与无序性，很多学者主张从犯罪主体至主观方面再至客观方面等来认定犯罪。"任何犯罪活动都是人的有意识的活动，都是人的内部主观意识与其客观的外部犯罪活动过程的统一。它又可以分为犯罪活动的主观方面（简称犯罪主观方面）和客观方面（简称犯罪客观方面）。"[3] 因此，在具体的实践运用中，犯罪的认定就应遵循从主观到客观的路线，否则，在"没有查清主观前，根本就不可能认定行为的客

---

[1] 〔德〕N. 霍恩：《法律科学与法哲学导论》，罗莉译，法律出版社，2004，第126页。
[2] 郑军男：《论定罪中的"主客观相统一原则"》，《法制与社会发展》2005年第4期。
[3] 何秉松：《犯罪构成系统论》，中国法制出版社，1995，第91页。

观性质，不可能解决构成要件该当性的问题"。"如果离开主体的能力，就根本不可能认定主观方面的内容。"① 除却平面化的特点使然，也许主客观相统一原则在字面上传递的主观在前的意义，使很多人认为应遵循从主观到客观的思维模式，由此导致了平面体系定罪过程中的主观化和入罪化。

在犯罪成立与否的问题上，"如果从主观到客观认定犯罪，即先考虑行为人，再分析行为人的心理状态，进而追查行为人实施了何种行为，侵犯了何种法益，难以避免'先抓人，后填补事实'的现象"。② 司法实践中这种做法目前仍有一定的市场。比如甲男暗恋邻居乙女。甲趁乙独自在家潜入其院落内，爬上树窥探乙。甲在树上艰难度过4个多小时后，意外遇到闪电雷雨。乙察觉到甲的行为并报警。"我爬上树，确实想强奸她。"面对民警，甲坦白了他爬上树的主观意图，表示愿意接受刑法处罚。该地法院经审理判决甲的行为已构成强奸罪，判处其有期徒刑1年，缓刑1年。③ 本案中，甲爬上乙院内的树上偷窥乙，竟被定为强奸罪，这是典型的从主观到客观认定犯罪导致的错误结论。先抓到甲再询问，得知其主观上有"想强奸"的意图，客观上则将爬上树偷窥的行为解释为强奸罪预备，再根据主客观相统一的犯罪构成体系，认为甲符合强奸罪的主体、主观及客观和客体四要件，结论当然是甲构成强奸罪。

这种主客观相统一的思路存在重大缺陷。犯罪的认定应该遵循犯罪行为本身的规律，即发生了案件事实，存在某种犯罪的行为，再查找对该行为和结果负责的行为人并确定其罪过存在与否，最终决定是否责令某人对某种行为承担刑事责任。据此，乙作为甲喜欢的异性对象，并没发生被甲强奸的结果；甲也未实施强奸行为。甲的行为虽被解读为强奸罪预备，但除了整整4个小时趴在树上，并无任何别的预备之举，诸如准备工具，或恐吓被害人，或下树潜入被害人家中等，而且趴在树上的时间持续较长，在此4小时之中，甲应有很多机会作案，但他没有付诸实施。这表明，甲趴在树上偷窥的行为本身很难证明其"想强奸"，此时，既缺乏强奸的客观

---

① 陈忠林：《中、德、日现行犯罪论体系的重构》，载梁根林主编《犯罪论体系》，北京大学出版社，2007，第189页。
② 张明楷：《刑法学》，法律出版社，2003，第137页。
③ 《成都男子爬树偷窥女邻居被判强奸罪获刑一年》，http://news.jcrb.com/jxsw/200904/t20090421_209626.html，2009年6月8日访问。

事实，趴在树上的行为又远离强奸的实行行为，且无任何迹象显示这种趴在树上的"预备"有向强奸实行行为发展的可能性，何以被定了强奸罪？如果不是凭借主观上甲的供述，本案显然是无法定罪的。这意味着，我国主客观相统一的犯罪构成理论在很大程度上以主观为先导，在客观事实似有还无的情况下，往往都是通过主观要素的蛛丝马迹来认定犯罪的成立与否。更何况，如果预备行为的危险程度并不高，预备行为长时间处于停止状态以及预备行为转化为实行行为的意图也不明显，那么，所谓的预备行为其实根本不能成立犯罪的预备，充其量也只能成立不可罚的预备。处罚诸如此案中危险程度低的预备行为，实际上就是重视和强调行为人的主观要素而忽视客观要素，其背后正是主观主义理念在起作用。

再如，区分故意伤害罪与殴打行为的界限时，传统刑法理论和实务认为，"要把故意殴打他人和故意伤害他人两种不同性质的故意区分开来。所谓殴打的故意其目的是使被害人遭受身体上的痛苦而不是损害被害人的健康。而伤害的故意则不仅要使被害人遭受痛苦，而且要损害其身体健康"。[①]事实上，伤害与一般殴打行为很难根据主观故意内容区分，从造成被害人身体损伤的结果即从客观上区分它们才是不二选择。否则，在故意内容无法查明之时就会导致此类案件难以定性。

在犯罪既遂与未遂的认定上，严格根据刑法第23条的规定，从客观上分析犯罪行为是否得逞才是犯罪既遂与未遂的区分标准，由于犯罪分子意志以外的原因而未得逞的是未遂。因此，既未遂之区分应以行为人对法益之侵犯或者危害的客观结果是否发生为标准，亦即应该从客观上去区分既遂与未遂。但前述表明，我国刑法坚持主客观相统一的犯罪构成要件说作为区分既未遂的标准，导致实践中既未遂认定的主观化与随意入罪化。

例如，丁为某市政公司负责人，在一项土地购买合作中，丙与某市汪村协议以15万元总转让费取得其土地，后丙与丁谈好由市政公司共支付取土道路补偿费34万元。汪村同意差价款由丙使用，丙许诺给丁约8万元。后丁以其弟甲的名义以约13万元竞买某法院拍卖的某厂，丙为其出资8万元。由于某厂职工反对，拍卖后来被法院宣布无效，8万元退还给丙并赔

[①] 最高人民检察院《刑事犯罪案例丛书》编委会编《刑事犯罪案例丛书（伤害罪）》，中国检察出版社，1992，第7页。

偿其损失 6000 元。这笔钱丙未交给丁。随后，丁从拨付给汪村的土方款中将自己的 5 万元及法院赔偿款 6000 元扣除，后丁因他事案发。丁构成受贿罪既遂还是未遂？对此，有观点（以下简称"高文"）指出，丁某"不构成犯罪，也不属于受贿未遂。受贿罪中'为他人谋取利益'应以受贿人收到贿赂并承诺为他人谋取利益作为受贿犯罪的既遂标准"。因为"该标准符合刑法分则对受贿犯罪构成要件的要求和主客观相统一原则"，总之"不能机械、片面地以客观结果认定受贿未遂"。[①] 然而，其一，主客观相统一犯罪构成要件说既是犯罪既未遂的区分标准，又是犯罪成立与否的衡量标准，这使得"高文"对本案中丁的行为是否成立受贿罪未遂的讨论，演变成对丁的行为是否构成受贿罪的讨论，而且其逻辑顺序是：丁某首先不构成受贿罪，其次也不属于犯罪未遂。这一逻辑存在问题。既然不构成犯罪，当然不存在是否构成犯罪未遂的问题；既然文章标题是"认定受贿未遂"，其前提就应该是该案中丁某的行为成立受贿罪。之所以如此，与前述主客观相统一犯罪构成理论在逻辑上的似是而非有直接关系。其二，丁明知丙承诺给自己 8 万元的性质。丙与汪村协议的土地购买价格只有 15 万元，争取到了市政公司支持后，可取得土道路补偿费 34 万元，而汪村负责人承诺其中的差价由丙使用，正因如此，丙为了"报答"丁，才会允诺给丁 8 万元。丁为丙谋取了利益，虽然丁给汪村的土地补偿是合法的，但根据司法解释规定，谋取利益是否正当不影响受贿罪的成立；丁也实施了收受贿赂的行为。当丁以其弟名义参与竞买某厂时，正是丙帮其支付了 8 万元。丁的行为成立受贿罪无疑。其三，在丁成立受贿罪的基础上，再来讨论丁的行为是既遂还是未遂。丁实际并未得到丙承诺的 8 万元，但那是因为拍卖被宣布无效，该笔钱被退回给丙；如果拍卖有效，该笔款项则理所当然成为丁的。换言之，丁未实际得到 8 万元，系"犯罪分子意志以外的原因未得逞"，丁的行为系受贿罪未遂。

如果对犯罪既未遂的区分认定不能"机械、片面地以客观结果"为标准，那么，是否意味着应该以主观目的为标准？实践中的确是如此操作的，只不过，这种以犯罪主观目的为标准的做法却是在主客观相统一的背景下进行的。比如，有观点认为，"根据我国传统的刑法理论犯罪构成要

---

① 高海燕：《不能机械、片面地以客观结果认定受贿未遂》，《中国检察官》2010 年第 2 期。

件说……如果行为人所故意实施的某一犯罪行为已经具备了刑法分则所规定的客观要件，就构成犯罪既遂"，因此，"如果是以贩卖为目的而实施了非法收买毒品的行为，即使毒品尚未卖出，仍具备了贩卖毒品罪的全部客观要件，就已经属于犯罪既遂"。① 若如此，行为人成功地将毒品卖出的是既遂，没有卖出的也是既遂，因为无论成功卖出毒品与否，行为人主观上贩卖目的都是一样的。此种观点不但从内容上违背了刑法对犯罪未遂"未得逞"的规定，而且将轻重完全不同、结果实现与否各异的两种行为当作同一性质亦即既遂来处理，因此也违反了罪责刑相适应的基本原则。

在不能犯未遂是否成立犯罪的问题上，主客观相统一的犯罪构成要件理论更是充分体现了主观主义色彩。我国刑法理论历来主张处罚不能犯未遂，如误把白糖当砒霜的工具不能犯、误把稻草人当真人的对象不能犯等。统一论者认为，不能犯未遂中，行为人客观上只是由于所选工具或对象有误等而使犯罪无法达到既遂状态，但此种行为毕竟是与行为人的犯罪意识和意志密切联系在一起并受其支配的，"这种主客观要件的统一及其所决定的行为的社会危害性，就是不能犯未遂构成犯罪及追究行为人刑事责任的科学根据"。② "从主客观统一上看，在一般情况下，能犯未遂往往比不能犯未遂具有较大的社会危害性，因此，对能犯未遂一般应较不能犯未遂从重处罚。"③ 遗憾的是，主客观相统一的犯罪构成理论在认定不能犯未遂是否成立犯罪时，却没有考虑到此类行为客观上绝对不可能发生法益侵害或者危险，而固执地认为客观上实施了某种行为，主观上具备实施某种犯罪的故意，按照主客观相统一原则及其犯罪构成理论，理所当然地成立犯罪。问题是，在此层面上所统一的客观方面是否还能被称为犯罪的客观方面？譬如，射杀稻草人的行为还能叫杀人行为吗？如果认为可以，那显然是基于这样的逻辑：出于杀人故意的射杀行为当然是杀人行为，既然是杀人行为，又有主观故意，主客观相统一，当然就可以按故意杀人罪的未遂处罚了。可见，传统刑法理论虽然一再声称是根据主客观相统一的犯罪构成要件理论来确定不能犯未遂的可罚性，但实际上，它是以主观罪过为出发点来确定客观方面以及实现主客观之统一的。对此，有学者早已指

---

① 袁江华：《贩卖毒品罪既遂与未遂的区别及认定》，《人民司法》2008 年第 12 期。
② 参见高铭暄主编《刑法学原理》第 2 卷，中国人民大学出版社，1993，第 330 页。
③ 高铭暄、马克昌主编《刑法学》，北京大学出版社、高等教育出版社，2010，第 169 页。

出，这种做法不仅没有坚持主客观相统一的原则，导致主观归罪，而且还有扩大刑法处罚范围之嫌疑。① 时至今日，这种以主观主义为基调处罚不能犯的观点仍然颇有市场，比如认为"没有必要区分不能犯未遂与不可罚的不能犯，凡不能犯均具有可罚性，应以犯罪未遂论处"。② 这种观点，实属违反罪刑法定的实质派生原则——刑罚法规适当性原则的典型例子。

再如，有学者在明确主张"中国犯罪构成理论不必移植德、日"，而应坚持但同时应该完善我国"主客观相一致原则指导下的平面的犯罪构成理论体系"的基本立场之下，③ 主张犯罪既遂与未遂的区分"应当以犯罪行为是否造成预想的最终实害结果或者足以造成该结果发生的危险状态为标志"。④ 所谓"预想的"结果，也就是行为人通过犯罪行为希望达到的结果、实现的目的，换言之，该种观点其实意在强调通过犯罪目的的实现与否判断既未遂；其通过主观目的限制客观结果的做法，则充分体现了其主观主义的倾向以及由此造成的对行为人主观要素的过分依赖。如A系某市教育局局长，B主动送A现金2万元，请求A将其从县城某中学调至该市某中学任教师。A拿钱后一直没有机会调动B，后案发。A是既遂还是未遂？根据上述观点，A预想达到的结果是"取财+谋利"，但A取财之后没能为行贿人谋利，因此，A的行为是未遂。之所以会得出这样的结论，显然是由于犯罪人预想的结果亦即犯罪目的具有多重性。"行为人在实施犯罪行为时会存在多层次的目的，究竟以哪一层次的目的作为犯罪既遂的标准，犯罪目的实现说并没有予以回答。"⑤ 如果按照法益侵犯或者危害的客观结果是否发生之标准，那么，"无论是索取财物的受贿罪还是收受财物的受贿罪，都以是否取得他人财物作为受贿罪的未遂与既遂的区分标准"。⑥ 换言之，不是以主观上行为人的目的是否实现为标准——尽管取得他人财物也是其目的之一，但毕竟受贿罪的目的并不全然或者说并不只是取得他人财物。据此，就很容易得出A的行为成立受贿罪既遂的正确结

---

① 参见张明楷《刑法的基本立场》，中国法制出版社，2002，第243页以下。
② 孙国祥：《刑法基本问题》，法律出版社，2007，第339页。
③ 彭文华：《犯罪构成本原论及其本体化研究》，中国人民公安大学出版社，2010，第362、369页。
④ 彭文华：《论刑事法治视野中的犯罪既遂标准》，《法学评论》2009年第2期。
⑤ 徐光华：《犯罪既遂问题研究》，中国人民公安大学出版社，2009，第25页以下。
⑥ 陈兴良：《受贿罪的未遂与既遂之区分》，《中国审判》2010年第2期。

论。实务中提出的极有市场的、认定受贿罪既未遂的承诺说正是从另一侧面对受贿罪多重目的肯定,该说主张"只要行为人有为他人谋取利益的承诺就足够,即使其最终未为请托人谋取利益,也足以构成受贿罪的既遂"。① 这样的观点显然只关注到为他人谋取利益是受贿罪中行为人所预想实现的结果,却忽略了收受财物才是本罪的根本目的,因此同样不妥。

刑法的本质是限制国家刑罚权的发动以保护善良人与犯罪人的权利免受国家权力的不当侵害,而平面体系的主观化与入罪化恰恰与刑法作为人权保障法的本质相违背。"犯罪论研究的是一行为可罚性的一般之法律要件",② 对这一法律要件的适用,其结果事关当事人自由、生命等基本的人权问题。平面体系的主观化,意味着我国犯罪构成理论所承认的一般法律要件从根本上缺乏认定犯罪的客观标准;平面体系的入罪化,表明该体系的重点在于对"可罚性"的重视,而忽略了对不可罚行为建立应有的出罪机制。

(三) 难以解决实际问题:"主客观相统一"平面体系无法应对实践需求

平面化的犯罪构成理论在实践中解决具体问题是奉行所谓的主客观相统一的犯罪构成要件说,然而它在面临实践中的诸多问题时往往应对乏力。

我国刑法的共同犯罪领域,可以说是使用主客观相统一原则及构成要件理论造成误区最多的一个领域。对于刑法第 25 条"共同犯罪是指二人以上共同故意犯罪"的规定,统一论者认为,"我国刑法关于共同犯罪的规定采取的是主客观相一致的犯罪和定罪理论"。③ 基于这种主客观相统一原则的解读,刑法理论上衍生了主客观相统一的共犯认定原理。"共同犯罪作为一个特殊的犯罪类型,必须具有……主客观统一性。共同犯罪不仅仅是客观事实的集合,它是行为人在一定的主观心理态度支配下实现行为实施的结合,所以在评价共同犯罪时,不能忽视构成行为结合的心理事

---

① 熊选国、苗有水:《如何把握受贿罪构成要件之"为他人谋取利益"?》,《人民法院报》2005 年 7 月 6 日。
② 〔德〕耶赛克、魏根特:《德国刑法教科书》,徐久生译,中国法制出版社,2001,第 241 页。
③ 刘宪权、杨兴培:《刑法学专论》,北京大学出版社,2007,第 247 页。

实。"① 这样的观点对于共同犯罪的认定根本毫无助益。在此，仅以狭义共犯的认定与片面共犯的认定为例进行分析。

例一，无法准确认定实行犯与教唆犯、帮助犯的界限。根据以主客观相统一原则认定共同犯罪的基调，有学者主张，区分实行犯与教唆犯、帮助犯只能以主观与客观相统一的犯罪构成要件为标准，主观上具有实行构成要件行为的故意，客观上具有该当构成要件的行为，就应当认为是实行犯，否则就是教唆犯或帮助犯。② 然而，在实践中，主客观相统一犯罪构成要件说难以发挥实效。比如某日晚，王、刘、俞等人吃完晚饭后闲逛，刘抱怨没钱，俞想起孙在外打工刚回来肯定有钱，提议去他家抢点儿钱。在俞带领下，他们携带凶器来到孙家附近。俞害怕自己和孙是同学被认出，在详述孙家房屋结构、室内人员情况和骗取孙开门的借口之后，俞在离孙家百来米处放风兼看守摩托车。③ 俞是实行犯，还是教唆犯或帮助犯？根据主客观相统一犯罪构成要件说，俞主观上具有抢劫的故意，客观上只实施了放风行为，他不能被认定为实行犯，而只能是教唆犯或帮助犯。这样的结论存有疑问。

本案中，王、刘等人虽说没钱花，但如不是俞某提议抢劫，则此案可能不会发生；俞提议后还明确了具体被害人；为了让刘、王等人准确地到达犯罪地点，俞亲自带领大家来到孙家附近并详述了孙家住宅特征；怕孙认出自己，俞才未与刘、王等人亲自入户抢劫，即便如此，俞并未撒手不管，而是在孙家附近放风，以便同伙抢劫顺利。无法否认，俞在整个犯罪中所起的作用巨大，离开了俞的谋划和指挥，本案的抢劫行为可能无法实施。换言之，俞的行为与抢劫罪的客观构成要件中抢劫行为的性质无异，对之应该以抢劫罪的共同实行犯处理，而不是以抢劫罪的教唆犯或者帮助犯处理。实行犯与教唆犯、帮助犯的区别，"不应当仅仅以是否实施了刑法分则中各个犯罪的实行行为为标准来加以判断，而应当参照各个行为人在共同犯罪当中是否具有主要地位，对结果的发生是起着重要作用还是辅

---

① 齐文远主编《刑法学》，北京大学出版社，2007，第166页以下。
② 参见陈兴良《共同犯罪论》，中国人民大学出版社，2006，第47页。
③ 参见江瑞晋、陆习江、解梅娥《室外放风者是否构成入室抢劫的共犯》，《江苏法制报》2010年1月5日。

助作用，是不是支配了结果的发生过程等，进行实质性的判断"。① 只有立足于俞在整个案件中客观上实质所起的作用，而不是简单抽象地按照主客观相统一的犯罪构成要件说，才可以准确地将俞认定为实行犯。

例二，无法解决片面共犯问题。比如甲持刀追杀乙，丙见状，在乙必经处放置一块石头，乙恰好逃经此处并被石头绊倒，甲得以顺利杀乙。丙是否为甲故意杀人罪的共犯？此即片面共犯能否成立共同犯罪的问题。否定论者指出，片面共犯仅有"片面联系"，而缺乏"双方一致的主观联系"，"主张'片面共犯'成立的人违反主客观统一的基本原则，以共同行为为标准，而忽视、抛弃了主观联系性这一标准，这是'客观归罪'的反映"。② 肯定论者认为，"片面共犯是可能存在的"，"暗中故意帮助他人实施故意犯罪，被帮助者虽不知情，但帮助者既与他人有共同犯罪的故意，又有共同犯罪的行为，根据主客观相一致的原则，按片面共犯论处，是比较适宜的，怎么能说这是'客观归罪'呢？"③ 同样是主客观相统一原则和主客观相统一的犯罪构成要件说，在肯定论者那里，它们是认同处罚片面共犯的理由；在否定论者那里，却是反对承认片面共犯的理由。如此滑稽的局面，充分暴露了根据所谓的主客观相统一犯罪构成理论根本无法解决片面共犯这样的实际问题。事实上，在上述案件中，如果不处罚丙，显然违背了国民的规范意识，因为舍去丙的暗中帮助行为，甲难以顺利杀死乙，丙的行为在性质评价上已然具备侵犯乙生命法益的可罚程度。但是，如果独立处罚丙，则丙缺乏故意杀人罪的定型行为，亦即杀害乙的杀人行为，其罪名根本无从确定；如果以间接正犯处罚丙，又违背了间接正犯的基本原理，更何况，对于片面的教唆犯、帮助犯等其他不是实行犯的情况还不能套用间接正犯来处理。所以，目前理论与实务的通说均承认片面共犯。这是刑法理论面对纷繁多样而又难以解决的犯罪现实的妥协姿态；其背后反映了"犯罪共同说"与"行为共同说"在犯罪现实冲击下的博弈。"犯罪共同说"与"行为共同说"是对"共同犯罪究竟是什么的共同"这一最根本问题的回答，它决定着共同犯罪的处罚范围和形式，这些问题根

---

① 黎宏：《日本刑法精义》，法律出版社，2008，第255页。
② 曹子丹、汪保康：《共同犯罪的若干问题研究》，载甘雨沛主编《刑法学专论》，北京大学出版社，1989，第197、199页。
③ 马克昌主编《犯罪通论》，武汉大学出版社，1999，第516页。

本就不是我国刑法主客观相统一原则和主客观相统一的犯罪构成要件理论所能涵盖的。即便是在刑事立法上直接将片面共犯规定为共犯的国家，"也是因为理论上存在障碍以及为了处理案件的方便，才通过立法类推的方式规定为共同犯罪的"。① 因此，如果无视片面共犯问题的特殊性，而继续沿用主客观统一论来分析片面共犯的可处罚性，不但无助于实践问题的解决，而且还会使我国的刑法共犯理论继续停步不前。

除却共同犯罪领域，其他很多领域也存在使用主客观相统一的犯罪构成要件理论无法解决的问题。例如，在犯罪未遂着手的认定上，"犯罪实行行为的着手是主客观有机统一的概念的观点，仍然是我国刑法学界的主流学说"。② 然而，刑法第 23 条规定的"已经着手实行犯罪"体现的是对犯罪客观行为起点之界定。换言之，客观行为如何认定，依赖于对"着手"的界定。在客观行为认定本身存有疑问的情况下，在因为着手与否无法定夺从而无法明确客观行为是否开始之时，泛泛地根据主客观相统一的犯罪构成要件理论又如何能解决实际问题？显然，用主客观相统一的犯罪构成要件理论解决"着手"，无异于缘木求鱼。也因为如此，用"已经开始实施刑法分则规定的具体犯罪构成客观方面的行为"解释"着手"，③ 只能是同义反复式的循环解释。例如，甲因琐事与乙争执，遂相约于某日某地一决胜负。当日，甲邀丙、丁、戊等持械赶至公园，但未见乙。后甲又多次到公园寻找乙，仍未见到乙。因形迹可疑，甲等人被巡警查获。甲的行为可否认定为着手实施聚众斗殴罪？根据主客观相统一犯罪构成要件理论，难以认定甲的行为是否为着手。统一论者要求先确定甲主观上有聚众斗殴的意志，客观上则必须是"行为人已开始直接实行具体犯罪构成客观方面的行为"。前一点不存在问题，后一点则存在疑问。主客观相统一犯罪构成要件说显然只是告诉我们，在客观行为已然确定的情况下再与主观方面统一，"着手"方可确定；可现在问题的关键恰恰在于，需要明确甲是否实施了聚众斗殴罪的客观行为，在甲的客观行为无法确定的情况下奢谈与主观方面的所谓统一乃至认定"着手"的成立与否，无论在逻辑上还

---

① 赵秉志：《"片面共犯"不能构成共同犯罪》，《检察日报》2004 年 7 月 8 日。
② 赵秉志：《论犯罪实行行为着手的含义》，《东方法学》2008 年第 1 期。相似的观点可参见邹佳铭《实行着手之限制与主客观统一说之提倡》，《法学评论》2011 年第 1 期。
③ 高铭暄主编《中国刑法学》，中国人民大学出版社，1989，第 173 页以下。

是实践操作上都行不通。

因此，基于着手的客观行为性，考察某一行为是否为"着手"，理应深入到这一客观事实的内部去分析它。目前，主观说因明显扩大了刑法处罚的范围且增加了刑法操作上的主观随意性而早已受到排斥。客观说的内部又分为形式与实质的客观说。前者认为，只要形式上开始实施具体犯罪，构成客观上的行为，着手就可以认定，比如本案中甲的行为就可以认定为着手。后者主张，仅仅从形式上实施了犯罪构成的行为不一定都能够被认定为着手，还要求行为人所实施的行为具有紧迫地威胁或者侵害法益的危险性，据此，甲的行为不能认定为着手。很显然，实质客观说更具合理性。甲纠集多人前往公园，表面上看开始实施聚众斗殴罪的客观行为，但是甲的行为仅仅聚了众，而没有进入斗殴；法律不禁止一般性质的聚众，但是禁止聚众性质的斗殴，因为后者才会侵犯社会公共管理秩序。根据实质客观说，就可准确地寻找到着手认定的"时点"，而这正是主客观统一说无法提供但又非常需要的。事实上，甲的行为应该认定为犯罪的预备，考虑到聚众斗殴罪属于轻罪的性质，此时，就不应处罚甲的预备行为。

充斥着空洞说教意味的主客观相统一犯罪构成要件理论，仅仅满足于"主观＋客观"的统一思路，而不愿意尝试深入到主观要素或客观要素内部寻找解决问题的真实途径；它一再反映了自身在解决具体问题上的乏力，并使我国刑法研究长期故步自封于这种主客观相统一的解释论。如果一项理论只是为了满足自说自话而不是致力于实践问题的解决，则其存在的价值本身就是令人怀疑的。

（四）主客观要素混淆："主客观相统一"平面体系对主客观要素界分的冲击

主观、客观要素的性质、功能以及在定罪中的意义均不相同。然而，主客观相统一的犯罪构成理论以及主客观相统一原则的应用导致我国刑法理论主客观要素界分的混乱。

首先，对主客观要素界分层次的冲击。统一论者指出："对犯罪嫌疑人、被告人追究刑事责任，必须同时具备主客观两方面的条件。即符合犯罪主体条件的人，在其故意或者过失危害社会的心理支配下，客观上实施了一定的危害社会的行为，对刑法所保护的社会关系构成了严重威胁或已经造成现实的侵害。如果缺少其中主观或客观任何一个方面的条件，犯罪就不能成立，不能令该人承担刑事责任。"[1] 这意味着，主客观相统一是针对具体罪名能否成立所使用的原则和方法。然而，统一论者在贯彻其学说时，却往往超越具体罪名或者犯罪形态而使用主客观相统一的原则及犯罪构成要件理论。例如，在故意犯罪的停止形态认定中，存在"低位犯罪"与"高位犯罪"犯罪形态认定的问题。比如，甲欲杀乙，后见其状可怜，遂放弃了杀意，但为了逞报复之快，以刀削断乙的手指后离去。此案中，甲放弃了故意杀人罪的故意，并停止了对乙的杀害行为，其前一行为成立故意杀人罪的中止。但甲实施了其他较之杀人罪为轻的犯罪，即在故意伤害意图的支配下以断指为内容伤害了乙，其后来的行为成立故意伤害罪的既遂。在此两种行为中，究竟对甲如何定性？有观点认为，应该把甲认定为故意杀人罪的中止，把甲故意伤害乙的行为认定为故意杀人罪中止中的"造成损害"的因素，即"将'低位犯罪'既遂的内容作为'高位犯罪''造成损害'中止的内容表现出来，对行为人考虑适用'应当减轻'的法定情节"，并认为，这样做的优点是"尽可能全面地保持了主客观一致的内容，即不仅在主观上充分考虑到了行为人放弃'高位犯罪'犯意这一要素，而且在客观上考虑了行为最终造成的社会危害后果，并且也考虑到了'低位犯罪'造成的损害。可见，这种处理方式真正坚持了主客观相结合"。[2] 以上观点将甲杀人的主观故意中止与故意伤害罪的客观损害二者之间的主客观加以统一，认定甲为故意杀人罪中止，并将后者作为前者的损害情节予以考虑，在此，我们看到的是故意杀人罪的主观方面与故意伤害罪的客观损害相统一。由此造成的疑问是：主客观相统一究竟是具体罪名中主观要素与客观要素的统一，还是抽象的、超越于具体犯罪构成及罪名之上的主客观要素的统一？

其次，对主客观要素界分性质的冲击。主观要素表达的是包括行为人的犯罪故意、过失或目的、动机等内在心理活动和状态，客观要素体现的是行为人所实施的外在行为及其所导致的后果，二者性质各异，区分明

---

[1] 高铭暄、马克昌主编《刑法学》上册，中国法制出版社，1999，第39页。
[2] 刘宪权：《故意犯罪停止形态相关理论辨正》，《中国法学》2010年第1期。

显。然而，统一论者的观点时常将主观要素演绎成主客观相统一，将客观要素也演绎成主客观相统一，于是乎，主观要素和客观要素之间的界限变得极为模糊。比如，在犯罪因果关系的认定中，传统学说认为，刑法中的因果关系不但有必然的因果关系，还有偶然的因果关系，两者皆能令行为人对其行为引起的结果承担责任。同时，传统观点也明确主张，"我国刑法中的犯罪构成是主客观诸要件的统一，具有犯罪构成才能够追究刑事责任。解决了刑法上的因果关系，只是确立行为人对特定危害结果负刑事责任的客观基础，但不等于解决了其刑事责任"。① 换言之，因果关系本身是犯罪客观方面的要素，但是，在必然与偶然因果关系的演绎下，或者说，在统一论者的一贯思路下，作为犯罪客观方面要素的因果关系却被演绎成一个主客观相统一的因素。"例如，甲男夜间在街道上拦截乙女，欲行强奸，乙挣脱逃脱，甲在后面追时，乙被丙开的汽车轧死。必然论认为，只有丙的行为同乙的死亡之间存在刑法上的因果关系，而偶然论则认为，甲的行为同乙的死亡之间存在偶然因果关系，甲亦应对之承担责任。"② 再如，"某甲基于杀人的故意投毒于某乙的水杯中，某乙中毒之后，在被毒死之前，突然被某丙开枪打死"。③ 在这里，"欲行"、"故意""都成了区分因果关系所要考虑的情节。上述案例在分析客观方面构成要件时夹杂了主观方面的因素"，"在很大程度上把本来是客观方面问题的因果关系变成了一个主客观相统一的概念"，这些都"反映了主客观混淆的误区"，④ 也反映了我国刑法理论"把主客观要件的统一理解成主客观要件混合一体"的误区。⑤

在具体犯罪的分析中，主客观相统一的立论同样常常导致主观要素与客观要素的混淆。

一方面，在分析某一犯罪的主观要素是否存在时，他们会说应该从主客观要素的统一性来分析。以贷款诈骗罪为例，如何判断行为人是否具有非法占有的目的，向来是理论和实务中分析本罪是否成立及与民事贷款纠

---

① 高铭暄、马克昌主编《刑法学》，北京大学出版社、高等教育出版社，2010，第89页。
② 李希慧主编《刑法总论》，武汉大学出版社，2008，第176页。
③ 侯国云主编《刑法学》，中国政法大学出版社，2005，第113页。
④ 夏勇：《我国犯罪构成理论研究视角疏议》，《法商研究》2003年第2期。
⑤ 夏勇：《定罪与犯罪构成》，中国人民公安大学出版社，2009，第203页。

纷相区分的重要着力点。2001年1月21日最高人民法院《全国法院审理金融犯罪案件工作座谈会纪要》明确指出，司法实践中认定是否具有非法占有目的，应当坚持主客观相一致的原则；对于行为人通过诈骗的方法非法获取资金，造成数额较大的资金不能归还，并具有明知没有归还能力而大量骗取资金、非法获取资金后逃跑等7种情形之一的，可以认定为具有非法占有的目的。据此，是否具备逃跑、挥霍或使用骗取的资金违法犯罪，或者有其他抽逃资金、隐匿账目等情形的，本属于犯罪的客观方面，在此却全部被运用在判断是否"有意不还"贷款。通过主观上是否"有意不还"与客观上是否"没打算还"的所谓主客观的统一，贷款诈骗罪的非法占有目的就得以验证，该罪与民事借贷纠纷的界限也"豁然清楚"。若如此，似乎对贷款诈骗只要论述是否具有非法占有目的就可以决定该罪是否成立了，因为在分析此目的是否具备时早已提前考虑了所有的客观要素。可是，既然目的是主观要素，其中又为何有如此之多的客观要素？究竟何为主观要素与客观要素？譬如，"非法获取资金后逃跑"已经被用来作为客观性质的要素认定主观非法占有目的具备与否，那是否意味着此时该要素已经变成了主观要素？如果是，在非法占有目的具备后，此一目的又与何种客观行为统一？如果不是，它又如何成为论证主观要素之时所要考虑的要素？

另一方面，在分析犯罪的客观要素是否存在时，统一论者也会说，应该从主客观相统一的角度来进行。以贪污罪中的"非法占有"要素为例。国家工作人员利用职务上的便利，侵吞、窃取、骗取或者以其他手段非法占有公共财物的，是贪污罪。为了分析贪污罪中的非法占有，理论与实践上同样采取了主客观相统一的思考路径。"'非法占有'是从主客观两个方面而言的，行为人在主观上具有通过非法手段控制财物的犯罪故意，在客观上利用职务便利控制了该财物，使该财物处于合法所有人或合法持有人失控的状态。"因此，"贪污房产犯罪中，只要行为人利用职务便利，达到长期控制公有房产的目的，客观上使该公有房产处于在所在国有单位长期失控的状态，就可以认定为非法占有了该公有房产"。①

---

① 曹坚：《国有经济发展新模式下特殊贪污犯罪对象的认定问题》，《政治与法律》2010年第1期。

在此，主客观相统一原则成了万能钥匙：论证主观要素时是它，判断客观要素时也是它。它既没有针对性，也十分灵活，在什么情况下适用主客观相统一是不清楚的。本应是犯罪构成四个要件的统一，却时时在具体的主观或客观要素的判断中使用；似乎随时随地，也不管何种要素，都需要也都可以适用主客观相统一原则。而所有的主观要素和客观要素，也随时可以通过对方的存在来加以验证，于是乎，主观要素与客观要素之间的界限越来越模糊，以至于难以分清。

以主客观相统一原则为基础的犯罪构成体系平面化所存在的上述种种问题，决定了该原则及其犯罪构成体系宣告终结的命运。平面四要件犯罪构成体系在逻辑立足点上的阙如以及解释能力的匮乏，决定了应该由更具说服力的犯罪论体系取而代之。其在主观化和入罪化方面存在的侵犯人权之大忌，在面对共犯等具体问题时的解决不力，以及对刑法主客观要素界分的冲击等种种问题，则使得取代平面犯罪构成体系的犯罪论体系呼之欲出，亦即以客观主义为立场、以明确界分客观要素与主观要素为内容、以阶层化的体系为方向的犯罪论体系，应该是今后我国犯罪论体系的探讨方向。

四 客观主义视野下犯罪构成的阶层化

在犯罪认定之中，从来不存在脱离主观要件的客观归罪或者脱离客观要件的主观归罪，刑法理论中所有犯罪的认定都是既有主观要素又有客观要素的。问题的关键是，在面临主观主义或者客观主义的价值选择时，必须有一个基本立场，亦即，是坚持主观主义，还是坚持客观主义。

在主观主义与客观主义的价值择一之中，我国刑法应当选择客观主义而非主观主义。一方面，犯罪发生的事实顺序决定了犯罪构成体系应该从客观到主观。韦塞尔斯指出，刑法上立案需要的连接点，"是与社会危害性后果有关的人之举止"，亦即人的行为，"追究举止责任的根据是犯了不法行为；每个刑法上的调查在方法上皆是以此开始"。[1] 正是因为先有行为以及由此导致的结果，司法人员才会据此寻找证据与线索，寻求物证与人

---

[1] 〔德〕约翰内斯·韦塞尔斯：《德国刑法总论》，李昌珂译，法律出版社，2008，第40页。

证的帮助，进而指认犯罪嫌疑人，确定其有无责任，最终确定犯罪成立与否。从犯罪客观行为再至主观诸要素的确认和寻找，换言之，发生学意义上的从客观到主观的顺序，决定了犯罪的认定模式应该从客观到主观，而不是相反，亦不是泛而论之的主客观相统一。另一方面，刑法处罚的结构特点也决定了应该从客观到主观。刑法处罚的特点决定了定罪过程具有客观主义的天性，以客观主义为主导的刑法观才是符合犯罪认定规律的。"法律处罚的基本结构——这种法律处罚只能在犯罪之后并且因为犯罪而实行——并且同时为处罚标准创立一项原则，即按照犯罪与罪责的严重程度来处罚。"① 只有在犯罪行为发生之后才能讨论刑法处罚的问题，这意味着"行为"才是先导，是核心，是适用刑法的前提。与此同时，在确定罪之成立时，并不意味着只需单独依据客观的行为即可定性，还须考虑罪责，并在此基础上考虑刑罚之轻重。为此，首先认定客观的行为，再考虑实施该行为的主观罪责，方才符合刑法处罚犯罪的结构原理。

以客观主义为基调构建我国的犯罪论体系，就不能再固守主客观相统一的平面四要件犯罪构成体系，而应建立阶层的犯罪论体系。犯罪论体系的阶层化是克服平面犯罪构成体系种种缺陷、实现刑法客观主义的根本路径，也是实现司法逻辑的最好途径。在阶层化的犯罪论体系之中，目前存在三阶层与二阶层的区分，前者为构成要件符合性、违法性与有责性，后者为违法性构成要件与有责性构成要件。考虑到违法性与有责性在当今刑法理论之中与构成要件符合性判断的融合趋势，以违法性和有责性构建二阶层的犯罪论体系应该是反制平面犯罪构成体系的最好出路。"无'行为'便无'行为人'，无'不法'便无'责任'。只有在对行为作了评价之后，要追究到行为人身上的责任判决才有余地。"② 可见，违法与责任是所有犯罪行为的基点，正因如此，我国有学者提出应当以违法与责任为支柱构建犯罪论体系，③ 主张犯罪构成由客观（违法性）构成要件与主观（责任性）构成要件两阶层组成。但是二阶层体系绝非不考虑构成要件符合性的判断，而是主张不法评价本身即需借助构成要件符合性的判断，这使作为

---

① 〔德〕奥斯弗里德·赫费：《存在跨文化刑法吗？——一种哲学尝试》，朱更生译，《浙江大学学报》（人文社科版）2000年第2期。
② 〔德〕约翰内斯·韦塞尔斯：《德国刑法总论》，李昌珂译，法律出版社，2008，第40页。
③ 参见张明楷《以违法与责任为支柱构建犯罪论体系》，《现代法学》2009年第6期。

抽象类型的构成要件符合性的判断实际所具有的是推导不法机能，而不法的判断以构成要件符合性为前提。对此，德国学者指出，评判一个发生事件是否为不法，需要通过两个评判层面上的审查，一是审查行为的构成要件符合性，二是确认无正当化事由介入。① 通过这两个阶段，对违法性的审查才能得出结论。既然如此，将构成要件符合性与违法性的判断统合在不法阶层中，当然是可行的；基于同样的道理，构成要件符合性与有责性的判断就可以合二为一为主观罪责构成要件。

违法性与有责性的二阶层体系对犯罪的认定，虽然也同时考虑主观要素与客观行为，但是，首先，它绝不泛泛而论所谓的主客观相统一，而是通过不断排除入罪事由，清晰地说明违法阻却要素抑或责任阻却事由是否具备，而最终得出犯罪成立与否的结论；对于不具备违法性的行为就无须进行到有责性的层面再行探讨，从而逻辑清晰，说理充分，最大限度地克服了平面犯罪构成体系的似是而非。其次，二阶层犯罪论体系使得犯罪的认定遵循从行为违法性的评判到主观有责性的判断，体现的是从客观到主观的犯罪认定逻辑，将克服主客观相统一的平面犯罪构成体系的主观化和入罪化。二阶层体系将会更有效地解决共犯问题，根据二阶层实质犯罪论体系，参与他人并不违法的行为，例如，参与他人奉令执行枪决犯人的行为，参与者就不会因行为符合构成要件而被认定为共犯。这就明确地给正当防卫等违法性阻却事由确定了位置，不至于在平面的犯罪论体系之下将此种行为当作符合构成要件的行为，也不至于为了排除其犯罪性而在犯罪构成要件之外再附加一次社会危害性的评价。同时，通过二阶层体系可以准确认定实行犯与教唆犯、帮助犯的界限，也避免在将刑事责任能力作为犯罪构成的主体要素时所造成的共犯处罚上的漏洞等诸多问题，从而可以充分应对实践需要。二阶层体系明确划分了客观要素和主观要素的界限，违法是客观的，有责是主观的，德日刑法学中公认的命题表明了在违法性与有责性评价阶段各自的客观和主观色彩，由此避免了我国平面体系下主客观要素的模糊不清等问题。

---

① 参见〔德〕约翰内斯·韦塞尔斯《德国刑法总论》，李昌珂译，法律出版社，2008，第68页。

图书在版编目(CIP)数据

犯罪成立条件的一般理论/李强主编. -- 北京：社会科学文献出版社，2020.6（2023.10 重印）
（《法学研究》专题选辑）
ISBN 978 - 7 - 5201 - 6304 - 0

Ⅰ.①犯… Ⅱ.①李… Ⅲ.①犯罪构成 - 研究 - 中国 Ⅳ.①D924.114

中国版本图书馆 CIP 数据核字（2020）第 029251 号

《法学研究》专题选辑
犯罪成立条件的一般理论

主　　编 / 李　强

出 版 人 / 冀祥德
组稿编辑 / 芮素平
责任编辑 / 赵晶华
责任印制 / 王京美

出	版 / 社会科学文献出版社·联合出版中心（010）59367281
	地址：北京市北三环中路甲 29 号院华龙大厦　邮编：100029
	网址：www.ssap.com.cn
发	行 / 社会科学文献出版社（010）59367028
印	装 / 唐山玺诚印务有限公司
规	格 / 开 本：787mm × 1092mm　1/16
	印　张：21　字　数：345 千字
版	次 / 2020 年 6 月第 1 版　2023 年 10 月第 2 次印刷
书	号 / ISBN 978 - 7 - 5201 - 6304 - 0
定	价 / 128.00 元

读者服务电话：4008918866

版权所有 翻印必究